¡El español actual!

A Level-One Worktext
Primer programa

Fourth Edition

RUTH J. SILVERSTEIN
ALLEN POMERANTZ
HEYWOOD WALD, Ph.D.

GENERAL EDITOR
NATHAN QUIÑONES

BARRON'S EDUCATIONAL SERIES, INC.
Woodbury, New York • London • Toronto • Sydney

All inquiries should be addressed to:
Barron's Educational Series, Inc.
113 Crossways Park Drive
Woodbury, New York 11797

Library of Congress Catalog Card No. 83-12267

Paper Edition
International Standard Book No. 2331-5

Cloth Edition
International Standard Book No. 5422-9

Library of Congress Cataloging in Publication Data
Silverstein, Ruth J.
Spanish now!
SUMMARY: Includes sections on structure, verbs, vocabulary, idioms, reading and listening comprehension, writing, and Hispanic culture.
1. Spanish language – Grammar – 1950- . Spanish language – Text-books for foreign speakers – English. [1. Spanish language – Grammar] I. Pomerantz, Allen. II. Wald, Heywood. III. Title. IV. Title: Español actual.
PC4112.S5 1984 468.2′421 83-12267
ISBN 0-8120-5422-9
ISBN 0-8120-2331-5 (pbk.)

PRINTED IN THE UNITED STATES OF AMERICA

4567 100 987654321

About the Authors

Ruth J. Silverstein is Chairman of the Department of Foreign Languages at Richmond Hill High School, New York City. A Spanish specialist and teacher-trainer, she served as Assistant Professor of Spanish Applied Linguistics, N.D.E.A. and as Assistant Professor (Adjunct) of Spanish at New York University; she taught Foreign Language Methodology at Hunter College, and Spanish Literature and Language at Queens College. She wrote New York City Board of Education Curricula for Spanish in the Secondary Schools and for F.L.E.S. She took her post-graduate studies at Teachers College of Columbia University, the University of Mexico, and the University of Colorado, and has lived and traveled in Mexico, Spain and Cuba. She served as president of the New York City Board of Education's Standing Committee on Foreign Languages, and was an early proponent there of the newly-mandated requirement for foreign language studies.

Prof. Allen Pomerantz is Deputy Chairman of the Modern Language Department, Coordinator of the Modern Language Workshop and Bilingual Laboratory at Bronx Community College, CUNY. He teaches basic Spanish, Advanced Spanish Conversation, and Peninsular and Latin-American Civilization and Literature. Committee activities and grant proposals involve him in computer-aided, independent, and interdisciplinary instruction, staff-development, and international studies. Professor Pomerantz completed graduate studies while teaching at the University of Wisconsin and working for the U.S. Armed Forces Institute. He studied at the University of Valladolid, Spain, as a Fulbright-Hays recipient, taught several years in local high schools, and served as translator-recorder for Region II, H.E.W. He is a special examiner for the New York City Department of Personnel.

Heywood Wald, Ph.D., is Chairman of the Department of Foreign Languages at Martin Van Buren High School, New York City. He has served as center director of the Intensive Spanish Language Development Program of the New York City Board of Education, a training program designed to teach members of the teaching and administrative staff basic, functional Spanish. A foreign language specialist, Dr. Wald has taught Spanish, French, and Italian in both junior and senior high schools and is coauthor of *Aventuras en la ciudad,* an extremely popular supplementary reader currently in use throughout the United States and abroad. Dr. Wald has done graduate work at the National University of Mexico and has studied at the universities of Madrid, Barcelona, and Havana.

General Editor

Nathan Quiñones, Executive Director of New York City High Schools, former Principal of South Bronx High School, New York City, and former member of the Board of Examiners in New York City, served as Chairman of the Foreign Language Department at Benjamin N. Cardozo High School, New York City. He has taught Spanish and Puerto Rican Orientation as Adjunct Professor at York College. He has served as consultant for textbooks and materials for secondary schools and college courses in the areas of foreign language and bilingual education.

Credits

The sources for the illustrations in this book appear below.

xiii	Art Institute of Chicago
xxv	Peabody Museum, Harvard University
11, 66	*El Universal,* Venezuela
78, 100, 149	*El Diario La Prensa,* New York
167	Pan American World Airways
183	A & P Food Stores; *El Diario La Prensa,* New York
209-210	Del Monte Corporation
199, 295	*La Vanguardia Española,* Spain
305	The University Museum, University of Pennsylvania
312	The Museum of Modern Art, New York
312	Marisol Escobar
323	Black Star
327	Carolyn Watson/Monkmeyer Press Photo Service
337	Spanish National Tourist Office, New York
339	Carl Frank/Photo Researchers, Inc., N.Y.C.
343	Paul Conklin/Monkmeyer Press Photo Service
350	Monkmeyer Press Photo Service
352	Art Institute of Chicago
352	Brooklyn Museum, Brooklyn, New York
364	Spanish National Tourist Office, New York
365	The Metropolitan Museum of Art, New York
373	El Prado, Madrid
315	The Museum of Modern Art, New York
384	Varig Airlines Photos
401	Mimi Forsyth/Monkmeyer Press Photo Service
415	Los Angeles County Museum of Art
427	Peabody Museum, Harvard University
341	SPADEM/VAGA, Paris, New York
445	Los Angeles County Museum of Art

Table of Contents

Part Two: Vocabulary

Part Three: Idioms and Dialogues

Preface

Para la maestra

This worktext presents the Spanish language in an interesting and stimulating context through a personalization of the materials rather than through a traditional memorization of set formulas and dialogues. There has been a consistent emphasis upon the acquisition of practical, useful vocabulary and expressions. The reading material consists of humorous stories, playlets, skits, and dialogues dealing with everyday situations that are relevant to the life experiences of today's students. SPANISH NOW! contains a wealth of exercises, drills, puzzles, and activities, all designed to make the learning of the Spanish language a truly enjoyable experience.

The first part of SPANISH NOW! surveys the basic elements of the language in a series of 6 preparatory lessons and 27 work units. Five distinctive culture units are introduced intermittently; these culture units stress the influence of Hispanic culture upon the Americas. Parts Two and Three present topically arranged vocabulary – both single words and idiomatic expressions. Parts Four, Five, and Six are devoted to practice in the communication skills and allow the student to concentrate on his or her development of these necessary skills without the added burden of new linguistic elements. The final portion of the book features selected Spanish-English and English-Spanish vocabularies. Available separately is a Teacher's Manual containing auditory comprehension and dictation materials to be used for doing corresponding exercises found in the worktext. Included in the Teacher's Manual are also Suggestions to the Teacher and an Answer Key. The Answer Key is useful to students in self-instruction programs, and in the individualized classroom.

Written from an eclectic point of view, this worktext uses both modern and traditional exercises. These exercises are graded, varied, and illustrated by sample answers to stimulate the slow, the average, and the superior student to gain power and assurance. Some are modern pattern drills; others are cued completion exercises or multiple-choice selections. Many provide functional response and rejoinder practice for answers in complete sentences. Several are entertaining as well and offer mental exercise in the form of puzzles. The skills sections provide visual stimuli, synonym and antonym work, and dictations, as well as sentences and paragraphs for listening and reading comprehension and for imitative writing. In marked contrast to various other workbooks, this worktext stresses conceptualization, inductive reasoning, and the discovery approach before the student is directed to write the practical exercises.

We wish to express our gratitude to Dr. Maxim Newmark, associate editor, and to Mr. Nathan Quiñones, general editor of Barron's Spanish Series, for their valued suggestions. We are also grateful to Mr. Vincent Novo for his review of the Spanish presentation in the book and to Ms. Delima Russ, Ms. Frances Cantor, Sister Maria Malinowski, and Mr. Glenn Nadelbach for their assistance in typing the manuscript.

¡ Hola !

Hola is a word that is used more than 225 million times a day. Yes, that's right. *Hola* is the Spanish word for *hello,* and millions of Spanish-speaking people use that word to greet their friends and relatives each day. Spanish is the native language for over 225 million people throughout the world. It is, in fact, one of the most widely used languages in the world. Spanish is a principal means of communication in Spain, Mexico, Central and South America, the Caribbean, and parts of Asia and Africa. It is also the first or the second language for over 14 million people in the United States.

Learning this extremely useful language is a challenging and exciting experience. SPANISH NOW! is a valuable instructional tool to help you achieve that goal. It offers a comprehensive presentation of all the essential elements of the first level of Spanish language study. SPANISH NOW! is for beginning students who need to learn the fundamental skills of the language. SPANISH NOW! is for more advanced students who need a refresher course in basic elements of the language. SPANISH NOW! is for students enrolled in bilingual programs designed to strengthen the native speaker's use of Spanish. SPANISH NOW! is for the student in the individualized classroom and for students following a program of self-instruction. SPANISH NOW! is for anyone seeking practice in the essentials of the language.

LECCIONES PREPARATORIAS

Face of an Old Man.
Buff clay.
Teotihuacan III-IV.
Courtesy of the Art Institute of Chicago
Joseph P. Antonow Gift

I. La casa The house (home) [El; la: The]

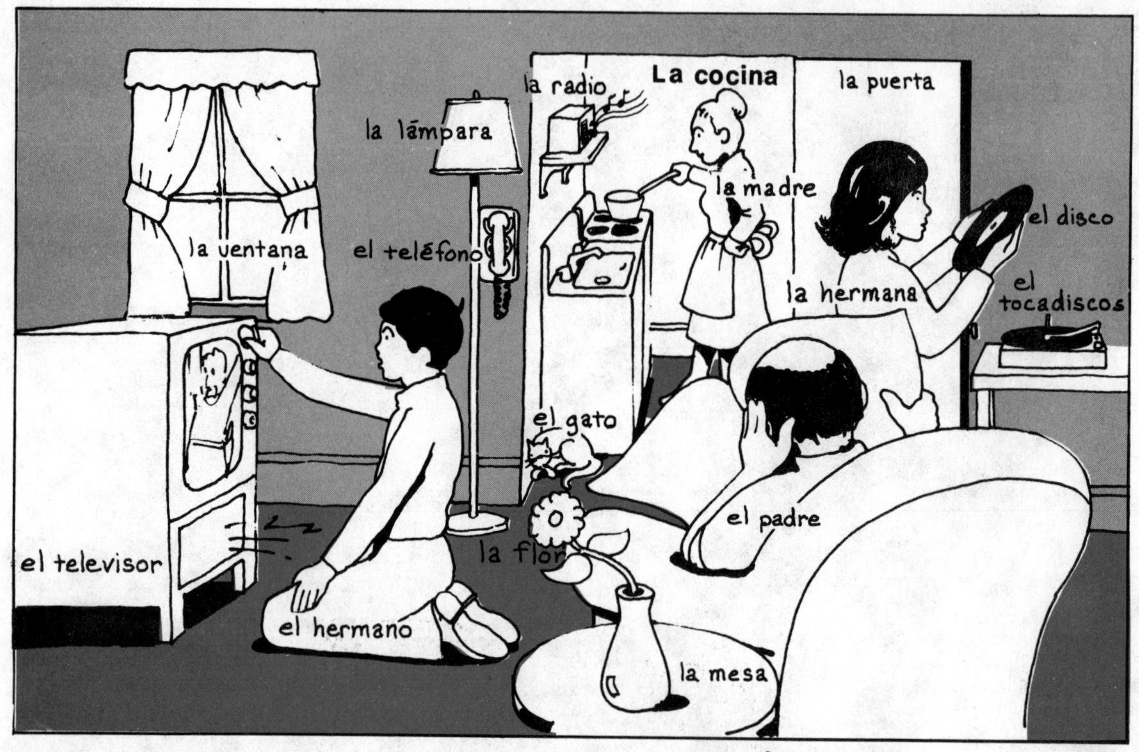

La sala – the room

***PREGUNTAS**

Modelo:

¿Es el televisor?

No, señor (señorita, señora), no es el televisor.
Es el gato.

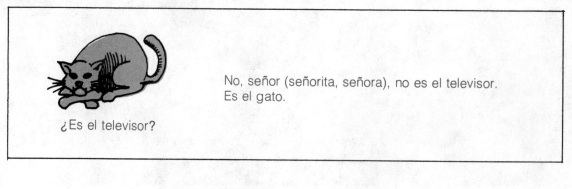

1. ¿Es la puerta? **2.** ¿Es la radio?

1. No, señor, no es la puerta, es la teléfono

2. No señor, no es la radio, es la puerta

*Questions

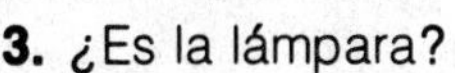

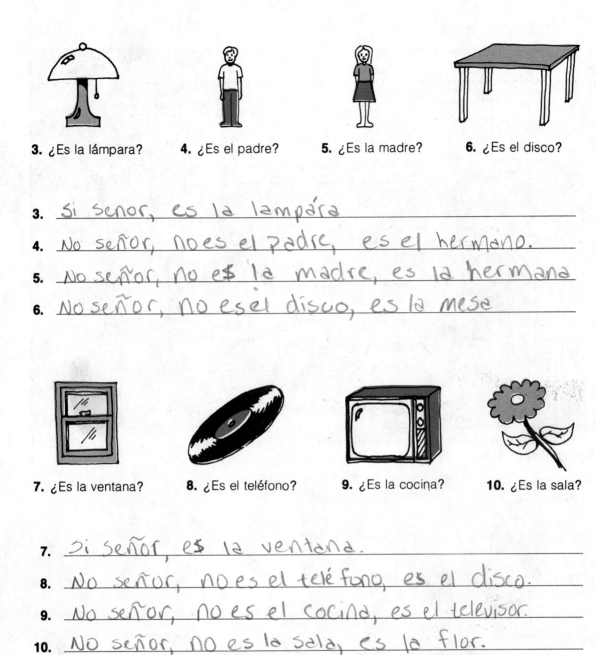

3. ¿Es la lámpara? **4.** ¿Es el padre? **5.** ¿Es la madre? **6.** ¿Es el disco?

3. Si senor, es la lampára

4. No señor, no es el padre, es el hermano.

5. No señor, no es la madre, es la hermana

6. No señor, no es el disco, es la mese

7. ¿Es la ventana? **8.** ¿Es el teléfono? **9.** ¿Es la cocina? **10.** ¿Es la sala?

7. Si señor, es la ventana.

8. No señor, no es el teléfono, es el disco.

9. No señor, no es el cocina, es el televisor.

10. No señor, no es la sala, es la flor.

Remember these words in order to answer questions in the lessons that follow:

¿Que? What? **¿Quién?** Who? **Dónde?** Where? **¿Cómo es . . .?** What is . . .like?

II. Una escuela A school [Un; una: A; an]

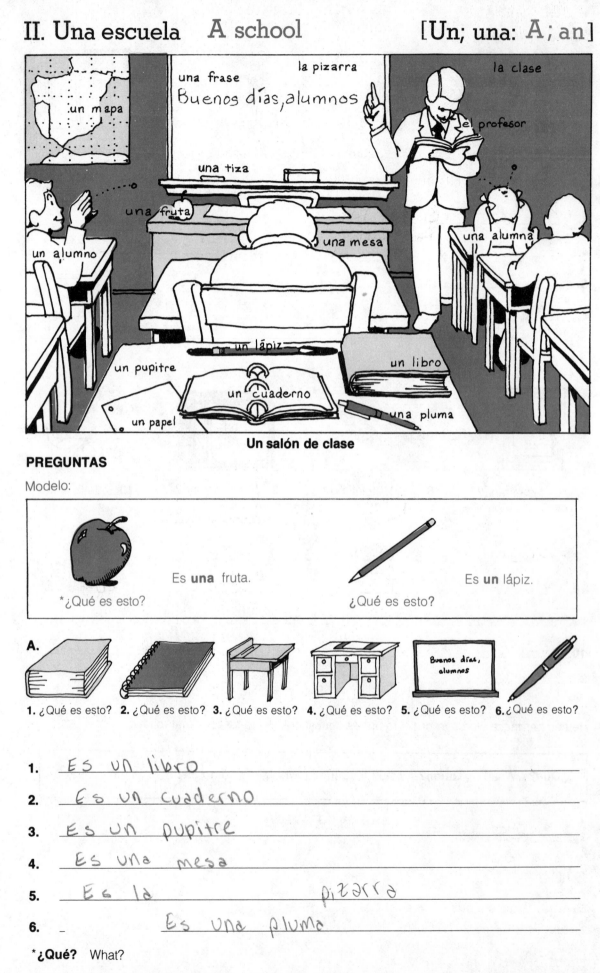

Un salón de clase

PREGUNTAS

Modelo:

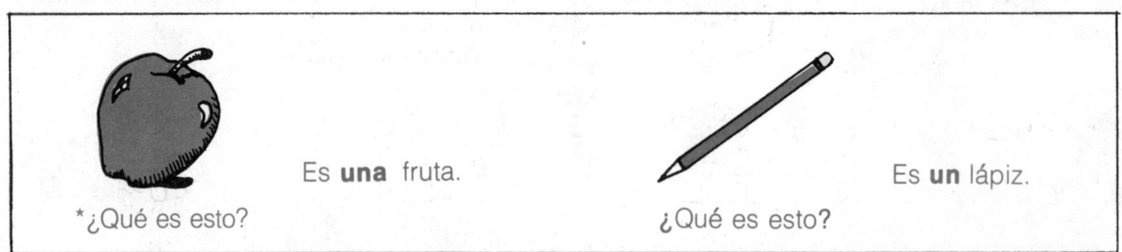

*¿Qué es esto? Es **una** fruta.

¿Qué es esto? Es **un** lápiz.

A.

1. ¿Qué es esto? **2.** ¿Qué es esto? **3.** ¿Qué es esto? **4.** ¿Qué es esto? **5.** ¿Qué es esto? **6.** ¿Qué es esto?

1. Es un libro

2. Es un cuaderno

3. Es un pupitre

4. Es una mesa

5. Es la pizarra

6. Es una pluma

*__¿Qué?__ What?

Modelo:

¿Es un disco?

Sí, señor (señorita, señora), es un disco.

B.

1. ¿Es un papel? **2.** ¿Es un cuaderno? **3.** ¿Es un pupitre? **4.** ¿Es un lápiz?

1. Si señor, es un papel
2. si señor, es un cuaderno
3. No señor, es una mesa.
4. No señor, es una pluma

C. Write an answer to the following question for each of the pictures seen below. Modelo: ¿Qué es esto? Es un libro.

1. 
2.  
3. 

4. 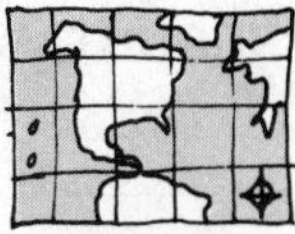
5. 
6. 
7. 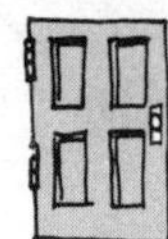
8. 

1. Es un lápiz.
2. es un libro
3. Es la pizarra
4. Es un mapa
5. Es el televisor
6. Es la ventana
7. Es la puerta
8. Es el gato

D. Draw a picture of the following in your notebook, and label the picture in Spanish.

1. una lámpara **2.** un libro **3.** un lápiz **4.** el profesor **5.** un disco **6.** una flor

III. La ciudad The city

[El; la: The]
[Un; una: A; an]

PREGUNTAS

Modelo:

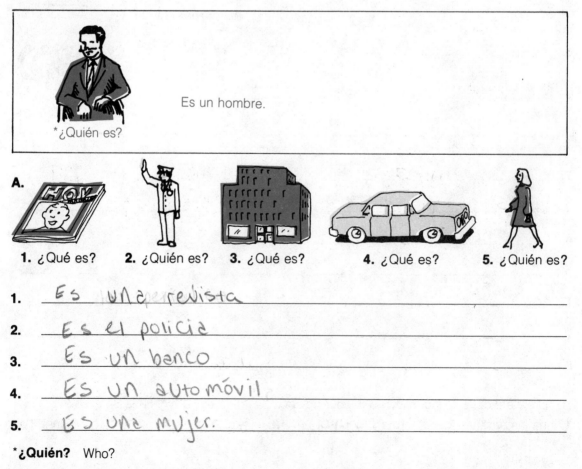

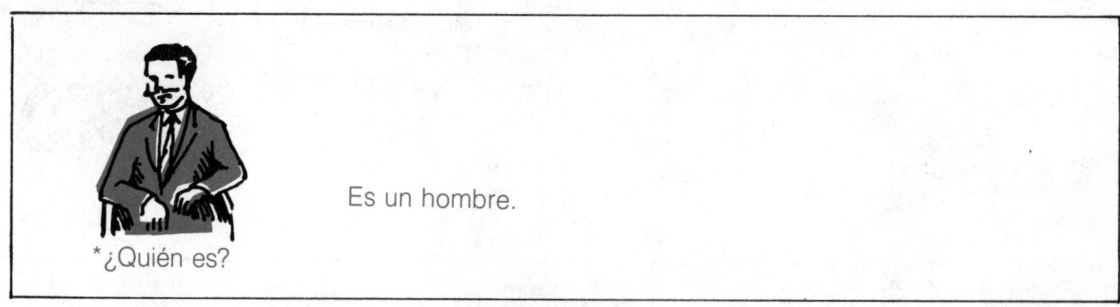

A.

1. ¿Qué es? **2.** ¿Quién es? **3.** ¿Qué es? **4.** ¿Qué es? **5.** ¿Quién es?

1. Es una revista
2. Es el policia
3. Es un banco
4. Es un automóvil
5. Es una mujer.

*¿Quién? Who?

Modelo:

¿Es un policía?

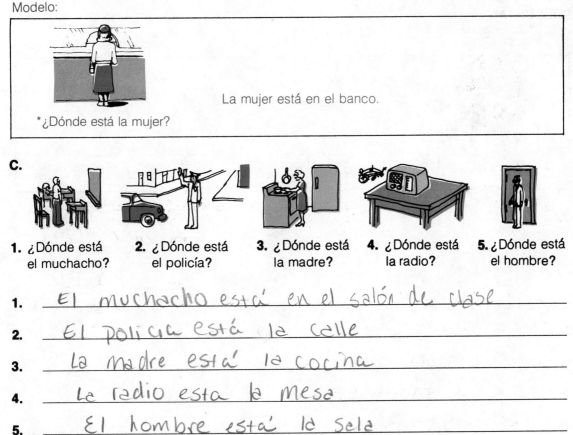

No es un policía. Es un ladrón.

B.

1. ¿Es una revista? **2.** ¿Es un hombre? **3.** ¿Es un coche? **4.** ¿Es el cine? **5.** ¿Es un profesor?

1. No es una revista, es un periodico

2. No es un hombre, es un muchacho.

3. No es un coche; es un autobús

4. Si, es el cine

5. No es un professor, es un policia

Modelo:

*¿Dónde está la mujer?

La mujer está en el banco.

C.

1. ¿Dónde está el muchacho? **2.** ¿Dónde está el policía? **3.** ¿Dónde está la madre? **4.** ¿Dónde está la radio? **5.** ¿Dónde está el hombre?

1. El muchacho está en el salón de clase

2. El policia está la calle

3. La madre está la cocina

4. La radio esta la mesa

5. El hombre está la sala

***¿Dónde?** Where?

IV. Los alimentos [Los; las:]

El supermercado

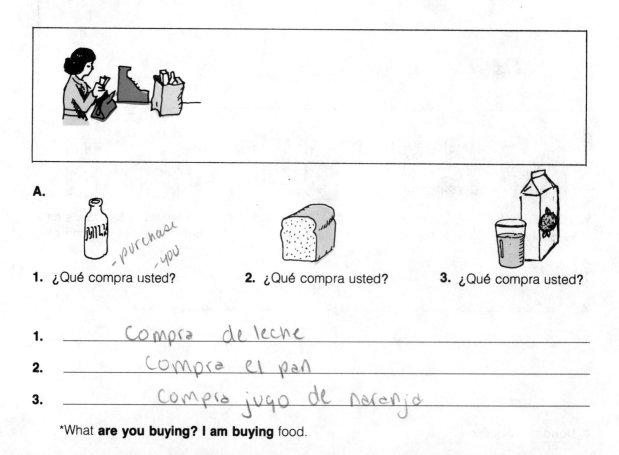

PREGUNTAS

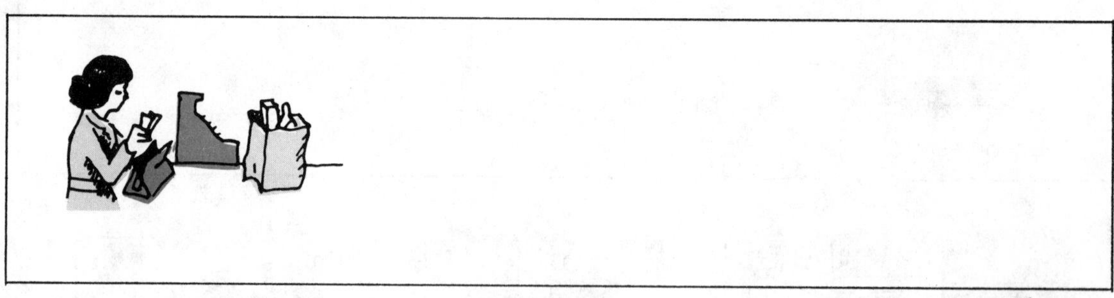

A.

1. ¿Qué compra usted?

2. ¿Qué compra usted?

3. ¿Qué compra usted?

1. Compra de leche
2. Compra el pan
3. Compra jugo de naranja

*What **are you buying? I am buying** food.

4. ¿Qué compra usted? **5.** ¿Qué compra usted?

4. compra helado chocolate

5. compra el queso

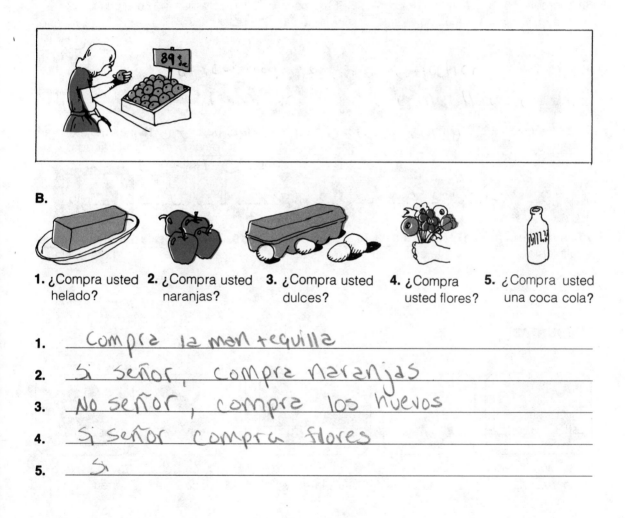

B.

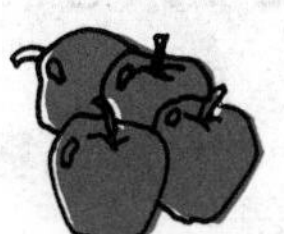

1. ¿Compra usted helado? **2.** ¿Compra usted naranjas? **3.** ¿Compra usted dulces? **4.** ¿Compra usted flores? **5.** ¿Compra usted una coca cola?

1. Compra la mantequilla

2. Si señor, compra naranjas

3. No señor, compra los huevos

4. Si señor compra flores

5. Si

V. Acciones

1. El alumno estudia la lección.

2. El padre mira la televisión.

3. La muchacha escribe la frase.

4. La alumna lee la revista.

5. El policía ve el accidente.

6. El hombre corre en la calle.

7. La mujer come helado.

8. El hermano bebe leche.

9. El profesor pregunta.

10. El alumno contesta mucho.

11. La señorita canta.

12. El señor escucha la radio.

13. La hermana baila.

14. El padre trabaja.

15 Las mujeres van a la tienda.

16. La madre compra alimentos.

17. María camina a la escuela.

18. Carlos descansa en casa.

19. Francisco sale de la casa.

20. Antonio pone la televisión.

PREGUNTAS:

A.

1. ¿Quién escribe en la pizarra?

2. ¿Quién come el pan?

3. ¿Quién sale de la escuela?

4. ¿Quién bebe la coca cola?

5. ¿Quién lee el periódico?

1. El professor escribe en la pizarra

2. Le muchacha come el pan

3. ______________________________

4. El policia bebe la coca cola

5. El hombre lee el periodico

B.

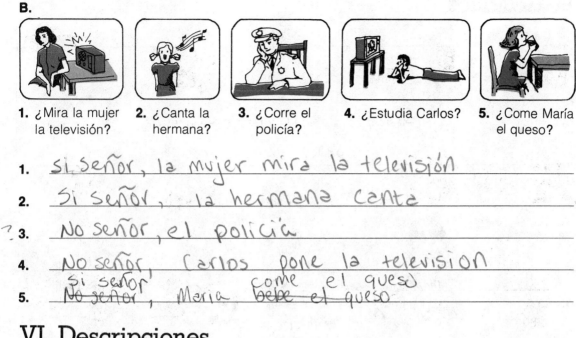

1. ¿Mira la mujer la televisión?

2. ¿Canta la hermana?

3. ¿Corre el policía?

4. ¿Estudia Carlos?

5. ¿Come María el queso?

1. Si señor, la mujer mira la televisión

2. Si señor, la hermana canta

? **3.** No señor, el policía

4. No señor, Carlos pone la television

5. ~~No señor~~ Si señor, Maria ~~bebe el queso~~ come el queso

VI. Descripciones

1. fácil

2. difícil

3. grande

4. pequeño (a)

5. mucho (a)

6. poco

7. trabajador (a)

8. perezoso (a)

9. allí

10. aquí

11. tonto (a)

12. inteligente

13. bonito (a)

14. feo (a)

PREGUNTAS

Modelo:

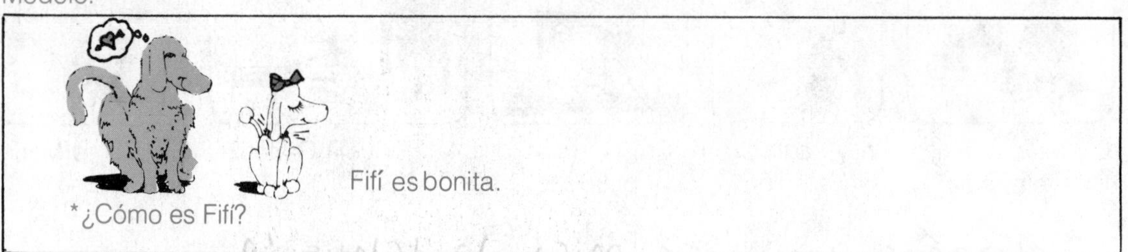

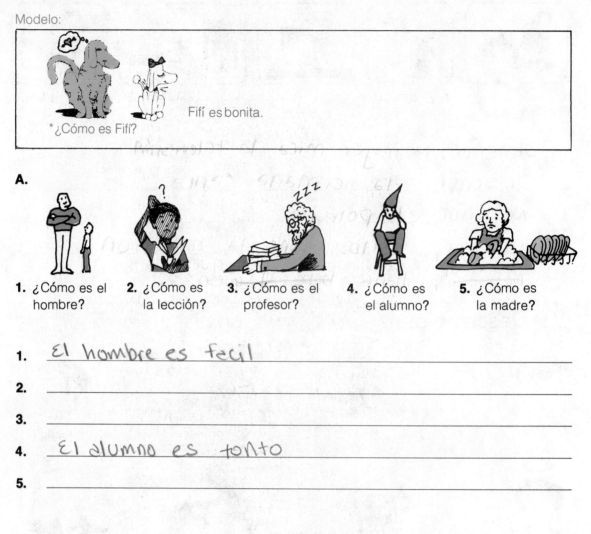

*¿Cómo es Fifí?

Fifí es bonita.

A.

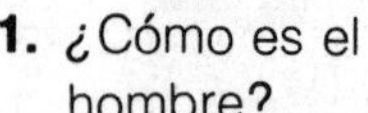

1. ¿Cómo es el hombre? **2.** ¿Cómo es la lección? **3.** ¿Cómo es el profesor? **4.** ¿Cómo es el alumno? **5.** ¿Cómo es la madre?

1. El hombre es fecil

2. ______________________

3. ______________________

4. El alumno es tonto

5. ______________________

B.

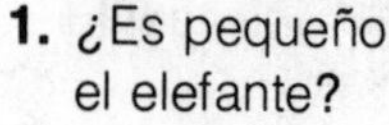

1. ¿Es pequeño el elefante? **2.** ¿Hay pocos alumnos en la clase? **3.** ¿Está aquí la casa? **4.** ¿Está deliciosa la manzana? **5.** ¿Come mucho el hombre?

1. ______________________

2. ______________________

3. ______________________

4. ______________________

5. ______________________

Part One
STRUCTURES AND VERBS

Stone Sculpture
Copan, Honduras
Peabody Museum, Harvard University

Carlos, el hermano de Pepita, pone la televisión.

Part One: Structures and Verbs

What's more important, TV or homework? Let's see what Pepita does.

¡La televisión es muy importante!

Pepita Gómez es estudiosa. Ella estudia en la escuela y en casa. Esta noche Pepita estudia la lección de español en la sala. Estudia con el libro de gramática y con el diccionario. Con su lápiz Pepita copia palabras y frases en el papel de su cuaderno.

El padre de Pepita lee el periódico en la sala. La madre escucha la radio en la cocina. Carlos, el hermano de Pepita, entra en la sala y pone la televisión.

Carlos: Esta noche hay programas interesantes.
Pepita: ¡Ay, no, Carlos! Yo necesito estudiar. Mi examen de español es mañana.
Carlos: ¡Es posible estudiar mañana, muchacha!
Pepita: ¡Por favor, Carlos! El examen de español es muy importante. Yo necesito estudiar esta noche.
Carlos: No es necesario estudiar el español. Es muy fácil. Yo quiero mirar la televisión.
El Padre: ¡No, Carlos! ¡La televisión no es importante! Es posible mirar la televisión mañana también.
La voz de la televisión: Y ahora el programa: **El amor y la pasión.**
Pepita: ¡Ay, es mi programa favorito! ¡Ay, papá! ¡Sí, es posible estudiar mañana!

Palabras Nuevas

SUBSTANTIVOS *(NOUNS)*

el amor *love*
Carlos *Charles*
la casa *the house*
en casa *at home*
la cocina *the kitchen, the cooking*
el cuaderno *the notebook*
el diccionario *the dictionary*
la escuela *the school*
el español *the Spanish language, Spanish*
el examen *the test*
mi examen de español *my Spanish test*
la frase *the sentence*
la gramática *the grammar*
el hermano *the brother*
el hermano de Pepita *Josie's brother*
el lápiz *the pencil*
la lección *the lesson*
la lección de español *the Spanish lesson*
el libro *the book*
el libro de gramática *the grammar textbook*
la madre *the mother*
la muchacha *the girl*
la noche *the night, the evening*
esta noche *tonight, this evening*
el padre *the father*
el padre de Pepita *Josie's father*
el papel *the paper*
la pasión *the passion*
Pepita *Josie*
el periódico *the newspaper*
el programa *the program*
la radio *the radio station*
la sala *the living room*
la televisión *the television (program)*
la voz *the voice*

ADJETIVOS *(ADJECTIVES)*

estudioso, a *studious*
fácil *easy*
favorito, a *favorite*
importante *important*
interesante *interesting*
mi *my*
necesario, a *necessary*
posible *possible*
su *her*

VERBOS *(VERBS)*

copia *(she) copies*
entra *(he) enters*
es *(it) is, (she) is*
no es *(it) is not*
escucha *(she) listens to, is listening to*
estudia *(she) studies, is studying*
estudiar *to study*
hay *there are*
lee *(he) reads, is reading*
mirar *to look at*
necesito *I need*

*Adjectives that end in "**o**" describe masculine nouns.
Adjectives that end in "**o**" change from "**o**" to "**a**" when describing feminine nouns.

pone la televisión *(he) turns on the television program*
quiero *I want*

OTRAS PALABRAS
(OTHER WORDS)

¡ay, papá! *Oh, Daddy!*

con *with*
de *of, in, from*
ella *she*
en *in, into*
mañana *tomorrow*
muy *very*

no *not, no*
por favor *please*
sí *yes; yes, indeed!*
también *also, too*
y *and*
yo *I*

EJERCICIOS

I. (A) Complete the sentence according to the story.

1. Pepita es muy ______.
2. Ella estudia la ______ de español.
3. Ella copia palabras y frases en su ______.
4. El padre lee el ______ en la ______.
5. La madre escucha la ______ en la ______.
6. El ______ pone la televisión.
7. El examen de español es muy ______.
8. Carlos quiere ______ la televisión.
9. Es posible mirar la televisión ______.
10. El programa es "el ______ y la ______."

(B) Rewrite the sentence replacing the underlined word with a word that will make the sentence true.

1. Pepita estudia con el libro y el periódico.
2. Ella estudia el amor en la clase de español.
3. Pepita copia palabras con su voz.
4. No es posible estudiar y también mirar la radio.
5. Es necesario estudiar la lección de cocina.

1. ______.
2. ______.
3. ______.
4. ______.
5. ______.

II. ¿Cómo se dice en español? Can you find these expressions in the story?

1. I need to study. ______
2. Tonight there are interesting programs. ______
3. It is very easy. ______
4. It's my favorite program. ______
5. It is not necessary to study Spanish. ______

III. Word Hunt – Find these 15 words in Spanish in the squares.

1. pencil
2. living room
3. book
4. notebook
5. sentence
6. brother
7. also
8. with
9. easy
10. now
11. there is
12. he looks at
13. night
14. he reads
15. this (f.)

C	A	A	F	B	S	C	N	L	L
U	H	E	R	M	A	N	O	A	I
A	O	H	A	Y	L	E	C	P	B
D	R	E	S	D	A	I	H	I	R
E	A	L	E	E	F	B	E	Z	O
R	G	H	I	J	K	M	I	R	A
N	L	M	N	O	F	A	C	I	L
O	R	T	S	E	S	T	A	P	Q

IV. Compositions: Oral or written in notebooks.

(A) Look at the picture opposite page 1. Describe the scene in Spanish to your class.
(B) Tell your friends about your evenings at home. Include the following:

En casa

1. What your favorite television program is. 2. Where your family watches television. 3. Which brother or sister turns on the television. 4. Which brother or sister studies or listens to the radio. 5. What your father or mother reads.

ESTRUCTURAS DE LA LENGUA

The Noun (Persons, Things, Places, Ideas) and **the Definite Article** (Singular)

A. In Spanish, things as well as persons are of either masculine or feminine gender.

Examples:

Masculine Nouns

1. **El chico** es grande.
   The boy is big.
2. **El cuaderno** es grande.
   The notebook is large.

Feminine Nouns

3. **La chica** es grande.
   The girl is big.
4. **La pluma** es grande.
   The pen is large.

¿Es el señor Gómez o la señorita Gómez?

Rules:

1. **El** means *the* before a masculine noun and is the masculine definite article.

2. **La** means *the* before a feminine noun and is the feminine definite article.

3. Masculine nouns often end in **o.** Feminine nouns often end in **a.** Feminine nouns also end in **-dad, -ción, -sión.** Learn: **la ciudad** (the city), **la lección** (the lesson), **la nación** (the nation), **la pensión** (the boarding house), **la televisión** (the television).

B. **El** and **la** indicate the gender of nouns that do not have the typical masculine ending **-o**, or the typical feminine endings: **-a, -dad, -ción, -sión.**

Examples:

Masculine Nouns	*Feminine Nouns*
El hombre usa **el lápiz** y **el papel.** The man uses the pencil and paper.	**La mujer** lava **la pared** en **la clase.** The woman washes the wall in the class.

Rules:

1. Nouns should be memorized *with* their articles: **el** or **la.**
2. Learn these masculine nouns: **el avión** (the plane), **el coche** (the car), **el examen** (the test), **el hombre** (the man), **el hotel** (the hotel), **el lápiz** (the pencil), **el padre** (the father), **el papel** (the paper), **el profesor** (the teacher), **el reloj** (the clock, watch), **el tren** (the train).
3. Learn these feminine nouns: **la clase** (the class), **la frase** (the sentence), **la madre** (the mother), **la mujer** (the woman), **la noche** (the night).
4. The appropriate definite article must be used before *each* noun in a series: **el padre y la madre** (the father and mother); **el hombre y la mujer** (the man and woman).

C. Special uses of **el** and **la** / Special omissions of **el** and **la.**

Indirect Address (Narrative)	*Direct address*
1. **El señor Gómez** escucha *el programa.* Mr. Gomez listens to the program.	1. **Señor Gómez,** ¿escucha usted *la radio* todo *el día*? Mr. Gomez, do you listen to the radio all day?
2. **La señorita Molina** estudia *el idioma* y *el mapa.* Miss Molina studies the language and the map.	2. **Señorita Molina**, ¿estudia usted *el idioma* y *el mapa* de España? Miss Molina, do you study the language and the map of Spain?

Rules:

1. **El** or **la** is used *before a title* when talking *about* the person, but is *omitted* when talking *directly* to the "titled" person, in direct address.

2. A small number of masculine nouns end in **a** or **ma** and must be memorized with their articles: **el día** (the day), **el mapa** (the map), **el idioma** (the language), **el programa** (the program). But **la radio** (the radio) is feminine.

D. More uses of **el** and **la** | More special omissions of **el** and **la.**

More uses of el and la	More special omissions of el and la
1. **La escuela** está entre **la Avenida Arcos** y **la Calle Diez.** The school is between Arcos Avenue and Tenth Street.	1. Estudia **la lección de español** para hablar español bien. He studies the Spanish lesson in order to speak Spanish well.
2. Juan escucha **el español** y **el inglés.** John listens to Spanish and English.	2. Contesta **en español** en **la clase de español.** He answers in Spanish in the Spanish class.

Rules:

1. Use **la** before Avenida and Calle when identifying them by name or number.

2. Use **el** before all languages except when they directly follow **hablar, de, en.**

3. **De** indicates *concerned with* in expressions such as the following: **la clase de español** (the Spanish class), **la lección de español** (the Spanish lesson), **el profesor de inglés** (the English teacher), **el maestro de música** (the music teacher).

STUDY THE RULES, EXAMPLES, AND MODELS BEFORE BEGINNING THE EXERCISES!

Exercises

I. Rewrite the sentence, substituting the word in parentheses for the noun in *italics*. Make the necessary change in the definite article, **el** or **la**.

Model: La *profesora* es interesante. The teacher is interesting. (libro) El libro es interesante. The book is interesting.

A. La *revista* es interesante. The magazine is interesting.

1. (escuela)________________________________

2. (maestro)________________________________

3. (alumna)________________________________

4. (señorita)

5. (periódico)

B. El *profesor* estudia mucho. The teacher studies a great deal.

1. (padre) El padre estudio mucho
2. (madre) La madre estudia mucha
3. (hombre) El hombre estudia mucho
4. (mujer)
5. (señor)

C. El *chico* es importante. The boy is important.

1. (examen) El examen es importante
2. (lección) La leccion es importante
3. (día) El dia ✓ ✓
4. (noche) El noches ✓ ✓
5. (televisión) El television es importante
6. (verdad)
7. (programa)
8. (ciudad)
9. (frase)
10. (idioma)
11. (mapa)
12. (pensión)
13. (calle)
14. (español)
15. (clase)

II. Rewrite as a simple statement. Use **el** or **la.** Omit **usted** and question marks.

Model: Señor Smith, ¿estudia usted el español? El señor Smith estudia el español.
Mr. Smith, do you study Spanish? Mr. Smith studies Spanish.

1. Señor Moreno, ¿mira usted el programa de televisión?

El señor Moreno mirar el programa de televisión

2. Profesora Mendoza, ¿lee usted el mapa de la ciudad?

3. Presidente Guzmán, ¿entra usted en la capital de la nación?

4. Señorita Gómez, ¿estudia usted el idioma toda la noche?

5. Señorita Molina, ¿escucha usted la radio todo el día?

III. Write two sentences using the name of language given in *italics.* Begin the first sentence with **Habla** . . . Begin the second sentence with **Pronuncia bien** . . .

Model: El chico es de España. The boy is from Spain.
el español **Habla español. Pronuncia bien el español.**
He speaks Spanish. He pronounces Spanish well.

1. El hombre es de México.

el español

2. La alumna es de Francia.

el francés

3. El niño es de Italia.

el italiano

4. Luis es de Inglaterra.

el inglés

5. La muchacha es de Alemania.

el alemán

IV. Rewrite the model sentence, substituting th noun in parentheses for the noun in *italics.* Make the necessary change in the definite article, **el** or **la.**

A. Model: **El alumno estudia en** *la clase.* The pupil studies in the classroom.
(dormitorio) El alumno estudia en el *dormitorio.* The pupil studies in the bedroom.

1. **(hotel)**____________________
2. **(clase de español)**____________________
3. **(cuarto)**____________________
4. **(clase de inglés)**____________________
5. **(escuela)**____________________

B. Model: La alumna escucha *la frase.* The pupil listens to the sentence.

1. (música)____________________
2. (disco)____________________
3. (inglés)____________________
4. (reloj)____________________
5. (radio)____________________

C. Model: Su hermano mira *el diccionario.* Her brother looks at the dictionary.

1. (lápiz)____________________
2. (pluma)____________________
3. (papel)____________________
4. (tiza)____________________
5. (libro)____________________
6. (cuaderno)____________________
7. (gramática)____________________

8. (avión)____

9. (tren)____

10. (coche)____

V. **Complete with an appropriate selection: el or la. Write a dash (—) if no article may be used.**

______ [1] muchacha entra en ______ [2] escuela en ______ [3] Avenida de Las Américas de ______ [4] ciudad de Nueva York. Su profesor, ______ [5] señor Valdés, lee ______ [6] español muy bien. ______ [7] clase estudia ______ [8] lección de ______ [9] español y escucha ______ [10] idioma en ______ [11] radio y en ______ [12] televisión. Su clase practica ______ [13] inglés también: – ______ [14] Profesor Brown, ¿lee usted ______ [15] periódico en ______ [16] casa? Sí, ______ [17] Profesor Brown lee mucho en ______ [18] tren también, y en ______ [19] casa por ______ [20] noche.

64
PAGINAS
Cuatro Cuerpos

EL UNIVERSAL

CARACAS, DOMINGO 9 DE FEBRERO DE — AÑO LXV. — No. 23.584.

3o.
CUERPO

Los Equipos Respaldan al Presidente de la Liga

Suspendió, por Irrespetuoso, al Dirigente de Magallanes

El Presidente de la Liga de Beisbol Profesional de Venezuela, doctor Germán Parra Fernández, anunció para la próxima semana una reunión con los distintos equipos del circuito, para tratar la solicitud de la renuncia de su cargo que ha hecho la directiva de los Navegantes del Magallanes.

El Magallanes pidió la renuncia del doctor Parra Fernández, a raíz de la suspensión que se le aplicara por un lapso de 5 meses al doctor José Ettedgui, presidente de la popular divisa.

Ayer, el doctor Parra Fernández fue consultado al respecto y dijo que el lunes venidero se ocupará de ciertos detalles de la Serie del Caribe, para fijar luego en la misma semana, una reunión con los directivos de equipos que conforman nuestro circuito rentado.

—¿Y la petición del Magallanes?

—No me rebajo a entrar en polémicas. Da la impresión que el Magallanes es una sola persona y no una divisa. Realmente es difícil tratar con un fanático y no con un directivo. Parece un intocable.

—¿Y sus relaciones con los demás equipos?

—Absolutamente normales.

—¿Aceptará una reelección?

—Tengo el respaldo de los clubes, pero pienso que es prematuro fijar una posición al respecto. He obrado siempre con conciencia y sin intención de perjudicar a determinado equipo o persona en particular.

OREJA A PALOMO en Cada Toro

– Hoy en Coamo –

MERIDA, febrero 8. (Exclusivo por Pepe Cabello). — Tres horas duró la primera de feria, con la participación de cuatro toreros que despacharon ocho astados. Sólo Palomo Linares —variada labor con la muleta en ambos enemigos, destacaron derechazos como en la gráfica—, pudo cortar trofeo. Un apéndice al que abrió plaza, liquidándolo de metisaca que tumbó sin puntilla, otorgándole sin razón la presidencia el trofeo. Y en el quinto volvió Sebastián a fallar con el acero, acción caída que asomó por debajo queriendo en esta ocasión el público que fueran doble los galardones. Bronca fuerte a Usía al negar el segundo premio, dando Palomo varias vueltas al anillo. A Manolo Arruza y a Paco Alcalde le aplaudieron en banderillas, sin que pudieran lucirse con la muleta por mansos enemigos. Y el criollo Rafael Ponzo escuchó música en el cuarto, saliendo del paso con el octavo. Asistió el Presidente Carlos Andrés Pérez, el coso registró magnífica entrada. (Foto Nelson Benedeto). Reseña crítica en página 3-2.

—o—

Para el Suramericano

GOLFISTAS VENEZOLANOS

Depuran su Técnica

El equipo juvenil de Venezuela tiene grandes posibilidades de titularse Campeón en el Suramericano Juvenil de Golf que se iniciará el miércoles próximo en links del Valle Arriba Golf Club. En la foto de Hueck Condado están Vicente Amengual, Rafael Salas y Francisco Alvarado, quienes integran el conjunto nacional. Hoy son esperados los representantes de Argentina, Brasil, Colombia, Ecuador, Bolivia, quienes junto a chilenos, peruanos y venezolanos optarán a la victoria. (Información Pág. 3-2).

Lucirio Garrido

en la Maratón de Puerto Rico

SAN JUAN DE LOS MORROS, febrero 9 (Innac). A. Sarmiento C. — El "Canciller Deportivo" de Venezuela, Lucirio Garrido, encabeza la tripleta que con Maldonado y Ruda se medirán hoy domingo 9 de febrero ante los más calificados fondistas centro y surameriacno, en el Maratón Internacional "San Blas de Illesco", que anualmente se realiza en la hermana República de Puerto Rico.

La importante competencia tiene como escenario a la ciudad de Coamo, donde los participantes deberán cubrir un recorrido de 21 kilómetros, prueba de medio fondo que se cumple por las calles de la referida localidad, caracterizada por su terreno ondulado donde los atletas harán una demostración de su capacidad física, técnica y táctica, tras la supremacía del evento.

PERU SUSPENDIO

Actividades Deportivas

– PAG. 3-3 –

¡Aquí, Madrugador!

Black Gold - Oleander

El Jockey Club Resteado con "Tropel"

Black Gold-Oleander, en la tercera del "5 y 6", es la fija del Madrugador. Oleander viene de perder en una formidable demostración, a pescuezo de Camaruco. Pero ahora será piloteado por el fenomenal Angel Parra, largará por cómodo puesto de partida y en recorrido que lo favorece abiertamente. Lleva el refuerzo nada despreciable de Black Gold, un potro promisor. La llave 12 en la tercera, la imperdible de la sección.

La ausencia de Zona Verde le complicó la primera del pool hasta a los no copeyanos. Un hombre que esta en todo, el trujillano Olinto Pernía, va abrochado con la línea de Carvanal. Recuerden que Olinto Pernía se tiró la línea de La Comedia, aquí en Madrugador, abriendo un "5 y 6". Y La Comedia ganó abonando maravilloso dividendo. Olinto Pernía sostiene que en pleno carnaval, en época de mascaritas, sería una ingenuidad no jugar a Carnaval. Es su fija abriendo. Pero vamos a acompañarla con La Nana, a la que se corren de atraco, y finalmente Coco, super línea de los vivos del sellado Gaeta. Tres para comenzar

En la segunda pusimos otras tres: Aisha, Arequipa y Camarera. Esta última va bien a la distancia y los animales del Comendatore Jacial están moviendo las patas de verdad En el Tonys 63, anoche, Guerrita y compañía tenían el dato de Camarera muy guillado.

En la cuarta válida trascendió que Tropel lleva la documentación en regla. La gente allegada a los Alvarado, en el Jockey Club, juega la fija de Tropel, dispuesta a liquidar a tutilimundi. Jugamos a Tropel, pero acompañamos con Frailejón y Bullicio, que se ven enormes en la carrera.

La otra línea del Madrugador es La Carlina. Su descomunal ensayo de 1.100 en 67,4 terminantemente, nos fuerzan a escogerla. A mitad de semana ajustó su estado cubriendo 24,4 desde el aparato, revolcando a Siesta. Contra las que salgan, La Carlina.

Y en la de cierre, Secretario, el lance del doctor José Colón, un tipo apretado como pocos, además de Altivo y Godfrey. El resto parece sobrar.

María mira cómo los hombres y las mujeres van de prisa.

What a life! Work, work, work. And what does it all lead to?

Todo es rápido en la ciudad.

María visita la ciudad grande de Nueva York. Su primo, Francisco, es de esta ciudad. Ella es de la pequeña aldea de Miraflores, y desea ver todas las cosas importantes en Nueva York. Francisco y María visitan los teatros, los museos y los parques. Los primos van por muchas calles y avenidas y miran los altos edificios y las tiendas grandes. En las calles María mira cómo los hombres y las mujeres van de prisa a los cines, a los restaurantes, a las oficinas y a sus casas. Para María, esta experiencia es interesante y nueva pero es extraña también.

María: Mira, Paco, aquí en la ciudad todo es muy rápido. ¿Por qué? ¿Por qué hay tanta prisa?

Francisco: Pues, María, todas las ciudades grandes son así. Es necesario comer de prisa, trabajar de prisa y vivir de prisa. Así ganamos mucho dinero, y después de veinte o treinta años es posible descansar en una pequeña aldea, mirar las flores y respirar el aire fresco.

María: ¡Ay, Paco! Eso es tonto. En Miraflores, ¡yo hago todas estas cosas ahora!

Palabras Nuevas

SUBSTANTIVOS *(NOUNS)*

el aire *the air*
la aldea *the town*
el año *the year*
la avenida *the avenue*
la calle *the street*
el cine *the movie theater*
la ciudad *the city*
la cosa *the thing*
el dinero *the money*
el edificio *the building*
la experiencia *the experience*
la flor *the flower*
Francisco *Frank*
Paco *Frankie*
el hombre *the man*
María *Mary, Marie*
la mujer *the woman*
el museo *the museum*
Nueva York *New York*
la oficina *the office*
el parque *the park*
el primo *the cousin*
la prisa *the hurry*
de prisa *in a hurry, in a rush*
el restaurante *the restaurant*
el teatro *the theater*
la tienda *the store*

ADJETIVOS *(ADJECTIVES)*

alto,a *tall, high*
estos,as *these*
extraño,a *strange*
fresco,a *fresh*
grande *big, large*
mucho,a *a great deal of, much*
muchos,as *many, a great many*
nuevo,a *new*
pequeño,a *small, little*
rápido,a *fast, rapid*
sus *their*
tanto,a *so much*
todos,as *every, all*
tonto,a *foolish*

VERBOS *(VERBS)*

comer *to eat*
descansar *to rest*
desea *(she) wishes, wants*
hago *I do*
ir *to go*
ganamos *we earn*
¡mira! *look!*
mira *(she) looks at, watches*
miran *they look at, watch*
respirar *to breathe*
son *they are*
trabajar *to work*
van *they go, walk*
ver *to see*
visita *(she) visits*
visitan *they visit*
vivir *to live*

OTRAS PALABRAS *(OTHER WORDS)*

a *to*
aquí *here*
así *so, (in) this way, thus*
cómo *how*
después de *after*
eso *that*
las (fem. pl.) *the*
los (masc. pl.) *the*
o *or*
para *for, in order to*
pero *but*
por *along, through*
¿por qué hay. . .? *Why is there . . .?*
pues *well, then*
todo *everything, all*
treinta *thirty*
una *a*
veinte *twenty*

EJERCICIOS

I. (A) Rewrite the sentence, using the expression that best completes it.

1. El primo de María es de (a) Los Ángeles (b) San Antonio (c) Nueva York (d) Miami. ______________
____

2. La aldea de María es (a) grande (b) alta (c) interesante (d) pequeña. ______

3. Los primos van por (a) las aldeas (b) las calles (c) las escuelas (d) las casas. ______

4. En la ciudad todo es (a) fresco (b) estudioso (c) necesario (d) rápido. ______

(B) Rewrite the sentence, substituting a correct word for the underlined word.

1. Nueva York es <u>pequeña</u>. ______
2. Los <u>parques</u> son muy altos. ______
3. Los hombres y las mujeres van de prisa por las <u>aldeas</u>. ______
4. Es posible descansar en las <u>calles</u>. ______
5. Para María es posible mirar las flores en su aldea <u>mañana</u>. ______

II. Match the following:

1. María visita ______ a. interesante y nueva.
2. Ella desea ver ______ b. de prisa.
3. Su experiencia es ______ c. en las aldeas.
4. Hay aire fresco ______ d. a su primo, Paco.
5. Los hombres y las mujeres van ______ e. todas las cosas interesantes.

III. Juego de palabras—Translate these words to fill in the boxes of the puzzle below.

1. pencil
2. love
3. movies
4. important
5. a *(f.)*
6. money
7. now
8. to rest

1.	2.	3.	4.	5.	6.	7.	
L	A	C	I	U	D	A	D

IV. Compositions: Oral or written in notebooks.

A. Look at the picture opposite page 13. Describe the scene in Spanish to your class.
B. Tell a visitor about your city. Include the following:

Mi ciudad

1. What kinds of buildings there are. 2. What interesting places it is possible to visit. 3. How fast it is necessary to work in order to earn money. 4. When it is necessary to go to small towns. 5. Why it is important to go to small towns.

ESTRUCTURAS DE LA LENGUA

The Noun and the Definite Article (Plural). Comparisons between singular and plural forms.

El libro

Los libros

Singular (one)	*Plural (more than one)*
1. **El chico** usa **el libro.** The boy uses the book.	**Los chicos** usan **los libros.** The boys use the books.
2. **La chica** usa **la pluma.** The girl uses the pen.	**Las chicas** usan **las plumas.** The girls use the pens.
3. **El hombre** y **la mujer** visitan **el hotel** y **la pensión** en España. The man and woman visit the hotel and the boarding house in Spain.	**Los hombres** y **las mujeres** visitan **los hoteles** y **las pensiones** en España. The men and women visit the hotels and the boarding houses in Spain.

Rules:

1. **Los** means *the* before a masculine plural noun and is the masculine plural article. **Las** means *the* before a feminine plural noun and is the feminine plural article. In summary, Spanish uses *four* definite articles:

	Masculine	Feminine
Singular	**el**	**la**
Plural	**los**	**las**

2. Add **s** to a noun of either masculine or feminine gender that ends in a *vowel:* **a, e i, o, u,** in order to form the plural, *e.g.* **el uso, los usos** (the uses); **la uva, las uvas** (the grapes).

3. Add **es** to a noun of either gender that ends in a *consonant* in order to form the plural, *e.g.* **el papel, los papeles** (the papers); **la flor, las flores** (the flowers)

4. Omit the accent mark from the final syllable when adding **es** to nouns ending in **ión,** *e.g. la lección, las lecciones* (the lessons); **la pensión, las pensiones** (the boarding houses).

5. Change final **z** to **c** before adding **es,** *e.g.* **el lápiz, los lápices** (the pencils).

STUDY THE RULES, EXAMPLES AND MODELS BEFORE BEGINNING THE EXERCISES!

I. Complete the sentence with the plural of the article and noun in *italics*, e.g., *el uso* **los usos.**

1. *el chico* ______________________ son estudiosos.
2. *la muchacha* ______________________ son necesarias.
3. *el hombre* ______________________ son extraños.
4. *la madre* ______________________ son importantes.
5. *la lección* ______________________ son interesantes.
6. *el lápiz* ______________________ son pequeños.
7. *el papel* ______________________ son muchos.
8. *la mujer* ______________________ son elegantes.
9. *el profesor* ______________________ son altos.
10. *el cine* ______________________ son nuevos.
11. *la frase* ______________________ son tontas.
12. *el tren* ______________________ son rápidos.
13. *la ciudad* ______________________ son grandes.
14. *el día* ______________________ son fáciles.
15. *la flor* ______________________ son atractivas.

II. Write this response in the *singular,* using the appropriate article and noun before the adjective **grande. No. Solamente** ______________________ **grande.**

Model:—¿Son interesantes todos los libros? —No. Solamente **el libro** grande.
Are *all the books* interesting? No. *Only the big book.*

1. ¿Son necesarios todos los restaurantes? ______________________
2. ¿Son buenos todos los museos? ______________________
3. ¿Son nuevas todas las aldeas? ______________________
4. ¿Son fáciles todas las clases? ______________________
5. ¿Son tontos todos los periódicos? ______________________

6. ¿Son interesantes todas las gramáticas? ______________________________

7. ¿Son importantes todos los edificios? ______________________________

8. ¿Son nuevos todos los hoteles? ______________________________

9. ¿Son frescos todos los parques? ______________________________

10. ¿Son rápidas todas las calles? ______________________________

III. Write the following response: **Sí, todos los** __________ or **Sí, todas las** __________ according to the gender of the noun in the question.

Model: 1.—¿Desea usted libros? —Sí, **todos los libros.**
Do you want books? Yes, all the books.

2.—¿Desea usted plumas? —Sí, **todas las plumas.**
Do you want pens? Yes, all the pens.

1. ¿Estudia usted libros? ______________________________

2. ¿Necesita usted papeles? ______________________________

3. ¿Usa usted gramáticas? ______________________________

4. ¿Mira usted pensiones? ______________________________

5. ¿Usa usted trenes? ______________________________

6. ¿Escucha usted idiomas? ______________________________

7. ¿Visita usted universidades? ______________________________

8. ¿Necesita usted mapas? ______________________________

9. ¿Estudia usted lecciones de español? ______________________________

10. ¿Mira usted programas de televisión? ______________________________

IV. Complete with the appropriate definite article: **el, la, los,** or **las.**

En _____(1) clases de español _____(2) alumnos escuchan _____(3) español y hablan español todos _____(4) días. _____(5) profesores de idiomas son _____(6) señorita Ruiz y _____(7) señor Martínez. Todos _____(8) chicos contestan bien en _____(9) escuela. Solamente _____(10) alumna Rosa no estudia _____(11) lecciones. Pero _____(12) alumno Juan estudia _____(13) libros todas _____(14) noches. Todas _____(15) muchachas desean escuchar _____(16) programas en español en _____(17) radio y en _____(18) televisión. _____(19) periódicos también son excelentes para practicar todos _____(20) idiomas.

¡Qué horror!
Un fantasma abre la puerta.

Did you ever get a letter and not know where it was from? Juanita did and she's scared.

La carta misteriosa

Cuando Juanita Pacheco recibe esta carta, está muy sorprendida. Ella abre la carta y lee:

Invitación a una reunión el 31 de octubre a las once de la noche en la calle 35, número 99.

Srta. Juanita Pacheco
Av. Las Magnolias 355
Ponce, Puerto Rico

Pero Juanita no comprende. ¿De quién es esta invitación? Y ¿por qué a las once de la noche? Juanita está loca de curiosidad.

Es el treinta y uno de octubre. Es muy tarde. Nadie camina por las calles. Juanita corre hasta la Calle Treinta y Cinco. Busca los números en las puertas de las casas.– ¡Aqui! El número noventa y nueve! Es esta casa.

– Mmmmm. Es extraño. En la casa no hay luz. ¿Qué pasa aquí?– Juanita está nerviosa pero loca de curiosidad. Ella desea entrar. Toca a la puerta, y. . . .¡Qué horror! ¡Un fantasma abre la puerta!

¡Ay, no! ¡Qué sorpresa! No es un fantasma. Es su amigo, Paco, con una máscara. Paco vive en esta casa. Y los otros amigos están aquí también. En la casa hay fiesta. Claro, es la Víspera de Todos Los Santos. En las mesas están muchas cosas buenas para comer y para beber. Hay música y los amigos cantan, bailan y comen.

Palabras Nuevas

SUBSTANTIVOS

el amigo *the friend*
la Calle Treinta y Cinco *Thirty-fifth Street*
la carta *the letter*
el fantasma *the ghost*
la fiesta *the party*
el horror *the horror*
la invitación *the invitation*
Juanita *Janie, Jeannie*
la luz *the light*
la máscara *the mask*
la mesa *the table*
la música *the music*
el número *the number*
la puerta *the door*
la sorpresa *the surprise*
el treinta y uno de octubre *the thirty-first of October*
la Víspera de Todos Los Santos *Halloween*

ADJETIVOS

bueno,a *good*
loco,a *crazy*
loco,a de curiosidad *crazy with curiosity*
misterioso,a *mysterious*
nervioso,a *nervous*
otro,a *other*
sorprendido,a *surprised*

VERBOS

abre *(she) opens*
bailan *they dance*
beber *to drink*
busca *(she) looks for*
camina *walks*
(nadie) camina *(nobody) walks*
cantan *they sing*
comen *they eat*
comer *to eat*
no comprende *(she) does not understand*
corre *(she) runs*
entrar *to enter*

está (she) is (with certain adjectives and locations)
están *they are*
recibe *(she) receives*
toca a la puerta *(she) knocks at the door*
vive *(he) lives*

OTRAS PALABRAS

¡ajá! aha!
a las *once* de la noche *at eleven P.M.*
claro *of course*
cuando *when*
¿de quién? *from whom?*
en *on*
hasta *to, until*
nadie *nobody, no one*
no hay *there is no, there isn't any*
noventa y nueve *ninety-nine*
pero *but*
¿por qué? *why?*
¿qué? *what?*
¿Qué pasa? *What is happening?*
¡qué! *what a. . .!*
¡Qué horror! *What a horror!*
¡Qué sopresa! *What a surprise!*
tarde *late*
un (masc.) *a*
una (fem.) *a*

EJERCICIOS

I. Preguntas. Complete the answer according to the story.

1. ¿Qué recibe Juanita? Juanita ______
2. ¿Para cuándo es la invitación? La invitación ______
3. ¡Qué número busca Juanita? Juanita ______
4. ¿Qué no hay en la casa? No hay ______
5. ¿Cómo está Juanita? Juanita ______
6. ¿De quién es la invitación? La invitación ______
7. ¿Por qué no es un fantasma? Es ______
8. ¿Para qué es la fiesta? La fiesta ______
9. ¿Qué hay en las mesas? En las mesas ______
10. ¿Por qué cantan y bailan los amigos? Hay ______

II. Rewrite the sentence, using the correct word in place of the underlined word.

1. Juanita <u>copia</u> la carta. ______
2. Pero Juanita no <u>mira</u> la invitación. ______
3. Nadie <u>corre</u> por las calles. ______
4. Juanita <u>camina</u> por las calles. ______

5. Juanita desea beber en la casa. ______________________________

6. Ella abre la puerta. ______________________________

7. Un fantasma toca a la puerta. ______________________________

8. Paco visita en esta casa. ______________________________

9. En las mesas están muchas cosas buenas para mirar y estudiar. ______________________________

10. Los amigos caminan y corren con la música. ______________________________

III. Acróstico – Complete the story by filling in the boxes of the puzzle

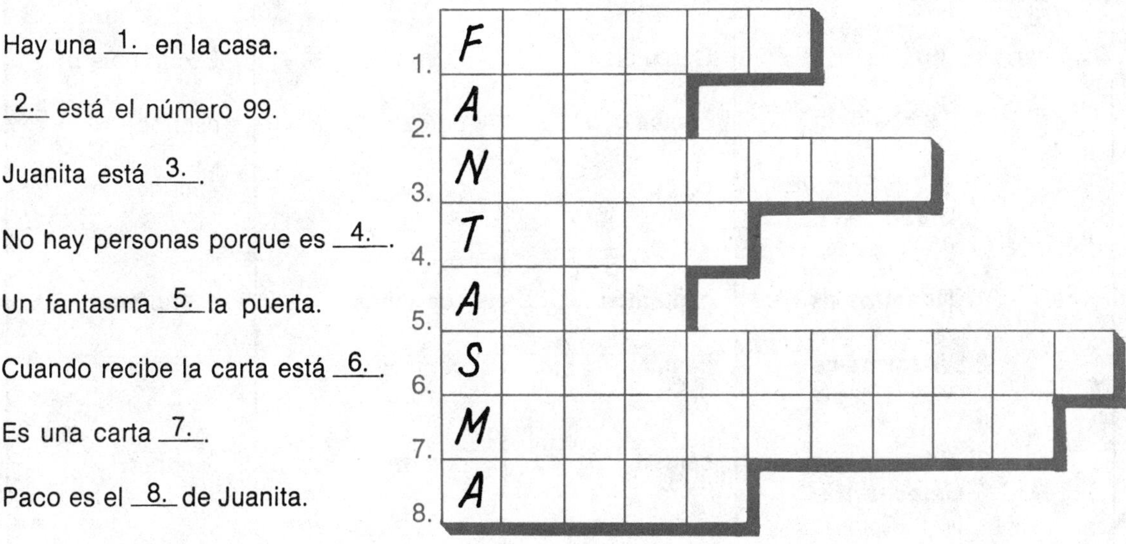

Hay una 1. en la casa.
2. está el número 99.
Juanita está 3. .
No hay personas porque es 4. .
Un fantasma 5. la puerta.
Cuando recibe la carta está 6. .
Es una carta 7. .
Paco es el 8. de Juanita.
1. F
2. A
3. N
4. T
5. A
6. S
7. M
8. A

IV. Compositions. Oral or written in notebooks.

(A) Look at the picture opposite page 19. Describe the scene in Spanish to your class.

(B) Tell a friend about a surprise party you are giving. Include the following:

Una fiesta

1. For whom the party is. 2. When the party is. 3. Where it is. 4. Whether there are good things to eat and drink. 5. What the friends do at the party.

ESTRUCTURAS DE LA LENGUA
The Present Indicative Tense

A. The endings of the present tense tell who is doing the action; they change as the subject or "doer" changes. Subject pronouns are often unnecessary. Learn the sets of personal endings for each of the **ar, er, ir,** infinitives.

	AR conjugation (I)	**ER** conjugation (II)	**IR** conjugation (III)
Infinitives:	**cantar** *to sing*	**comer** *to eat*	**escribir** *to write*
	I sing; do sing; am singing well.	I eat; do eat; am eating well.	I write; do write; am writing well.
**Optional subject pronouns*			
Singular: 1. **Yo** *I*	Cant**o** bien.	Com**o** bien.	Escrib**o** bien.
2. **Tú** *You* (fam.)	cant**as**	com**es**	escrib**es**
3. **Él** *He*; **Ella** *She* **Usted** *You* (formal)	cant**a**	com**e**	escrib**e**
Plural: 1. **Nosotros-as** *We*	cant**amos**	com**emos**	escrib**imos**
2. **Vosotros-as** *You* (fam.)	cant**áis**	com**éis**	escrib**ís**
3. **Ellos-as** *They* **Ustedes** *You* (formal)	cant**an**	com**en**	escrib**en**
*See subject pronouns p. 20			

Rules:

1. A Spanish verb has one of the following infinitive group endings: **ar, er,** or **ir.** These endings represent the English *to.* Examples: *cantar* to sing; *comer* to eat; *escribir* to write.
2. When a subject is given, the infinitive group ending, **ar, er,** or **ir,** drops and is replaced by personal endings according to the subject.
   a. **AR** verbs: Remove the infinitive group ending **AR.** Add the correct personal ending **o, as, a, amos, áis, an,** according to the subject given.
   b. **ER** verbs: Remove the infinitive group ending **ER**. Add the correct personal ending **o, es, e, emos, éis, en,** according to the subject given.
   c. **IR** verbs: Remove the infinitive group ending **IR**. Add the correct personal ending **o, es, e, imos, ís, en,** according to the subject given.

3. The endings of the present tense tell us that an act or a state of being is taking place at present or that it occurs as a general rule. **Am, is, are, do, does,** are included in the Spanish verb form of the present tense. Examples: *I am singing* **yo canto;** *she does eat* **ella come.**

B. Subject pronouns (See page 22 for the list of subject pronouns.)

1. The subject pronoun is used *to stress* or *to emphasize* the subject. The subject pronoun *precedes* the verb in a statement. The subject pronoun must be used when no verb is given.

2. Excepting **usted** and **ustedes,** subject pronouns are *normally omitted* because the verb *ending identifies the subject,* provided that no emphasis is intended.

Normal unstressed subject.	*Stressed subject.*	*Without a verb.*
Cant**a**. He sings.	***El** canta y **yo** canto, también.	***¿El?** Sí, **él** y **yo.**
Cant**o**. I sing.	*He* sings, and *I* am singing, too.	*He?* Yes, *he* and *I.*

3. Spanish subject pronouns show gender not only in **él** *he,* **ella** *she,* but also in **nosotros** *we* masculine, **nosotras** *we* feminine, and in **ellos** *they* masculine, **ellas** *they* feminine. ***Él** *he* commonly appears in print as **El** *without an accent mark when capitalized.*

4. Spanish has *four* subject pronouns meaning *you.* **Tú** addresses one person with familiarity, e.g., an intimate friend or someone younger. **Usted** (abbreviation: **Vd.**) addresses one person with formality, e.g., a teacher, the president, someone older than the speaker. **Ustedes** (abbreviation: **Vds.**), you *plural,* generally addresses two or more persons with either formality or familiarity in Latin America. In Spain **ustedes (Vds.)** addresses two or more persons only with formality. **Vosotros-as** is used chiefly in Spain to address two or more persons with familiarity. Since **vosotros-as** is *not* in general use in Latin America, it will receive limited treatment in this book.

C. Formation of yes-no questions:

Statement	*Question*
1. **Juan** canta aquí. John sings here.	¿Canta **Juan** aquí? *Does John* sing here?
2. **Vd.** canta también. You sing, too.	¿Canta **Vd.** también? *Do you* sing, too?

Rules:

1. The subject is generally placed *after* the verb to form a question.

2. An inverted question mark at the beginning of each written question informs the reader that a question is about to be asked. A final question mark punctuates the end of each question, like an English question.

***Capital letters may keep or may drop their accent marks.**

STUDY THE RULES, EXAMPLES, AND MODELS BEFORE BEGINNING THE EXERCISES!

Exercises

I. AR verbs

AR: **andar** *to walk;* **bailar** *to dance;* **cantar** *to sing;* **comprar** *to buy;* **contestar** *to answer;* **desear** *to want;* **entrar** *to enter;* **escuchar** *to listen;* **estudiar** *to study;* **hablar** *to speak;* **invitar** *to invite;* **llegar** *to arrive;* **necesitar** *to need;* **practicar** *to practice;* **preguntar** *to ask;* **preparar** *to prepare;* **regresar** *to return;* **tocar** *to play* (instrument); **tomar** *to take;* **trabajar** *to work;* **visitar** *to visit.*

A. Rewrite the sentence, substituting ONE appropriate pronoun for the subject in *italics.*

Model: *Juanita y yo* hablamos español. — **Nosotros** hablamos español.
Joan and I speak Spanish. — We speak Spanish.

1. *Roberto* canta bien. ____________________
2. *María* necesita papel. ____________________
3. *Alberto y Tomás* caminan mucho. ____________________
4. *Ana y Clara* buscan la casa. ____________________
5. *Ella y yo* entramos ahora. ____________________

B. Rewrite the model sentence, substituting the subject in parentheses for the word(s) in *italics.* Make the necessary change in the verb.

Model: *Pedro y yo* bailamos. — (Vosotros) **Vosotros bailáis.**
Peter and I are dancing. — You (*fam., pl.*) are dancing.

1. (Yo) ____________________
2. (Él) ____________________
3. (Vd.) ____________________
4. (Tú) ____________________
5. (Vds.) ____________________
6. (Tú y yo) ____________________
7. (Ella) ____________________
8. (Ellas) ____________________
9. (Ellos) ____________________
10. (Nosotros) ____________________

C. Write affirmative answers in complete Spanish sentences. In answer (a) use **Sí.** In answer (b) use **también,** according to the model.

Models: a. ¿Bailas tú en la fiesta? ¿Baila Vd. en la fiesta? Do you dance at the party? — a. **Sí, yo bailo** en la fiesta. Yes, I dance at the party.
b. ¿Y Vds.? And do you (pl.)? — b. **Nosotros bailamos también.** We dance, too.

1. a. ¿Canta ella en la escuela? ____________________
   b. ¿Y nosotros? ____________________
2. a. ¿Contestan ellos en la clase? ____________________
   b. ¿Y Pedro? ____________________

3. a. ¿Escuchan los amigos la música? ______

   b. ¿Tú y yo? ______

4. a. ¿Deseas tú la carta? ______

   b. ¿Juanita y Pablo? ______

5. a. ¿Andan ellos a casa? ______

   b. ¿Y Vd.? ______

D. Write an affirmative answer in a complete Spanish sentence according to the model.

Model:	¿Toma Vd. café? ¿Tomas tú café? Do you take coffee?	**Sí, yo tomo** café. Yes, I take coffee.

1. ¿Compra Vd. flores? ______
2. ¿Visitas tú la ciudad? ______
3. ¿Estudian Vds. el español? ______
4. ¿Necesitamos Juan y yo dinero? ______
5. ¿Respiro yo aire fresco? ______

II. ER verbs.

ER: **aprender** *to learn;* **beber** *to drink;* **comer** *to eat;* **comprender** *to understand;* **correr** *to run;* **creer** *to believe;* **leer** *to read;* **responder** *to answer;* **vender** *to sell.*

A. Rewrite the sentence, substituting ONE appropriate pronoun for the subject in *italics.*

Model:	*Juanita* lee la carta. Jeannie reads the letter.	**Ella** lee la carta. She reads the letter.

1. *La muchacha* aprende esto. ______
2. *Mi primo* comprende el libro. ______
3. *Ana y Laura* corren de prisa. ______
4. *Él y yo* bebemos mucho. ______
5. *Luis y Elena* comen bien. ______

B. Rewrite the model sentence, substituting the subject in parentheses for the word(s) in *italics.* Make the necessary change in the verb.

Model:	*Alicia y yo* respondemos bien. Alice and I answer well.	(Ella) **Ella responde** bien. She answers well.

1. (Yo) ______
2. (Vd.) ______
3. (Tú) ______
4. (Ella) ______

5. (Vds.) ______________________ 8. (Él) ______________________

6. (Vd. y yo) ______________________ 9. (Nosotras) ______________________

7. (Ellos) ______________________ 10. (Él y ella) ______________________

C. Write affirmative answers in complete Spanish sentences. In answer (a) use **Sí.** In answer (b) use **también.**

Models:	a. *¿Crees tú esto?* ¿Cree Vd. esto? Do you believe this?	a. **Sí, yo creo** esto. Yes, I believe this.
	b. ¿Y ellos? And they?	b. **Ellos creen** esto **también.** They believe this, too.

1. a. ¿Comemos rápido tú y yo? ______________________
   b. ¿Y la niña? ______________________
2. a. ¿Respondes tú bien? ______________________
   b. ¿Y María? ______________________
3. a. ¿Aprenden ellos el español? ______________________
   b. ¿Y Vds.? ______________________
4. a. ¿Lee José la gramática? ______________________
   b. ¿Y Vd.? ______________________
5. a. ¿Comprenden Vds. la frase? ______________________
   b. ¿Y los muchachos? ______________________

D. Write an affirmative answer in a complete Spanish sentence. Begin your answer with **Sí.**

1. ¿Corres tú en la calle? ______________________
2. ¿Venden Vds. limonada? ______________________
3. ¿Creemos María y yo el programa? ______________________
4. ¿Ponen las primas la televisión? ______________________
5. ¿Come Vd. bien aquí? ______________________

III. IR verbs

IR: **abrir** *to open;* **asistir** *to attend;* **cubrir** *to cover;* **describir** *to describe;* **escribir** *to write;* **partir** *to leave;* **omitir** *to omit;* **recibir** *to receive;* **subir** *to go up;* **vivir** *to live.*

A. Rewrite the sentence, substituting ONE appropriate pronoun for the subject in *italics.*

Model:	*Mi amigo* abre la puerta. My friend opens the door.	**Él** abre la puerta. He opens the door.

1. *Mi madre* parte hoy. ______________________

2. Juanita y Vd. reciben la invitación. ____________________

3. Isabel y Gloria escriben la carta. ____________________

4. El padre y la madre viven aquí. ____________________

5. Vd. y yo abrimos el cuaderno. ____________________

B. Rewrite the model sentence, substituting the subject in parentheses for the words in *italics.* Make the necessary change in the verb.

Model: *Carlos y yo* asistimos hoy.
Charles and I are attending today.

(Ellas) **Ellas asisten** hoy.
They are attending today.

1. (Tú) ____________________
2. (Vd.) ____________________
3. (Ellos) ____________________
4. (Vds.) ____________________
5. (Ella y yo) ____________________
6. (Ellas) ____________________
7. (Yo) ____________________
8. (Él) ____________________
9. (Ella) ____________________
10. (Nosotras) ____________________

C. Write affirmative answers in complete sentences. In answer (a) use **Sí.** In answer (b) use **también.**

Models:
a. ¿Describes la ciudad?
¿Describe Vd. la ciudad?
Do you describe the city?
b. ¿Y nosotros?
And do we?

a. **Sí, yo describo** la ciudad.
Yes, I describe the city.
b. **Vds. describen** la ciudad **también.**
You describe the city, too.

1. a. ¿Recibe Carlos dinero? ____________________
   b. ¿Y las hermanas? ____________________
2. a. ¿Escriben los amigos cartas? ____________________
   b. ¿Y nosotros? ____________________
3. a. ¿Vives tú en esta aldea? ____________________
   b. ¿Y los primos? ____________________
4. a. ¿Cubro yo el libro? ____________________
   b. ¿Y Vds.? ____________________
5. a. ¿Suben Vds. la montaña? ____________________
   b. ¿Y Luis? ____________________

D. Write an affirmative answer in a complete Spanish sentence. Begin your answer with **Sí.**

1. ¿Abrimos Ana y yo los periódicos? ____________________

2. ¿Cubres tú la mesa? ____________________

3. ¿Parten Vds. ahora? ______________________________

4. ¿Describe Vd. la clase? ______________________________

5. ¿Omite el profesor la palabra? ______________________________

IV. AR, ER, IR, verbs

A. Rewrite the sentence, using the name in parentheses and the formal address **Vd.** in place of the familiar **tú.** Note: Omit the **s** from the verb ending.

Model: Tú comes poco. (Señor Ortiz) **Señor Ortiz, Vd.** com**e** poco.
You (fam.) eat little. Mr. Ortiz, you (formal) eat little.

1. Tú entras en la sala. (Señor López) ______________________________
2. Tú crees el libro. (Señora Gómez) ______________________________
3. Tú vives aquí. (Profesor Ruiz) ______________________________
4. Tú tocas bien. (Señorita Marín) ______________________________
5. Tú escribes el inglés. (Doctor Muñoz) ______________________________

B. Rewrite the sentence, using the name in parentheses and the familiar address **tú** in place of **Vd.** Note: Add **s** to the verb ending.

Model: Vd. aprende bien. (Felipe) **Felipe, tú** aprend**es** bien.
You (formal) learn well. Philip, you (fam.) learn well.

1. Vd. trabaja mucho. (Pepe) ______________________________
2. Vd. contesta poco. (Ana) ______________________________
3. Vd. aprende mal. (Carlos) ______________________________
4. Vd. corre rápido. (niño) ______________________________
5 Vd. lo describe bien. (niña) ______________________________

C. Rewrite as a question, e.g., **Yo como mal.** *I eat poorly.* **¿Como yo mal?** *Do I eat poorly?*

1. Yo comprendo la frase.______________________________
2. Carlitos corre a su madre.______________________________
3. Los niños desean la invitación.______________________________
4. El y yo asistimos a las clases.______________________________
5. Pedro y yo tomamos café.______________________________

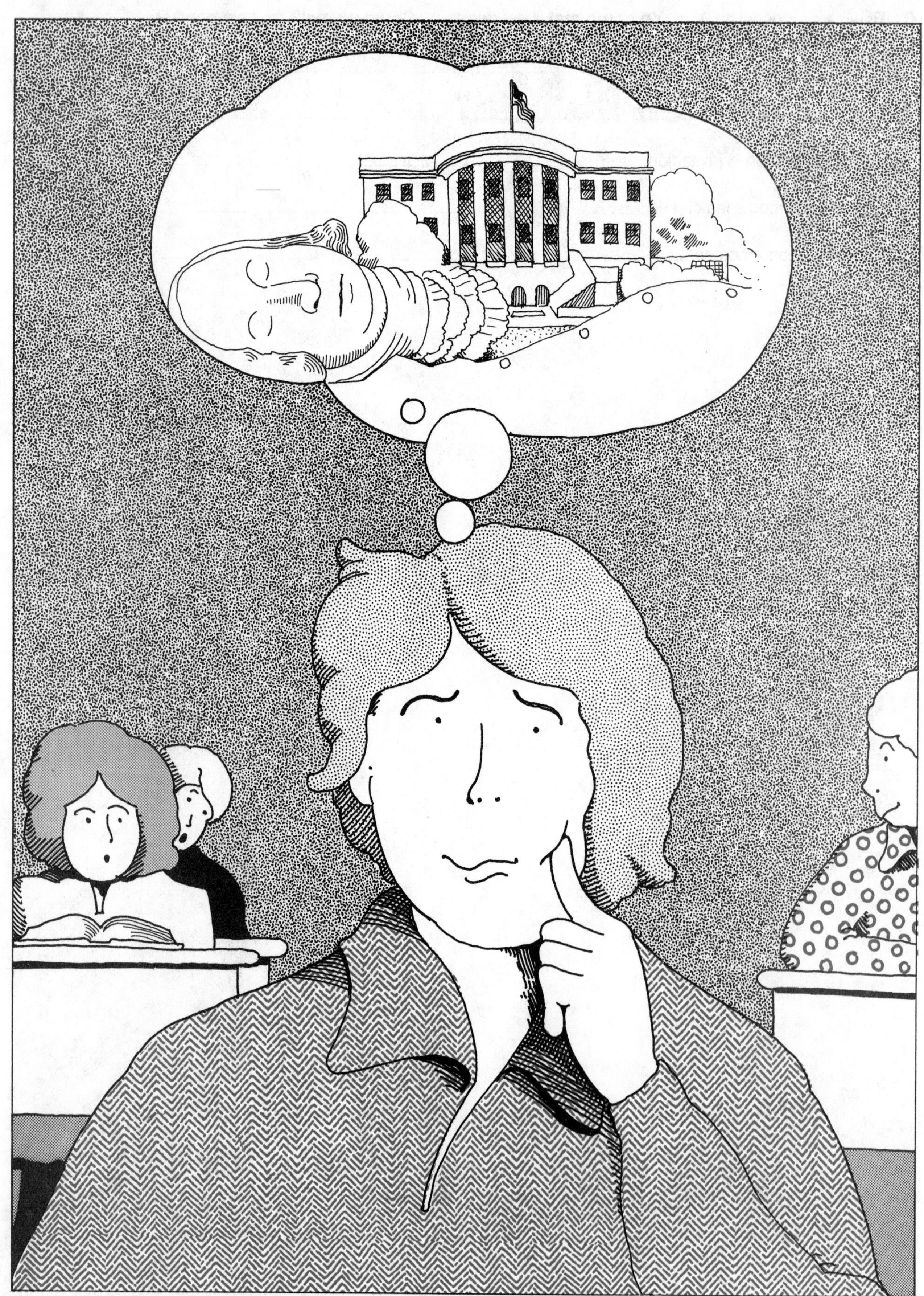

¿Quién es el presidente de los Estados Unidos?

Do you like quiz shows? Here's one which might be embarrassing.

¿Conoce usted historia?

Para hacer interesante la clase de historia, el Profesor Fajardo decide usar otros métodos hoy. Todos los alumnos de la clase van a participar en un concurso. Luis, el muchacho más inteligente y más aplicado, va a ser el maestro de ceremonias. Otro muchacho, Jaimito, es perezoso. No estudia y no aprende mucho. Jaimito va a contestar primero.

Luis: Bueno, Jaimito. ¿Sabe Vd. mucho de la historia de los Estados Unidos?

Jaimito: Claro. Ya estoy en esta clase de historia tres años.

Luis: Pues bien, ¿quién es el presidente de los Estados Unidos?

Jaimito: Mmmmm. . . . No estoy seguro. Creo que es. . . . Creo que es Jorge Wáshington.

Luis: ¿Jorge Wáshington? ¡Ay, qué tonto! ¿No sabe Vd. que Wáshington está muerto? Otra pregunta: ¿Dónde vive el presidente?

Jaimito: Creo que vive en una casa blanca.

Luis: *Sí, claro. Vive en la Casa Blanca. Pero, ¿en qué ciudad?*

Jaimito: ¿En Los Ángeles?

Luis: No, tonto, en Wáshington.

Jaimito: Pero, ¿cómo es posible? Wáshington está muerto. No es verdad?

Luis: ¡Ay, tonto! ¿Cuándo va Vd. a aprender? ¿Para qué va Vd. a la escuela? ¿Por qué no conoce Vd. la historia de los Estados Unidos?

Jaimito: Pero, Luis, ésas ya son tres preguntas. ¿Cuántas debo contestar?

El profesor: ¡Ninguna! ¡Ninguna! Ya estoy enfermo. Mañana hay una lección normal.

Palabras Nuevas

SUBSTANTIVOS

el alumno *the pupil (masc.), the student*
la Casa Blanca *the White House*
el concurso *the contest*
los Estados Unidos *the United States*
la historia *history*
la clase de historia *the history class*
Jaimito *Jamie (little James)*
Jorge Wáshington *George Washington*
Luis *Louis*
el maestro de ceremonias *the master of ceremonies*
el método *the method*
el muchacho *the boy*
la pregunta *the question*
el presidente *the president*
el profesor *the teacher (masc.)*
el tonto *the fool*

ADJETIVOS

aplicado,a *studious*
más aplicado,a *most (more) studious*
blanco,a *white*
enfermo,a *sick*
inteligente *intelligent*
más inteligente *Most (more) intelligent*
muerto,a *dead*
normal *normal*
otro,a *another, other*
perezoso,a *lazy*
seguro,a *sure*
tres *three*

VERBOS

aprender *to learn*
¿Conoce . . .? *Are you acquainted with. . .?*
contestar *to answer*
creer *to believe*
deber should, must, to have to
decidir *to decide*
estoy *I am*
no estoy *I am not*
hacer *to make*
participar *to participate*
saber *to know*
¿No sabe Vd.? *Don't you know?*
ser *to be*
usar *to use*
va a *he (she) is going to; you (formal sing.) are going to*

van a *they are going to; you (formal pl.) are going to*

PALABRAS INTERROGATIVAS

¿Cómo? *How*
¿Cuándo? *When?*
¿Cuántos,as? *How many?*
¿Dónde? *Where?*
¿Para qué *For what purpose? Why?*
¿Por qué? *Why?*
¿Quién *Who?*

OTRAS PALABRAS

ésas *those*
hoy *today*
más *most, more*
ninguna *none*
¿No es verdad? *Isn't it true? Right?*
primero *first*
pues bien *well, then*
que *that*
ya *already, now*

EJERCICIOS

I. (A) Complete.

1. El señor Fajardo es profesor de ____________.
2. Luis es un muchacho ____________ y ____________.
3. Jaimito no ____________ y no ____________.
4. Jaimito no sabe que Jorge Wáshington está ____________.
5. El profesor ya está ____________.

(B) **Preguntas personales y generales.** Write your answer in a complete Spanish sentence.

1. ¿Quién es el presidente de los Estados Unidos?
2. ¿Cómo está una persona que va al hospital?
3. ¿Para qué debe Vd. ir a la escuela?
4. ¿Cuántos alumnos perezosos están en la clase de español?
5. ¿En qué clase aprende Vd. mucho de los Estados Unidos?

1. ____________
2. ____________
3. ____________
4. ____________
5. ____________

II. Mixed-up sentences. Can you put the words in the correct order to form complete sentences?

1. el usar métodos otros decide profesor.
2. primero a va contestar Jaimito.
3. en estoy esta historia clase de tres años.
4. ¿vive presidente el dónde?
5. ¿es presidente los Unidos quién el Estados de?

1. ____________

2. ____________________

3. ____________________

4. ____________________

5. ____________________

III. Compositions: Oral or written in notebooks.

(A) Look at the picture opposite page 31. Describe the scene in Spanish to your class.

(B) Tell about your favorite class. Include the following:

Mi clase favorita

1. Which is your favorite class, and whether it is a smart class. 2. Whether anyone is lazy, and which student is very studious. 3. Whether the teacher is nice (**simpático, a**) and whether he or she uses interesting methods. 4. Whether you receive good marks (**notas**). 5. Where you study, and when.

ESTRUCTURAS DE LA LENGUA

Simple Negative; Interrogative Words

A. To form the simple negative place **no** before the verb.

Affirmative	*Negative*
1. Ellos cantan hoy. They are singing today.	Ellos **no** cantan hoy. They are not singing today.
2. ¿Cantas tú? Do you sing?	**¿No** cantas tú? Don't you sing?

Rule:

Place **no** before the verb in *both* statements and questions to form the negative.

B. Interrogative words request specific information. They begin the question.

1. **¿Cómo** come Juan? *How* does John eat?
2. **¿Cuándo** come Juan? *When* does John eat?
3. **¿Cuánto** come Juan? *How much* does John eat?
4. **¿Dónde** come Juan? *Where* does John eat?
5. **¿Para qué** come Juan? *For what purpose* does John eat?
6. **¿Por qué** come Juan? *Why* does John eat?
7. **¿Qué** come Juan? *What* does John eat?
8. **¿Quién come?** *Who* (sing. subject) *is eating*?
   ¿Quiénes comen? *Who* (pl. subject) *are eating*?
9. **¿A quiénes** ve? *Whom* does he see?
   ¿A quiénes corre él? *To whom* does he run?

Rules:

1. Interrogative words bear an accent mark on the stressed vowel.
2. **¿Cuánto?, ¿cuánta?, ¿cuántos?,** and **¿cuántas?** when followed by a noun are adjectives and must agree with the noun in gender and number.
3. **¿Quién?** is followed by a third person *singular* verb. **¿Quiénes?** is followed by a third person *plural* verb.

¿Cuánt**o** dinero recibes?	How much money do you receive?
¿Cuánt**a** fruta comes?	How much fruit do you eat?
¿Cuánt**os** niños leen?	How many children read?
¿Cuánt**as** chicas estudian?	How many girls study?

STUDY THE RULES, EXAMPLES, AND MODELS BEFORE BEGINNING THE EXERCISES!
ALSO REVIEW LESSON 3, p. 22 – AR, ER, and IR Verbs

Exercises

I. a. Rewrite the sentence in the NEGATIVE by placing **no** before the verb.
b. Then rewrite the negative statement as a NEGATIVE QUESTION.

Model:			
	Ana come. Anne eats.	a. Ana **no** come. Anne doesn't eat.	b. **¿No come Ana?** Doesn't Anne eat?

1. Ellos hablan de la chica. a. ______________________________

   b. ______________________________

2. Vd. canta en la fiesta. a. ______________________________

   b. ______________________________

3. Tú escribes mucho. a. ______________________________

   b. ______________________________

4. Nosotros vendemos periódicos. a. ______________________________

   b. ______________________________

5. Yo vivo en la ciudad. a. ______________________________

   b. ______________________________

II. Write NEGATIVE answers in complete Spanish sentences according to the models.

Model:		
	a. –¿Corre Vd. al parque?	Do you run to the park?
	–**Yo no corro** al parque.	I do not run to the park.
	b. –¿Y Juan?	And John?
	–**Juan no corre** al parque.	John does not run to the park.

1. a. ¿Come Vd. mucho en el café? ______________________________

   b. ¿Y los amigos? ______________________________

2. a. ¿Estudias tú por la noche? ______________________________

   b. ¿Y Luis? ______________________________

3. a. ¿Comprenden Vds. todo? ______________________________

   b. ¿Y las alumnas? ______________________________

4. a. ¿Asisten Rosa y tú a la clase? ______________________________

   b. ¿Y Jorge y Elisa? ______________________________

5. a. ¿Abrimos Juan y yo los libros? ______________________________

   b. ¿Y Vds.? ______________________________

III. a. Rewrite the sentence as a QUESTION (¿ ?) using the word in parentheses after **a.**
b. Write a Spanish ANSWER to the question you formed using the word in parentheses after **b.**

Model:		
Estudia el español. He studies Spanish.	a. (Quién)	a. –**¿Quién** estudia el español? Who studies Spanish?
	b. (Pablo)	b. –**Pablo** estudia el español. Paul studies Spanish.

1. Ana escribe la lección. a. (Cómo) b. (de prisa)

   a. ______________________________

   b. ______________________________

2. Luis toma el tren. a. (Cuándo) b. (ahora)

   a. ______________________________

   b. ______________________________

3. Leen la pregunta. a. (Cuántos alumnos) b. (tres alumnos)

   a. ______________________________

   b. ______________________________

4. La niña y su madre escuchan al Doctor Solar. a. (Dónde) b. (en el hospital)

a.____________________

b.____________________

5. Mi amigo y yo leemos. a. (Qué) b. (la pregunta)

a.____________________

b.____________________

6. Recibe la invitación. a. (Quién) b. (El chico)

a.____________________

b.____________________

7. Preguntan mucho. a. (Quiénes) b. (Las chicas)

a.____________________

b.____________________

8. Marta y yo escribimos. a. (A quién) b. (al padre)

a.____________________

b.____________________

9. La alumna aprende muchas cosas. a. (Por qué) b. (porque escucha bien)

a.____________________

b.____________________

10. Luis compra fruta. a. (Para qué) b. (para la fiesta de Ana)

a.____________________

b.____________________

IV. Rewrite the QUESTION substituting the subject in parentheses and making the necessary change in the verb. (Review PRESENT TENSE, WORK UNIT 3, pp. 22 and 23.)

Model: ¿Por qué **canta** ella "La Paloma"? Why does she sing "La Paloma"? (yo) ¿Por qué **canto yo** "La Paloma"? Why do I sing "La Paloma"?

A. ¿Cómo **prepara** ella la lección? 1. (tú)____________________

2. (Vd.).____________________ 3. (ellos)____________________

____________________ 4. (nosotros)____________________

¿Cuántas papas fritas comes?

B. ¿Qué **canta** Vd.? 1. (yo)__________ 2. (Vds.)__________

3. (Juan y yo)__________

C. ¿Dónde **beben** los animales? 1. (el animal)__________

__________ 2. (nosotros)__________

3. (tú)__________ 4. (Vd.)__________

D. ¿Cuántas papas fritas **comes** tú? 1. (Ana)__________

__________ 2. (ellos)__________

__________ 3. (tú y yo)__________

E. ¿A quién **escriben** ellos? 1. (Pepe)__________

2. (Vd. y yo)__________

3. (las niñas)__________

4. (Vd.)__________

F. ¿No **vive** Vd. en Los Ángeles? 1. (nosotros)________________

________ 2. (¿Quién?)________________

________ 3. (¿Quiénes?)________________

G. ¿Cuándo **toman** Vds. el tren? 1. (ella) ________________

________ 2. (su familia)________________

3. (nosotras)________________

H. ¿Para qué **aprende** Vd. el español? 1. (nosotros)________________

________ 2. (yo)________________

3. (él y ella)________________

I. ¿Por qué **parte** Luisa? 1. (Vd. y yo)________________

________ 2. (tú)________________

________ 3. (Vds.)________________

V. A. Write the Spanish equivalent following the word order of the Spanish model.

1. **Ellos no andan a la escuela.**

   a. He is not walking to school. ________________

   b. We are not walking to class. ________________

   c. Who is not walking to class?________________

2. **¿Cuándo corre ella a casa?**

   a. When do I run home?________________

   b. Juanito, when do you (tú) run home?________________

   c. When does Mr. Torres run well? ________________

3. **¿A quién escribo yo?**

   a. To whom (sing.) is she writing? ________________

   b. To whom (pl.) are we writing? ________________

   c. To whom (pl.) are they writing? ________________

B. Write the Spanish equivalent following the word order of the Spanish model. Use the appropriate form of the verb cue given in parentheses.

1. **Aquí no venden periódicos.**

   a. Here they do not buy newspapers. ______________________________
   (comprar)

   b. Here we do not read newspapers. ______________________________
   (leer)

   c. Here you (tú) do not receive newspapers. ______________________________
   (recibir)

2. **¿Cómo bailan Juan y tú?**

   a. How do you (tú) answer, John? ______________________________
   (contestar)

   b. How does Mary understand? ______________________________
   (comprender)

   c. How do we leave? ______________________________
   (partir)

3. **¿Dónde cantas tú?**

   a. Where do we listen? ______________________________
   (escuchar)

   b. Where do you (tú) learn, Anne? ______________________________
   (aprender)

   c. Where do they attend? ______________________________
   (asistir)

4. **¿Por qué describen ellos la ventana?**

   a. Why do you (Vd.) open the window? ______________________________
   (abrir)

   b. Why do we cover the window? ______________________________
   (cubrir)

5. **¿Cuánto dinero deseo yo?**

   a. How much money do we want? ______________________________
   (desear)

   b. How much fruit (fruta) do we sell? ______________________________
   (vender)

   c. How many books do they need? ______________________________
   (necesitar)

6. **¿Quién no come en casa?**

   a. Who (sing.) is not living at home? ______________________________
   (vivir)

   b. Who is not working at home? ______________________________
   (trabajar)

c. Who is not answering at home? ______________________
(responder)

7. **¿Qué no preguntan ellos?**

a. What don't I ask? ______________________
(preguntar)

b. What don't we write? ______________________
(escribir)

c. What doesn't she practice? ______________________
(practicar)

Bueno, aquí tiene una docena de huevos, una botella de leche, un pan y una libra de mantequilla.

Antonio thinks it's easy to be a housewife. Do you agree with him?

El trabajo de la mujer es fácil

Esta mañana Alicia no está bien. Ella siempre compra las cosas para la casa. Pero hoy es imposible.

Alicia: Antonio, necesito unas cosas de la tienda de comestibles. ¡Por favor, mi amor! Ésta es una lista de las cosas necesarias.

Antonio: Mi amor, yo no necesito lista. Yo también compro cosas para la casa. Un tonto necesita una lista. Yo no.

Antonio va a la tienda de comestibles. Entra en la tienda y. . . . no sabe qué comprar. Sin la lista no sabe qué cosas necesitan en casa.

Dependiente: Buenos días, señor. ¿Qué desea?

Antonio: Mmmmm. . . . La verdad es que no sé. Mi mujer está enferma y necesitamos unas cosas muy importantes en casa.

Dependiente: Sí, sí. . . . unas cosas importantes como. . . .una docena de huevos, una botella de leche, un pan y una libra de mantequilla.

Antonio: Ah, muy bien, Está bien.

Dependiente: Y. . . .un poco de queso, jugo de naranja, y unas frutas como estas manzanas. Todo esto es bueno para la casa.

Antonio: Muy bien. Y ¿cuánto es todo esto?

Dependiente: Cinco dólares, cincuenta centavos.

Antonio: Gracias, adiós.

Antonio paga y regresa a casa. Entra en la casa con los comestibles.

Alicia: Oh, Antonio. . . . . ¡Exactamente las cosas que necesitamos! ¡Qué inteligente, mi amor!

Antonio: Oh, eso no es nada. ¡El trabajo de la mujer es tan fácil!

SUBSTANTIVOS

Alicia *Alice*
Antonio *Anthony*
la botella *the bottle*
el centavo *the cent*
los comestibles *the groceries*
la tienda de comestibles *the grocery store*
el dependiente *the clerk*
la docena *the dozen*
la docena de huevos *the dozen eggs*
el dólar *the dollar*
la fruta *the fruit*
el huevo *the egg*
el jugo *the juice*
el jugo de naranja *the orange juice*
la leche *the milk*
la libra *the pound*
la lista *the list*
la mantequilla *the butter*
la mañana *the morning*
la mujer *the wife, the woman*
el pan *the bread*
un poco de *a bit of, a little*
el queso *the cheese*
el señor *sir, mister*
el trabajo *the work*
la verdad *the truth*

VERBOS

comprar *to buy*
desear *to wich, to want*
necesitar *to need*
pagar *to pay*
regresar *to return*
va *he (she) goes; you (formal sing.) go*

OTRAS PALABRAS

adiós *good-bye*
bien *well*
está bien! *it is alright!*
buenos días *hello, good day*
cinco *five*
cincuenta *fifty*
como *like*
¿cuánto,a? *how much?*
exactamente *exactly*
gracias *thanks*
nada *nothing, not. . .anything*
siempre *always*
sin *without*
tan *so*
yo no *not I*
un, una *a, one*
unos,as *some*

EJERCICIOS

I. Preguntas. Write your answer in a complete Spanish sentence.

1. ¿Por qué no va Alicia de compras hoy? ______________________
2. ¿Qué necesita Alicia? ______________________
3. ¿Adónde va Antonio? ______________________
4. ¿Qué compra Antonio en la tienda? ______________________
5. ¿Cuánto es todo eso? ______________________
6. ¿ Es Antonio tonto o inteligente? ¿Por qué? ______________________

II. Word Hunt – Find and circle these words in Spanish.

1. dozen
2. eggs
3. cheese
4. dollars
5. cents
6. juice
7. milk
8. fruit
9. bread
10. three
11. pound
12. how much?
13. things
14. he leaves
15. I know

D	O	C	E	N	A	H	C
O	L	E	C	H	E	U	U
L	I	N	P	A	N	E	A
A	B	T	R	E	S	V	N
R	R	A	J	U	G	O	T
E	A	V	Q	U	E	S	O
S	E	O	F	R	U	T	A
C	O	S	A	S	A	L	E

III. Emilio goes into a store to buy some groceries. Complete the following dialogue.

Dependiente: Buenos días, ¿qué desea usted?

Emilio: ______________________

Dependiente: Aquí está. ¿Quiere algo más?

Emilio: ______________________

Dependiente: Bueno, son cinco dólares cincuenta.

Emilio: ______________________

Dependiente: Muchas gracias, señor. Adiós. El trabajo de la mujer no es muy difícil. ¿Verdad?

Emilio: ______________________

ESTRUCTURAS DE LA LENGUA

The Indefinite Articles: Un, Una, Unos, Unas.

Un chico canta

Unos chicos cantan

A. Uses of **Un** and **Una**

Un	**Una**
1. ¿Quiénes son los chicos? Who are the boys? **Un chico** es mi primo. *One* boy is my cousin. El otro es **un alumno** de mi clase. The other is *a* pupil in my class.	2. ¿Quiénes son las chicas? Who are the girls? **Una chica** es mi prima. *One* girl is my cousin. La otra es **una alumna** de mi clase. The other is *a* pupil in my class.

B. Uses of **Unos** and **Unas**

Unos	**Unas**
1. **Unos chicos** hablan español; otros hablan inglés. *Some* (*a few*) *boys* speak Spanish; others speak English.	2. **Unas chicas** estudian el español; otras estudian el inglés. *Some* (*a few*) *girls* study Spanish; others study English.

Rules:

1. **Un** and **una** single out *one* out of two or more.
   The English equivalents are *a*, *an*, *one*.
   Un precedes a masculine noun. **Una** precedes a feminine noun.

2. **Unos** and **unas** denote some samples of a class or a group.
   The English equivalents are *some, a few*.
   Unos precedes masculine nouns. **Unas** precedes feminine nouns.

3. **Unos pocos,** a few:

Unos pocos dulces A few candies	**Unas pocas** revistas A few magazines

STUDY THE RULES, EXAMPLES, AND MODELS BEFORE BEGINNING THE EXERCISES!

Exercises

I. Write the following response, using the appropriate form of **un** or **una** and the noun:
<< ______________________ **interesante.** >>

Model: ¿Qué libro desean? — **Un libro** interesante.
What book do they want? — An interesting book.

1. ¿Qué diccionario es? ______________________
2. ¿Qué revista desean? ______________________
3. ¿Qué profesor necesitan? ______________________
4. ¿Qué periódico prefieren? ______________________
5. ¿Qué ciudad visitan? ______________________
6. ¿Qué lección estudian? ______________________
7. ¿Qué pensión prefieren? ______________________
8. ¿Qué programa desean? ______________________
9. ¿Qué día es? ______________________
10. ¿Qué música escuchan? ______________________

II. Write the following response, using the appropriate form of **un** and **una** and the noun in the singular: << **No. Solamente** __________ __________. >>

Model: ¿Deseas todos los libros? — No. Solamente **un libro.**
Do you want all the books? — No. Only *one book.*

1. ¿Necesitas todos los cuadernos? ______________________
2. ¿Estudias todas las palabras? ______________________
3. ¿Escuchas todas las frases? ______________________
4. ¿Usas todos los lápices? ______________________
5. ¿Estudias todos los idiomas? ______________________

III. Write the following negative response, using the appropriate form of **unos** or **unas** and the noun in the plural: << **No. Solamente** ____________ ____________. >>

Model: ¿Deseas todos los dulces? — No. Solamente **unos dulces.**
Do you want all the candy? — No. Only *some* candy.

1. ¿Usas todos los periódicos?____________________
2. ¿Deseas todas las revistas?____________________
3. ¿Estudias todas las lecciones?____________________
4. ¿Escuchas todos los programas?____________________
5. ¿Visitas todas las ciudades?____________________

IV. Complete using the appropriate indefinite article: **un, una, unos,** or **unas.**

Entro en ________ tienda de comestibles. Compro ________ huevos, ________ botella
1. (a) 2. (a few) 3. (one)

de leche, ________ pan y ________ manzanas.
4. (one) 5. (some)

V. Complete using the appropriate indefinite article: **un, una, unos** or **unas.**

Asisto a ______ escuela grande. Hay ______ clases por la mañana y otras por la tarde. En ______
1 2 3

pocos días no hay clases. Entonces, camino a ______ parque cerca de aquí donde paso ______
4 5

horas al aire libre.

VI. Complete by writing the Spanish equivalent for the missing words.

Es ________ día muy bueno. Como ________ manzana. Tomo ________ vaso de leche.
1. (a) 2. (one) 3. (a)

Charlo con ________ amigo muy bueno. Escuchamos ________ programas en ________
4. (a) 5. (some) 6. (the)

radio. Paso ________ hora en ________ parque. Camino a la casa de ________ amigo
7. (an) 8. (the) 9. (a)

donde bailo con ________ chica muy bonita. Ceno con ________ familia. Miramos ________
10. (a) 11. (the) 12. (the)

televisión. Luego, estudio ________ lecciones fáciles. Preparo ________ libros para ________
13. (some) 14. (the) 15. (the)

clases de mañana.

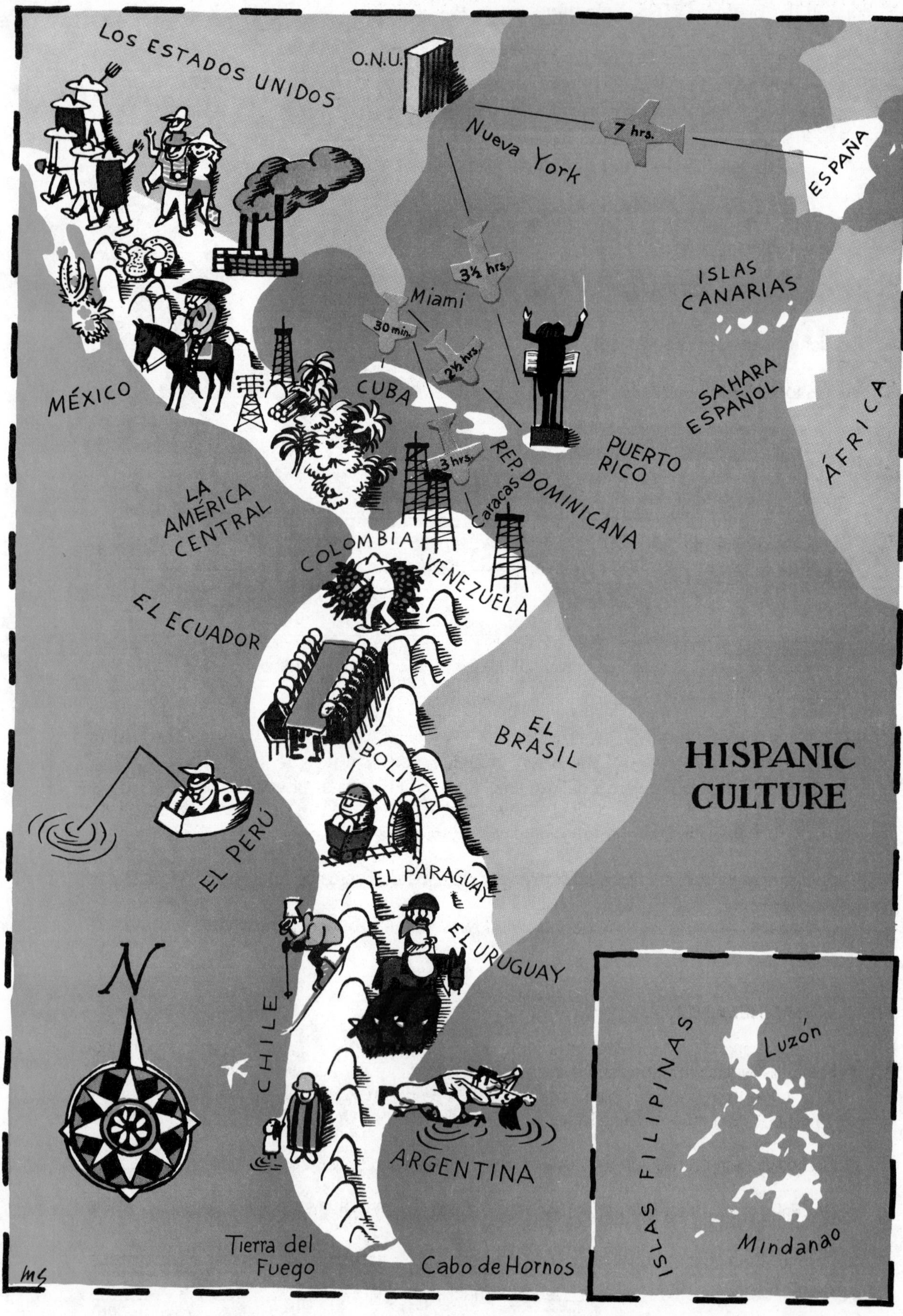

HISPANIC CULTURE

Culture Unit One

Sí, señor. Yo hablo español.

AN INTRODUCTION TO HISPANIC CULTURE IN AMERICA

A. Spanish is among the most widely spoken languages in the world. Its more than 225 million speakers live in Spain, Latin America, and the United States.

1. Boards of Education in many cities, especially in New York City, conduct bilingual programs in the public schools chiefly for the benefit of Puerto Rican, Cuban, Mexican-American, and other Latin-American children.

2. Our Spanish-speaking Puerto Rican neighbors are citizens of the United States, and are qualified to vote here simply by meeting state residence requirements here.

3. A national administered High School Equivalency Test in Spanish enables Spanish-speaking adults to receive a High School Equivalency Diploma.

4. There are more than 14 million Spanish-speaking people in the United States.

5. Approximately one-fourth of the population of New York City speaks Spanish.

GEOGRAPHIC RELATIONS

B. The Spanish-speaking countries of the Caribbean, Central America, and northern South America are close neighbors of the United States.
The distance from Miami to some of our Latin-American neighbors is one-third less than the distance between New York and Miami.

1. Cuba is less than 90 miles from Florida, only minutes away by jet plane.

2. Puerto Rico is less than 3½ hours from New York City and only 2½ hours from Miami.

3. Mexico and the United States have a common border touching Texas, New Mexico, Arizona, and California.

4. Panama, Colombia, and Venezuela are just 3 hours away by jet from Florida.

Political, Economic, and Cultural Relations

C. The physical closeness of the United States and Latin America has produced a series of political ties and a need for harmonious interdependence.

1. **The Organization of American States** (O.A.S.), formerly the Pan American Union, is made up of all the countries in the Americas that have pledged to seek peaceful and progressive solutions to common problems.

2. **The Association between Puerto Rico and the United States:** After the War of 1898 Spain gave Puerto Rico as a colonial possession to the United States. Puerto Rico has developed from a U.S. possession to the position of an associated state of the United States. The inhabitants of Puerto Rico are citizens of the United States and have their representative in the U.S. Congress, but they do not have complete statehood in the United States or a vote in Congress.

3. **Operation Bootstrap (Fomento):** Puerto Rico's program to create employment, industry, and tourism has greatly increased North American investment throughout the island.

4. The United States, Canada, and all 21 Latin-American republics are members of the **United Nations,** the headquarters of which are in New York City.

D. One of the most important goals of the Organization of American States (O.A.S.) has been to encourage the economic development of all member nations through programs of economic assistance such as these:

1. **The Alliance for Progress** (*La Alianza para el Progreso*): A program of modernization whose purpose is to foster economic and agricultural progress in Latin America.

2. **Peace Corps** (*Cuerpo de Paz*): A program in which young Americans from the United States work closely with the people of the villages of Latin America to raise their standard of living.

3. **Intercontinental Trade:** Latin America uses our machinery and the capital of North American investors, while we, in turn, receive fruit from Central America, coffee from Colombia, tin from Bolivia, oil and silver from Mexico, and meat from Argentina, to name just a few Latin-American exports.

E. Films, records, books, and intercontinental television represent a part of the cultural exchange among the Americas. While more than 14 million Spanish-speaking people live in the United States, an equally impressive number of travelers from the United States spend their vacations and conduct business in Latin America.

Popular and Fine Arts

1. a. Many Latin-American dances have had a lasting effect in the United States.
Cuba: **Rumba, Conga** (Afro-Cuban origin), **Cha-cha-cha, Mambo**
Argentina: **Tango** Dominican Republic: **Merengue**

b. North American bands that play Latin-American music use these instruments:

la guitarra

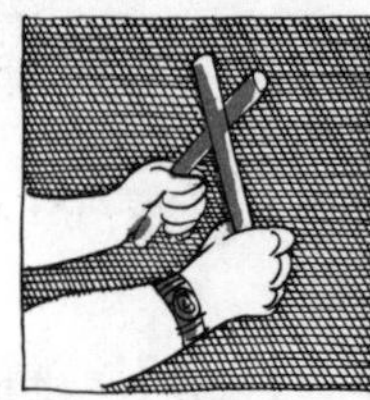

las claves

el bongó

las maracas

2. a. The great Mexican murals and paintings of **Diego Rivera, Orozco,** and **Siqueiros** have influenced many artists in the United States.

   b. The annual Casals Festival of music, inspired by the world's greatest cellist, Spanish-born **Pablo Casals,** who lived in Puerto Rico, attracts musicians and classical music fans from the whole world to Casals' adopted home.

   c. The folktunes of Mexico are the basis of **Aaron Copland's** (U.S.A.) orchestral work, **El Salón México**, and influenced **A Latin-American Symphonette**, composed by **Morton Gould** (U.S.A.).

Some Prominent Latin Americans

F. The following people represent a partial selection of prominent Latin or Spanish Americans. Many accomplished men and women have provided us with the benefit of their special talents. New students of Spanish may already be familiar with some of their names.

1. **Performing Artists**

Alicia Alonso (Cuba) is artistic director of Cuba's national ballet company.

Claudio Arrau (Chile) is a world-famous pianist and interpreter of Beethoven.

Carlos Chávez (Mexico), a great musician and composer, was conductor of the National Symphony Orchestra of Mexico.

Plácido Domingo (Spain; raised in Mexico) sings regularly with the world's opera companies.

José Feliciano (Puerto Rico) is an internationally known guitarist and singer.

Raúl Julia (Puerto Rico) has performed in New York City's Shakespearean productions in Central Park and in Broadway theaters.

2. **Writers and Poets**

Gabriel García Márquez (Colombia) won the Nobel Prize for Literature (1982). His novel, *Cien años de soledad* (*One Hundred Years of Solitude*), has become a modern classic; its brilliant story-telling technique and use of the imagination attract readers everywhere.

Miguel Angel Asturias (Guatemala) is another of several Nobel Prize winners in Latin America; his novels deal with dictatorships in Centeral America and their exploitation of the people.

Jorge Luis Borges' (Argentina) short stories in *Ficciones* have won him the praise of the world's readers.

Juan Ramón Jiménez (Spain) was also a Nobel Prize winner and one of the Spanish writers who lived in Latin America after Franco's rise to power in Spain.

Pablo Neruda's (Chile) Nobel Prize for Poetry in 1971 was long awaited by both poets and readers. His award recalls the same award won by Chile's *Gabriela Mistral* in 1945.

3. **Public Figures**

Javier Pérez de Cuéllar (Peru) is the Secretary General of the United Nations.

Umberto Calderón Bertí (Venezuela), Minister of Energy and Mines of Venezuela, was President of the 1979 OPEC conference of oil-producing nations.

César Chávez (Mexican American) devoted his energy and his courage to help found the United Farm Workers of America.

Adolfo Pérez Esquivel (Argentina) received the Nobel Prize for Peace in 1980. Alfonso García Robles (Mexico) received it in 1982.

Felisa Rincón (Puerto Rico) is the former mayor of San Juan, a position she held with political wisdom and strength for 22 years.

4. **Sports Figures**

**Roberto Clemente* (Puerto Rico) was not only a great baseball player; he is also remembered as a hero who lost his life during an airflight to aid the victims of a Central American earthquake.

**Juan Marichal* (Dominican Republic) is among the great pitchers in baseball.

**Lee Treviño* (Mexican American) continues to rank among the world's best golfers.

**Guillermo Vilas* (Argentina) was the winner of the Australian Open Tennis Championship in 1980.

Exercises

I. Write the letter of the correct answer on the *line* in the right column.

1. There are more than ...... speakers of Spanish in the world.
   a. 100 million   b. 225 million   c. 300 million   d. 400 million   ____

2. Cuba is less than ...... miles from the coast of Florida.
   a. 100   b. 90   c. 80   d. 70   ____

3. Puerto Rico is only ...... hours by jet from New York.
   a. 4½   b. 3½   c. 2½   d. 1½   ____

4. Texas, New Mexico, Arizona, and ...... border on Mexico.
   a. California   b. Florida   c. Colorado   d. Mississippi   ____

5. There are more than ...... Spanish-speaking people in the United States.
   a. 2 million   b. 3 million   c. 4 million   d. 14 million   ____

6. In the U.S. Spanish-speaking citizens like all others qualify to vote without tests in
   a. Spanish and English   b. Spanish only   c. Portuguese   d. any language   ____

7. Young North Americans join the ...... to give help in Latin America.
   a. O.A.S.   b. Estados Unidos   c. Peace Corps   d. United Nations   ____

8. The Alliance for Progress is basically a program of ...... development.
   a. space   b. theatrical   c. musical   d. economic   ____

9. Boards of Education in many cities conduct Spanish ...... programs.
   a. bilingual   b. industrial   c. oceanic   d. agricultural   ____

10. A High School Equivalency Test may be taken in Spanish by adults for a
    a. program card   b. train pass   c. diploma   d. lunch card   ____

II. Match the following items:

a. Bolivia	1.____Fomento
b. Operation Bootstrap	2.____Colombia
c. 21	3.____ballet

d. Alicia Alonso	4.____republics
e. coffee	5.____tin
f. Mexico	6.____Central America
g. 1898	7.____ Organization of the Americas
h. fruit	8.____War with Spain
i. D.A.S.	9.____oil and silver
j. claves	10.____instrument

III. Write the letter of the word best associated with the *italicized* word.

1. *tango*	a. drink	b. dance	c. instrument	d. food	____
2. *García Márquez*	a. novelist	b. play	c. politician	d. dancer	____
3. *Felisa Rincón*	a. song	b. Chicago	c. author	d. mayor	____
4. *cello*	a. Treviño	b. Casals	c. Vilas	d. Rivera	____
5. *Secretary General*	a. Julia	b. mistral	c. Feliciano	d. Pérez de Cuéllar	____
6. *Neruda*	a. instrument	b. dancer	c. poet	d. cello	____
7. *merengue*	a. dance	b. food	c. instrument	d. drink	____
8. *Treviño*	a. baseball	b. racing	c. golf	d. dance	____
9. *Borges*	a. pitcher	b. dancer	c. singer	d. writer	____
10. *Plácido Domingo*	a. dance	b. opera	c. Ferrer	d. Casals	____

IV. Complete the following statements from the selection below.

1. A world-famous pianist from Chile is ____________________
2. Copland used Mexican folktunes in his orchestral work, ____________________
3. The music festival in Puerto Rico is called Festival ____________________
4. Clemente and Marichal are famous names in ____________________
5. The labor organizer of farm workers is ____________________
6. Gould used Latin-American rhythms in his work, ____________________

7. Drums of varying sizes, beaten with the hands, are ______________________________

8. Raúl Julia is a famous Puerto Rican ______________________________

9. Puerto Rico is just 2½ hours by jet from ______________________________

10. Cuba is famous for its dance called la ______________________________

Selection: baseball, El Salón México, rumba, Casals, bongós, Latin-American Symphonette, Miami, Claudio Arrau, César Chávez, actor.

Los esposos, Marta y Miguel, hacen sus planes de verano.

Where would you like to go on your vacation?
Miguel thinks he's going to a tropical paradise.

Vamos a un país tropical

Es el mes de mayo. Los esposos Marta y Miguel hacen planes para las vacaciones de verano.

Marta: *Ay, Miguelito, este verano quiero descansar en una playa bonita, y mirar el mar y un sol brillante.*

Miguel: Bueno, mi amor. Yo prefiero tomar las vacaciones en el otoño o en la primavera cuando no hace calor. Pero si tú quieres, vamos hasta a un país tropical. Allí nadamos y tomamos el sol.

Marta: Muy bien. Entonces mañana vamos a la agencia de viajes. Así en junio pasamos cuatro semanas de vacaciones en una playa bonita.

Al día siguiente, a las nueve de la mañana, Miguel y su esposa están en la agencia de viajes. Hablan con el empleado.

Empleado: Bueno. ¿Cuándo y adónde desean Vds. ir?

Miguel: A Sud América y en junio. Deseamos pasar un mes en Chile, en la famosa playa de Viña del Mar, para nadar y tomar el sol.

Empleado: Pero . . . señores. . . .Chile no es el Caribe. ¿Mucho sol y calor en junio en Chile? Señores, en junio es el invierno allí. ¿No saben Vds. que en muchos países de Sud América las estaciones son diferentes? Cuando hace calor aquí, hace frío allí. Pero, si Vds. desean *esquiar* en Chile, en junio es posible.

Palabras Nuevas

SUBSTANTIVOS

la agencia de viajes *the travel agency*
el calor *the heat*
el empleado *the clerk, the employee*
la esposa *the wife*
los esposos *the couple (husband and wife)*
la estación *the season*
el invierno *the winter*
junio *June*
el mar *the sea*
Marta *Martha*
mayo *May*
el mes *the month*
Miguel *Michael*
Miguelito *Mike*
el otoño *the autumn*
el plan *the plan*
la playa *the beach*
la primavera *the spring*
la semana *the week*
señores *sir and madam*
el sol *the sun*
las vacaciones *the vacation*
el verano *the summer*
las vacaciones de verano *the summer vacation*

ADJETIVOS

bonito,a *pretty*
brillante *brilliant, shiny*
cuatro *four*
diferente *different*
este (m. sing.) *this*
famoso,a *famous*

VERBOS

esquiar *to ski*
hace calor *it is hot*
hace frío *it is cold*
nadar *to swim*
pasar *to spend (time)*
prefiero *I prefer*
quieres *you (fam. sing.) want*
tomar *to take*
tomar el sol *to sunbathe*
vamos *we are going*

OTRAS PALABRAS

a las nueve de la mañana *at 9 A.M.*
al día siguiente *on the following day*
allí *there*
entonces *then*
hasta *even*
si *if*

EJERCICIOS

I. (A) Preguntas. Write your answer in a complete Spanish sentence.

1. ¿Dónde desea Marta descansar?
2. ¿Quién prefiere pasar las vacaciones donde no hace calor?
3. ¿En qué país quieren nadar y tomar el sol en junio?
4. ¿Cuál es la estación en Chile en junio?
5. ¿Cuándo es posible esquiar en Chile?

1. ______________________________
2. ______________________________
3. ______________________________
4. ______________________________
5. ______________________________

(B) Preguntas personales y generales. Write your answer in a complete Spanish sentence.

1. ¿Qué tiempo hace hoy?
2. ¿Adónde quiere Vd. ir para pasar sus vacaciones?
3. ¿En qué país hace siempre sol y calor?
4. ¿Adónde va todo el mundo para nadar?
5. ¿En qué meses hace mucho frío?

1. ______________________________
2. ______________________________
3. ______________________________
4. ______________________________
5. ______________________________

II. Unscramble the following words and place them in the proper boxes.

1. PRIAVREAM
2. SEM
3. ROMA
4. YOMA
5. INOVERIN
6. LOS

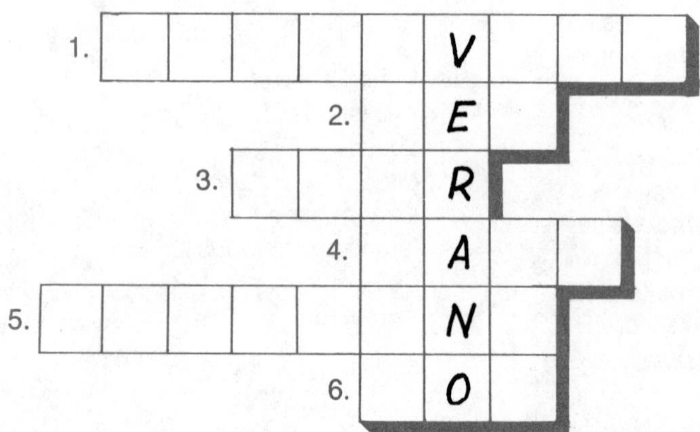

III. Place the following sentences in the order in which they occurred in the story.

1. Miguel prefiere el otoño.
2. Quieren pasar un mes en Chile.
3. Marta y Miguel hacen sus planes.
4. Los esposos van a una agencia de viajes.
5. Marta quiere ir a un país tropical.

1. ______________________________
2. ______________________________
3. ______________________________
4. ______________________________
5. ______________________________

IV. Compositions: Oral or written in notebooks.

(A) Look at the picture opposite page 57. Describe the scene in Spanish to your class.

(B) Tell about your plans for vacation. Include the following:

Mis vacaciones

1. Where you want to spend the summer vacation. 2. In what month it is good to go there. 3. What the weather is like there. 4. How much time you always spend and with whom. 5. What you do there.

ESTRUCTURAS DE LA LENGUA

Cardinal Numbers: 1-31; Time: Days, Months, Dates, Seasons

1. uno (un, una)	11. once	21. veinte y uno (un, una)
2. dos	12. doce	22. veinte y dos
3. tres	13. trece	23. veinte y tres
4. cuatro	14. catorce	24. veinte y cuatro
5. cinco	15. quince	25. veinte y cinco
6. seis	16. diez y seis	26. veinte y seis
7. siete	17. diez y siete	27. veinte y siete
8. ocho	18. diez y ocho	28. veinte y ocho
9. nueve	19. diez y nueve	29. veinte y nueve
10. diez	20. veinte	30. treinta
		31. treinta y uno (un, una)

A. Arithmetic Examples

1. **Quince y diez son veinte y cinco.**	15 plus 10 are 25.
2. **Treinta menos diez son veinte.**	30 minus 10 are 20.
3. **Seis por dos son doce.**	6 times 2 are 12.
4. **Veinte dividido por cinco son cuatro.**	20 divided by 5 equals 4.

B. One

1. **Un libro** está en la mesa.	*One* book is on the table.
2. Hay **veinte y un alumnos.**	There are *21* pupils.
3. El cuaderno tiene **treinta y una páginas.**	The notebook has *31* pages.

Rules:

1. **Uno,** indicating *one,* shortens to **un** before a masculine singular noun and changes to **una** before a feminine singular noun, whether alone or after **veinte** and **treinta.**
2. The numbers 16-19 are combinations of **diez.** Alternate forms are **dieciséis, diecisiete, dieciocho, diecinueve.**
3. **Veinte y uno** may be written as **veintiuno**, etc. Note the accent mark, however, on **veintidós** and **veintitrés.**

C. Telling Time

1. ¿Qué hora es?	What time is it?
2. **Es la** una**.**	It is 1:00 o'clock.
3. **Es la** una**a** y diez (y cuart**o**; y medi**a**)	It is 10 minutes after 1:00 (a quarter past; half past).
4. **Son las** dos.	It is 2:00 o'clock.
5. **Son las** dos menos veinte y cinco.	It is 25 minutes to 2:00 o'clock *or* 1:35.
6. **Son las** dos menos quince.	It is 15 minutes to 2:00 o'clock *or* 1:45.

Rules:

1. One o'clock is feminine *singular;* 2 through 12 o'clock are feminine *plural.* **La** or **las** precede each hour. Use **es la** before **una,** and **son las** before **dos** through **doce** to express *it is.*
2. The hour is generally expressed *before* the minutes. Use **y** to *add* the minutes past the hour.
3. *After half past the hour,* the time is generally expressed in terms of *the next hour less the appropriate number of minutes.* Use **menos** to *subtract* the minutes.
4. Two forms of P.M. are used: For the afternoon an early evening until dinner, **de la tarde;** for the late evening, *de la noche.* A.M. is only **de la mañana.**

D. At What Time?

1. ¿A qué hora toma Vd. las comidas?	At what time do you take meals?
2. Tomo el desayuno a las siete de la mañana.	I eat breakfast at 7 A.M.
3. Tomo el almuerzo a las doce (al mediodía).	I eat lunch at 12 o'clock (at noon).
4. Llego a casa a las tres de la tarde y tomo café o leche.	I arrive home at 3 P.M. and take coffee or milk.
5. En casa tomamos la comida a las seis de la tarde.	At home we eat dinner at 6 P.M.
6. Vamos a la cama y dormimos a las diez de la noche.	We go to bed and sleep at 10 P.M.

Rule:

Use **a** to express *at* in telling time.

E. Days

1. Hoy es sábado. Mañana es domingo.	Today is Saturday. Tomorrow is Sunday.
2. Los días de la semana son: el domingo, el lunes, el martes, el miércoles, el jueves, el viernes, el sábado.	The days of the week are: Sunday, Monday, Tuesday, Wednesday, Thursday, Friday, Saturday.
3. Los sábados son para las tiendas. Los domingos son para descansar.	Saturdays are for shopping. Sundays are for resting.

F. Months and Dates

1. Los meses del año son: enero, febrero, marzo, abril, mayo, junio, julio, agosto, septiembre, octubre, noviembre, diciembre.
   The months of the year are: Jan., Feb., Mar., April, May, June, July, August, Sept., Oct., Nov., Dec.

2. ¿Cuál es la fecha de hoy? Hoy es lunes el primero de mayo. Mañana es martes el dos de mayo.	What is today's date? Today is Mon., May 1. Tomorrow is Tues., May 2.

G. Seasons

Las estaciones del año son **la primavera, el verano, el otoño, el invierno.**
The seasons are spring, summer, fall, winter.

Rules:

1. Days
After forms of **ser** omit **el** before the day: **Es lunes.** *It is Monday.*
Days are generally written in small letters entirely.

2. Months and dates.
   a. Months are generally written in small letters entirely.
   b. In writing the date, the number is generally given before the month: **el primero de enero. Primero** is used for the first of the month. The rest of the month is expressed in cardinal numbers: **el dos, el tres, etc.**

3. Seasons
Seasons are generally written in small letters and generally require the use of the appropriate article, e.g., **la primavera,** *spring.*

STUDY THE RULES, EXAMPLES, AND MODELS BEFORE BEGINNING THE EXERCISES!

Exercises

I. Write the answers in Spanish words.

1. Cuatro y cinco son____________________
2. Nueve y catorce son____________________
3. Tres y siete son____________________
4. Once y uno son____________________
5. Trece y ocho son____________________
6. Diez y siete y trece son____________________
7. Ocho por dos son____________________
8. Cuatro por dos son____________________
9. Treinta y uno menos diez y seis son____________________
10. Veinte y nueve menos dos son____________________
11. Diez y nueve menos dos son____________________
12. Veinte menos seis son____________________
13. Diez y ocho dividido por tres son____________________
14. Veinte dividido por cinco son____________________
15. Quince por dos son____________________

II. Write the following rejoinder telling what the *next* day is: << **Si hoy es** ____________, **mañana es** ____________. >>

Model: Hoy es martes. — Si hoy es martes, mañana es **miércoles.**
Today is Tuesday. — If today is Tuesday, tomorrow is Wednesday.

1. Hoy es lunes. ____________________
2. Hoy es sábado. ____________________
3. Hoy es miércoles. ____________________
4. Hoy es jueves. ____________________
5. Hoy es viernes. ____________________

III. Complete in Spanish

Los meses de primavera son marzo, ________ (1) y ________ (2). Los meses de verano son ________ (3), julio y ________ (4). Los meses de otoño son ________ (5), ________ (6), y noviembre. Los meses de invierno son ________ (7), ________ (8) y febrero. Celebramos la Navidad (Christmas) en el mes de ________ (9). El Día de Año Nuevo (New Year's Day) es el ________ (10) de enero.

IV. Write the appropriate equivalent of *it is* to complete the sentence in Spanish: **Es la** or **Son las.** Then write the time in numbers within the parentheses.

Model: ____________ **ocho menos diez.** (____________)
Son las ocho menos diez. **(7:50)**

1. ____________ una y quince. (____________)
2. ____________ dos y media. (____________)
3. ____________ doce y cuarto. (____________)
4. ____________ una menos veinte y cinco. (____________)
5. ____________ once menos cuarto. (____________)

V. Complete in Spanish according to the information given in parentheses.

1. Son las ____________________ (half-past three P.M.)
2. Regresa a la ____________________ (quarter to one A.M.)
3. Sale a las ____________________ (3:40 P.M.)
4. ¿Qué ____________________ (time is it?)
5. Llega ____________________ (at 1:15)

VI. Write the response using the time given in *italics* and the appropriate expression for A.M. **(de la mañana)** or for P.M. **(de la tarde** or **de la noche).**

Model: —¿Estudiamos por la tarde? (*a las tres*) Do we study in the afternoon?
—Sí, estudiamos a las tres **de la tarde.** Yes, we study at 3 P.M.

1. ¿Estudiamos por la tarde? *a las cinco*

____

2. ¿Tomamos el almuerzo por la tarde? *a la una*

____

3. ¿Dormimos por la noche? *a las once menos veinte*

____

4. ¿Toman el desayuno por la mañana? *a las nueve y media*

____

5. ¿Estudian por la tarde? *a la una menos cuarto*

____

VII. a. Write a *negative* response in a complete Spanish sentence.
b. Then write a Spanish sentence stating the *next* day, hour, month, or season for each expression in *italics*.

Model: ¿Es hoy *martes el treinta y uno de enero*? Is today Tuesday, the 31st of January?

a. Hoy **no es martes el treinta y uno de enero.** Today is not Tuesday, the 31st of January.
b. Hoy **es miércoles el primero de febrero.** Today is Wednesday, the 1st of February.

1. ¿Es hoy *miércoles el treinta y uno* de *diciembre*?

a.______________

b.______________

2. ¿Es todavía (still) *la primavera* en el mes de *junio*?

a.______________

b.______________

3. ¿Son *las doce del mediodía* (noon)?

a.______________

b.______________

4. ¿Llegamos el *miércoles* el *treinta de septiembre*?

   a. ____________________

   b. ____________________

5. ¿Celebramos el día de la Navidad el *veinte y cuatro* de *noviembre*?

   a. ____________________

   b. ____________________

VIII. Complete the response.

1. ¿Cuáles son los días de la escuela?

   Son ____________________ (Monday through Friday)

2. ¿Qué día es para las tiendas?

   ____________________ es para las tiendas. (Saturday)

3. ¿Qué día es para descansar?

   ____________________ es para descansar. (Sunday)

4. ¿Cuántos días hay en la semana?

   Hay ____________________ días en la semana. (seven)

5. ¿Cuántos días hay en el mes de agosto?

   En agosto hay ____________________ días. (thirty-one)

6. ¿Cuántas horas hay en un día?

   En un día hay ____________________ horas. (twenty-four)

7. ¿A qué hora entramos en la escuela?

   Entramos ____________________ (at half-past 8 A.M.)

8. ¿Cuántas alumnas hay en la clase?

   Hay ____________________ alumnas. (twenty-one)

9. ¿A qué hora regresamos a casa?

   Regresamos ____________________ (3:25 P.M.)

10. ¿A qué hora vamos a la cama?

   Vamos ____________________ (10:40 P.M.)

64
PAGINAS
Cuatro Cuerpos

EL UNIVERSAL

Fundado en 1909 — ANDRES MATA † Fundador
AFILIADO AL "BLOQUE DE PRENSA VENEZOLANO"
CARACAS, DOMINGO 9 DE FEBRERO DE — AÑO LXV. — No. 23.584.

TELEFONOS
CENTRAL DIURNA: 55.00.51 y 55.94.21
Después de las 12 de la noche:
REDACCION 55.00.51
TALLERES 55.20.41
PREGON 55.04.27
TELEX 21.263

LUNES a SABADO, Bs. 1,00; DOMINGOS, Bs. 1,50
EN TODO EL PAIS.

Informa el Ministro de Minas

Carga Excesiva de Contaminantes

Está Recibiendo la Atmósfera de Caracas

- Diariamente son lanzadas al aire 1.360 toneladas de sustancias tóxicas, la mayoría de las cuales emanan de los vehículos

CARACAS, (INNAC). — Un análisis presentado por el Ministerio de Minas e Hidrocarburos advierte sobre la excesiva contaminación de que está siendo víctima la ciudad de Caracas, señalando que diariamente son lanzados a la atmósfera de la capital más de 1.359 toneladas de elementos contaminantes, especialmente aquellos que se producen como resultado de la combustión de los vehículos que circulan por las calles de la capital.

—Las emisiones de gases de los vehículos de motor —dice Minas— constituyen en general, en Venezuela, la fuente primaria de contaminantes de la atmósfera, especialmente en la ciudad de Caracas.

Basándose en estudios publicados por la Organización Panamericana de la Salud, la Revista Venezolana de Sanidad y Asistencia Social y en otras fuentes actualizadas, se ha establecido que dichos contaminantes se producen básicamente por la combustión de hidrocarburos.

—Tal contaminación es la causa de altas concentraciones en la atmósfera de monóxido de carbono, aldehídos, benzenopirenos, óxidos de nitrógeno, óxidos de azufre, aminoácidos y otros gases orgánicos.

Venezuela es un país que goza de condiciones meteorológicas ventajosas respecto al problema de la contaminación del aire, debido a su cercanía al Ecuador. Sin embargo, Caracas, por estar situada en un valle, presenta una situación geográfica desventajosa para evacuar de la atmósfera los contaminantes. Problema que se agudiza aún más por la carencia de un río con capacidad receptora de contaminantes.

—En la capital de Venezuela, para el año 1971 existían 194.761 vehículos de gasolina, los cuales producían, sin control especial, 1.145.310 kilogramos por día de contaminantes. Los estudios realizados permiten prever que para el año 1980, existirán 353.800 vehículos y se estima en 1.866.898 kilogramos al día la cantidad de emisiones. A estos valores hay que agregarles 35.000 kilogramos por día que emitirán las industrias para esa fecha; 8.650 kilogramos al día de los incineradores y unos 168.000 kilogramos por día que producirá la quema de basura por parte de los Municipios capitalinos.

Iniciaron los Caraqueños

Carnaval sin Decreto...

Pese a que este año las autoridades no decretaron la celebración de las fiestas de Carnaval, los caraqueños espontáneamente iniciaron su celebración en la forma tradicional. Después de todo, la innovación Impuesta por el Gobernador Arria no tuvo la misma intención ni las características de su tocayo el Obispo Don Diego Diez Madroñero, quien en la época de la Colonia prohibió el culto a Momo y sustituyó los desfiles con rezos y procesiones en las calles. No. En cada parroquia de Caracas, sus habitantes dieron rienda suelta a la sana diversión de disfrazarse y entregarse al baile en las calles y avenidas. (Ver reportaje en pág. 2-14). (Foto Bisbal).

Anunció el Ministro Gabaldón

EN LICITACION PROYECTO

para Nueva Vía Caracas-La Guaira

- Titulares del MOP y Comunicaciones sufrieron ayer las consecuencias del congestionamiento del tránsito en la actual autopista.

Maiquetia, Feb. 8.— Se venció el plazo para la entrega de credenciales de las empresas llamadas a concurso para presentar proyectos sobre una nueva vía al Litoral Central, reveló el Ministro de Obras Públicas, Ing. Arnoldo José Gabaldón.

Señaló a continuación que ahora habrá que esperar no menos de 18 meses, período en el cual se recibirán dichos proyectos para luego decidir sobre la alternativa más recomendable.

El Ministro fue enfático al asegurar la realización de la obra, ya que su preocupación deberá haber crecido ayer cuando le tocó, tanto a él como al Titular de Comunicaciones, ver y sufrir las consecuencias del gigantesco congestionamiento que se registra en la actual autopista no sólo los sábados y domingos sino también ya los días laborables.

El Ing. Gabaldón informó igualmente que existe el proyecto de la vía intercomunal, de la cual está realizado el tramo que va desde La Veguita hasta la bajada de El Playón, que ahora se está considerando la ejecución del tramo que corresponde desde Mare hasta Macuto, pero que aún está por resolverse lo referente a ciertos desvíos que será necesario hacer por los cerros.

Sostiene José Angel Ciliberto

AD REQUIERE

Revisión a Fondo de Sus Tesis Programáticas

- Se contradicen los estudiantes al reclamar apertura de planteles y tomar al mismo tiempo vacaciones adelantadas, expresa Director de Educación Secundaria
- Las cosas por su nombre, por David Morales Bello
- Pleno Nacional de Mujeres de AD
- Gaceta Oficial

—Pag. 1-10—

En París

CARLOS ANDRES PEREZ

SE ENTREVISTA EL MES ENTRANTE CON EL PRESIDENTE DE FRANCIA

Página 1-6

Reunidos en Viena

Expertos de la OPEP

—Elaboran el programa destinado al Consejo Extraordinario de Ministros de la Organización que se iniciará el 19 de este mes

VIENA, Feb. 8. (DPA).— Alrededor de unos cien expertos de economía y finanzas de los trece países integrados en la Organización de Países Exportadores de Petróleo (OPEP) Iniciaron hoy, en la capital austríaca, una sesión que se prolongará alrededor de una semana.

Su tarea consiste en elaborar un programa destinado al Consejo Extraordinario de Ministros de la organización que se iniciará el 19 de febrero.

Los resultados de esta conferencia de expertos se mantendrán en riguroso secreto y se omitirá, a su clausura, el acostumbrado comunicado, según informaciones del secretariado de la OPEP.

El edificio de las reuniones, sede oficial de la OPEP, está siendo estrechamente vigilado por funcionarios de la policía vienesa debido a que en la última conferencia extraordinaria de la OPEP -en diciembre de 1974- se produjeron varias llamadas anónimas con amenazas de atentados que repercutieron negativamente en el normal desarrollo de las sesiones.

Bolivia y Chile reanudaron relaciones diplomáticas.

— Pág. 1-6 —

ooOoo

Localizado en Alemania uno de los mayores depósitos explotables de petróleo calculados en dos mil millones de toneladas.

— Pág. 1-6 —

La Situación Petrolera

Países en Desarrollo Concluyeron Reunión sin Decidir Cooperación Financiera

DAKAR, Feb. 8, (AP). — Delegados de los países en desarrollo concluyeron hoy una conferencia sobre materias primas con una demanda de que la reunión propuesta entre los productores y consumidores de petróleo se amplíe para incluir a todas las materias primas.

Sin embargo, los delegados no pudieron decidir cómo organizar la Cooperación Financiera entre sí.

Los delegados, que representan a casi todo el tercer mundo, adoptaron una resolución en que se respalda una reciente sugerencia de la Organización de Países Exportadores de Petróleo (OPEP), de que el diálogo entre países productores y consumidores no se limite al petróleo.

Los países en desarrollo propugnan que la conferencia petrolera incluya a los países industrializados de un lado y los productores de materias primas —entre ellos el petróleo —del otro.

La propuesta inicial al respecto, formulada por el presidente francés Valery Giscard D'Estaing, incluía a tres grupos: los productores petroleros, los consumidores occidentales y los países en desarrollo.

Fuentes de la conferencia de Dakar dijeron que los delegados del tercer mundo mostraron mucho menos acuerdo en la reunión a puerta cerrada sobre cuestiones financieras.

Las fuentes dijeron que los delegados de los países en desarrollo no productores de petróleo presionaban a los países productores para crear un fondo de solidaridad que permita la estabilización de los precios de todas las ma-

El IVIC Celebra Hoy su 16o. Aniversario

El Instituto Venezolano de Investigaciones Científicas cumple hoy dieciséis años de fundado. Su trayectoria constituye ejemplo de lo que se puede hacer para poner la investigación al alcance de la juventud venezolana, en otro tiempo alejada de la iniciativa y de las inquietudes de las nuevas generaciones. Con motivo de la fecha aniversaria, el pasado viernes se realizó un acto en el Instituto durante el cual el doctor Luis Manuel Carbonell. presidente del mismo y la doctora Elena Feil de Arreaza, Jefa de Personal, hicieron entrega de botones y diplomas de antigüedad por 10 y 15 años de servicios. (Ver reportaje en Pág. 1-20).

EN ESTA EDICION

PRONOSTICO DEL TIEMPO

Riesgos de lloviznas sobre la montaña con zonas nubladas en el mismo sector, estima probable para hoy en los Valles de Caracas el Servicio de Meteorología de la Fuerza Aérea. Advierte que el día estará casi despejado en la madrugada, con nubosidad variable en la mañana, de parcial a nublado por la tarde

FALLECIO MADRE POLITICA DEL DOCTOR SCHACHT ARISTEGUIETA

Ayer falleció en esta ciudad la señora Nieves Vallenilla Moreno de Nevado, dama vinculada a honorables hogares de la sociedad venezolana. La extinta era madre política del ex Canciller y actual Secretario General de la Presidencia de la República, doctor Efraín Schacht Aristeguieta.

Al registrar el lamentable deceso de la señora Vallenilla de Nevado hacemos llegar nuestro más sentido pésame a sus familiares, en especial a sus hijos José, Rubén, Antonia de Morrison, Ema de Soto Rivera, Ramón, Nieves Mercedes, de.

Distrito Sucre

EL ASEO URBANO

no Trabajará en Carnaval

Por motivos del feriado de carnaval los servicios de recolección de Aseo Urbano y Domiciliario serán interrumpidos los días lunes y martes para reanudarse con doble personal el miércoles de ceniza.

La información fue brindada por los directivos del Aseo Urbano que señalaron que no habrá problemas con el servicio por cuanto durante las carnestoleandas no existe una real acumulación de basuras,

CANCILLERES DE VENEZUELA Y COLOMBIA CELEBRARAN ENTREVISTA

— *Pág. 2-8* —

*¿Estás ocupada esta noche,
o quieres ir al cine?*

Do girls really go for football players? Paco is going to find out.

Así es la vida

Paco Pérez sale de la clase de inglés, y allí, delante de él, ve a Josefina Jiménez, la muchacha más bella de la escuela. Ésta es la perfecta oportunidad para hacer una cita con ella. En este momento, el libro que Josefina trae, cae al suelo. ¡Perfecto! Paco pone el libro la mano de Josefina y dice:

Paco: Perdone, señorita. ¿Es éste su libro?

Josefina: Ah, sí. Gracias, muchas gracias.

Paco: Vd. no me conoce. Soy Paco. . .Paco Pérez. ¿Tiene Vd. unos minutos para conversar?

Josefina: Gracias, no. Voy ahora a mi clase de álgebra.

Paco: Entonces, ¿después de las clases? ¿Tiene Vd. tiempo libre para tomar una Coca Cola?

Josefina: Gracias, pero tengo mucho trabajo esta tarde.

Paco: Pues, este sábado dan una película muy buena. Vengo en mi coche a las siete, si Vd. quiere.

Josefina: No, gracias. Voy a estudiar todo este fin de semana. Tengo muchos exámenes. Ésta es mi clase. Adiós.

Una hora más tarde, Alejandro Hombrón, capitán del equipo de fútbol, ve a Josefina en la cafetería.

Alejandro: ¡Hola, Josefina! ¿Qué tal? Oye, estás ocupada esta noche o quieres ir al cine?

Josefina: Sí, por supuesto, Alejandro, con mucho gusto. ¡Tú eres tan amable!

Palabras Nuevas

SUBSTANTIVOS

Alejandro *Alexander*
la cafetería *the cafeteria*
el capitán *the captain*
el cine *the movie theater, the "movies"*
la cita *the appointment, the date*
la clase de álgebra *the algebra class*
la clase de inglés *the English class*
el coche *the car*
el equipo *the team*
los exámenes *the tests*
el fin de semana *the weekend*
el hombrón *the large man*
la hora *the hour, the time*
Josefina *Josephine*
el minuto *the minute*
la oportunidad *the opportunity*
la película *the film, the movie*
el sábado *(on) Saturday*
la tarde *the afternoon*
el tiempo *the time (period of time)*
la vida *the life*

ADJETIVOS

amable *kind*
bello,a *beautiful*
libre *free*
ocupado,a *busy*
perfecto,a *perfect*

VERBOS

caer *to fall*
conocer *to be acquainted with*
Vd. no me conoce. *You don't know me.*
conversar *to converse, to chat*
dar *to give*
dice *he (she) says; you (formal sing.) say*
eres *you (fam. sing.) are*
estás *you (fam. sing.) are*
¡oye! *listen!, hear! (fam. sing.)*
¡perdone! *pardon (formal sing.)*
poner *to place, to put*
quiere *you (formal sing.) want; he (she) wants*
quieres *you (fam. sing.) want*
salir *to go out*
soy *I am*

tengo *I have*
tiene *you (formal sing.) have; he (she) has*
tomar *to drink*
traer *to carry, to bring*
vengo *I come*
ver *to see*
voy *I am going, I go*

OTRAS PALABRAS

ahora *now*
a las siete *at seven*
al *to the (masc. sing.)*
al suelo *to the floor*
así es la vida *such is life*
con ella *with her*
con mucho gusto *with great pleasure*
del *of the (masc. sing.)*
delante de él *in front of him*
en este momento *at this moment*
en (en) la mano de *in the hand of*
esta tarde *this afternoon*
¡hola! *hi!*
más tarde *later*
muchas gracias *many thanks*
por supuesto *of course*
¿qué tal? *how are things?*

EJERCICIOS

I. (A) Complete.

1. Paco __________ de la clase de inglés. 2. Él __________ a Josefina, la muchacha más bonita de la escuela, y él desea una __________ con ella. 3. El libro de Josefina __________ al suelo, y Paco __________ el libro entre las manos de Josefina. 4. Paco invita a Josefina al __________ pero ella dice que está ocupada todo el __________ de __________.

5. Josefina sale con Alejandro porque él es el capitán del __________ de __________.

B. Preguntas personales y generales. Write your answer in a complete Spanish sentence.

1. ¿Adónde va Vd. este sábado?
2. ¿Está Vd. ocupado(a) esta tarde o no?
3. ¿Qué películas dan en el cine?
4. Adónde va Vd. después de su clase de español?
5. ¿Qué hace Vd. cuando tiene unos momentos libres?

1. ______________________________
2. ______________________________
3. ______________________________
4. ______________________________
5. ______________________________

II. Each of the following sets of boxes contains a scrambled sentence. Can you figure the sentences out?

1.

Perdone	¿es	libro?
señorita	éste	su

2.

clase	de	a
voy	mi	álgebra

3.

Josefina	a	de
él	delante	ve

4.

película	dan	buena
este	una	sábado

1. ______________________________

2. ______________________________

3. ______________________________

4. ______________________________

III. Write a summary of the story. Make complete sentences using the following words. You may change the verbs from the infinitive and add any other words you wish.

Model: Paco Pérez/salir/clase/inglés. Paco Pérez sale de la clase de inglés.

1. Paco/invitar/a Josefina cine ______________________________
2. Josefina no/tener/tiempo libre ______________________________
3. Alejandro/invitar/a Josefina a ver película ______________________________
4. Josefina no/estar/ocupada y salir ______________________________
5. Alejandro/ser/capitán equipo/fútbol ______________________________

IV. Compositions: Oral or written in notebooks.

(A) Look at the picture opposite page 69. Describe the scene in Spanish to your class.

(B) Tell about a date or an appointment. Include the following:

Una cita

1. With whom you have the date or appointment. 2. At what time and for what day you have the appointment. 3. Where you are going. 4. Where you are going after that, or what you will do. 5. Why you are going home early.

ESTRUCTURAS DE LA LENGUA

Irregular Verbs of the Present Indicative Tense

A. Verbs that are *irregular* in *one person:* the first person singular, **yo.**

(1) The irregularity is **go.**

hacer *to do, make*	**poner** *to put, place*	**salir** *to leave*
I do the homework.	I put the book here.	I'm leaving now.
Hago la tarea.	**Pongo** el libro aquí.	**Salgo** ahora.
haces	pones	sales
hace	pone	sale
Hacemos la tarea.	Ponemos el libro aquí.	Salimos ahora.
hacéis	ponéis	salís
hacen	ponen	salen

(2) The irregularity is **igo.**

caer *to fall*	**traer** *to bring*
I fall into the water.	I bring money.
Caigo al agua.	**Traigo** dinero.
caes	traes
cae	trae
Caemos al agua.	Traemos dinero.
caéis	traéis
caen	traen

(3) The irregularity is **oy.**

dar *to give*	***ir** *to go*
I give thanks	I go there
Doy las gracias.	**Voy** allá.
das	**vas**
da	**va**
Damos las gracias.	**Vamos** allá.
dais	**vais**
dan	**van**

***Ir,** *to go,* acquires the letter **v** at the beginning of each verb form. To the letter **v** are added endings like those of **dar: oy, as, a, amos, ais, an.**

***Ir** is, therefore, irregular in all persons; and its forms in the present tense rhyme with those of the **ar** verb **dar.**

(4) The irregularity is **eo**	(5) The irregularity is **é**	(6) The irregularity is **zco**
ver *to see*	**saber** *to know* (facts)	**conocer** *to know* (persons, places)
I see everything.	I know a great deal.	I know John.
Veo todo.	**Sé** mucho.	**Conozco** a Juan.
ves	sabes	conoces
ve	sabe	conoce
Vemos todo.	Sabemos mucho.	Conocemos a Juan.
veis	sabéis	conocéis
ven	saben	conocen

B. Verbs that are *irregular* in *four persons.*

(1) The irregularities are **go** and **ie**

tener *to have*	**venir** *to come*
I have time.	I come home.
Tengo tiempo.	**Vengo** a casa.
tienes	**vienes**
tiene	**viene**
Tenemos tiempo.	Venimos a casa.
tenéis	venís
tienen	**vienen**

Rules for **tener** and **venir:**

1. **Tener** and **venir** have similar *stems.*
2. The *irregular* verb forms are in the first, second, and third persons singular and in the third person plural: **yo, tú, él, ella, Vd.** and **ellos-as, Vds.**
3. Regular verb forms are in the first person plural and in the second person plural: **nosotros-as** and **vosotros-as**

C. Verbs that have *speical irregularities* in *four persons.*

decir *to tell*	**oír** *to hear*
I tell the truth.	I hear the song.
Digo la verdad.	**Oigo** la canción.
dices	**oyes**
dice	**oye**
Decimos la verdad.	Oímos la canción.
decís	oís
dicen	**oyen**

Rules for **decir** and **oír:**

1. The *irregular* verb forms are in the first, second, and third persons singular, and in the third personal plural: **yo, tú, él, ella, Vd., ellos-as, Vds..**
2. The only regular verb forms are those for **nosotros-as** and **vosotros-as.**

STUDY THE RULES, EXAMPLES, AND MODELS BEFORE BEGINNING THE EXERCISES!

Exercises

I. Rewrite the model sentence using the appropriate form of the verb in parentheses.

Model: **Yo preparo la tarea.** I prepare the homework. (escribir) **Yo escribo** la tarea. I write the homework.

1. (ver) ____________________
2. (traer) ____________________
3. (tener) ____________________
4. (hacer) ____________________
5. (decir) ____________________
6. (saber) ____________________

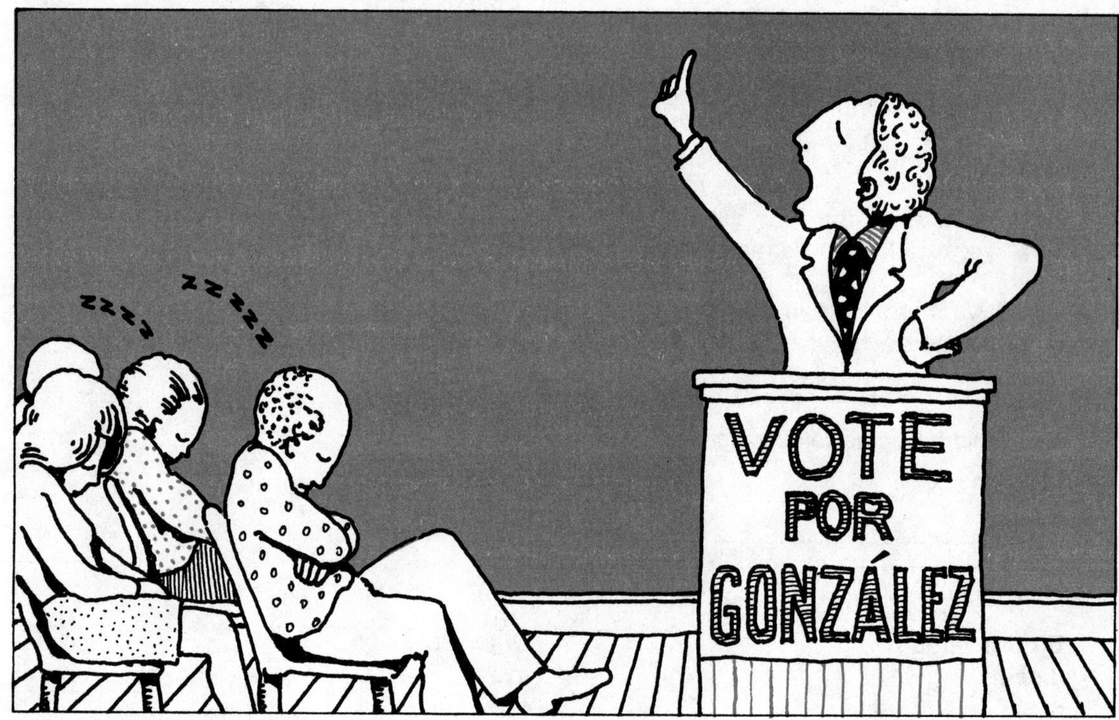

El habla mucho.

II. Write an affirmative answer in a complete Spanish sentence using **yo.**

Model: —¿Quién habla mucho? Who speaks a great deal? **—Yo hablo mucho.** I speak a great deal.

1. ¿Quién sale ahora? ____________________
2. ¿Quién conoce a Manuel? ____________________
3. ¿Quién viene a su casa? ____________________

4. ¿Quién le trae dinero? ______________________

5. ¿Quién cae en la calle? ______________________

6. ¿Quién hace excusas? ______________________

7. ¿Quién pone el dinero en la mesa? ______________________

8. ¿Quién va al cine con Manuel? ______________________

9. ¿Quién oye la música allí? ______________________

10. ¿Quién le da las gracias? ______________________

III. Rewrite the model sentence, substituting the subject suggested in parentheses and making the necessary changes in each verb.

A. Model: Yo **vengo** a papá, le **digo** hola y le **doy** un beso.

I come to father, say hello and give him a kiss.

(Vds.) Vds. **vienen** a papá, le **dicen** hola y le **dan** un beso.

You come to father, say hello and give him a kiss.

1. (tú) ______________________

2. (él) ______________________

3. (ellos) ______________________

4. (nosotros) ______________________

5. (Vd.) ______________________

6. (yo) ______________________

B. Yo **voy** a casa y **oigo** la canción que **tengo** que aprender.
I go home and hear the song that I have to learn.

1. (tú) ______________________

2. (el chico) ______________________

3. (las chicas) ______________________

4. (tú y yo) ______________________

5. (Vds.) ______________________

6. (yo) ______________________

IV. Write an affirmative answer in a complete Spanish sentence. In **(a)** use **Sí.** In **(b)** use **también.**

Model:		
a.	—¿Toman ellos café? Do they drink coffee?	—**Sí. Ellos toman café.** Yes, they do drink coffee.
b.	—¿Y Vd.? And you?	—**Yo también tomo café.** I also drink coffee.

1. a. ¿Va Vd. a la escuela? ______

   b. ¿Y ellos? ______

2. a. ¿Oyen ellos el coche? ______

   b. ¿Y tú? ______

   c. ¿Y nosotros? ______

3. a. ¿Dices la verdad? ______

   b. ¿Y Vds.? ______

   c. ¿Y Luisa? ______

4. a. ¿Viene María mañana? ______

   b. ¿Y Vd.? ______

   c. ¿Y nosotros? ______

5. a. ¿Tenemos tiempo? ______

   b. ¿Y tú? ______

   c. ¿Y ellos? ______

6. a. ¿Ve Vd. el animal? ______

   b. ¿Y ellos? ______

7. a. ¿Da Vd. dinero? ______

   b. ¿Y yo? ______

8. a. ¿Trae Juan el periódico? ______

   b. ¿Y tú? ______

9. a. ¿Conoce Vd. al señor? ______

   b. ¿Juan y tú? ______

10. a. ¿Sabe Vd. la fecha? ______

    b. ¿Y ellas? ______

11. a. ¿Sale Vd. temprano? ______

    b. ¿Y nosotros? ______

12. a. ¿Pones tú el diccionario en la mesa? ______

    b. ¿Y tú y yo? ______

13. a. ¿Hace Vd. el ejercicio? ______

    b. ¿Y Vd. y Lola? ______

V. Complete the series telling about your day in school. Use **yo** with the appropriate form of the verb, and the vocabulary in parentheses.

1. (salir de la casa ahora) ______
2. (traer dos libros a la escuela) ______
3. (venir a la clase a las nueve) ______
4. (ver a mis amigos) ______
5. (poner un libro en la mesa) ______
6. (dar el examen al profesor) ______
7. (hacer los ejercicios) ______
8. (decir el vocabulario) ______
9. (saber bien las palabras) ______
10. (tener tiempo para conversar) ______
11. (conocer a un nuevo amigo) ______
12. (oír la música) ______
13. (ir a la cafetería) ______
14. (caer en el corredor) ______
15. (decir: —¡Ay!) ______

—Bueno, bueno. Por lo pronto, me gustaría saber quién eres tú, de qué vives, qué porvenir tienes, cuáles son tus intenciones . . .

— ¡Claro! Usted, que tiene más años que Matusalén, ya se ha olvidado del amor y todas esas cosas . . .

LLEGA EL AMOR

—No se enfade usted, señorita. El amor no tiene edad . . ., el amor desprecia los obstáculos . . . ¿Podemos salir juntos esta tarde?

—Déjame que te acompañe hasta tu casa. Este barrio es peligroso, ¿sabes?

Aquí tengo dos billetes para una excursión esta noche para visitar todos los cabarets.

Who says women are the weaker sex? Ask Diego about his wife.

Una excursión por la ciudad

Diego y su mujer, Hortensia, visitan a los Estados Unidos por primera vez. Deciden tomar un autobús turístico para conocer una de las ciudades grandes. El primer autobús sale a las doce en punto. Diego y Hortensia toman asientos al frente para oír bien al guía. Escuchan con atención la voz del guía quien habla por micrófono.

Guía: Señoras y señores, bienvenidos a esta excursión. Esta tarde vamos a visitar varios sitios interesantes de esta gran ciudad. Primero, vamos al centro para conocer el barrio comercial, los hoteles y los grandes almacenes.

Hortensia: ¡Qué edificios tan altos! ¡Mira, Diego! Tienen al menos veinte pisos.

Diego: ¡Al menos! Ésta es una ciudad famosa por sus rascacielos.

Guía: Y ahora pasamos por el barrio cultural. A la derecha están la Biblioteca Central y el Museo de Arte. A la izquierda. . . .los edificios de la Universidad y varios teatros famosos.

Hortensia: ¡Cuánta gente! ¿Adónde va todo el mundo? ¡Mira! ¡Van debajo de la tierra!

Diego: ¡Claro! Van a tomar los trenes subterráneos. La entrada a la estación está allí.

Guía: Entramos ahora en el parque zoológico. Vamos a estar aquí media hora. Es posible caminar por el parque, mirar los animales, sacar fotografías y tomar un helado.

Después de cuatro horas en el autobús, marido y mujer regresan cansados al hotel.

Diego: Estas excursiones son muy interesantes. Pero estoy cansado. Gracias a Dios, podemos descansar un poco.

Hortensia: ¿Descansar? ¡Mira! Aquí tengo dos billetes para otra excursión esta noche. Vamos a visitar todos los cabarets.

Palabras Nuevas

SUBSTANTIVOS

el almacén *the department store*
el animal *the animal*
el autobús turístico *the tour bus*
el barrio *the district (of a city)*
la biblioteca *the library*
el billete *the ticket*
el centro *downtown; the shopping center*
Diego *James*
la entrada *the entrance*
la estación *the station*
los Estados Unidos *the United States*
la excursión *the short trip, the excursion*
la gente *the people*
¡Gracias a Dios! *Thank heaven! Thank God!*
el guía *the guide*
Hortensia *Hortense*
el marido *the husband*
el parque zoológico *the zoo*
el piso *the floor*
un poco *a little*
el rascacielos *the skyscraper*
señoras y señores *ladies and gentlemen*
el sitio *the place*
la tierra *the ground*
el tren subterráneo *the subway (train)*

ADJETIVOS

bienvenido,a *welcome*
cansado,a *tired*
central *central*
comercial *commercial*
cultural *cultural*
famoso,a *famous*
gran *great*
varios,as *various*

VERBOS

conocer *to become acquainted with, to know*
hablar por micrófono *to talk over the microphone*
oír *to hear*
poder *to be able to, can*
sacar fotografías *to take pictures*
tomar asiento *to take a seat*
tomar un helado *to eat (an) ice cream*

OTRAS PALABRAS

a la derecha *at the right*
a la izquierda *at the left*
¿adónde? *where?*
a las doce en punto *at twelve sharp*
al frente *in the front*
al menos *at least*
con atención *attentively*
¡Cuánta gente! *How many people*
debajo de *under, beneath*
hasta *even*
media hora *a half hour*
por primera vez *for the first time*
quien *who*
todo el mundo *everybody*

EJERCICIOS

I. (A) Preguntas. Write your answer in a complete Spanish sentence.

1. ¿Qué país visitan Diego y Hortensia?
2. ¿Cuándo sale el primer autobús?
3. ¿Cuántos pisos tienen los edificios?
4. ¿Dónde es posible mirar los animales, caminar y sacra fotografías?
5. Para qué tiene Hortensia billetes esta noche?

1. ________________________________
2. ________________________________
3. ________________________________
4. ________________________________
5. ________________________________

(B) Preguntas personales y generales. Write your answer in a complete Spanish sentence.

1. ¿Qué hay en el centro de una ciudad?
2. ¿Dónde corre el tren subterráneo?
3. ¿En qué parte de la ciudad hay muchos rascacielos?
4. ¿Para ver bien una nueva ciudad es bueno tomar un autobús turístico o un tren subterráneo?
5. *¿Dónde es bueno descansar cuando Vd. está cansado?*

1. ________________________________
2. ________________________________
3. ________________________________
4. ________________________________
5. ________________________________

II. ¿Cómo se dice en español?

1. Welcome to this trip. ______________________________

2. To the left . . . the buildings of the university ______________________________

____

3. To the right . . . the Central Library ______________________________

____

4. This is a city famous for its skyscrapers. ______________________________

____

5. It is possible to walk and to have an ice cream. ______________________________

____

III. Match with their definitions. Write the correct letter.

A	*B*
1. el rascacielos ________	a. tienda muy grande
2. el barrio ________	b. sitio donde hay muchos libros
3. la universidad ________	c. edificio muy alto
4. el almacén ________	d. sitio para aprender
5. la biblioteca ________	e. sección de la ciudad

IV. Compositions: Oral or written in notebooks.

A. Look at the picture opposite page 81. Describe the scene in Spanish to your class.

B. Tell about a trip you are taking. Include the following:

Mi viaje

1. Where and when you are going. 2. Why you are going. 3. Where you are buying the tickets. 4. How much they cost. 5. What you want to see or do there.

ESTRUCTURAS DE LA LENGUA

Uses of the Preposition *a*

A. **A** indicates direction *toward* or *to*.

To	*To the*
1. Corre **a Pedro.** He runs *to* (toward) Peter.	1. Corre **al chico.** He runs to (toward) *the* boy.
2. Corre **a mi amiga.** He runs *to* (toward) my friend.	2. Corre **a la chica.** He runs *to* (toward) *the* girl.
3. Viaja **a España** y **a Francia.** He travels *to* Spain and France.	3. Viaja **a los países.** He travels *to the* countries.
4. Viaja **a Madrid** y **a París.** He travels *to* Madrid and Paris.	4. Viaja **a las ciudades.** He travels *to the* cities.

Rules:

1. **Al** *to the*: **a** followed by **el** always combines as **al.**
2. **A la, a los, a las:** *to the* never combine.
3. **A** is repeated before each object noun in a series.

B. Personal **A** (Untranslated)

A indicates which person is the direct object. When there are two people, **A** precedes and clarifies the direct object.

Personal object nouns	*Places and things as object nouns*
1. José **visita a mi amiga.** Joe visits *my friend.*	1. José **visita mi casa.** Joe visits *my house.*
2. José **necesita al amigo.** Joe needs *the friend.*	2. José **necesita el libro.** Joe needs *the book.*
3. **A mi amiga visita** José. Joe visits *my friend.*	

Rules:

1. **A** precedes and dignifies object nouns that are *persons,* but **a** is *not* used to dignify object nouns that are *things.*
2. *Personal* **a** does *not* mean *to.* It has *no* meaning in Spanish or in English here other than to introduce personal nouns as objects of the verb.

C. Omission of **a** after **escuchar** *to listen to*, **mirar** *to look at*, and **tener** *to have*

Things:	1. Escucha **el disco.** He listens to the record.	3. Mira **el reloj.** He looks at the clock.
Persons:	2. Escucha **al maestro.** He listens to the teacher.	4. Mira **al chico.** He looks at the boy.
	5. Tiene **un** hermano. He has a brother.	

Rules:

1. **Escuchar** *to listen to* and **mirar** *to look at* include *to* and *at* and do not require **a** when things or places follow. **A** will follow **escuchar** and **mirar** only to introduce a personal object noun.

2. **Tener** *to have* never takes a personal **a** after it.

STUDY THE RULES, EXAMPLES, AND MODELS BEFORE BEGINNING THE EXERCISES!

Exercises

I. Write an affirmative answer in a complete Spanish sentence, according to the model.

Model:	–¿Caminas al parque hoy? Are you walking to the park today?	–**Sí, camino** al parque. Yes, I'm walking to the park.

1. ¿Caminas al centro? ______________________
2. ¿Viajas al almacén? ______________________
3. ¿Corres a la tienda? ______________________
4. ¿Hablas a la chica? ______________________
5. ¿Corres a los museos? ______________________
6. ¿Caminas a los parques? ______________________
7. ¿Regresas a las escuelas? ______________________
8. ¿Hablas a María? ______________________
9. ¿Viajas a España? ______________________
10. ¿Regresas al amigo pronto? ______________________

II. Rewrite the sentence, substituting the word in parentheses for the word in *italics.* Make necessary changes in the use of **a** and the definite article **el, la, los,** or **las.**

Model: Corro al *parque.* I run to the park. (ciudad) Corro **a la ciudad.** I run to the city. (Anita) Corro **a Anita.** I run to Anita.

Regreso al *parque.* I am returning to the park.

1. (oficina) ____________________
2. (subterráneo) ____________________
3. (escuelas) ____________________
4. (parques) ____________________
5. (casa) ____________________
6. (biblioteca) ____________________
7. (centro) ____________________
8. (autobús) ____________________
9. (museo) ____________________
10. (Pedro) ____________________

III. Rewrite the model sentence, substituting the words in parentheses for the words in *italics.* Make necessary changes in the use of **a** and in the definite article. (Note: **escuchar** means *to listen to.*)

Model: **Escucho** *al maestro* **con atención.** I listen to the teacher attentively. (la canción) Escucho la canción con atención. I listen to the song attentively.

1. (el piano) ____________________
2. (el alumno) ____________________
3. (las guitarras) ____________________
4. (las amigas) ____________________
5. (los discos) ____________________
6. (Luis) ____________________
7. (los señores) ____________________
8. (la música) ____________________
9. (la madre) ____________________
10. (Ana) ____________________

IV. Write two responses in complete Spanish sentences. Use cues where given.

Model: A. –¿Prefieres el helado? –**Sí. Prefiero el helado.**
Do you prefer the ice cream? Yes, I prefer the ice cream.

B. –¿A quién prefieres? (el actor)–**Prefiero al actor.**
Whom do you prefer? I prefer the actor.

1. a. ¿Necesitas el lápiz? ______________________________

   b. ¿A quién necesitas? (el amigo) ______________________________

2. a. ¿Visitas los países? ______________________________

   b. ¿A quiénes visitas? (los primos) ______________________________

3. a. ¿Escuchas la radio? ______________________________

   b. ¿A quién escuchas? (la madre) ______________________________

4. a. ¿Prefieres las melodías? ______________________________

   b. ¿A quiénes prefieres? (las niñas) ______________________________

5. a. ¿Miras el programa? ______________________________

   b. ¿A quién miras? (el chico) ______________________________

V. Rewrite the sentence, substituting the word in parentheses for the word in *italics*. Make all necessary changes in the use of **a** and in the definite article *the.*

Model: *Vamos* **al concierto.** We are going to the concert.
(Escuchamos) Escuchamos **el concierto.** We listen to the concert.

1. *Responden* a un profesor.
   (Tienen) ______________________________

2. *Tengo* el libro.
   (Comprendo) ______________________________

3. Escucho *la radio.*
   (profesoras) ______________________________

4. Miras *al actor.*
   (cuadro) ______________________________

5. *Viajan* a la ciudad.
   (Miran) ______________________________

VI. Complete the narrative, with the correct word(s), or write a dash (—) on the blank line if no word is needed. Selection: **a, al, el, la, las, los.**

1. Por la mañana voy ________ escuela. 2. Miro ________ reloj y entro en ________ clase de español. 3. Escucho ________ las preguntas y escucho ________ profesor. 4. En otra clase tengo ________ un buen amigo. 5. Miro ________ mi amigo Juan cuando él contesta ________ profesora. 6. Escribo ________ una carta ________ Luis y ________ su hermano. 7. No comprendo siempre ________ profesores. 8. Pero admiro mucho ________ profesor de español. 9. Voy ________ parque con Juan. 10. En casa estudio ________ los libros.

VII. Write the equivalent in a *complete Spanish sentence*, using the vocabulary given.

1. At nine we look at the clock. ________________________________

   A las nueve miramos/reloj ________________________________

2. We go to class and listen to the teacher. ________________________________

   Vamos/clase/escuchamos/profesor ________________________________

3. We have a friend there and we speak to Louis. ________________________________

   Tenemos/amigo allí/hablamos/Luis ________________________________

4. We listen to the answers and copy the words. ________________________________

   Escuchamos/respuestas/copiamos/palabras ________________________________

5. We study the lessons and we understand the teachers. ________________________________

   Estudiamos/lecciones/comprendemos/profesores ________________________________

¿De quién es éste?

Everyone looks forward to Christmas. But sometimes we don't get the presents we expect.

¿De quién es este hueso?

Comedia en un acto

Escena: La sala de la familia Fandango. Es la mañana del Día de Navidad. Debajo del árbol de Navidad están los regalos para cada uno de la familia. Toda la familia está en la sala, lista para abrir los paquetes.

Personajes: El abuelo – un viejo de ochenta años

La abuela – una vieja de setenta años

El padre, Ambrosio – padre de la familia

La madre, Berta – madre de la familia

El hijo, Esteban – un joven de diez y seis años

La hija, Rosalía – una muchacha de trece años

El nene, Gualterio – un nene de nueve meses que sólo dice: – Gu, gu, ga, ga.

El perro, Capitán – perro norteamericano que no habla español

Rosalía: ¡Feliz Navidad a todos! ¿Podemos abrir los regalos ahora?

Todos: ¡Feliz Navidad! Sí, sí, sí.

Madre: Pero, Ambrosio, ¿qué pasa aquí? No veo las etiquetas con los nombres de las personas.

Padre: ¡Mira, Berta! El nene, Gualterio, tiene todas las etiquetas entre las manos.

Gualterio: Gu, gu, ga, ga.

Esteban: ¿Qué vamos a hacer? No sabemos para quién es cada regalo.

Abuela: Tengo una idea. Cada uno va a tomar un paquete sin saber para quién es.

Abuelo: Muy bien, y la persona que abre el paquete va a usar el regalo por un día. Así tenemos una buena sorpresa hoy, y mañana vamos a cambiar los regalos.

Todos: ¡Buena idea! ¡Buena idea!

Gualterio: ¡Gu, gu, ga, ga!

Cada uno toma y abre un paquete.

Abuelo: ¡Ay, Dios mío! Tengo una falda blanca de lana.

Abuela: ¡Y yo un guante de béisbol!

Ambrosio: ¡Yo tengo una blusa roja de algodón!

Madre: ¿Y yo? ¿Qué hago con esta navaja?

Esteban: ¡Oh, no! ¡Una muñeca de México!

Rosalía: ¡Ay! ¡Un cuchillo de explorador!

Abuelo: Pero, aquí hay un regalo más. ¿De quién es? (Abre el paquete.) ¡Es un hueso!

Capitán: Guao, guao. (Esto significa: ¡Ese hueso es mío, tonto!)

Palabras Nuevas

SUBSTANTIVOS

la abuela *the grandmother*
el abuelo *the grandfather*
Ambrosio *Ambrose*
el árbol *the tree*
Berta *Bertha*
la blusa *the blouse*
el cuchillo *the knife*
el cuchillo de explorador *the boy scout knife*
la escena *the scene*
la etiqueta *the label*
la falda *the skirt*
la familia Fandango *the Fandango family*
el fandango *the disorder*
Gualterio *Walter*
el guante *the glove*
el guante de béisbol *the baseball glove*
la hija *the daughter*
el hijo *the son*
el hueso *the bone*
la idea *the idea*
el joven *the young man, the youth*
la muñeca *the doll*
la navaja *the razor*
la Navidad *Christmas*
el Día de Navidad *Christmas Day*
¡Feliz Navidad! *Merry Christmas*
el nene *the baby*
el nombre *the name*
el paquete *the package*
el perro *the dog*
el personaje *the character (in a play)*
el regalo *the gift, the present*
Rosalía *Rosalie*
todos *everybody, everyone, all*
el tonto *the fool*
la vieja *the old woman*
el viejo *the old man*

ADJETIVOS

blanco,a *white*
cada *each*
de algodón *(of) cotton*
de lana *(of) wool, woolen*
ese *that (masc.)*
listo,a *ready*
mío,a *mine*
norteamericano,a *North American (from the U.S.A.)*
rojo,a *red*

VERBOS

cambiar *to change, to exchange*
significar *to mean*

OTRAS PALABRAS

¿de quién? *whose?*
¡Dios mío! *My heavens!*
¿para quién? *for whom?*
por *for*
sólo *only*
toda la familia *the whole family*

EJERCICIOS

I. (A) Write the correct word(s) in place of the underlined expression to make the statement true.

1. Los <u>personajes</u> de la familia Fandango están debajo del árbol. ________________
2. Los paquetes van a ser una sorpresa porque no tienen <u>regalos</u>. ________________
3. Cada uno va a usar el regalo por <u>una semana</u>. ________________
4. Mañana la familia va a <u>abrir</u> los regalos. ________________
5. El perro, Capitán, recibe un <u>cuchillo de explorador</u>. ________________

(B) Preguntas personales y generales. Write your answer in a complete Spanish sentence.

1. ¿Qué expresión usa Vd. el Día de Navidad?
2. ¿Cuál es un buen regalo para un abuelo? ¿Una blusa roja de algodón?
3. ¿Para quién es la muñeca de México?
4. ¿Cuál es un buen regalo para una madre? ¿Una falda blanca de lana?
5. ¿Qué quiere Vd. recibir esta Navidad? ¿Un hueso?

1. ________________________________
2. ________________________________
3. ________________________________

4. ______________________________

5. ______________________________

II. Crucigrama

Horizontales	*Verticales*
1. Christmas	1. razors
6. to the (m.)	2. he sees
8. he goes	3. to give
9. baby	4. same as 6 horizontal
12. the (m. sing)	5. grandparents
14. I	7. he reads
15. surprises	10. dog
16. old	11. to go
17. there is	13. to him
	14. already

III. Match columns *A* and *B* to form complete sentences.

A	*B*
1. En la sala	a. todas las etiquetas con los nombres.
2. Todo el mundo está listo	b. cambiar los paquetes
3. El nene tiene	c. para abrir los paquetes
4. Mañana vamos a	d. está el arbol de Navidad
5. ¿Qué voy a hacer con	e. una falda de lana?

1. ______________________________

2. ______________________________

3. ______________________________

4. ______________________________

5. ______________________________

IV. Compositions: Oral or written in notebooks.

(A) Look at the picture opposite page 91. Describe the scene in Spanish to your class.

(B) Tell about Christmas. Include the following:

La Navidad

1. What the weather is like when Christmas comes. 2. Where and how you spend the vacation. 3. To what store(s) you are going in order to buy gifts. 4. What gifts you are buying and for whom. 5. To whom you wish love and a Merry Christmas.

ESTRUCTURAS DE LA LENGUA

Uses of the Preposition *de*

A. De indicates the place *from*: origin; the topic *of* or *about*

Origin: from	*Topic: of, about*
1. ¿**De dónde** son Vds.? Where are you from?	1. ¿**De qué** hablan Vds.? What are you speaking of (about)?
2. **Somos de** México. We are from Mexico.	2. **Hablamos de** Nueva York. We are speaking of (about) New York.

B. Del: *from the; of the; about the.* **De** followed by **el** is always combined as **del.**

1. **Son del** sur. They are from the south.	3. **Hablan de** la patria. They speak of their country.
2. No **son de los** Estados Unidos. They are not from the United States.	4. Hablan **de las** casas y **de las** comidas. They speak of the houses and meals.

Rules:

1. Although **de** followed by **el** must combine to form **del**, the following never combine: **de los, de la, de las.**

2. The preposition **de** in a series of nouns must be repeated before each noun.

Hablamos **del** chico y **de la** chica.
We speak of the boy and girl.

C. De indicates the owner (possessor) in Spanish just as **'s** indicates the owner in English.

de	**del, de la, de los, de las**
1. **Es de** Juan. No es **de Ana.** It's John's. It isn't Anna's.	4. **Es del** chico. No es **de la chica.** It's the boy's. It isn't the girl's.
2. **Es de** mi hermano. It is my brother's.	5. **Es de los** chicos. It is the boys'.
3. No **es de** su hermana. It isn't your sister's.	6. No **es de las** chicas. It isn't the girls'.

Rules:

1. **De** *precedes* the owner where English adds **'s** to the owner.
2. **De** is used instead of **'s** (single owner) or **s'** (most plural owners).
3. **Del, de la, de los, de las** are used when *the* precedes the owner.

D. Ownership word order:

The "possession"—the person, place, or thing owned—stands *before* **de** and the owner, unlike English.

la **chaqueta del chico** the boy's jacket	el **reloj de la chica** the girl's watch

Single owner	*Plural owners*
1. ¿**De quién** es el reloj? Whose (sing.) watch is it? Whose is the watch?	1. ¿**De quiénes es** la casa? Whose (pl.) house is it? Whose is the house?
2. Es el **reloj de Juan.** It is John's watch.	2. Es la **casa de los vecinos.** It is the neighbors' house.
3. El **reloj de la profesora** es **nuevo.*** The teacher's watch is new.	3. La **casa de los vecinos** es **nueva.*** The neighbors' house is new.

Rules:

1. **¿De quién? ¿De quiénes?** *whose?* are followed by the Spanish *verb.* **¿De quiénes?** anticipates more than one owner.
2. *The adjective describes and *agrees with the thing owned,* not with the owner. See Chart D above, #3 **nuevo, nueva.**

E. De indicates material (composition).

1. ¿**De qué** es el reloj? What is the watch made of?	1. ¿**De qué** son los abrigos? What are the coats made of?
2. El reloj **es de plata.** The watch is silver.	2. Los abrigos **son de lana** y **de algodón.** The coats are woolen and cotton.

Rules:

1. **¿De qué?** begins each question that asks *what a thing is made of.*
2. **De** must precede each material. No article follows **de**.
3. The material does *not* agree with the noun it describes in gender or in number.
4. Learn these materials:

1. **de algodón**	cotton	5. **de oro**	gold(en)
2. **de hierro**	iron	6. **de piedra**	stone(y)
3. **de lana**	woolen	7. **de plata**	silver(y)
4. **de madera**	wooden	8. **de seda**	silk(en)

F. De in special expressions:

1. ¿Va Vd. a **la clase de historia**? Are you going to the history class?	2. No. Voy a hablar al **profesor de español.** No. I'm going to speak to the Spanish teacher.

Rule:

De *about* indicates that the class, the teacher, etc., deal with a subject or with an organized body of knowledge. No article follows **de** in this use.

STUDY THE RULES, EXAMPLES, AND MODELS BEFORE BEGINNING THE EXERCISES!

Exercises

I. Rewrite the sentence, substituting the words in parentheses for the *italicized* expression. Make all necessary changes.

Model: Los sombreros son de *mi hermano.* — The hats are my brother's.

(el hombre) Los sombreros son del hombre. — The hats are the man's.

Los sombreros son del hombre.

1. (el chico)____
2. (la abuela)____
3. (el abuelo)____

4. (Juan)____

5. (mi padre)____

6. (los hermanos)____

7. (María / Pedro)____

8. (sus amigos)____

9. (las primas)____

10. (el hermano/la hermana)____

II. Rewrite the sentence changing each *owner* to the *singular.* Make all other necessary changes.

Model: Los guantes son de los **nenes.** — The gloves are *the babies'.*
Los guantes son **del nene.** — The gloves are *the baby's.*

1. Las casas son de los profesores. ____

2. Ella es la madre de las muchachas.____

3. Somos los profesores de los chicos. ____

4. Es el padre de las alumnas.____

5. Es la clase de los alumnos de español.____

III. Write an affirmative answer in a complete Spanish sentence, using the words in parentheses.

Model: a. —¿De quién es el lápiz?
Whose pencil is it?
(el chico) —**Es el lápiz del chico.**
It's the boy's pencil.

b. —¿De quiénes son los zapatos?
Whose are the shoes?
(los chicos) —**Son los zapatos de los chicos.**
They are the boys' shoes.

1. ¿De quién es el libro? (la prima) ____

2. ¿De quiénes son las flores? (los muchachos) ____

3. ¿De quién son los cuadernos? (el chico) ____

4. ¿De quiénes es la casa? (mis padres) ____________________

5. ¿De quién es ella la madre? (el primo) ____________________

6. ¿De quiénes son ellas las primas? (Juan/Luisa) ____________________

7. ¿De quién son los papeles? (el hombre) ____________________

8. ¿De quiénes es la muñeca? (las hermanas) ____________________

9. ¿De quiénes es el regalo? (los chicos) ____________________

10. ¿De quién son las bicicletas? (el muchacho) ____________________

IV. Write an affirmative answer in a complete Spanish sentence, using the words in parentheses.

Model: —¿De qué es su sombrero? (lana) – Mi sombrero es **de lana.**
What is your hat made of? My hat is *woolen.*

1. ¿De dónde es Vd.? (los Estados Unidos) ____________________

2. ¿En qué clase está Vd.? (historia) ____________________

3. ¿De qué es su casa? (piedra) ____________________

4. ¿De qué son las cortinas? (algodón) ____________________

5. ¿De dónde es su abuelo? (el otro país) ____________________

6. ¿De qué es su reloj? (plata/oro) ____________________

7. ¿De qué habla su hermanito? (el parque) ____________________

8. ¿A qué clase va su hermanita? (inglés) ____________________

9. ¿De qué son su blusa y su falda? (lana/seda) ____________________

10. ¿Qué profesora enseña aquí? (español) ____________________

V. Complete with the appropriate form: de, del, de la, de los, de las.

¿________ (1) quién es el mapa? Es ________ (2) mis compañeros de clase. ¿Son los libros ________ (3) chico? No. Son ________ (4) chica. ¿Usa el profesor el lápiz ________ (5) María?

No. Usa el lápiz ________ (6) alumno. ¿Mira los cuadernos ________ (7) alumnos? No. Mira los cuadernos ________ (8) alumnas. ¿Está Vd. en la clase ________ (9) español? No. Estoy con el profesor ________ (10) inglés. ¿________ (11) qué es su reloj? Es ________ (12) plata. No es ________ (13) oro. ¿Son ________ (14) madera las escuelas? No. Son ________ (15) piedra. ¿________ (16) dónde es Vd.? No soy ________ (17) Cuba. Soy ________ (18) país ________ (19) mis padres. Somos ________ (20) Estados Unidos.

VI. Complete each sentence in Spanish. Use the vocabulary given below the line.

1. Where is your father's car? ¿Dónde está________________________
   /coche/padre
2. It is near the girl's house. Está cerca de________________________
   /casa/chica
3. She's in my history class. Ella está en________________________
   mi clase/historia
4. What is her blouse made of? ¿________________________
   /qué es/blusa
5. It's made of cotton and silk. Es________________________
   /algodón/seda
6. Whose magazine is it?________________________
   /quién es/revista
7. It is the boy's magazine. Es________________________
   /revista/chico
8. I don't read Robert's magazines. No leo________________________
   /revistas/Roberto
9. I look for the children's notebook. Busco________________________
   /cuaderno/niños
10. I'm speaking about them to my Spanish teacher. Hablo de ellos a________________________
    mi profesora/español

ALEXANDER'S

Nacionalmente Anunciadas.
De un Famoso Fabricante.

camisas tejidas, abombachadas, para niños

2.99

Si fuesen perfectas costarían de $5 a $6

Lindos diseños estampados en acetate/nylon tejido que no se plancha, estilo ancho abombachado, con ruedo fruncido de color entero. Sus famosas etiquetas han sido removidas, pero estas camisas son de precio bajo debido a sus pequeñas imperfecciones que usted probablemente no notará. 8 a 18.

vestidos marca famosa para niñas
Adornos de encajes, bordados, combinaciones en colores de contraste, largos y cortos, en colores enteros y estampados. 7 a 12. Poco irregulares. **3.99**

tights marca famosa para niñas.
Reg. 1.65 a 2.75. Marca famosa, primera calidad, nylon elástico, muchos colores. 4 a 14. **99c**

gorras tejidas de acrylic para niñas
Se vendían de $1 a $2.99. Estilos boina, toque, y cloche, en muchos colores. Para edades 4 a 14. **50c**

ropa sport de niñitas
Camisas, camisas polo, blusas, pantalones, en variedad de telas acrylics, algodones, polyesters. Muchos colores. 4 a 6X. **Cada una $1**

blusas novedosas para jovencitas
Algunas se vendían a 7.99. Mangas largas y cortas, en Antron® nylon, algodón, y más. Colores enteros y estampados. S,M,L. **2.99**

pantalones marca famosa de infantes
Se venden en otros sitios a $7.* Polyester-algodón gabardina, denims, corduroys. Cintura elástica. Colores enteros, cuadors. 2 a 4. *Documentación retenida. **$2**

ropa interior para hombres
Camisetas de mangas cortas y pantalon cillos ajustados, en algodón o polyester con algodón. Talle perfecto y reforzados. Ligeramente irregulares. S,M,L,XL **69c**

¡Realización! Ahorre de $5 a $20

realizacion de chaquetones de invierno para hombres

$15

SE VENDIAN DE 16.88 a 29.90.

Inmenso surtido de los modelos más deseados... chaquetones parkas estilo ski, de nylon; de algodón corduroys, y muchos más. Muchos con forros calientes. Venga temprano para mejor seleccion. Tamaños de hombres, en el grupo.

camisas de vestir, sport, y tejidas, para hombres

99c cada una

Una increíble oportunidad para surtirse a un precio realmente bajo. Telas de polyester con algodón, y tejidas. Muchos colores y diseños. Primera calidad, pero algunas han sido estrujadas en el mostrador Todos los tamaños de hombres.

sobretodos con zipper para niños
Cruzados, con cinturón, de polyester/algodon, forro de acrylic lanudo con zipper 8 a 16. **$10**

compra especial de chaquetones de niños
La mayoría de los estilos de invierno, con gorras y con forros lanudos. Corduroys, nylons, meltons. 8 a 14 en el grupo. **7.99**

pantalones polyester doble tejido de niños
Elásticos de 2 maneras. Nunca hay que plancharlos. 4 bolsillos, holgados, colores enteros. 8 a 20 Reg. y 8 a 18 Ajustados. **4.99**

camisas tejidas turtleneck de hombres
Se vende en otros sitios por 3.99*. Algodón acanalado, en muchos colores. S,M,L. *Documentación retenida. **1.99**

Un anuncio comercial

***Cuando** la profesora habla, Virgilio siempre*
***lee algo** debajo del pupitre.*

Let's play "Who am I?" In Spanish it's not that easy.

¿Quién soy yo?

Virgilio Chupadedos es un alumno que no presta atención y no aprende mucho. Cuando la profesora habla, Virgilio siempre lee su libro de adivinanzas que él tiene abierto debajo del pupitre. Virgilio tiene un talento para las adivinanzas y sabe muchas.

Aquí tiene Vd. unas adivinanzas que Virgilio lee en su libro. Las respuestas están al pie de la página.

1. Soy un hombre o una mujer. Siempre hago preguntas. Soy amigo de los alumnos aplicados. Generalmente soy inteligente. ¿Quién soy yo?
2. Estoy en todos los edificios. Soy de madera o de otros materiales. Soy útil para entrar y salir. Soy para abrir y cerrar. ¿Qué soy yo?
3. Yo también soy para abrir y cerrar. Tengo mucha información y muchas frases. Estoy en las casas, en las bibliotecas y en las escuelas. Soy de papel. ¿Qué soy yo?
4. Yo no soy muy grande. Soy negro, amarillo, azul, y de otros colores también. Soy útil para escribir en los cuadernos. ¿Qué soy yo?
5. Yo soy una parte de todas las personas. Tengo muchos unos: hablo, como, bebo. Tengo labios y dientes. ¿Qué soy yo?
6. Soy de madera. Estoy en todas las salas de clase. Hay uno para cada alumno. Los alumnos me usan para poner sus libros y para poner su papel para escribir. ¿Qué soy yo?
7. Yo soy muy grande. Estoy delante de la clase. El profesor escribe en mí. Así los alumnos pueden leer las frases importantes de la lección. ¿Qué soy yo?
8. Soy un animal. Soy grande o soy pequeño. Soy de varios colores. Dicen que soy el mejor amigo del hombre. No soy amigo de los gatos. ¿Qué soy yo?
9. Soy un edificio. Tengo varios cuartos. Los alumnos entran para aprender. Aquí todo el mundo trabaja y aprende. ¿Qué soy yo?
10. Soy para abrir y cerrar. Estoy en todos los cuartos. Soy necesaria para el aire y la luz. Soy de vidrio. ¿Qué soy yo?
11. Soy de un país grande donde hablamos inglés y aprendemos mucho español. ¿Quien soy yo?

1. el profesor o la profesora
2. la puerta
3. el libro
4. la pluma, el lápiz
5. la boca
6. el pupitre
7. la pizarra
8. el perro
9. la escuela
10. la ventana
11. el norteamericano

Palabras Nuevas

SUBSTANTIVOS

la adivinanza *the riddle*
la boca *the mouth*
el color *the color*
el cuarto *the room*
el diente *the tooth*
el gato *the cat*
la información *the information*
el labio *the lip*
el material *the material*
la página *the page*
la parte *the part*
la pizarra *the blackboard*
la pluma *the pen*
el pupitre *the (student's) desk*
la respuesta *the answer*
la sala de clase *the classroom*
el talento *the talent*
la ventana *the window*

ADJETIVOS

abierto,a *open*
amarillo,a *yellow*
azul *blue*
mejor *better*
el mejor *the best*
negro,a *black*
útil *useful*

VERBOS

chupar los dedos *to be a simpleton*
prestar atención *to pay attention*
pueden *they can; you (formal pl.) can*
soy *I am*
trabajar *to work*

OTRAS PALABRAS

al pie de *at the bottom of*
de madera *wooden, of wood*
de papel *of paper*
de vidrio *of glass*
delante de *in front of*
en mí *on me*
generalmente *generally*
me *me*
que *which, that*

EJERCICIOS

I. Preguntas. Write your answer in a complete Spanish sentence.

1. ¿A quién no presta atención Virgilio?
2. ¿Qué lee debajo del pupitre?
3. ¿Qué deja entrar aire en la clase? ¿De qué es?
4. ¿Qué usa Vd. para escribir en la pizarra? ¿En el cuaderno?
5. ¿Para qué es útil una puerta? ¿De qué es?

1. ______________________________
2. ______________________________
3. ______________________________
4. ______________________________
5. ______________________________

II. Acróstico español

1. pupil
2. tooth
3. intelligent
4. window
5. information
6. black
7. attention
8. North American
9. blackboard
10. to open

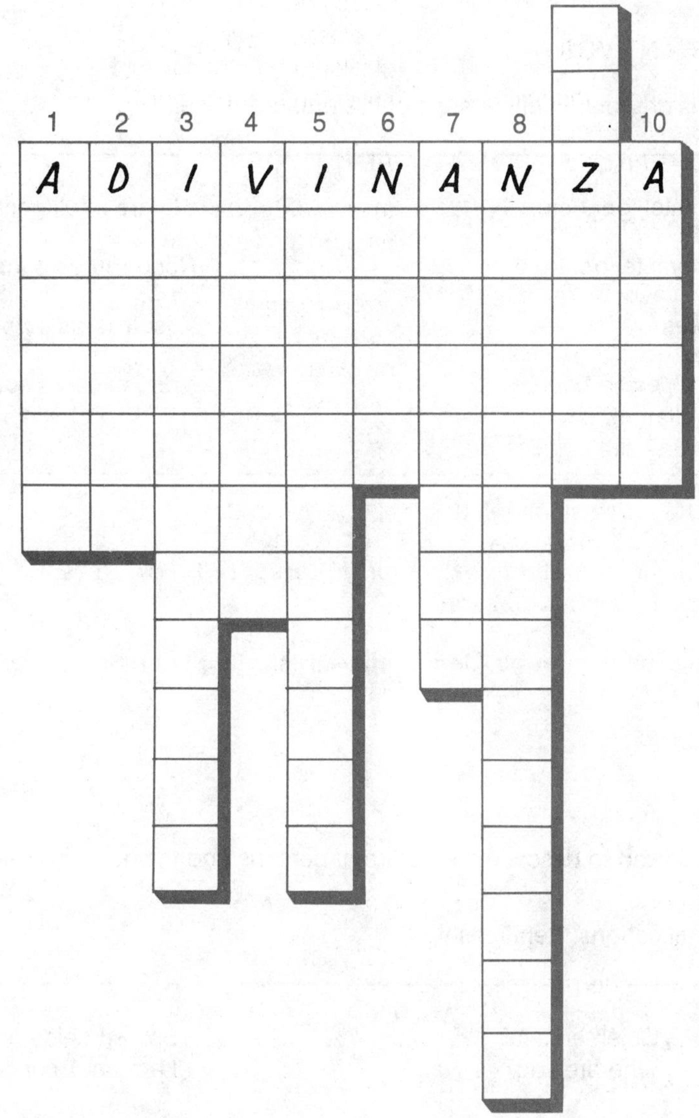

III. Compositions: Oral or written in notebooks.

(A) Look at the picture opposite page 103. Describe the scene in Spanish to your class.

(B) Tell about a class in which you pay little attention. Include the following:

Una clase

1. In which class you pay little attention. 2. Why you pay little attention. 3. What you do in the class. 4. Why it is useful to study and to pay attention. 5. When you are going to study and to listen.

ESTRUCTURAS DE LA LENGUA

Ser *to be*

A. Ser is irregular in all persons of the present tense.

I am intelligent etc.	We are intelligent etc.
Yo **soy** inteligente.	Nosotros-as **somos** inteligentes.
Tú **eres**	Vosotros-as **sois**
Vd., él, ella **es**	Vds., ellos-as **son**

Rules:

1. *Are* is the English equivalent for (tú) **eres**; (Vd.) **es**; (nosotros) **somos**; (vosotros) **sois**; (ellos-as) **son**; (Vds.) **son**.

2. **Es** means *is* in **él es** (he is); **ella es** (she is); but **es** means *are* in **Vd. es** (you are).

B. Ser is used to describe the *nature of* persons and things as in A above. Other uses follow.

1. Identifications. Relationships.

a.	–¿Quién eres tú? Who are you?	–Soy un chico norteamericano. I am an American boy.
b.	–¿Es el hombre tu padre? Is the man your father?	–No. Es mi tío. Sus hijos son mis primos. No. He is my uncle. His children are my cousins.

2. *Profession.

a.	–¿Qué es tu padre? What is your father?	–Es piloto. He is a pilot.
b.	–¿Qué deseas ser? What do you want to be?	–Yo deseo ser actor. I want to be an actor.
c.	–¿Es tu padre **un buen** piloto? Is your father a good pilot?	–Es **un** piloto **excelente.** He is an excellent pilot.

3. Origin and *nationality.

a. –¿De dónde es tu amigo? Where is your friend from?	–Es de Puerto Rico; es puertorriqueño. He is from Puerto Rico; he is (a) Puerto Rican.
b. –¿Eres tú español? Are you a Spaniard?	–Soy **un** español **sincero.** I am a sincere Spaniard.

*Omit the articles *un* and *una* when describing profession or nationality. Use **un** or **una** only when the profession or nationality is accompanies by an adjective.

4. Personality, nature, and characteristics.

—¿ Cómo son Vds.? What are you like?	—Somos buenos, alegres, amables y generosos. We are good, cheerful, kind and generous.

5. Characteristic appearance.

a. —¿ Cómo es su amigo? What is your friend like?	—Es alto, moreno y guapo. He is tall, dark and handsome.
b. —¿ De qué color son sus ojos? What color are his eyes?	—Sus ojos son negros. His eyes are black.

6. Possession and material.

a. —¿ De quién es ese reloj? Whose watch is that?	—Es mi reloj. No es de María. It is my watch. It isn't Mary's.
b. —¿ De qué es su reloj? What is your watch made of?	—Es de oro y de plata. No es de madera. It's (of) gold and silver. It isn't wooden.

7. Date and time.

a. —¿ Qué día es? What day is it?	—Hoy es martes el dos de mayo. Today is Tuesday, May 2nd.
b. —¿ Qué hora es? What time is it?	—Son las dos. No es la una. It is two o'clock. It isn't one o'clock.

STUDY THE RULES, EXAMPLES, AND MODELS BEFORE BEGINNING THE EXERCISES!

Exercises

I. Rewrite the sentence, substituting the new subject in *italics* and giving the correct form of the verb.

Model: **Yo soy** de los Estados Unidos.	**El muchacho es de los Estados Unidos.**
I am from the United States.	The boy is from the United States.

1. *La chica* __________
2. *Yo* __________
3. *Tú* __________
4. *Vd.* __________
5. *Ella* __________
6. *Roberto* __________
7. *Nosotros* __________
8. *Tú y yo* __________
9. *Vds.* __________
10. *Eduardo y Pablo* __________

¿Es alto el chico?

II. Rewrite the sentence in the *singular* using the subject given in parentheses. Make all necessary changes.

Model: ¿Son altos los chicos? (el chico) ¿**Es alto el chico**?
Are the boys tall? Is the boy tall?

1. Nosotros somos bonitos. (yo)__________
2. Vds. son actores. (Vd.)__________
3. Vds. son unos chicos aplicados. (tú)__________
4 ¿Son los relojes de oro? (el reloj)__________
5. Ellos no son de San Juan. (él)__________

III. Rewrite the sentence in the *plural* using the subject given in parentheses. Make all necessary changes for agreement.

1. Ella es cubana. (ellas)__________
2. ¿Es la una? (las dos)__________
3. ¿Es sábado el día? (sábado y domingo)__________
4. Yo no soy de España. (Juan y yo)__________
5. Vd. es mi primo. (Vd. y Luis)__________

IV. **a.** Write a factual answer in a complete Spanish sentence. **b.** Write a factual answer to the *second* question, adding **también.**

Model: a.—¿Eres de aquí o de Rusia? Are you from here or from Russia?
— **Soy de aquí.** I am from here.
b.—*¿Y tu padre?* And your father?
— **Mi padre es de aquí también.** My father is from here, too.

1a. ¿Es Vd. de los Estados Unidos o de Oz?__________

b. *¿Y el chico?*__________

2a. ¿Son Vds. americanos o españoles?__________

b. *¿Y ellos?*__________

3a. ¿Somos tú y yo personas o cosas?__________

b. *¿Y los hermanos?*__________

4a. ¿Eres profesor-a o alumno-a?__________

b. *¿Y la chica?*__________

5a. ¿Somos yo y el Sr. Delibes maestros o alumnos?__________

__________ b. ¿Y la señora?__________

V. Write a complete Spanish sentence using all the cue words provided. Supply the appropriate form of SER in each sentence.

Model: Hoy / sábado (Today / Saturday) — Hoy es sábado. (Today is Saturday.)

1. ______________________
Hoy no / domingo.

2. ______________________
Los días / largos.

3. ______________________
Juan y María / inteligentes.

4. ¿______________________?
¿ / yo inteligente?

5. ¿______________________?
¿Por qué no / nosotros aplicados?

6. ______________________
La chica / de los Estados Unidos.

7. ______________________
Vd. / mi amigo.

8. ______________________
Vds. / generosos.

9. ¿______________________?
¿De qué color / los libros?

10. ______________________
No / la una.

11. ¿______________________?
¿Quién / tú?

12. ______________________
Ellos / franceses.

13. ¿______________________?
¿De quién / las casas?

14. ¿______________________?
¿No / altos tú y yo?

15. ¿______________________?
¿De qué / su sombrero?

VI. Write an affirmative answer in a complete Spanish sentence using the cue words given in italics.

Model: —¿Qué eres? What are you? *español* —**Soy español.** I am Spanish.

1. ¿Quién eres tú? *alumno-a*______________________
2. ¿Eres norteamericano-a? *sí*______________________
3. ¿De qué color son sus ojos? *negros*______________________
4. ¿Cómo eres? *inteligente y hermoso-a*______________________
5. ¿De dónde son sus padres? *los Estados Unidos*______________________
6. ¿Qué es su padre? *capitán*______________________
7. ¿De qué color es su casa? *azul*______________________
8. ¿De quién son Juan y tú alumnos? *del Sr. López*______________________
9. ¿De qué son su mesa y su silla? *de madera*______________________
10. ¿Qué deseas ser? *profesor-a*______________________

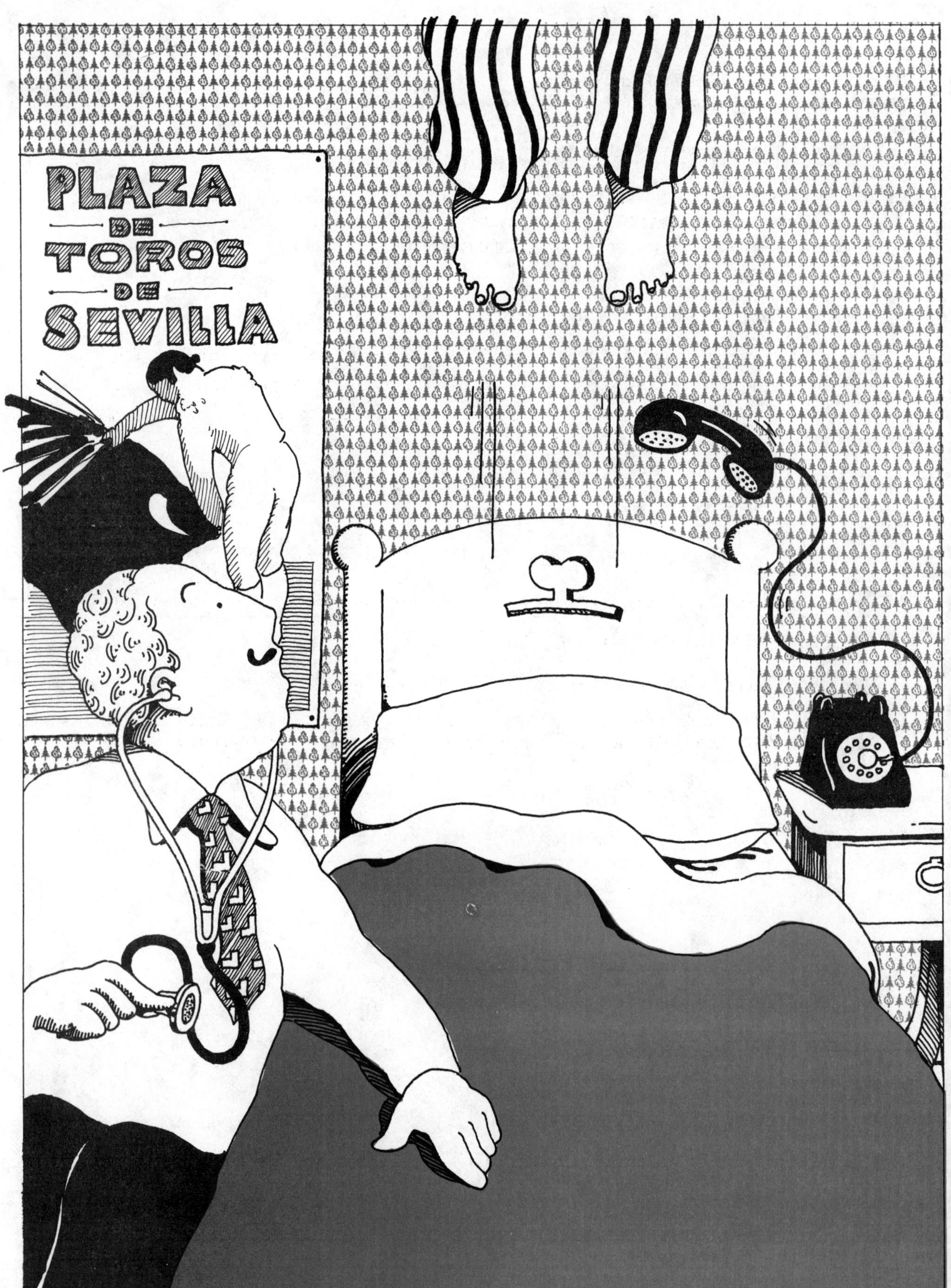

¡Mamá, estoy mejor!

It's no fun to be stuck in bed all day. Would you prefer that to going to school?

Una enfermedad imaginaria

Hoy Ramón Tramposo no va a la escuela. Dice que es imposible bajar de la cama porque él está enfermo. Su madre está muy triste y preocupada por la salud de su hijo. Cuando llega el Doctor Humberto Matasanos, la madre va con el médico al cuarto de Ramón. El muchacho está sentado en la cama. Todas las ventanas están cerradas.

Médico: ¡Ah! Aquí está el enfermo. ¿Qué tiene el chico?

Madre: Oh, doctor, mi hijo no quiere comer. No quiere beber. Sólo quiere guardar cama todo el día.

Ramón: Ay, ay, ay. Estoy enfermo. Tengo dolor de cabeza, dolor de estómago, dolor de garganta. Es horrible.

Madre: ¡Ay, mi pobre Ramoncito!

Médico: Bueno, bueno joven. (El médico lo examina al chico.) Mmmmm. . . .El pulso está normal. Ramón, ¡abre la boca y saca la lengua!

Ramón: Aaaaaaaah.

Madre: Mi pobre hijo. ¡Cómo sufre!

Médico: Yo no veo nada. La temperatura está normal. No tiene fiebre.

Ramón: Ay, tengo tanto dolor. Es terrible.

En ese momento suena el teléfono. Es Enrique, el amigo de Ramón.

Ramón: Hola, Enrique. ¿Qué hay?. . . . . . .¿Cómo?. . . .¿No hay examen de matemáticas? (Ramón salta de la cama.) ¡Mamá, mamá, estoy mejor! ¡Quiero comer! ¡Tengo hambre, mucha hambre!

Palabras Nuevas

SUBSTANTIVOS

la cabeza *the head*
la cama the bed
el chico *the boy*
la clase de matemáticas *the mathematics class*
el Doctor Humberto Matasanos *Dr. Humbert Quack*
el dolor *the pain, the ache*
el dolor de cabeza *the headache*
el dolor de estómago *the stomachache*
el dolor de garganta *the sore throat*
la enfermedad *the sickness*
el enfermo *the patient, the sick person*
Enrique *Henry*
la fiebre *the fever*
el hambre (fem.) *the hunger*
la lengua *the tongue*
el médico *the doctor*
el pulso *the pulse*
Ramón *Raymond*
Ramoncito *little Ray*
la salud *the health*
el teléfono *the telephone*
la temperatura *the temperature*

ADJETIVOS

cerrado,a *closed*
imaginario,a *imaginary*
normal *normal*
pobre *poor*
preocupado,a por *worried about*
sentado,a *seated*
tramposo,a *tricky*
triste *sad*

VERBOS

bajar de *to get off*
guardar cama *to stay in bed*
llegar *to arrive*
sacar *to stick out, to take out*
saltar *to jump*
suena *it rings*
sufrir *to suffer*
tener hambre *to be hungry*

OTRAS PALABRAS

¿Cómo? *What do you mean?*
nada *nothing*
porque *because*
¿Qué hay? *What's up? What's new? What's the matter?*
¿Qué tiene el chico? *What is the matter with the boy?*
sólo *only*
todo el día *the whole day*

EJERCICIOS

I. (A) Preguntas. Write your answer in a complete Spanish sentence.

1. ¿Por qué no sale Ramón?
2. ¿Cómo está su madre?
3. ¿Dónde está sentado el muchacho cuando entra el médico?
4. ¿Qué dolor tiene Ramón?
5. ¿Por qué salta de la cama y desea comer?

1. ______________________________
2. ______________________________
3. ______________________________
4. ______________________________
5. ______________________________

(B) Preguntas personales y generales. Write your answer in a complete Spanish sentence.

1. ¿Quién está preocupado por su salud?
2. ¿Cuándo guarda Vd. cama?
3. ¿Qué dice Vd. cuando saca la lengua?
4. ¿En qué clase sufre Vd. mucho?
5. ¿Qué toma Vd. cuando tiene mucha hambre?

1. ______________________________
2. ______________________________
3. ______________________________
4. ______________________________
5. ______________________________

II. Unscramble the sentences in the boxes.

1.

su	y	triste
está	preocupada	madre

2.

hambre	comer	tengo
quiero	estoy	mejor

3.

mi	como	hijo
ay	pobre	sufre

4.

suena	teléfono	en
ese	momento	el

1. ______________________________
2. ______________________________
3. ______________________________
4. ______________________________

III. Compositions: Oral or written in notebooks.

(A) Look at the picture opposite page 113. Describe the scene in Spanish to your class.

(B) Complete the dialogue about a visit from your doctor, and act it out with another student:

Una visita del médico

1. Médico: ¿Qué tiene Vd.?

   Vd.: ______________________________
   (Say that you have a headache.)

2. Médico: ¿Tiene Vd. otro dolor?

   Vd.: ______________________________
   (Say that you have a fever, too.)

3. Médico: Vd. debe guardar cama y no debe comer hoy.

   Vd.: ______________________________
   (Say that that is terrible.)

4. Médico: ¿Tiene Vd. apetito?

   Vd.: ______________________________
   (Say that you want to eat.)

5. Médico: Mañana su mamá le da una hamburguesa.

   Vd.: ______________________________
   (Say that you are better NOW!)

ESTRUCTURAS DE LA LENGUA

Estar *to be;* Contrasting Uses of **Estar** and **Ser.**

A. Forms of **estar**—used in greetings—contrasted with forms of **ser.**

Estar *to be*	**Ser** *to be*
¿Cómo **está** Vd.? How are you?	¿Cómo **es** Vd.? What are you like?
Yo **estoy** bien. I am well.	Yo **soy** bueno. I am good.
Tú **estás**	Tú **eres** . . . .
Vd., él / ella **está**	Vd., él / ella **es** . . . .
Nosotros-as **estamos** . . . . We are well.	Nosotros-as **somos** buenos. We are good.
Vosotros-as **estáis**	Vosotros-as **sois** . . . .
Vds., ellos-as **están**	Vds., ellos-as **son** . . . .

Rules:

1. **Estar** is used for greetings. For the uses of **ser** see Work Unit 10.

2. **Estar** is irregular in four verb forms: **estoy, estás, está, están.** An accent mark is written on each **a** except **estamos.**

3. **Está** means *is* in the following: **él está** (he is); **ella está** (she is); but **está** means *are* in **Vd. está** (you are).

B. **Estar** *to be* is also used to describe 1) location, 2) health, 3) mood, and 4) results of actions.

1. Location: with **¿dónde?** *where*; **aquí** *here*; **allí** *there*; **en** *on*, *in*; **ausente** *absent*; **presente** *present.*

—¿Dónde está Juan? Where is John?	—Juan está aquí en casa; no está en la escuela. John is here at home; he is not in school.

2. State of health: with **bien, bueno**—*well*; **enfermo, *mal, malo**—*sick.*

—¿Cómo está Juan, bien o enfermo? How is John, well or ill?	—Está bien (bueno); no está enfermo (*malo) He is well; he is not sick.

***Mal** *is preferred to indicate "sick"* in several Hispanic countries.

3. Mood: with **contento, alegre**—*happy*, *cheerful*; **triste**—*sad.*

—¿Está él contento o triste? Is he happy or sad?	—Está muy alegre hoy. He is very cheerful today.

4. Results of actions: with **abierto-a** *open,* **cansado-a** *tired,* **cerrado-a** *closed,* **descansado-a** *rested,* **ocupado-a** *busy,* **sentado-a** *seated.*

1. —¿Está sentado? Is he seated?	—Sí. Está cansado y ocupado en leer. Yes. He is tired and busy reading.
2. —¿Está cerrado su libro? Is his book closed?	—No. Su libro está abierto. No. His book is open.

C. Agreement:

Only the adjectives which end in **o** change **o** to **a** when they describe a feminine noun. Adjectives ending in **o, a** or **e** add **s** when describing plural nouns.

1. Juan está content**o** pero María no está content***a***.
   John is happy but Mary is not happy.

2. El está alegr**e** pero ella está trist**e**.
   He is cheerful but she is sad.

3. Están present**es** y sentad**os**.
   They are present and seated.

D. Review: Contrasted uses of **ESTAR**—*to be;* **SER**—*to be* [Work Unit 10].

1. Juan **está en** Puerto Rico. John is in Puerto Rico. *Location*	Juan **es de** Puerto Rico. John is from Puerto Rico. *Place of origin*
2. Juan **está bueno** (*or* **bien**). John is well. *Health* Juan **está malo** (**mal** *or* **enfermo**). John is sick (*or* ill).	Juan **es bueno.** John is good (a good person). *Character* (or identification) Juan **es malo.** John is bad (a bad person).
3. Juan **está alegre** (*or* **contento**). John is cheerful (*or* happy). *Mood*	Juan **es alegre. Es feliz.** John is jolly. He is a happy person. *Personality type* (identification)
4. El **está sentado** y **está cansado.** He is seated and he is tired. *Results of actions*	El **es alto** y **joven.** He is tall and young. *Characteristic appearance* Other uses: See lesson 4, Part Two.

STUDY THE RULES, EXAMPLES, AND MODELS BEFORE BEGINNING THE EXERCISES!

I. Rewrite the sentence substituting the new subject and giving the appropriate form of the verb.

Model: (ellos) **Ellos están muy bien hoy.** (Vd.) **Vd. está muy bien hoy.**
They are very well today. You are very well today.

1. (Yo)____

2. (María)______________________________________

3. (El chico)____________________________________

4. (Tú)____

5. (Vd.)____________________________________

6. (Nosotros)____________________________________

7. (Los chicos)____________________________________

8. (Ellas)____________________________________

9. (Juan y Pedro)____________________________________

10. (Tú y yo)____________________________________

II. Rewrite the sentence, substituting the cue words in parentheses for the expression in *italics*. Make the necessary changes in the verb and the adjective.

Model: *El libro* está abierto. (las revistas) **Las revistas están abiertas.**
The book is open. The magazines are open.

1. *Los libros* están abiertos. (la puerta)

____

2. *Las niñas* están tristes. (el profesor)

____

3. *Manuela* está contenta hoy. (Felipe y Pedro)

____

4. *Mi primo* está sentado. (Elisa y su prima)

____

5. *Yo* no estoy ausente. (Tú y yo)

____

III. Write a factual answer in *two* complete sentences according to the model. Give the NEGATIVE sentence *first*.

Model: —¿Está Vd. en América o en Europa? — Are you in America or in Europe?
—**No estoy en Europa. Estoy en América.** — I'm not in Europe. I'm in America.

1. *¿Está Vd. en la tierra o en otro planeta?*____________________

____

2. ¿Estás triste o alegre cuando recibes dinero? ______________________________

____

3. ¿Están tú y los amigos ausentes o presentes en la clase los sábados? ______________________________

____

4. ¿Están los alumnos sentados o de pie cuando escriben en los cuadernos? ______________________________

____

5. ¿Están las escuelas abiertas o cerradas los domingos? ______________________________

____

6. ¿Están los profesores ocupados o sentados todo el día? ______________________________

____

7. ¿Está la gente en el hospital enferma o bien? ______________________________

____

8. ¿Está la gente allí cansada o descansada al fin del día? ______________________________

____

9. ¿Estás contenta o triste en el hospital? ______________________________

____

10. ¿Deseas estar en casa o en el hospital? ______________________________

____

IV. Write an answer in a complete Spanish sentence. Use the cue words in *italics*.

1. ¿Cómo estás? *bien* ______________________________

2. ¿Por qué estás sentado-a? *porque escribo* ______________________________

____

3. ¿Dónde estoy yo ahora? *en la calle* ______________________________

4. ¿Cuándo están abiertas las tiendas? *los sábados*____________________

____

5. ¿Están tú y los amigos alegres los sábados? *sí*____________________

____

V. Write a complete Spanish sentence using the word cues provided. Supply the appropriate form of **estar** or **ser**. (Review **ser** in this unit and in Unit 10.)

Model: Los niños/bien. Los niños están bien. The children are well.

1. Los niños/sentados____________________
2. Mi madre/mexicana____________________
3. Nosotros/inteligentes____________________
4. Yo/médico____________________
5. No es la una. Ahora/las tres____________________
6. Las mesas/de madera____________________
7. Hoy/el primero de junio____________________
8. La casa/de mi abuela____________________
9. Tú y yo/en San Francisco____________________
10. Tú/de Chicago____________________
11. La escuela/abierta____________________
12. Yo/aquí____________________
13. ¿/tú cansada?____________________
14. Juana/enferma____________________
15. Los alumnos/ausentes____________________

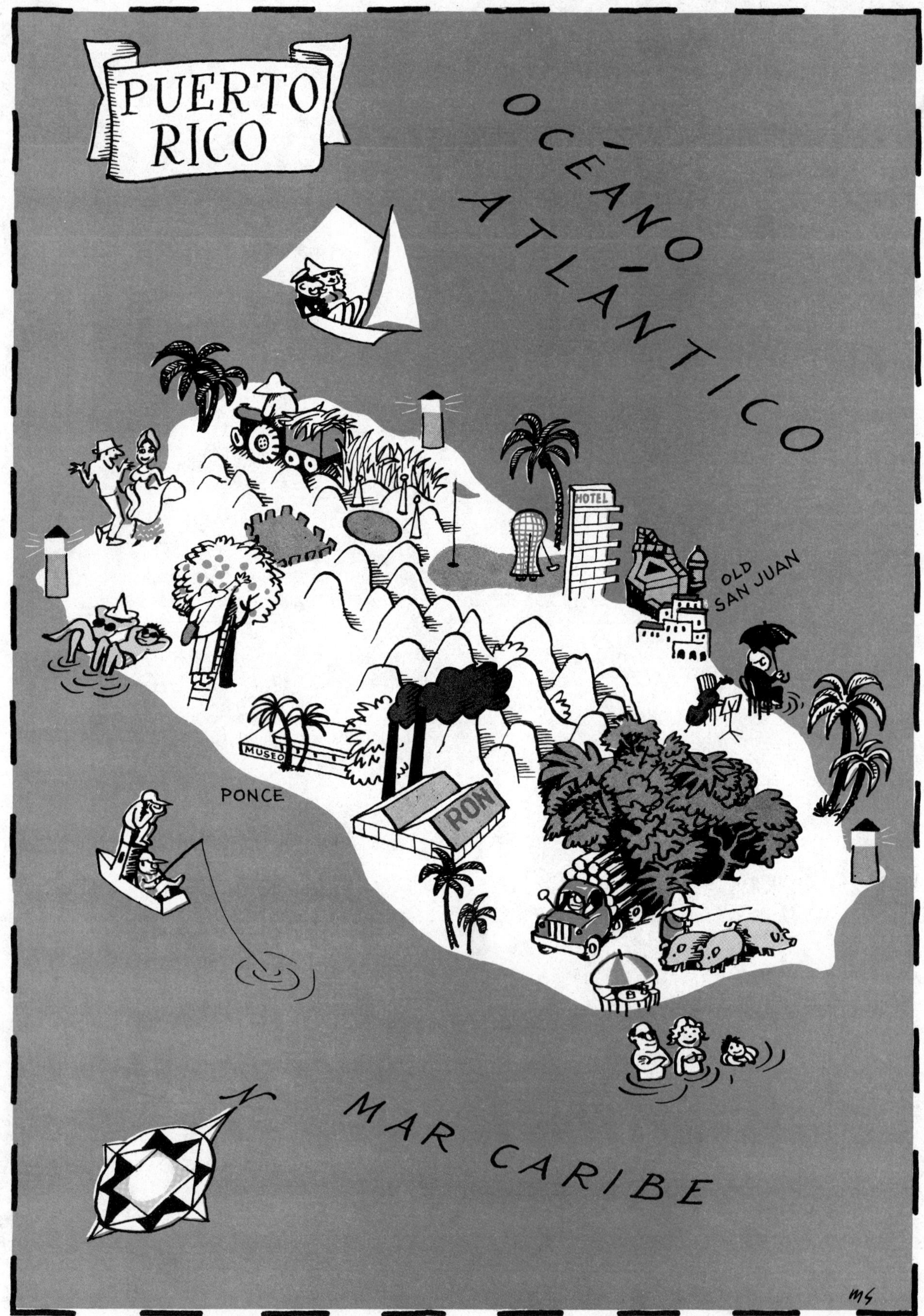

PUERTO RICO
OCÉANO ATLÁNTICO
HOTEL
OLD SAN JUAN
MUSEO
RON
PONCE
N
MAR CARIBE
MG

Culture Unit Two

Mi Borinquen querida

Puerto Rico, Associated Free State of the United States

"¡Borinquen! nombre al pensamiento grato como el recuerdo de un amor profundo;"	Borinquen! a name sweet to the thought like deep love's souvenir. [J. Gautier Benítez]

A. Puerto Rico, a beautiful Caribbean island, about as large as *Delaware* and *Rhode Island* combined, is one of the three Spanish-speaking islands of the Greater Antilles, Cuba and Hispaniola being the other two. English-speaking Jamaica is also part of this group of islands. The island of Hispaniola contains both the Spanish-speaking República Dominicana and French-speaking Haiti.

Called *Borinquen* by its native Taíno Indians, Puerto Rico was renamed San Juan Bautista when Columbus discovered it for Spain in 1493. In 1508, the Spanish explorer, Ponce de León, gave the city he established on the coast the name of Puerto Rico ("rich port"). Later the city and the island exchanged names. The *island* is now called Puerto Rico, and its *capital city* is known as San Juan. Puerto Rico, with its Central Mountains (*Cordillera Central*), northern lowlands, and sunny coasts, is beloved by its people.

B. *The Puerto Rican program "Operation Bootstrap" (Fomento), begun in 1947, encouraged new industry, created new jobs, and made Puerto Rico a vacation paradise.* Now, investors in industries, in hotel and factory construction, and thousands of international tourists contribute to Puerto Rico's economy.

1. *San Juan,* Puerto Rico's capital, supplies electric power to its textile and chemical industries. Tourists flock to San Juan's beaches, luxury hotels, and Old San Juan, a sixteenth century Spanish colonial city. A tourist might drive from San Juan to the modern *Universidad de Puerto Rico* at Río Piedras one afternoon, and drive to *El Yunque,* the prehistoric rainforest, the next day.
2. *Ponce,* the second largest city, processes Puerto Rico's chief products: coffee (*café*), rum (*ron*), and sugar (*azúcar*).
3. Puerto Rico also grows rice (*arroz*), vegetables (*legumbres*), and tobacco (*tabaco*).

C. *Puerto Rico has developed from a colony of Spain to a Free Associated State (Estado Libre Asociado) of the United States. Puerto Ricans are, therefore, citizens of the United States.*

1. Spain's Ponce de León founded the first colony called Puerto Rico, in 1508. As its first governor, he established Spain's language, traditions, and religious institutions on it.
2. The United States fought alongside the Puerto Ricans in the Spanish-American War against Spain (1898). When it lost the war, Spain gave Puerto Rico to the United States.
3. Puerto Rico was granted limited self-rule with a governor appointed by the President of the United States in 1900. Puerto Ricans became United States citizens in 1917.
4. Puerto Rico became a Free Associated State of the United States in 1951 by vote, and in 1952 by proclamation.
5. Puerto Rico now manages its own internal affairs and elects its governor (at present Carlos Romero Barceló). Puerto Ricans *living in the United States* may vote in all American elections simply by proving literacy either in Spanish or in English in states that require such proof.
6. Puerto Rico's social progress can be seen in its rising literacy level that grew as its cities developed and produced more schools and industry.

7. Puerto Rico's political future is at the crossroads. *Independistas* wish it to become an independent nation. Other Puerto Ricans want it to continue as a Free Associated State of the United States. Still others would like Puerto Rico to become the fifty-first state, like any other state of the United States. President Ford presented such a resolution to Congress.

D. *Puerto Rico's long colonial relationship with Spain (1493-1898) created a Spanish cultural setting in which were blended some early Indian and some African influences of the seventeenth and eighteenth centuries.* Today, twentieth century United States and international influences coexist with many traditional island customs.

1. **Amusements and sports:**

   a. Puerto Rico has adopted several sports that are popular in the United States: *el béisbol* (baseball), *el baloncesto* (basketball), and *el boxeo* (boxing). *Jonrón* (homerun) and *lanzador* (pitcher) are Spanish words that Puerto Rican fans use daily.

   b. The Puerto Rican enjoys the traditional Spanish game of *dominó* (dominos) or takes his chances in *la lotería* (government lottery), at *la carrera de caballos* (horse racing), or in *la pelea de gallos* (cockfights).

2. **Music and dance:**

   a. *La danza puertorriqueña* is one of the most typical of the many Puerto Rican dances. It is characterized by a *paseo,* or promenade, as the couples begin to dance.

   b. *La bomba,* African in origin, and *la plena,* a mixture of Spanish and African influences, are two other typical dance rhythms.

   c. *Rafael Hernández,* composer of *Lamento Borincano,* was Puerto Rico's most popular song writer of this era.

   d. Visitors from all parts of the world come to the famous *Festival Casals,* a series of classical concerts begun in Puerto Rico under the internationally famous Spanish-born conductor and cellist, *Pablo Casals,* who made Puerto Rico his home.

3. **Musical instruments:**

   a. *Cuatro* and *tiple* are guitar-like instruments derived from the Spanish guitar.

   b. *Güiro* and *maracas,* derived from dried gourds, are rhythm instruments that were played by the **taíno** Indians.

   c. The *timbales, bongó,* and *marímbolas* are drums of African origin.

4. **Fiestas and holidays:**

   a. Puerto Ricans celebrate November 19, *Discovery Day,* July 25, *Constitution Day,* as well as July 4, *Independence Day* for the United States.

   b. The island celebrates in the tradition brought from Spain, *Las Navidades,* Christmas; *La Pascua Florida,* Easter; and *El Día de San Juan Bautista,* Puerto Rico's patron saint's day, June 24. On *El Día de los Tres Reyes,* January 6, Puerto Rican youngsters look forward to the presents left under their beds by *Los Tres Reyes Magos* (the Three Wise Men). The children also receive gifts on December 25 and enjoy a Christmas tree.

   c. The birthdays of great Puerto Rican statesmen and writers are important holidays: *Eugenio María de Hostos,* educator, essayist, and fighter against slavery, January 11; *Luis Muñoz Rivera,* writer, poet, and champion of Puerto Rican rights, father of *Luis Muñoz Marin,* recent governor of Puerto Rico, July 17.

5. **Foods:** Cereal or bacon and eggs are not uncommon breakfasts in Puerto Rico. Lunch and dinner, however, reflect the heartier dishes, some of which originated in Spain:

   a. *arroz con pollo,* a dish of chicken, rice, and saffron (*azafrán*);

   b. *lechón asado,* barbecued pork and *habichuelas* (beans);

   c. *arroz con gandules,* rice, pork, and pigeon peas;

d. *pasteles,* mashed green bananas, olives, and raisins in banana leaves;
e. *asopao,* a thick chicken soup with rice or potatoes.

6. **Literature and the arts:** Many Puerto Rican writers use elements of Puerto Rican folklore, customs, and history. But most present-day writers deal with problems of city living, with problems of migration to and from the United States, and with the individual's search for his identity. **Prose and poetry:** In *El gíbaro (The Farmer),* Manuel Alonso's prose and poetry offer a memorable portrait of *el jíbaro* in 1849. **Novel:** In *La charca,* Manuel Zeno Gandía symbolizes his view of oppressive plantation life in the mountains of Puerto Rico through the title, "The Stagnant Pool." In *El laberinto,* Enrique Laguerre places his Puerto Rican men and women in the conflict of unaccepting urban life in New York. **Theater:** *El grito de lares* (1914) by Luis Llórens Torres recalls Puerto Rico's historic moment of the cry for freedom. *Esta noche juega el jóker* of Fernando Sierra Berdecía (1940) uses the "game of life" in "el barrio latino." *La carreta,* René Marqués' fine play about migrating to and from the United States, is often produced in the *Tapia Theater* in Old San Juan. **Poetry:** Julia de Burgos' love of nature and sense of humanism is praised for such poems as "Río Grande de Loíza." Luis Palés Matos blends African words and rhythms in his Spanish poetry, *Danza negra* and *Majestad negra.* **Painting:** The varied work of José Campeche is an impressive expression of knowledge and art during the second half of the eighteenth century. Francisco Oller (*El estudiante,* on view at Paris's Louvre Museum) is an outstanding impressionistic painter.

E. *There are more Puerto Ricans in New York City, close to one million, than in all of San Juan, and more in Connecticut than in inland cities of Puerto Rico.* While the Puerto Rican in the United States learns English to share in North American life, he guards his right to maintain his Puerto Rican identity.

1. The strong feeling among Puerto Rican citizens living in the United States that their children should be taught Spanish has caused bilingual teaching programs to be instituted in several American elementary schools and in some high schools. Puerto Rican or Latin-American Studies are taught in some high schools; American universities have offered programs in Latin-American Studies for decades.

2. Various bilingual and Spanish theaters are firmly established in New York. Spanish language broadcasts on radio and television stations U.H.F. 41 and 47 in New York, and newspapers like New York's *El Diario-La Prensa* and *El Tiempo* are enjoyed by thousands of Puerto Ricans.

3. Typical food products for Puerto Rican dishes are available in the local *bodega,* the grocery in the *barrio* (Puerto Rican neighborhood), and in the supermarkets in large cities of the United States.

F. *Puerto Rico has made many important contributions to the United States.*

1. Puerto Ricans migrate to the United States mainland in search of greater economic opportunity. Like European immigrants before them, they work on farms and in factories; they demonstrate their talents in sports and the arts and contribute to the social, cultural, and political life of the United States. *José Feliciano,* entertainer; *Hernán La Fontaine,* pioneer in bilingual education and founder of the first bilingual school in New York; *José Ferrer,* the actor; and *Herman Badillo,* the former congressional representative—these are just some of the Puerto Ricans who have made America a better place in which to live.

2. Puerto Rico also contributes to the growth of United States' industry by importing large numbers of cars, trucks, buses; a great deal of clothing, shoes, canned foods; and materials for the construction of hotels, schools, homes, and factories. Puerto Rico exports some textiles to the United States for the manufacture of wearing apparel in New York.

G. **Language:** *Ask someone from Puerto Rico what language he or she speaks, and like most Latin Americans, he or she will answer,* **español,** *also the language of Spain.* Yet, his or her speech would indicate certain regional differences in pronunciation such as: 1. **el seseo:** the pronunciation as **S** of the **c** before **e** and **i** (**c***entavo,* **c***iudad*) and of the **z** (**z***apato*), rather than as in the interdental **TH** heard in central Spain. 2. **aspiration:** the substitution of a light **H** sound for the letter **s**, as in *¿Cómo ehtá uhted?* Puerto Rican speech also contains hundreds of interesting regional equivalents for generally accepted Castillian words. Here are some examples: 1. el aguinaldo—

el villancico (Christmas carol); 2. Borinquen – Puerto Rico; 3. borinqueño – puertorriqueño (Puerto Rican); 4. color café – pardo (brown); 5. los chavos – el dinero (money); 6. un chischís – un poco (a little bit); 7. la doña – la mujer (woman, wife); 8. la guagua – el ómnibus (bus); 9. el guineo – el plátano maduro (yellow banana); 10. la pachanga – la fiesta (party); 11. las papas – las patatas (potatoes); 12. trigueño – moreno (brunette, dark-skinned).

Exercises

I. Write the letter of the word that best identifies the *italicized* word.

	a.	b.	c.	d.	
1. *el barrio*	a. drum	b. neighborhood	c. play	d. dance	____
2. *el baloncesto*	a. swimming	b. golf	c. tennis	d. basketball	____
3. *Discovery Day*	a. Jan. 6th	b. Nov. 19	c. Dec. 25	d. July 25	____
4. *timbales*	a. drums	b. trumpets	c. guitars	d. apparel	____
5. *Julia de Burgos*	a. poet	b. songwriter	c. musician	d. sport	____
6. *Tapia*	a. food	b. theater	c. school	d. poem	____
7. *la bodega*	a. grocery	b. movie	c. street	d. home	____
8. *Benítez*	a. La charca	b. Fomento	c. "Borinquen"	d. El Yunque	____
9. *El Diario*	a. instrument	b. news	c. drama	d. vacation	____
10. *Alonso*	a. *El gíbaro*	b. Hispaniola	c. Indian	d. ron	____

II. Match the following words.

a. Carlos Romero Barceló	1.__________drum
b. Borinquen	2.__________capital
c. San Juan	3.__________mountains
d. marímbola	4.__________governor
e. Cordillera Central	5.__________name for Puerto Rico

III. Match the following words.

a. universidad	1.________constitution
b. pelea de gallos	2.________governor
c. July 25	3.________Río Piedras
d. Ponce de León	4.________food
e. lechón asado	5.________betting sport

IV. Write the letter of the word(s) that best complete(s) the statement.

1. Cuba, Puerto Rico, Hispaniola, and Jamaica make up the
   a. Borinquen b. El Yunque c. Fomento d. Greater Antilles ____

2. The second largest city in Puerto Rico is
   a. Old San Juan b. Ponce c. Río Piedras d. Hispaniola ____

3. Puerto Rico's chief agricultural products include coffee, rum, and
   a. corn b. wheat c. cereal d. sugar ____

4. A Puerto Rican sponsored program to improve Puerto Rico's economy is
   a. lanzador b. El Diario c. Fomento d. la plena ____

5. The original Indians of Puerto Rico are called
   a. jíbaros b. taínos c. timbales d. castellanos ____

6. A Puerto Rican dish made with rice as a main ingredient is
   a. asopao b. lechón asado c. pasteles d. habichuelas ____

7. Puerto Rican children often receive gifts December 25 and
   a. July 25 b. November 19 c. June 24 d. January 6 ____

8. Instruments derived from native gourds are called
   a. maracas b. marímbolas c. timbales d. cuatros ____

9. Luis Muñoz Marín was a recent Puerto Rican
   a. congressman b. governor c. president d. mayor ____

10. Manual Zeno Gandía's novel of plantation life is
    a. *El laberinto* b. *La charca* c. *El grito de Lares* d. *Esta noche juega el jóker* ____

V. Rearrange the following facts in the order of their occurrence by writing the *letter* of the appropriate statement in the space provided.

a. Puerto Rico becomes a "Free Associated State." 1.________

b. Puerto Ricans become citizens of the United States. 2.________

c. Spain gives Puerto Rico to the United States. 3.________

d. Ponce de León becomes governor of Puerto Rico. 4.________

e. Puerto Rico is granted self-rule. 5.________

VI. Complete the statements using the selection below.

1. On January 6 youngsters expect gifts from ____________________
2. The Puerto Rican poet who uses African words and rhythms is ____________________
3. In Paris' Louvre Museum one can see Francisco Oller's ____________________
4. The patron saint of Puerto Rico is ____________________
5. ____________________ is a leader in bilingual education.
6. Puerto Rico exports ____________________ to the United States for clothing.
7. ____________________ was a Puerto Rican fighter against slavery.
8. An instrument derived from the Spanish guitar is ____________________
9. Puerto Rico is located in the ____________________ Sea.
10. A composer of Puerto Rican songs is ____________________
11. A Puerto Rican dance which is African in origin is ____________________
12. Many fine Puerto Rican musicians may be heard at el Festival ____________________
13. Tourists often visit a prehistoric rainforest called ____________________
14. A popular dance with a *paseo* is ____________________
15. ____________________ is a former United States congressman.

Selection: Eugenio María de Hostos; Herman Badillo; Rafael Hernández; Hernán La Fontaine; la danza; los Reyes Magos; Casals; Caribbean; textiles; El Yunque; Luis Palés Matos; *El estudiante;* el cuatro; San Juan Bautista; la bomba.

VII. Match the following equivalents:

a. pachanga	1. ______ mujer (woman)	f. trigueño	6. ______ ómnibus (bus)
b. guagua	2. ______ moreno (brunette)	g. la doña	7. ______ Puerto Rico
c. aguinaldo	3. ______ patatas (potatoes)	h. chischís	8. ______ dinero (money)
d. chavos	4. ______ pardo (brown)	i. color café	9. ______ fiesta (party)
e. papas	5. ______ poco (little bit)	j. Borinquen	10. ______ villancico (Christmas carol)

RESTAURANTE

LA HABANA

RESTAURANTE HISPANO-AMERICANO

Menú

Aperitivos/Sopas

Sardinas en Aceite con Huevos 2.75
Entremés Variado 2.75
Coctel de Camarones 2.25
Jugo de Naranja .... .50 y .70
Coctel de Langosta 3.95

Sopa de Cebollas .... .75
Fabada Asturiana 1.50
Potaje de Chícharos y Lentejas ... 1.50

Aves

Medio Pollo a la Cubana 3.95
Medio Pollo a la Parrilla 3.95
Pollo Fricasé 3.95
Pollo en Cacerola 3.95
Chicharrón de Pollo 3.95
Asopao de Pollo 3.75

Mariscos

Pescado en Escabeche 3.75
Filete de Pescado 3.75
Filete de Pescado Empanizado 3.75
Rueda de Serrucho Frita 3.75
Bacalao a la Vizcaína 3.95
Camarones Enchilados 4.75
Langosta a la Catalana 6.95
Camarones Rebozados Fritos 4.75
Langosta Enchilada 6.95
Calamares en su Tinta con Arroz .. 2.75

Carnes y Asados

Hígado a la Italiana 2.95
Bistec de Palomilla 4.85
Filete Mignon 7.25
Chuletas de Puerco 4.75
Bistec Empanizado 4.75
Bistec de Jamón, Habanera 3.90
Bistec de Hígado 2.95
Lechón y Moros, Vier., Sáb. y Dom. 5.50
Boliche Mechado 4.25

Bebidas

Café Expreso .... .30
Café Americano .... .25
Café con Leche .... .40
Té .... .25
Malta Hatuey .... .60
Sodas Variadas .... .40

Postres

Flan de Calabaza .... .80
Pudín Diplomático .... .80
Pudín de Pan .... .80
Flan de Huevos .... .80
Tocino del Cielo .... .90
Coco Rallado con Queso .... .85
Casco de Guayaba con Queso ..... .85
Casco de Naranja con Queso ...... .85
Fruta Bomba con Queso .... .85
Helados Variados .... .70

Estoy enamorado de una chica alta y flaca.

Every newspaper has an advice to the lovelorn column. What would you advise this heartbroken young man?

El consultorio sentimental

¿Tiene Vd. un problema romántico? Gertrudis ayuda a muchas personas, y puede ayudarlo a Vd. Si Vd. le escribe su problema al consultorio de Gertrudis, Gertrudis le responde con una solución.

Querida Gertrudis,

Quiero a una muchacha alta y delgada. Es una muchacha española muy interesante y simpática. Tiene el pelo negro y los ojos verdes. Es una chica alegre y yo quiero salir con ella. Tengo un coche nuevo y soy muy generoso y trabajador. Pero ella dice que no quiere salir conmigo porque soy bajito y muy gordo. Además, dice que tengo mucho pelo como un mono. Pero yo no deseo ir a la barbería. ¿Qué voy a hacer? No puedo dormir. No puedo comer. Necesito su ayuda.

Desesperado

Querido "Desesperado,"

La solución no es difícil. Es muy fácil. Vd. dice que no tiene apetito y que no come. Bueno. Así, tarde o temprano Vd. va a estar tan flaco como ella. Luego, si Vd. lleva un sombrero alto, Vd. puede parecer alto, y además, va a cubrir todo su pelo.

Buena suerte.

Gertrudis

Palabras Nuevas

SUBSTANTIVOS

el apetito *the appetite*
la ayuda *the aid, the help*
la barbería *the barbershop*
el consultorio *the clinic*
el consultorio sentimental *advice to the lovelorn*
Gertrudis *Gertrude*
el mono *the monkey*
el ojo *the eye*
el pelo *the hair*
el problema *the problem*
la solución *the solution*
el sombrero *the hat*
la suerte *the luck*
¡Buena suerte! *Good luck!*

ADJETIVOS

alegre *lively, happy, cheerful*
alto,a *tall*
bajo,a *short*
bajito,a *quite short*
delgado,a *slender*
desesperado,a *desperate*
difícil *difficult*
español,a *Spanish*
flaco,a *skinny, thin*
generoso,a *generous*
gordo,a *fat*
querido,a *dear*
romántico,a *romantic*
simpático,a *nice, pleasant (persons)*
su *your*
trabajadoro,a *hard-working*
verde *green*

VERBOS

ayudar *to aid, to help*
cubrir *to cover*
dormir *to sleep*
escribir *to write*
estar *to be (health, location)*
llevar *to wear*
parecer *to seem*
puede *he (she) can, is able to, you (formal sing.) can, are able to*
puedo *I can, am able*
responder *to answer*

OTRAS PALABRAS

además *besides*
conmigo *with me*
le *(indirect object of verb) you, to you*
luego *then*
tan. . .como *as. . .as*
tarde o temprano *sooner or later*

EJERCICIOS

I. Preguntas. Write your answer in a complete Spanish sentence.

1. ¿Cómo es la chica española?
2. ¿Cómo es el "querido desesperado"?
3. ¿Para qué va a llevar un sombrero alto?
4. Si él no come ¿cómo va a estar?
5. ¿Cómo es la persona a quien Vd. quiere mucho?

1. ______________________________

2. ______________________________

3. ______________________________

4. ______________________________

5. ______________________________

II. Word Hunt – Find the following words in Spanish.

1. dear
2. skinny
3. tall
4. fat
5. eyes
6. besides
7. hair
8. monkey
9. barber shop
10. to eat
11. all
12. a *(m.)*
13. your *(pl.)*
14. (he) says
15. if

Q	U	E	R	I	D	O	F
G	C	O	M	E	R	J	L
O	D	S	T	E	P	O	A
R	I	U	O	S	E	S	C
D	C	S	D	A	L	T	O
O	E	M	O	N	O	U	N
A	D	E	M	A	S	S	I
B	A	R	B	E	R	I	A

III. Construct sentences, using the 3 words given. You may change the form of the verb.

1. estar enamorado chica ______________________________

2. tener pelo ojos ______________________________

3. decir querer salir ______________________________

4. desear ir barbería ______________________________

5. tener apetito comer ______________________________

IV. Compositions: Oral or written in notebooks.

(A) Look at the picture opposite page 131. Describe the scene to your class.

(B) Tell how you feel about a person you love. Include the following:

Mi amor

1. Who this person is. 2. Why you love him or her (appearance, character and personality traits). 3. Whether you eat more or less now. 4. Describe yourself. 5. When you want to speak to this person about a date and what you are going to say.

ESTRUCTURAS DE LA LENGUA

Descriptive Adjectives and Limiting Adjectives.

A. *Descriptive adjectives* generally *follow* the person, or thing described, *unlike* English.

Limiting adjectives tell *how many*; they appear *before* the person, or the thing limited, as in English.

Descriptive (What kind?)	Limiting (How many?)
1. Juan es un **chico alto, inteligente y popular.** John is a *tall, intelligent, and popular* boy.	1. **Muchos otros chicos** son altos, inteligentes y populares. *Many other* boys are tall, intelligent, and popular.
2. Es **una revista bonita, interesante y fácil.** It is a *nice, interesting, and easy* magazine.	2. **Varias revistas** son bonitas, interesantes y fáciles. *Several* magazines are nice, interesting, and easy.

Rules:

1. In a series, **y** *and* is placed before the last descriptive adjective.

2. Limiting adjectives *showing quantity* and *preceding* the noun are: **bastante(s)** *enough*; **mismo-a-s,** *same*; **muchos-as** *many*; **otros-as,** *other*; **pocos-as,** *few*; **todos los; todas las,** *all*; **varios-as,** *several*. They agree with their nouns in gender and number.

Pocos chicos estudian. Few *boys* study.	**Todas las chicas** estudian. All the *girls* study.

B. Descriptive adjectives, too, *agree* with their nouns (person, place, or thing) in *gender* (masculine or feminine) and in *number* (singular or plural).

1. To form the *feminine adjective*, substitute feminine **a** for the masculine **o** ending.

Pedro es **rico.** Tiene **un coche nuevo.** Peter is rich. He has a new car.	Ana es **rica.** Tiene **una casa nueva.** Anna is rich. She has a new house.

2. Adjectives which do *not* end in **o** are the *same* in both masculine and feminine forms.

Masculine	Feminine
Es **un joven interesante** y **popular.** He is an interesting and popular young man.	Es **una joven interesante** y **popular.** She is an interesting and popular young woman.

3. To form the *plural* of an adjective that ends in a vowel – **a, e,** or **o** – add the letter **s: alto – altos; alta – altas; amable – amables.**

Los habitantes de Nueva York son **generosos** y **amables.** The inhabitants of New York are generous and kind.	Sus avenidas son **anchas** y **agradables.** Its avenues are wide and pleasant.

4. To form the *plural* of an adjective that ends in a consonant – a letter that is not **a, e, i, o,** or **u** – add **es: azul – azules; gris – grises; popular – populares.**

Prefiero un cielo **azul** a un cielo **gris.** I prefer a blue sky to a gray sky.	Los cielos están **azules** y no **grises.** The skies are blue and not gray.

C. Adjectives of nationality are made feminine by changing final masculine **o** to feminine **a,** e.g., **italiano — italiana.** But adjectives of nationality which end in consonants need to *add* **a: alemán — alemana; español — española; francés — francesa; inglés — inglesa.**

1. Juan es **un alumno español.** John is a Spanish (native) pupil.	3. Pedro es **un amigo inglés.** Peter is an English friend.
2. Juana es **una alumna española.** Joan is a Spanish (native) pupil.	4. Ana es **una amiga inglesa.** Anna is an English friend.

D. Adjectives of nationality form their plurals like all other adjectives.

1. En la clase hay **chicos españoles, ingleses** y **norteamericanos.** In class there are Spanish, English, and American boys.	2. También hay **chicas españolas, inglesas** y **norteamericanas.** There are also Spanish, English, and American girls.

Rules:

1. Adjectives of nationality, like other descriptive adjectives, *follow* their nouns.
2. Adjectives of nationality form their plurals by adding **s** to vowels and **es** to consonants.
3. **Alemán, francés, inglés** drop the accent mark for the feminine singular, and for both masculine and feminine plural forms.

E. Adjectives which bear accent marks on *other than* the final syllable *keep the accent mark* on all singular and plural forms.

difícil difíciles (difficult)	práctico-a prácticos-as (practical)
fácil fáciles (easy)	rápido-a rápidos-as (fast)

STUDY THE RULES, EXAMPLES, AND MODELS BEFORE BEGINNING THE EXERCISES!

Exercises

I. Rewrite the sentence, substituting the adjectives given in parentheses for the words in *italics*. Make all necessary changes in the new adjectives.

Model: María es una chica *inteligente* y *bonita*. (alegre/simpático)
María es una chica **alegre** y **simpática.**

Mary is an intelligent and pretty girl.
Mary is a cheerful and likable girl.

María es una chica *inteligente* y *bonita*.

1. (alto/elegante)________________
2. (inglés/rubio)________________
3. (español/moreno)________________
4. (sincero/agradable)________________
5. (alemán/práctico)________________

II. Rewrite each sentence in the *plural.* Make all necessary changes. (Omit **un** and **una**.)

Model: El niño es un alumno cubano. **Los niños son alumnos cubanos.**
The child is a Cuban pupil. The children are Cuban pupils.

1. El niño es un alumno aplicado.________________
2. El primo es un chico inglés.________________
3. La ciencia es un estudio fácil.________________
4. La cosa es una tiza azul.________________
5. La abuela es una señora española.________________
6. La madre es una mujer inteligente.________________

7. La tía es una persona liberal. ______________________________

8. El señor es un profesor alemán. ______________________________

9. La muchacha es una chica francesa. ______________________________

10. El tío es un hombre español. ______________________________

III. Rewrite each sentence in the singular. Make all necessary changes for agreement. (Add **un** or **una**.)

Model: Son chicas alegres. They are happy girls. — Es **una** chica alegre. She is a happy girl.

1. Son hombres inteligentes. ______________________________

2. Son mujeres tristes. ______________________________

3. Son maestros españoles. ______________________________

4. Son cines alemanes. ______________________________

5. Son periódicos franceses. ______________________________

IV. Rewrite the sentence, using the word in parentheses in its proper position in the sentence.

Model: **Trabajan hoy.** They work today.

a. (muchos) ______________
Muchos trabajan hoy.
Many work today.

b. (alumnos) ______________
Muchos **alumnos** trabajan hoy.
Many students work today.

c. (buenos) ______________
Muchos alumnos **buenos** trabajan hoy.
Many good students work today.

d. (alegres) ______________
Muchos alumnos buenos y **alegres** trabajan hoy.
Many good and happy students work today.

1. Contestan bien.

   a. (muchas) ______________________________

   b. (alumnas) ______________________________

   c. (lindas) ______________________________

   d. (amables) ______________________________

2. Hablan hoy.

   a. (los muchachos)____

   b. (todos)____

   c. (españoles)____

   d. (inglés)____

   e. (poco)____

3. Lee aquí.

   a. (mi amiga)____

   b. (revistas)____

   c. (varias)____

   d. (interesantes)____

   e. (cómicas)____

4. Escribe ahora.

   a. (el muchacho)____

   b. (mismo)____

   c. (bueno)____

   d. (aplicado)____

   e. (ruso)____

   f. (bastante)____

V. Write affirmative answers in complete Spanish sentences. Include in *both* your answers all *adjectives* used in the first *question*, changing adjective endings as needed.

Model:	¿Son los *otros* alumnos *aplicados*?	Are the *other* pupils *diligent*?
	Los **otros** alumnos son **aplicados.**	The *other* pupils are *diligent.*
	¿Y las otras alumnas también?	And the other girl pupils, too?
	Las **otras** alumnas son **aplicadas.**	The *other* girl pupils are *diligent.*

1. ¿Trabajan *todos* los chicos *españoles*? ¿Y todas las chicas también? ________________

   ____

   ____

2. ¿Compran ellas sombreros *bonitos* y *baratos*? ¿Y muchas faldas también? ________________

   ____

   ____

3. ¿Tiene la familia *otro* coche *nuevo* y *lindo*? ¿Y otra casa también? ____________________

____

____

4. ¿Ven los chicos *pocas* ciudades *grandes* y *hermosas*? ¿Y pocos países también? ______

____

____

5. ¿Visitan *varios* señores *ingleses bastantes* ciudades *interesantes*? ¿Y varias señoras también? ____

____

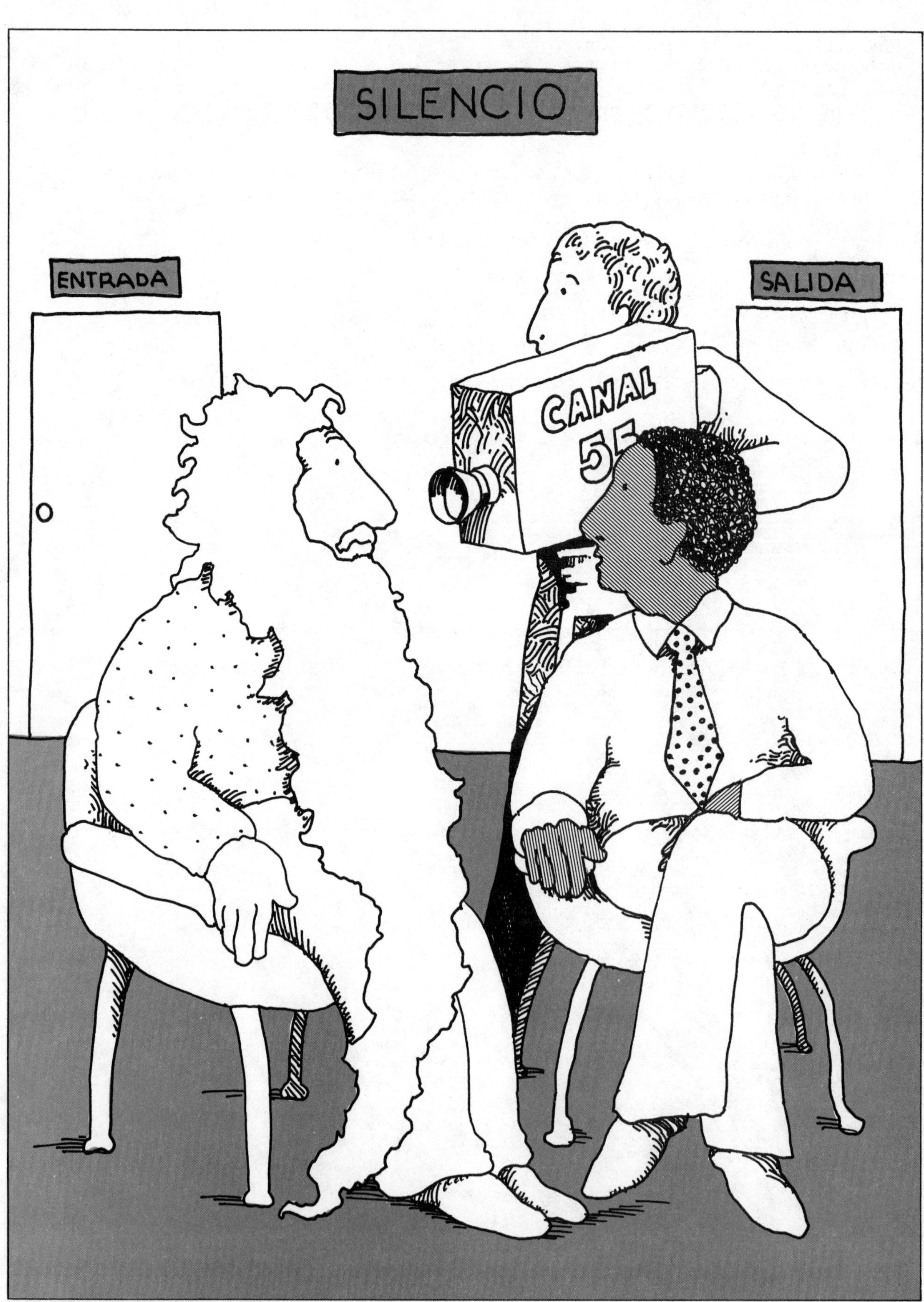

Es un gran honor y placer poder hablar con Vd.

How would you like to live more than a thousand years? It might be interesting.

El hombre más viejo del mundo.

Ahora, queridos amigos de este programa, el canal cincuenta y cinco tiene el gran privilegio de presentar una entrevista con el hombre más viejo del mundo. Tiene cuatro mil años.

Locutor: Bienvenido, señor. Es un gran honor hablar con Vd.

Viejo: Bueno. ¿Quiere Vd. hacer unas preguntas? Tengo prisa.

Locutor: Sí, sí. Claro. . .Vd. no parece tan viejo. ¿Cuál es su secreto?

Viejo: Pues, duermo mucho, como poco y no miro la televisión.

Locutor: Ah, ya comprendo. ¿Hay una gran diferencia entre el presente y el pasado?

Viejo: No hay mucha. Los chicos de hoy llevan el pelo largo como los hombres prehistóricos, y la música de hoy es similar a la música de las cavernas.

Locutor: ¿Qué come Vd.?

Viejo: En el pasado. . .carne cruda de tigre o de elefante.

Locutor: ¡Ay! Es muy diferente de la comida de hoy! ¿Verdad?

Viejo: No. Es muy similar a las comidas congeladas T.V. que las mujeres de hoy sirven a sus familias.

Locutor: Y, ¿quién es el hombre más famoso que Vd. ha conocido?

Viejo: Es el primer profesor de español en América.Lo conocí en el año mil cuatrocientos noventa y dos.

Locutor: ¡Su nombre, por favor!

Viejo: Cristóbal Colón.

Locutor: ¿Cristóbal Colón, un profesor de español?

Viejo: Claro, un profesor de español para los indios del Nuevo Mundo. Bueno. Me voy. Tengo una cita con una joven.

Locutor: ¿Una joven? ¿Cuántos años tiene ella?

Viejo: Solamente cuatrocientos, si ella dice la verdad. Adiós.

Locutor: Adiós, señor. Buena suerte con su cita.

Palabras Nuevas

SUBSTANTIVOS

el canal *the channel*
la carne *the meat*
la carne de elefante *the elephant meat*
la carne de tigre *the tiger meat*
la caverna *the cave*
la comida *the food*
la comida congelada T.V. *the frozen T.V. dinner*
Cristóbal Colón *Christopher Columbus*
la diferencia *the difference*
la entrevista *the interview*
el honor *the honor*
el locutor *the commentator, the announcer*
el mundo *the world*
el Nuevo Mundo *the New World*
la música *the music*
el pasado *the past*
el presente *the present (time)*
el privilegio *the privilege*
el profesor de español *the Spanish teacher*
el secreto *the secret*
la verdad *the truth*

ADJETIVOS

crudo,a *raw*
largo,a *long*
poco,a *little (small amount)*
prehistórico,a *prehistoric*
primer(o),a *first*
similar *similar, same*

VERBOS

duermo *I sleep*
ha conocido *you (formal sing.) have known; he (she) has known*
hacer una pregunta *to ask a question*
lo conocí *I met him*
presentar *to present*
sirven *they serve; you (formal pl.) serve*
tener. . .años *to be. . .years old*
tener prisa *to be in a hurry*

OTRAS PALABRAS

cincuenta y cinco *fifty-five*
¿Cuál es. . .? *What is . . .?*
cuatro mil *four thousand*
cuatrocientos *four hundred*
el hombre más viejo del mundo *the oldest man in the world*
mil *one thousand*
mil cuatrocientos noventa y dos *1492*
solamente *only*

EJERCICIOS

I. (A) Complete.

1. El canal 55 presenta una ______________ con el hombre más viejo.
2. Este hombre tiene ______________ ______________.
3. El secreto del hombre es que ______________ poco, ______________ mucho y no ______________ la televisión.
4. Los chicos de hoy llevan el ______________ ______________.
5. Las mujeres de hoy sirven ________ ________ ________ ________ a sus familias.

(B) Preguntas personales y generales. Write your answer in a complete Spanish sentence.

1. ¿Quién es la persona más famosa del mundo?
2. ¿Cu¿al es una diferencia entre el pasado y el presente?
3. ¿Cuál es su comida favorita?
4. ¿Cuántos años tiene Vd.?
5. ¿Con quién tiene Vd. una cita este sábado?

1. ______________________________
2. ______________________________
3. ______________________________
4. ______________________________
5. ______________________________

II. Write the letter of the expression that best completes the sentence.

	A			*B*
1.	Tenemos el gran privilegio ____		a)	que ha conocido.
2.	Hay mucha diferencia ____		b)	no es similar.
3.	Es el hombre más famoso ____		c)	de presentar una entrevista.
4.	Me voy porque ____		d)	tengo una cita.
5.	La comida ____		e)	entre el pasado y el presente.

III. You are being interviewed by a T.V. announcer because you are over 100 years old. What would you say?

Locutor — Bienvenido a nuestro programa. Es un privilegio hablar con Vd.

Usted — ______________________________

Locutor — ¿Quiere usted decirnos el secreto de su larga vida?

Usted — ______________________________

Locutor — Muy interesante. ¿Come usted algo especial?

Usted — ______________________________

Locutor — Muy bien. Usted es una inspiración para nosotros. ¡Buena Suerte!

Usted – ______________________________

ESTRUCTURAS DE LA LENGUA

Cardinal Numbers: 31-1000

A. Learn these paired sets of numbers:

One ending only for the decades 20-100		*Masculine or feminine endings* for 200-900	
20	veinte	200	doscientos, -as
30	treinta	300	trescientos, -as
40	cuarenta	400	cuatrocientos, -as
50	cincuenta	500	quinientos, -as
60	sesenta	600	seiscientos, -as
70	setenta	700	setecientos, -as
80	ochenta	800	ochocientos, -as
90	noventa	900	novecientos, -as
100	ciento (cien)	1000	mil
101	ciento uno		

Rules:

1. **Y** is placed after the decades *20 through 90* before adding *one through nine*, e.g., **veinte y uno** (21); **treinta y dos** (32); **cuarenta y tres** (43); **cincuenta y cuatro** (54); **sesenta y cinco** (65); **setenta y seis** (76); **ochenta y siete** (87); **noventa y ocho** (98).

2. **Uno** (1) in compound numbers shortens to **un** before a masculine noun, and becomes **una** before a feminine noun. See the examples below:

> **treinta y un chicos** y **veinte y una chicas**
> thirty-one boys and twenty-one girls.

3. **Ciento** (100) shortens to **cien** before *both masculine and feminine nouns*, but remains **ciento** directly before a smaller number followed by a noun of either gender. *One* is *not* expressed before **cien(to). Y** *never* follows **cien(to).**

> **cien dólares** por **cien revistas**
> one hundred dollars for one hundred magazines
>
> **ciento noventa dólares** por **ciento noventa revistas**
> one hundred (and) ninety dollars for one hundred (and) ninety magazines.

4. **Doscientos** through **novecientos** (200-900) change their endings to **as** when describing feminine nouns, e.g.,

> **doscientas tres chicas** y **quinientas mujeres**
> two hundred and three girls, and five hundred women

5. **Quin**ientos, -as (500), **sete**cientos, -as (700), **nove**cientos, -as (900) have special stems.

6. **Mil** (1,000): *One* is *not* expressed before **mil. Y** is *not* generally used after **mil.**

> 1. Hay casi **mil escuelas** en Nueva York.
> There are almost *one thousand* schools in New York.
>
> 2. **¿Mil setecientas?**
> *Seventeen hundred*?
> (one thousand seven hundred)
>
> 3. No. **Mil.**
> No. *A thousand.*

B. La fecha (The date). — Two ways.

What is today's date?	Today is April 1st (2nd), nineteen (hundred) seventy-one.
1. **¿A cuántos estamos?**	**Estamos a primero (dos) de abril de mil novecientos setenta y uno.**
2. **¿Cuál es la fecha de hoy?**	**Hoy es el primero (dos) de abril, mil novecientos setenta y uno.**

Rules:

1. **Estamos a** and **Hoy es el** represent *today is*; **el** never follows **estamos a.**

2. **De** or a comma appear between the month and the year.

3. *Nineteen hundred* and other hundreds above one thousand must be expressed as *one thousand nine hundred*: **mil novecientos,** for example.

C. Study the following models which *contrast the numbers below one hundred* with numbers from *200* to *900.*

Questions	Answers
1. ¿Cuántos chicos hay en las clases de gimnasia?	1. **Sesenta y uno.** Tenemos clases de **sesenta y un chicos** o de **sesenta y una chicas.**
How many pupils are there in the gym classes?	*Sixty-one.* We have classes of *sixty-one* boys or *sixty-one* girls.
2. ¿Cuántos alumnos hay en su escuela?	2. Hay **mil doscientos: seiscientos chicos y seiscientas** chicas.
How many pupils are there in your school?	There are *twelve hundred.* There are *six hundred* boys and *six hundred* girls.
3. a. ¿Hay **cincuenta** o **quinientas revistas** allí?	3. a. Hay **quinientas revistas** y **quinientos** libros.
Are there *fifty* or *five hundred* magazines there?	There are *five hundred* magazines and *five hundred* books.
b. ¿Hay **setenta** o **setecientas páginas?**	b. Hay **setecientas páginas.**
Are there *seventy* or *seven hundred* pages?	There are *seven hundred* pages.
c. ¿Hay **noventa** o **novecientas gramáticas?**	c. Hay **novecientas** gramáticas.
Are there *ninety* or *nine hundred* grammars?	There are *nine hundred* grammars.
4. ¿Cuánto paga Vd. por un coche? **¿Cien pesetas?**	4. No pago **cien pesetas.** Pago **cien dólares** ahora y **mil ciento cincuenta dólares** después.
How much do you pay for a car? One hundred pesetas?	I don't pay *one hundred* pesetas. I pay *one hundred dollars* now and *one thousand one hundred fifty* later.

STUDY THE RULES, EXAMPLES, AND MODELS BEFORE BEGINNING THE EXERCISES!

Exercises

I. Write an answer in a complete Spanish sentence, *writing out* in Spanish words the number given in parentheses.

Model: ¿Es **once** o **uno**?	Is it eleven or one?
(11) Es **once.**	It is eleven

1. ¿Es **setenta** o **setecientos?** (700)____________________

2. ¿Es **cincuenta** o **quinientos?** (500)____________________

3. ¿Es **noventa** o **novecientos?** (900)____________________

4. ¿Es **sesenta y siete** o **setenta y seis?** (67)____________________

5. ¿Es **mil quinientos** o **ciento cincuenta?** (150)____________________

6. ¿Es **ciento quince** o **mil quinientos** (1500)____________________

7. ¿Es **ochocientos nueve** o **novecientos ocho?** (908)____________________

8. ¿Es **trescientos treinta** o **mil trescientos?** (330)____________________

9. ¿Es **quinientos once** o **ciento quince?** (115)____________________

10. ¿Es **quinientos cinco** o **cincuenta y cinco?** (505)____________________

II. Write the complete example and the answer in Spanish. Use **y** for +; **menos** for —; *por* for X; **dividido por** for ÷.

Model: 20 y 10 son____________________ Veinte y diez son treinta.

1. (30 + 10 son)____________________

2. (80 — 20 son)____________________

3. (100 X 2 son)____________________

4. (1,000 ÷ 2 son)______________________________

5. (35 + 36 son)______________________________

6. (300 — 150 son)______________________________

7. (600 ÷ 3 son)______________________________

8. (444 — 40 son)______________________________

9. (700 — 200 son)______________________________

10. (700 + 200 son)______________________________

III. Write the number in Spanish with the noun. Make the number agree with the noun as needed.

Model: 21 diccionarios **veinte y un** diccionarios. 101 casas **ciento una** casas.

1. (41 periódicos)______________________________

2. (51 sillas)______________________________

3. (101 mesas)______________________________

4. (100 estantes)______________________________

5. (115 papeles)______________________________

6. (691 tarjetas)______________________________

7. (200 lecciones)______________________________

8. (261 alumnos)______________________________

9. (371 chicos)______________________________

10. (481 alumnas)______________________________

IV. Write the number out in Spanish using **Cuentan ______ personas** according to the model.

Model: **601** Cuentan **seiscientas una personas.** They count *601 people.*

1. 555______________________________

2. 777______________________________

3. 991______________________________

4. 1,000______________________________

5. 1717______________________________

V. Write each date in Spanish according to the model.

Model:	¿Cuál es la fecha de hoy?	What is today's date?
	Hoy es . . . Feb. 13, 1973	**Hoy es el trece de febrero de mil novecientos setenta y tres.**

A. ¿Cuál es la fecha de hoy? Hoy es . . . (rewrite) — What is today's date? Today is . . .

1. Mar. 1, 1999 ______________________________

____

2. Jan. 31, 1888 ______________________________

____

B. ¿Cuál es la fecha de mañana? Mañana es . . . (rewrite) — What is tomorrow's date? Tomorrow is . . .

3. August 11, 1666 ______________________________

____

C. ¿A cuántos estamos? Estamos a . . . (rewrite) — What is today's date? Today is . . .

4. October 15, 1555 ______________________________

____

5. Dec. 14, 1777 ______________________________

____

VI. Complete the composition by writing the word(s) or numbers in italics.

Tengo ________ (1) años. Mi cumpleaños es ________ (2). Vivo en la calle ________ (3), número ________ (4). Gano entre ________ (5) y ________ (6) dólares semanales. Ya tengo en el banco ________ (7) dólares. Tengo ________ (8) amigos pero solamente ________ (9) madre. Nací en ________ (10)	I am *14* years old. My birthday is *May 31.* I live on *115th* Street, number *1,171.* I earn between *40* and *50* dollars a week. I now have *999* dollars in the bank. I have *100* friends but only *one* mother. I was born in *19* . . . .

Carta pastoral del Cardenal Cooke
Pág. 3

Gane dos pasajes a España
Pág. 14

Pérez de Cuéllar favorece una ONU más fuerte
Pág. 7

EN LA ERA DEL HISPANO

UN PERIODICO GANNETT

el diario / la prensa

VOL-XXXIV 11088 ★★★ Edición Aerea 50¢ NUEVA YORK- MARTES 4 DE OCTUBRE DE 1983 30¢

REAGAN CANCELA VIAJE FILIPINAS

pág. 3

El Presidente Reagan mira con detenimiento la firma de Katherine Ortega, la nueva Tesorera de los Estados Unidos, poco después que fuera juramentada en el cargo. **Página 3**

Ofrecen recompensa para esclarecer asesinato de un hispano en Brooklyn

Página 4

●

Piden candidatos enfoquen tema de la educación de los hispanos

Página 2

●

Comienza en NY la "Semana de Madrid"

Pág. 2

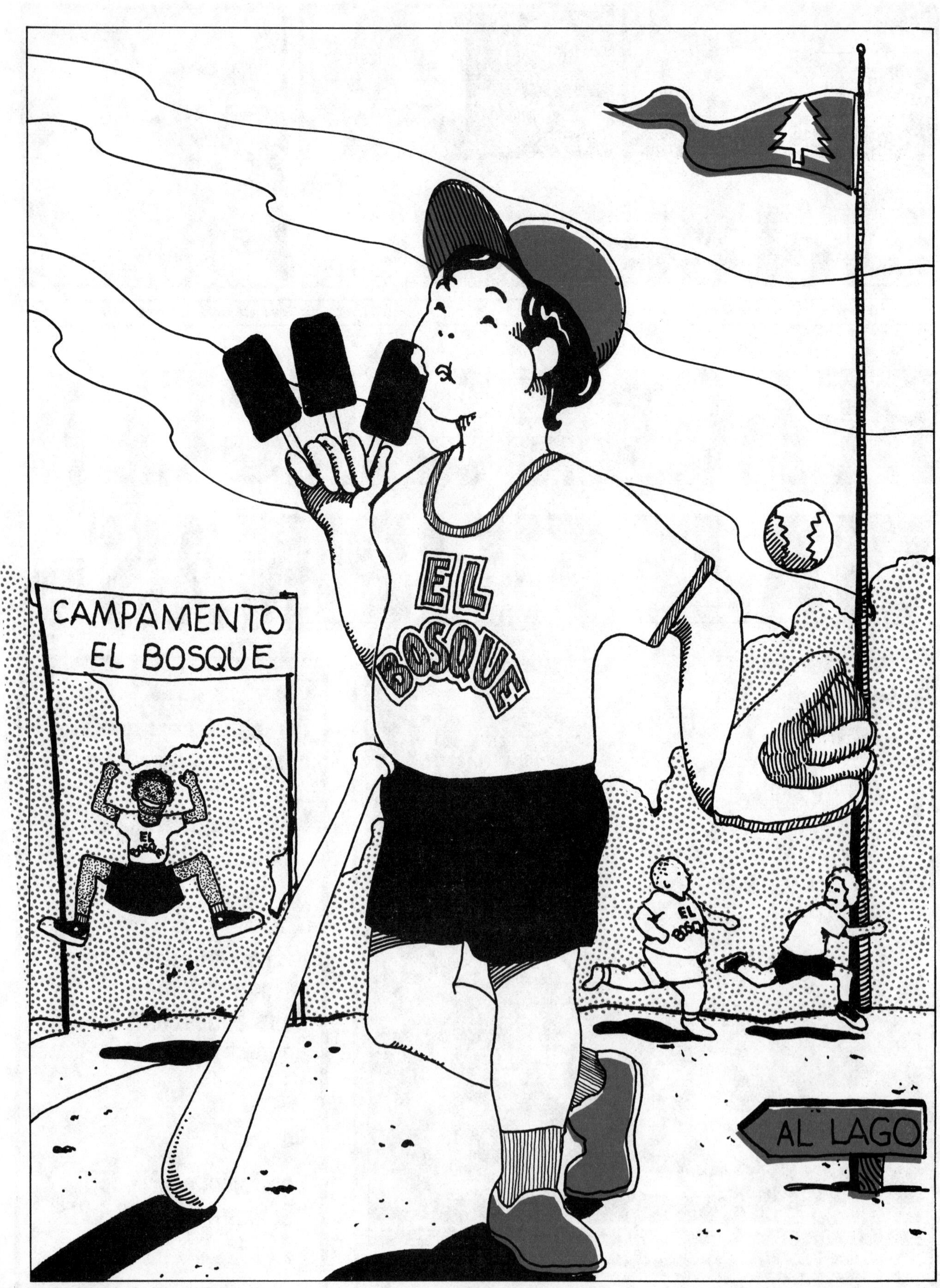

He comido tres helados y tengo dolor de estómago.

It's nice to be able to get away for the summer.
What happens to Federico after a week?

Queridos mamá y papá

Federico Caracoles es un muchacho de nueve años. No tiene hermanos y está muy aburrido en el verano. Todos sus buenos amigos pasan las vacaciones lejos de la ciudad. Pobre Federico está solo los veranos. Este año, los padres de Federico deciden enviar al chico a un buen campamento de verano. Así Federico va a pasar un mes al aire libre con otros muchachos de su edad. Es una nueva experiencia. Federico escribe una carta a sus padres todos los días con una descripción de sus actividades.

Primer día: ¡Este campamento es una maravilla! Hay árboles, flores y hierba por todas partes. Hay un lago en el centro con muchos botes. Hugo, el consejero, dice que vamos a hacer algo nuevo todos los días. Podemos jugar al béisbol, al fútbol y al básquetbol. Hay mucho que hacer, pero por la noche pienso en Vds.

Segundo día: Hay cinco muchachos en nuestro grupo—Jaime, Adelberto, Arnaldo, Inocencio y yo. Adelberto es mi mejor amigo. Es muy gordo y siempre come de día y de noche. Hoy Adelberto ha comido tres platos de macarrones. El dice que tiene mucha hambre.

Tercer día: Hoy todo el grupo va a tener una fiesta. Hay muchos problemas porque no hay mesas y es necesario poner la comida en la hierba. Adelberto ha comido tres hormigas con la ensalada de papas y dice que la ensalada está buena.

Cuarto día: Hoy vamos al lago para nadar. Hay una isla en el lago. Vamos allá en botes. Regresamos con sólo cuatro muchachos. Hugo, el consejero, está muy enojado porque Inocencio está todavía en la isla.

Quinto día: Hoy es el cumpleaños de Arnaldo y tenemos una buena fiesta. Hay dulces, helado y otros refrescos. Adelberto está muy contento, porque dice que el helado es una de sus cosas favoritas. Yo he comido tres helados y tengo dolor de estómago.

Sexto día: Es sábado y vemos una película. Toda el mundo grita y tira cosas por el aire. Nadie escucha cuando los actores hablan. Adelberto recibe un golpe en la cabeza. Hugo, el consejero, dice que nunca vamos a ver otra película.

Séptimo día: ¡Una semana aquí! El campamento es una maravilla. Tengo muchos amigos, hago muchas cosas. . .pero. . . ¡Quiero regresar a casa!

Palabras Nuevas

SUBSTANTIVOS

la actividad *the activity*
Adelberto *Albert*
Arnaldo *Arnold*
el bote *the boat*
el campamento (de verano) *the (summer) camp*
el caracol *the snail*
el consejero *the counselor*
el cumpleaños *the birthday*
la descripción *the description*
el dolor de estómago *the stomachache*
la edad *the age*
la ensalada de papas *the potato salad*
Federico *Frederick*
el golpe en la cabeza *the blow to the head*
el grupo *the group*
la hierba *the grass*
la hormiga *the ant*
Inocencio *Innocent*
la isla *the island*

el lago *the lake*
los padres *the parents*
el plato de macarrones *the dish of macaroni*
la maravilla *the marvel, the wonder*
el refresco *the refreshment, the snack*

ADJETIVOS

aburrido,a *bored*
contento,a *happy*
enojado,a *angry*
solo,a *alone*

VERBOS

enviar *to send*
estar bueno *to taste good*
gritar *to shout*
ha comido *he (she) has eaten; you (formal sing.) have eaten*
he comido *I have eaten*
jugar al básquetbol (al béisbol, al fútbol) *to play basketball (baseball, football)*
tener mucha hambre *to be very hungry*
tirar *to throw*

OTRAS PALABRAS

al aire libre *in the open air*
de día y de noche *night and day*
nunca *never*
sólo *only*
todavía *still*
todos los días *everyday*

EJERCICIOS

I. Preguntas. Write your answer in a complete Spanish sentence.

1. ¿Por qué está aburrido Federico? ______
2. ¿Adónde va Federico este año? ______
3. ¿Qué hace el muchacho todos los días? ______
4. ¿Qué quiere hacer Federico después de una semana en el campo? ______

______

II. ¿Cómo se dice en español?

1. They're going to spend their vacation far from the city.
2. We're going to do new things everyday.
3. He's always eating, day and night.
4. Everybody shouts and throws things.

1. ______
2. ______
3. ______
4. ______

III. El mensaje secreto — Inocencio has written a secret message to Federico by leaving out all the letters *o* and *a* from the words. Can you put back these vowels and decipher the code?

Querid__ Federic__,

V__m__s __l l__g__ est__ n__che. P__dem__s ir __ l__ isl__ c__n un__ de l__s b__t__s. Si el c__nsejer__ s__be, v__ __ estar muy en__j__d__.

Tu __mig__,

In__cenci__

IV. Compositions: Oral or written in notebooks.

(A) Look at the picture opposite page 151. Describe the scene to your class.

(B) Tell what you are going to do this summer. Include the following:

Las vacaciones del verano

1. Whether you go to camp. 2. You swim and play baseball. 3. You eat ice cream. 4. You go to the movies in the evening. 5. Whether the camp or the city is more wonderful.

ESTRUCTURAS DE LA LENGUA

Ordinal numbers: Shortening of Adjectives **bueno** and **malo**.

A. *Ordinal* numbers tell the order or place of any item within a series:

1st	**primero –a**	first	6th	**sexto –a**	sixth
2nd	**segundo –a**	second	7th	**séptimo –a**	seventh
3rd	**tercero –a**	third	8th	**octavo –a**	eighth
4th	**cuarto –a**	fourth	9th	**noveno –a**	ninth
5th	**quinto –a**	fifth	10th	**décimo –a**	tenth

B. *Ordinal* numbers identify the noun by its place in a series.

Cardinal numbers tell "how many."

1. –¿Estamos en la **Quinta** Avenida?
   Are we on **Fifth** Avenue?

   –Sí. Y tenemos **cinco** días para la visita.
   Yes. And we have **five** days for the visit.

2. –Es nuestro **primer** viaje.
   It is our **first** trip.

   –Hicimos **un** viaje antes.
   We made **one** trip before.

3. –El **tercer** edificio es muy alto.
   The **third** building is very tall.

   –Hay **tres** edificios y **un** parque allí.
   –There are **three** buildings and **a** park there.

Rules:

1. The ordinal numbers are widely used from **first** through **tenth** and agree in number and gender with the nouns they precede.

2. **Primero** and **tercero** drop their final **o** and become **primer** and **tercer** before a *masculine singular noun only. Feminine singular and all plural forms never shorten.*

C. Bueno *good*, **malo** *bad*, also drop their **o** *before* a masculine singular noun in common use.

Common Use	*Emphatic Use*
1. –¿Es un **buen** chico? Is he a good boy?	–Sí, es un chico muy **bueno**. Yes, he's a very *good* boy.
2. –Entonces no es un **mal** alumno. Then he's not a bad pupil.	–No es un alumno **malo**. He is not a *bad* pupil.

Rules:

1. **Bueno** and **malo,** being common adjectives, are usually placed *before* the noun, unlike most descriptive Spanish adjectives. In that position **bueno** shortens to **buen; malo** shortens to **mal.** Shortening occurs *only in the masculine singular* forms.
2. For *emphasis* only, **bueno** and **malo** may be placed *after* the noun. In that position **bueno** and **malo** never lose the **o.**
3. Buen**a,** buen**os,** buen**as;** mal**a,** mal**os,** mal**as** never shorten, being feminine or plural forms.

STUDY THE RULES, EXAMPLES, AND MODELS BEFORE BEGINNING THE EXERCISES!

Exercises

I. Rewrite the Spanish sentence in the singular. Make all necessary changes for agreement.

Model:	Veo los buenos libros.	I see the good books.
	Veo **el buen libro.**	I see the good book.

1. Veo los buenos sombreros.______________________
2. Ahí van las buenas alumnas.______________________
3. Paso los primeros días aquí.______________________
4. Leo durante las primeras horas.______________________
5. Tiene los malos pensamientos.______________________
6. Cuenta las malas cosas.______________________
7. Ocupan los terceros asientos.______________________
8. Escribe las terceras líneas.______________________

II. Rewrite the sentence placing the correct form of **bueno** or **malo** *before* the noun.

1. Francisco tiene un padre bueno.______________________
2. María tiene unas ideas buenas.______________________
3. Pablo lee un cuento malo.______________________
4. Elena prepara una comida mala.______________________
5. Paco tiene unos errores malos.______________________

III. Write an answer in a complete Spanish sentence using the *next higher ordinal* number. Make the ordinal number agree with the noun. Use **No. Es**_____ according to the model.

Model:	— ¿Es el segundo libro?	Is it the second book?
	— No. Es el **tercer** libro.	No. It's the third book.

1. ¿Es la novena canción? ______________________
2. ¿Es el quinto piso? ______________________
3. ¿Es la séptima avenida? ______________________
4. ¿Es el segundo alumno? ______________________
5. ¿Es la cuarta casa? ______________________

IV. Write the rejoinder using the appropriate *ordinal* number according to the model. Make the ordinal number agree with the noun in the *singular*. Begin with **Sí, es su** ____.

Model: — Escribe *tres* cartas. He writes *three* letters.
— **Sí, es su tercera carta.** Yes, it's his *third* letter.

1. Hace cuatro visitas. ______________________
2. Compra dos blusas. ______________________
3. Hace siete viajes. ______________________
4. Comete tres faltas. ______________________
5. Come un helado. ______________________

V. Write the most *logical* answer in a complete Spanish sentence. Use cue words.

1. ¿Desea Vd. *el primer dólar* o *el segundo centavo*? (Deseo) ______________________
____
2. ¿Quieres ver *una mala película* o *un buen drama*? (Quiero) ______________________
____
3. ¿Deseas *un buen examen fácil* o *un mal examen difícil*? (Deseo) ______________________
____
4. ¿Es más fácil *la tercera hora* o *la décima hora* del trabajo? (Es más fácil) ______________________
____
5. ¿Escribe Vd. ahora *la sexta frase* o *la quinta frase*? (Escribo) ______________________
____

VI. Complete the paragraph about John, writing the appropriate form of the adjective. Make all necessary changes for agreement with the noun.

Juan ocupa la ________________ silla en la ________________ fila. Es un ________________
1. séptimo 2. sexto 3. bueno

amigo. Nunca hace cosas ________________. En los ________________ exámenes,
4. malo 5. primero

recibe unas ________________ notas. Ahora, después del ________________ examen,
6. bueno 7. tercero

es el ________________ alumno de la clase. Es uno de los estudiantes muy ________________
8. primero 9. bueno

de la escuela. Yo soy la ________________ persona que lo admira; la primera es su mamá.
10. segundo

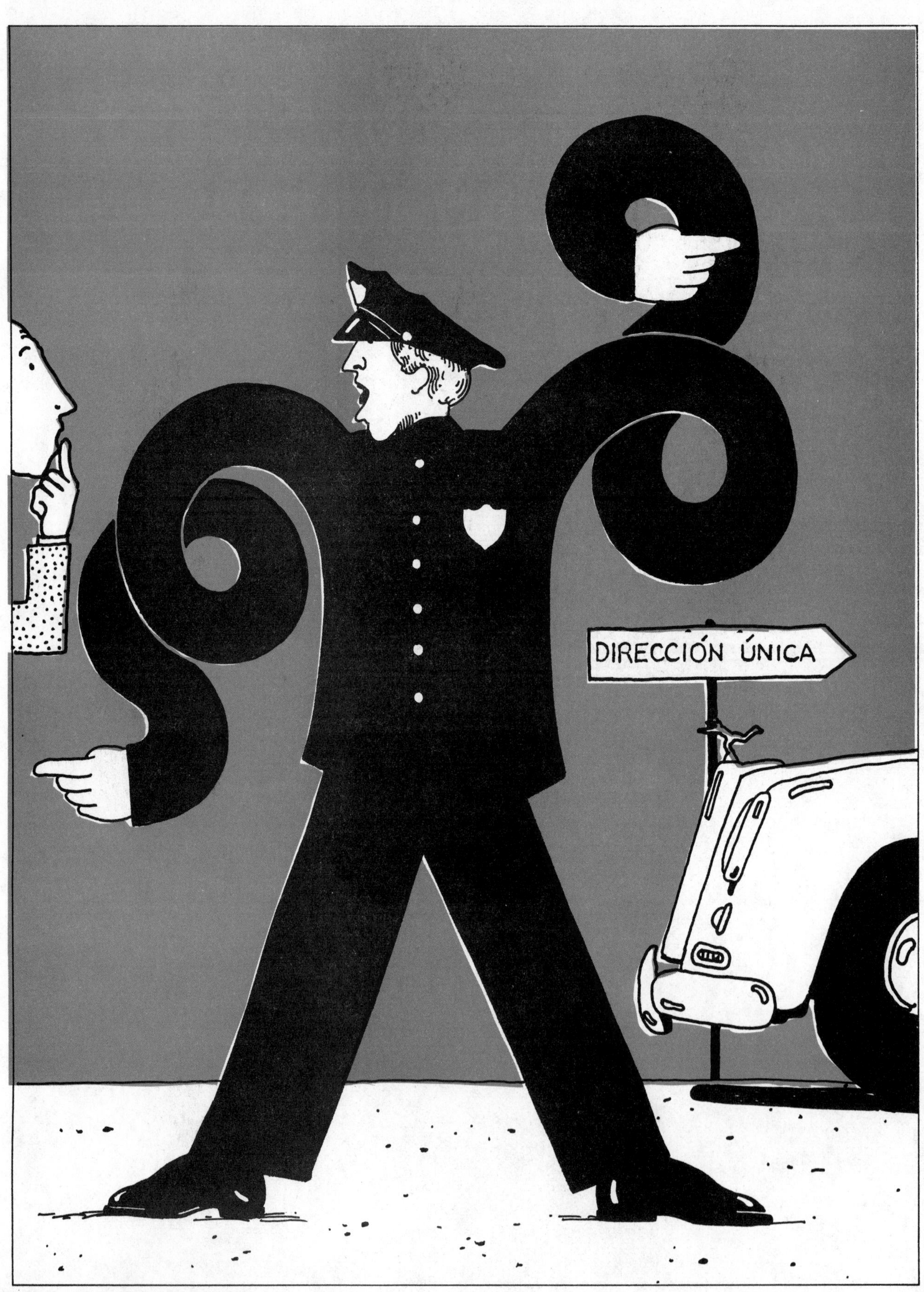

¡Vaya Vd. allá, y doble Vd. a la izquierda en la esquina!

If you were lost in the city, what would you do?

Si está perdido, ¡llame a un policía!

– ¿Qué voy a hacer ahora?, piensa Santiago Santurce. Tengo una cita a las ocho con mi jefe. Ya son las ocho menos cuarto y estoy completamente perdido.

En este momento pasa un coche con un policía sentado adentro. Santiago recuerda las palabras de su madre: – Sí estás perdido, ¡llama a un policía!

– ¡Qué suerte!, piensa, y comienza a gritar:

– ¡Oiga, espere Vd. un momento!
– Sí señor, a sus órdenes.
– ¿Puede Vd. ayudarme? Busco la avenida Cortés, número 58.
– Creo que está en esa dirección. ¡Siga derecho tres o cuatro cuadras!
– Pero eso es imposible. Vengo de allí, y no hay avenida Cortés.
– As sí, ¿La avenida, dice Vd? ¡Venga conmigo! ¿Ve Vd. aquel edificio alto? ¡Vaya Vd. allá, y doble Vd. a la izquierda en la esquina! Allí puede Vd. tomar el tren que va hacia el norte.
– ¡Hombre, yo no voy al norte! La Avenida Cortés está muy cerca.
– Bueno, en ese caso, pregunte a ese hombre que vende periódicos. El debe saberlo.
– Gracias, pero dígame ¿cómo es posible? ¿Vd., un policía, no sabe absolutamente nada? Generalmente Vds. saben las direcciones.
– Claro, pero yo no soy policía de esta ciudad. Estoy aquí sólo para asistir a una reunión de policías.

Palabras Nuevas

SUBSTANTIVOS

el coche *the car*
la cuadra *the block*
la dirección *the direction*
la esquina *the street corner*
el jefe *the chief, the boss*
el norte *the north*
el policía *the policeman*
Santiago *James*
Santurce *city in Puerto Rico*

ADJETIVOS

aquel, aquella *that*
perdido,a *lost*

VERBOS

asistir(a) *to attend*
ayudarme *to help me*
comienza(a) *he (she) begins; you (formal sing.) begin*
creer *to believe*
deber *should, ought*
debe saberlo *he (she) should know it; you (formal sing.) should know it*
¡dígame! *tell me (formal sing.)*
¡doble! *turn (formal sing.)*
¡espere! *wait (formal sing.)*
¡llama! *call (fam. sing.)*
¡llame! *call (formal sing.)*
¡oiga! *listen, hear (formal sing.)*
¡pregunte! *ask (formal sing.)*
piensa *he (she) thinks; you (formal sing.) think*
recuerda *he (she) remembers; you (formal sing.) remember*
¡siga derecho! *continue straight ahead (formal sing.)*
¡vaya allá! *go there (formal sing.)*
vender *to sell*
¡venga! *come (formal sing.)*

OTRAS PALABRAS

a la izquierda *to the left*
a sus órdenes *at your service*
absolutamente *absolutely*
adentro *inside*
allí *there*
cerca *nearby*
completamente *completely*
generalmente *generally*
hacia *toward*
¡hombre! *(exclamation) man!*
ya *already*

EJERCICIOS

I. (A) Complete.

1. Santiago tiene una cita a ____________ con su ____________.
2. El policía está ____________ dentro del ____________.
3. El policía dice: ¡Siga ____________, tres o cuatro ____________!
4. Puede tomar el ____________ en la ____________ que va al ____________.
5. El policía asiste a una ____________ de esta ____________.

(B) Preguntas personales y generales. Write your answer in a complete Spanish sentence.

1. Sí está perdido, ¿a quién llama Vd.?
2. ¿Cuántas cuadras hay entre su escuela y su casa?
3. ¿Qué diferencia hay entre una calle y una avenida?
4. ¿Qué hay en la esquina de su escuela?
5. ¿Quién es el alumno (la alumna) a su izquierda en la clase de español?

1. ____________
2. ____________
3. ____________
4. ____________
5. ____________

II. Write complete sentences according to the story, using the following sets of words.

1. tener cita jefe
2. momento pasar policía
3. Sí perdido llamar
4. esquina tomar tren
5. preguntar hombre periódico

1. ____________
2. ____________
3. ____________
4. ____________
5. ____________

III. Compositions: Oral or written in notebooks.

(A) Look at the picture opposite page 159. Describe the scene to your class.

(B) Tell what you can do if you are lost. Include the following:

Cuando estoy perdido(a)

1. Where you look for a policeman. 2. You call home. 3. You ask (*pregunta*) people on the street. 4. You ask for (*pide*) directions. 5. You look for a street number.

ESTRUCTURAS DE LA LENGUA

Formation and Use of the Direct Commands.

A. Regular Direct Commands are formed from the *stem* of the first person singular of the present tense but have special command *endings.*

cant**ar** **Canto** bien. I sing well.	¡Cante Vd. bien! Sing well!	¡Canten Vds. bien! Sing well!	¡Cantemos bien! Let's sing well!
vend**er** **Vendo** esto. I sell this.	¡Venda Vd. esto! Sell this!	¡Vendan Vds. esto! Sell this!	¡Vendamos esto! Let's sell this!
viv**ir** **Vivo** aquí. I live here.	¡Viva Vd. aquí! Live here!	¡Vivan Vds. aquí! Live here!	¡Vivamos aquí! Let's live here!

Rules:

1. Direct commands are orders addressed to the persons who are expected to carry them out: **Vd., Vds.,** and **nosotros.**

2. Remove the **o** from the first person singular of the present tense. Add **e, en, emos,** to stems which come from **ar** verbs. Add **a, an, amos,** to stems which come from **er** and **ir** verbs. In this way, **ar, er,** and **ir** verbs exchange their usual present tense endings to form commands.

3. **Vd.** and **Vds.** follow the command, but **nosotros** is not expressed.

4. Commands usually bear exclamation points before and after them.

B. See the following direct command forms of verbs which are irregular in the first person singular of the present tense.

decir *to say, to tell* Digo más. I say more.	¡Diga Vd. más! Say more!	¡Digan Vds. más! Say more!	¡Digamos más! Let's say more!
hacer *to do, to make* Hago la tarea. I do the chore.	¡Haga Vd. la tarea! Do the chore!	¡Hagan Vds. la tarea! Do the chore!	¡Hagamos la tarea! Let's do the chore!
oír *to hear* Oigo la música. I hear the music.	¡Oiga Vd. la música! Hear the music!	¡Oigan Vds. la música! Hear the music!	¡Oigamos la música! Let's hear the music!

poner *to put*
Pongo eso aquí.
I put that here.

¡Ponga Vd. eso aquí!	¡Pongan Vds. eso aquí!	¡Pongamos eso aquí!
Put that here!	Put that here!	Let's put that here!

salir *to leave*
Salgo pronto.
I leave soon.

¡Salga Vd. pronto!	¡Salgan Vds. pronto!	¡Salgamos pronto!
Leave soon!	Leave soon!	Let's leave soon!

tener *to have*
Tengo paciencia.
I have patience.

¡Tenga Vd. paciencia!	¡Tengan Vds. paciencia!	¡Tengamos paciencia!
Have patience!	Have patience!	Let's have patience!

traer *to bring*
Traigo dinero.
I bring money.

¡Traiga Vd. dinero!	¡Traigan Vds. dinero!	¡Traigamos dinero!
Bring money!	Bring money!	Let's bring money!

venir *to come*
Vengo a casa.
I come home.

¡Venga Vd. a casa!	¡Vengan Vds. a casa!	¡Vengamos a casa!
Come home!	Come home!	Let's come home!

ver *to see*
Veo el mapa.
I see the map.

¡Vea Vd. el mapa!	¡Vean Vds. el mapa!	¡Veamos el mapa!
See the map!	See the map!	Let's see the map!

Rule:

Form the **Vd., Vds.,** and **nosotros** commands for the verbs above, in the same way as the regular verbs in A. Remove the **o** from the first person singular of the present tense. Add **e, en, emos,** to **ar** verbs. Add **a, an, amos,** to **er** and **ir** verbs.

C. Irregular direct commands

dar *to give*
Doy gracias.
I give thanks.

¡Dé Vd. gracias!	¡Den Vds. gracias!	¡Demos gracias!
Give thanks!	Give thanks!	Let's give thanks!

estar *to be*
Estoy aquí.
I am here.

(location, health, result of action)

¡Esté Vd. aquí!	¡Estén Vds. aquí!	¡Estemos aquí!
Be here!	Be here!	Let's be here!

ir *to go*
Voy ahora.
I go now.

¡Vaya Vd. ahora!	¡Vayan Vds. ahora!	*¡Vamos ahora!
Go now!	Go now!	Let's go now!

saber *to know*
Sé esto.
I know this.

¡Sepa Vd. esto!	¡Sepan Vds. esto!	¡Sepamos esto!
Know this!	Know this!	Let's know this!

ser *to be*
Soy bueno.
I am good.

¡Sea Vd. bueno!	¡Sean Vds. buenos!	¡Seamos buenos!
Be good!	Be good!	Let's be good!

Rules:

1. The **Vd., Vds.,** and **nosotros** commands of **dar, estar, ir, saber, ser,** are irregular and must be *memorized* because the first person singular of their present tense does not end in **o.**

2. *Let's go* or *let us go* uses **¡vamos!** instead of the **vay** stem of the **vaya Vd.** and **vayan Vds.** commands.

STUDY THE RULES, EXAMPLES, AND MODELS BEFORE BEGINNING THE EXERCISES!

Exercises

I. Write the appropriate command for each statement.

Model: 1. Vd. baila. **¡Baile Vd.!**
You are dancing. Dance!

2. Vds. bailan. **¡Bailen Vds.!**
You (pl.) are dancing. Dance!

3. Nosotros bailamos. **¡Bailemos!**
We are dancing. Let's (Let us) dance!

1. Vd. escucha bien. ______________________________
2. Nosotros escuchamos bien. ______________________________
3. Vds. comen poco. ______________________________
4. Nosotros comemos poco. ______________________________
5. Vd. vive mucho tiempo. ______________________________
6. Nosotros vivimos mucho tiempo. ______________________________
7. Vds. salen pronto. ______________________________
8. Nosotros salimos pronto. ______________________________
9. Vd. va al mercado. ______________________________
10. Nosotros vamos al mercado. ______________________________

11. Vds. son diligentes. ______________________________

12. Nosotros somos diligentes. ______________________________

13. Vd. está contento. ______________________________

14. Nosotros estamos contentos. ______________________________

15. Vds. dan las gracias. ______________________________

16. Nosotros damos las gracias. ______________________________

¡Baile Vd. ahora!

II. Write a response using the appropriate affirmative command according to each model.

A. Model: —¿Bailo ahora? Shall I dance now? —**Sí, ¡baile Vd. ahora!** Yes, dance now!

1. ¿Canto ahora? ______________________________

2. ¿Respondo ahora? ______________________________

3. ¿Escribo ahora? ______________________________

4. ¿Compro ahora? ______________________________

5. ¿Leo ahora? ______________________________

B. Model: —¿Bailamos ahora? Shall we dance now? —**Sí, ¡bailen Vds. ahora!** Yes, dance now!

1. ¿Hablamos ahora?____________________
2. ¿Aprendemos ahora?____________________
3. ¿Comemos ahora?____________________
4. ¿Andamos ahora?____________________
5. ¿Corremos ahora?____________________

C. Model: —¿Vamos a **bailar** pronto? Are we going to dance soon? —**¡Bailemos ahora mismo!** Let's dance right now!

1. ¿Vamos a **estudiar** pronto?____________________
2. ¿Vamos a **beber** pronto?____________________
3. ¿Vamos a **asistir** pronto?____________________
4. ¿Vamos a **entrar** pronto?____________________
5. ¿Vamos a **leer** pronto?____________________

III. Write a response using the appropriate affirmative command according to each model.

A. Model: —Deseo **salir temprano.** I want to leave early. —**Bueno, ¡salga Vd. temprano!** Fine, leave early!

1. Quiero **venir tarde.**____________________
2. Deseo **oír la música.**____________________
3. Necesito **conocer a todos.**____________________
4. Debo **hacer el trabajo.**____________________
5. Voy a **poner la silla aquí.**____________________
6. Me gusta **ser perezoso.**____________________
7. Tengo que **dar una fiesta.**____________________

B. Model: —Deseamos **salir hoy.** —**Bueno, ¡salgan Vds. hoy!**

1. Queremos **saber la verdad.**____________________
2. Me gusta **decir la palabra.**____________________
3. Pensamos **traer flores.**____________________

4. Tenemos que **estar allí a la una.** ______________________________

5. Debemos **tener paciencia.** ______________________________

6. Deseamos **ver esa película.** ______________________________

7. Vamos a **salir pronto.** ______________________________

8. Necesitamos **oír la respuesta.** ______________________________

IV. Complete each sentence in which the teacher gives advice to a new student. Use the appropriate command of the infinitive given in parentheses.

1. Juan: —¿Es necesario estudiar mucho?

   La maestra: —¡______________________________todos los días! (estudiar / Vd.)

2. Juan: —¿Cuándo hago la tarea?

   La maestra: —¡______________________________la tarea por la tarde! (hacer / Vd.)

3. Juan: —¿Tengo clases todos los días?

   La maestra: —¡______________________________a las clases cinco días! (asistir / Vd.)

4. Juan: —¿Y en la clase?

   La maestra: —¡______________________________un buen alumno! (ser / Vd.)

5. Juan: —¿Y los libros?

   La maestra: —¡______________________________ siempre los libros! (traer / Vd.)

6. Juan: —¿Son difíciles las lecciones?

   La maestra: —¡______________________________las lecciones muy bien! (saber / Vd.)

7. Juan: —¿Y por la tarde?

   La maestra: —¡______________________________a hablarme un poco! (venir / Vd.)

8. Juan: —¿No es posible mirar la televisión por la noche?

   La maestra: —¡______________________________a la cama a las diez! (ir / Vd.)

9. Juan: —¿Y los domingos por la tarde?

   La maestra: —¡______________________________a muchos amigos! (conocer / Vd.)

10. La maestra: —¡______________________________paseos con ellos! (dar / Vd.) ¡Buena suerte!

El Alcázar.

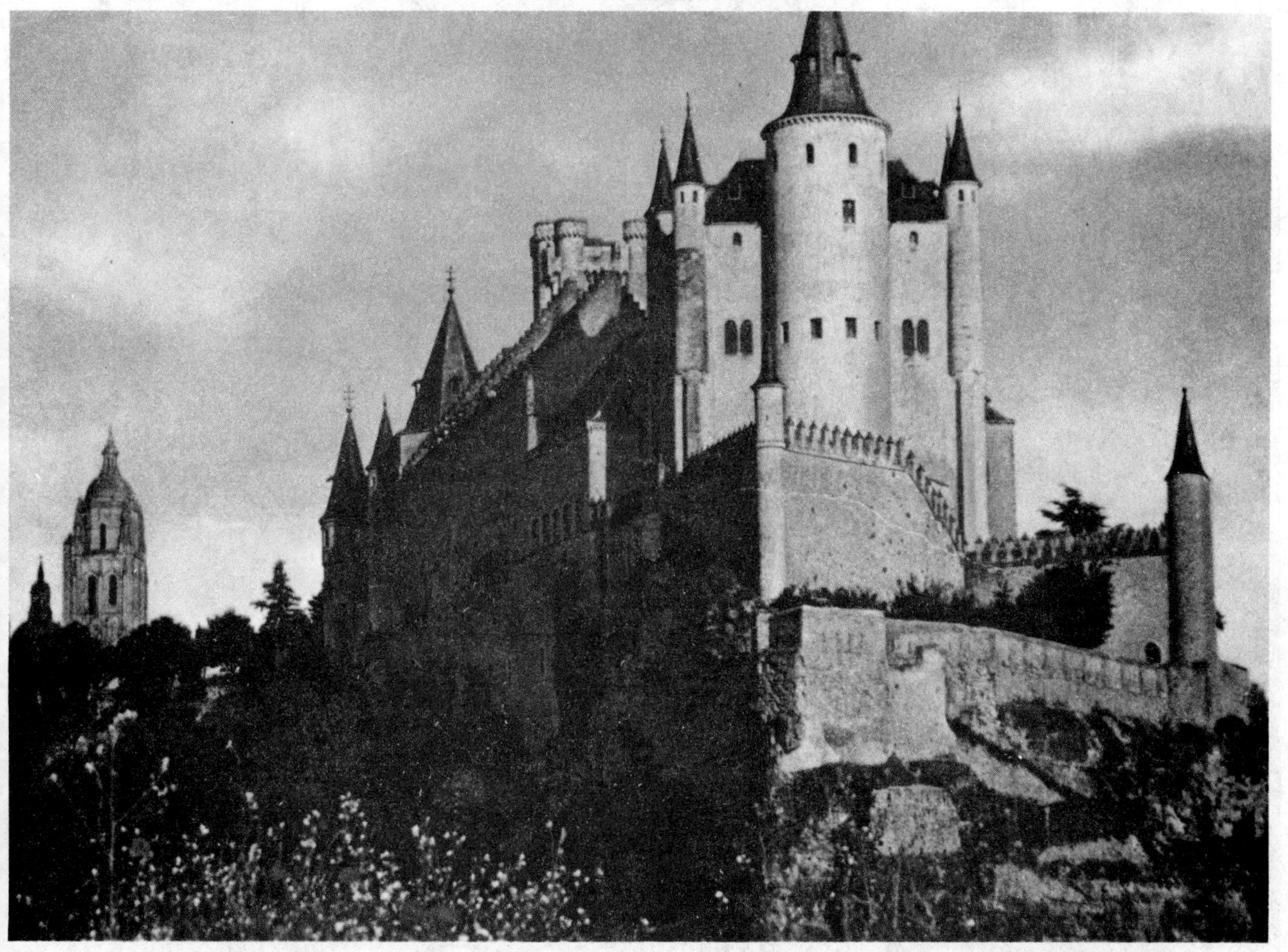

Alcázar de Segovia, nave anclada en el corazón de Castilla.

Llegue en pocas horas. Recuérdelo por muchos años.

Nuestro boleto le mostrará la austera Castilla, la brava Extremadura, la activa Cataluña, la dulce Galicia. Cualquier lugar de la arrebatadora geografía de España. Y por el costo de ida y vuelta a Barcelona, en Pan American,® usted podrá ver otras ciudades como Lisboa, Madrid, Sevilla, París, Amsterdam, Bruselas y Londres. Además un vuelo en Pan American a Europa significa la oportunidad de ver también Nueva York, donde usted puede quedarse hasta 5 días sin necesidad de visa. Llame al Agente de Viajes o a nuestra oficina. Tendrá la incomparable satisfacción de haber elegido lo mejor.

La línea aérea de mayor experiencia en el mundo

Primera en América Latina   Primera sobre el Pacífico   Primera sobre el Atlántico   Primera Alrededor del Mundo

PAN AM®

*Pero Señora López,
su hija no es así.*

Did you ever forget someone's name? Think what a job it must be for a teacher with so many pupils.

Su hija es una alumna excelente

Es el día de entrevistas entre padres y maestros. Una vez al año los padres vienen a la escuela para hablar con los profesores acerca del progreso de sus hijos. El profesor Yerbaverde es un joven en su primer año de enseñanza. El espera nerviosamente la visita de los padres. Pero, ¡atención! ahí viene una madre.

Profesor: Buenos días, señora. ¿En qué puedo servirla?

Madre: Buenos días. Yo soy la señora de López. Vd. tiene mi hija, Sonia, en su clase de biología.

Profesor: (Piensa un momento porque tiene muchas alumnas en sus clases.) Ah, sí. Sonia López. Es una alumna excelente. Siempre sale bien en los exámenes. Va a sacar una nota buena en mi clase.

Madre: ¡Ay, qué bueno! ¿Hace siempre mi hija su tarea?

Profesor: Sí, sí. Claro. En la escuela no hay muchas como ella. Siempre prepara sus lecciones y contesta mis preguntas. Trae sus libros y su pluma todos los días. Su trabajo es excelente.

Madre: ¡Oh, gracias a Dios! Vd. es el primer profesor que me dice eso. Todos los otros profesores dicen que mi hija es una tonta, que Sonia nunca quiere hacer nada, que ella pasa todo el día sin estudiar y que sólo piensa en los muchachos.

Profesor: No, señora, su hija no es así. Los otros profesores están equivocados.

Madre: Gracias, señor profesor. Muchísimas gracias. Adiós. (Ella se va.)

Profesor: Después de cinco minutos, entra otra madre.

Madre: Buenos días, señor. Yo soy la señora de Gómez. Mi hija Sonia está en su clase de biología.

Profesor: (completamente sorprendido) ¡Sonia Gómez! Ay, ¡Dios mío! ¡Es su Sonia la alumna excelente! El equivocado soy yo. ¡Hay dos Sonias en mis clases!

Palabras Nuevas

SUBSTANTIVOS

la clase de biología *the biology class*
el día de entrevistas entre padres y maestros *Open School Day*
la enseñanza *the teaching*
el equivocado *the one who made a mistake*
los hijos *the sons and daughters, the children*
el joven *the young man*
el progreso *the progress*
la sala de clase *the classroom*
la Sra. de López *Mrs. Lopez*
la tarea *the homework*
la tonta *the fool*
la visita *the visit*

VERBOS

esperar *to wait for*
sacar una nota *to get a mark*
salir bien en los exámenes *to pass tests well*
se va *he (she) leaves; you (formal sing.) leave*
traer *to bring*

ADJETIVOS

excelente *excellent*
sorprendido,a *surprised*

OTRAS PALABRAS

acerca de *about*
ahí viene una madre *here comes a mother*
¡atención! *attention*
como *like*
¡Dios mío! *Heavens!*
¿En qué puedo servirle? *What can I do for you?*
nerviosamente *nervously*
¡qué bueno! *how good! great!*
una vez al año *once a year*

EJERCICIOS

I. (A) Complete.

1. Una ________ al año, los padres vienen a ________ con los ________.
2. El profesor es un joven en su ________ año de ________.
3. La hija de la señora de López está en la clase de ________.
4. El profesor dice que Sonia va a sacar una ________ ________.
5. La señora de Gómez tiene una hija que se llama ________ también.

(B) Preguntas personales y generales. Write your answer in a complete Spanish sentence.

1. ¿Qué nota va Vd. a sacar en la clase de español?
2. ¿Qué dicen todos los profesores de Vd.?
3. ¿Cuántas veces al año viene su padre a la escuela?
4. ¿Quién siempre sale bien en los exámenes?
5. ¿Por qué debe Vd. hacer siempre su tarea?

1. ____________________
2. ____________________
3. ____________________
4. ____________________
5. ____________________

II. Acróstico

1. teach
2. mark
3. homework
4. thanks
5. test
6. time
7. always
8. to get (a mark)
9. so many
10. to appear

1. E
2. N
3. T
4. R
5. E
6. V
7. I
8. S
9. T
10. A

III. Compositions: Oral or written in notebooks.

(A) Look at the pictures opposite page 169. Describe the scene to your class.

(B) Tell about your work in school. Include the following:

Mi trabajo en la escuela

1. Whether you want to attend school. 2. What kind of marks you get. 3. Whether you always do the homework. 4. What kind of student you are. 5. Whether you parents are happy with (*contentos de*) your work.

ESTRUCTURAS DE LA LENGUA

Possessive Adjectives. The five possessive adjectives below tell who the owner is.

(A) Agreement with singular nouns:

With Masculine Singular Nouns

Mi cuarto es bonito.	*My room* is pretty.
Tu cuarto es bonito.	*Your room* (fam. sing. address)
Su cuarto es bonito.	*His room(her, its, their room).* *Your room* (formal sing. & pl. address)
Nuestro cuarto es bonito.	*Our room* is pretty.
Vuestro cuarto es bonito.	*Your room* (fam. pl. address—used in Spain)

Rules:

1. Possessive adjectives precede the noun.
2. **Su** has five meanings: *his, her, its, their, your.* **Su** meaning your is used when speaking to one or more persons ina formal way.
3. **Tu** *your* is distinguished from **tú** *you* by dropping the accent mark. **Tu(s)** is used when speaking to *one person* in a familiar way.
4. **Vuestro(s)** *your* is used largely in Spain when speaking to *more than one person* in a familiar way.

B. Agreement with plural nouns:

With Masculine Plural Nouns

Mis cuartos son bonitos.	*My rooms* are pretty.
Tus cuartos son bonitos.	*Your rooms* (fam. sing. address)
Sus cuartos son bonitos.	*His rooms (her, its, their rooms)* *Your rooms* (formal sing. & pl. address)
Nuestros cuartos son bonitos.	*Our rooms* are pretty.
Vuestros cuartos son bonitos.	*Your rooms* (fam. pl. address—used in Spain)

Rules:

1. Add **s** to each possessive adjective when the following noun is plural.

2. Adding **s** does not change the meaning of the possessive adjective; **su amigo** may mean *their friend*, **sus amigos** may mean *his friends.*

C. Agreement with feminine nouns:

Feminine Singular: **nuestra** and **vuestra**

Nuestra casa es bonita.	Our house is pretty.
Vuestra casa es bonita.	Your house (fam. pl. — in Spain)

Feminine Plural: **nuestras** and **vuestras**

Nuestras casas son bonitas.	Our houses are pretty.
Vuestras casas son bonitas.	Your houses (fam. pl. — in Spain)

Rules:

1. **Nuestro** *our* and **vuestro** *your* change **o** to **a** before a feminine singular noun. **Nuestra** and **vuestra** add **s** before a feminine plural noun.

2. The other possessive adjectives do *not* have distinctive feminine forms:

mi casa, tu casa, su casa

mis casas, tus casas, sus casas

D. De él, de ella, de Vd., de Vds., de ellos-as, instead of **su** and **sus.**

1. **¿Son sus amigas?** may mean: Are they *his, her, its, your,* or *their* friends?

2. For clarity, *instead* of **su** and **sus,** use the appropriate definite article **(el, la, los,** or **las)** *before* the noun, followed by **de** and the *personal pronoun* that represents the owner *clearly.*

Son **las** amigas **de él**	They are *his* friends.
.... **de ella.**	.... *her* friends.
.... **de Vd.**	.... *your* friends.
.... **de Vds.**	.... *your* friends.
.... **de ellos-as**	.... *their* friends.

Rule:

De él, de ella, de Vd., de Vds., de ellos-as, always *follow* the noun.

STUDY THE RULES, EXAMPLES, AND MODELS BEFORE BEGINNING THE EXERCISES!

Exercises

I. Rewrite the sentence giving the *plural* of the expression in *italics.*

Model: Tengo *mi papel.* — Tengo **mis papeles.**
I have my paper. — I have my papers.

1. Tengo *mi cuaderno.* ______
2. Los vecinos venden *su casa.* ______
3. Invitas a *nuestra clase.* ______
4. Escribo *mi respuesta* ______
5. ¿Hablas a *tu tío*? ______
6. ¿Están los niños en *su cuarto*? ______
7. No tenemos *nuestro periódico.* ______
8. No preparas *tu comida.* ______
9. Juana aprende *su lección.* ______
10. Vds. miran *su programa.* ______

II. Write the response using the appropriate form of the possessive adjective **nuestro.** Use **No.**

Model: —¿Es su escuela? — **—No. Es nuestra** escuela.
Is it their school? — No. It's our school.

1. ¿Es su pluma? ______
2. ¿Es su sombrero? ______
3. ¿Son sus zapatos? ______
4. ¿Son sus hijas? ______
5. ¿Son sus amigos? ______

III. Write the affirmative response, *changing the possessive adjective appropriately.* Use **Sí.**

Model: –¿Usas (fam.) mi reloj? — **–Sí. Uso tu (fam.)** reloj.
Are you using my watch? — Yes. I'm using your watch.
–¿Usa Vd. (formal) mi reloj? — **–Sí. Uso su (formal)** reloj.
Are you using my watch? — Yes. I'm using your watch.

1. ¿Usas mi abrigo? ______

2. ¿Usa Vd. mis pantalones? ______________________________

3. ¿Abre Vd. su puerta? ______________________________

4. ¿Desea Vd. sus lecciones? ______________________________

5. ¿Necesitas mis radios? ______________________________

IV. Write the *double* response, using the clarifying possessives **de él** and **de ella** instead of **su** and **sus.** Use **No son (es) ______ de él. Son (es) ______ de ella.**

Model: –¿Son sus cuadernos? Are they his notebooks? –**No son** los cuadernos **de él.** They are not *his* notebooks. **Son de ella.** They are *hers.*

1. ¿Son sus lápices? ______________________________

____

2. ¿Son sus camisas? ______________________________

____

3. ¿Es su amiga? ______________________________

____

4. ¿Es su reloj? ______________________________

____

5. ¿Son sus hermanos? ______________________________

____

V. Write the *double* rejoinder, using the clarifying possessives **de Vds.** and **de ellos.** See model.

Model: –Es nuestro dinero. It is our money. –**No es** el dinero **de Vds.** It is not *your* money. **Es** el dinero **de ellos.** It's *their* money.

1. Es nuestro coche. ______________________________

____

2. Es nuestra pelota. ______________________________

____

3. Son nuestras chaquetas. ______________________________

____

4. Son nuestros abrigos. ______________________________

____

5. Es nuestra familia. ______________________________

____

VI. Rewrite the sentence, substituting the appropriate form of the possessive adjective given in parentheses in place of the word in *italics*.

Model: Compro *las* flores. (our) Compro **nuestras** flores.
I buy the flowers. I buy our flowers.

1. Vendo *los* coches. (my) ______________________________
2. Escribimos *las* cartas. (our) ______________________________
3. Estudian *las* lecciones. (his) ______________________________
4. Entran en *los* cuartos. (her) ______________________________
5. Salen de *la* casa. (your *fam.*) ______________________________
6. Explican *el* examen. (their) ______________________________
7. Buscan *el* mapa. (our) ______________________________
8. Deseas *la* respuesta. (their) ______________________________
9. Miran *la* casa. (your *formal*) ______________________________
10. Responden a *las* preguntas. (your *formal*) ______________________________

VII. Complete the dialog between the brothers, Paul and Anthony. (Use the familiar **tu** for *your.*)

1. Pablo: –¿Tienes ______________ (my) fútbol?
2. Antonio: –¿Por qué dices ______________ (your) fútbol?
3. Pablo: –Tú sabes, el fútbol que nos dieron ______________ (our) tías.

   Eres mi hermano y ______________ (your) cosas son ______________ (my) cosas.
4. Antonio: –Pues bien, ¡quiero en seguida "______________ (our)" diez dólares que las tías te dieron ayer!

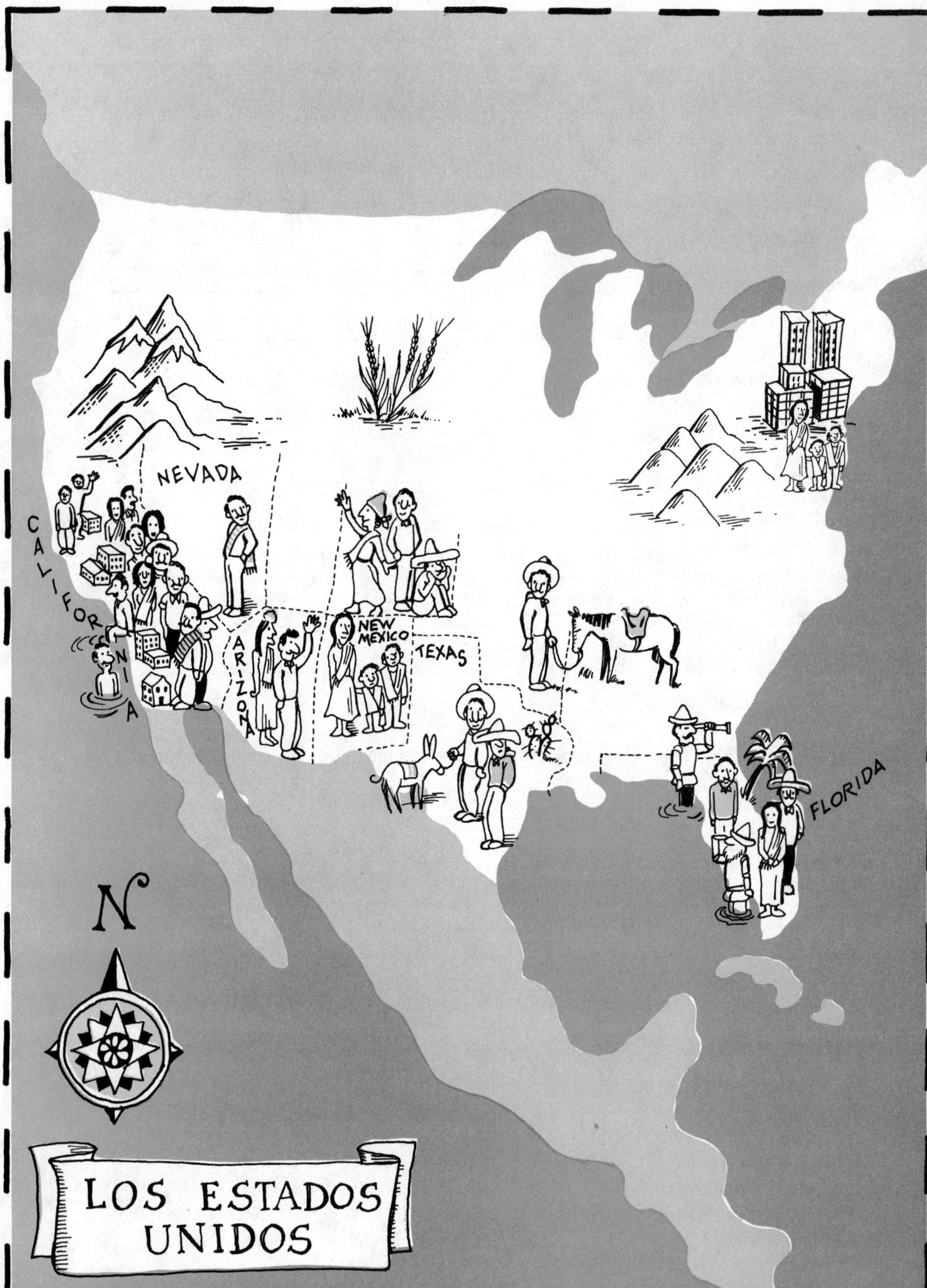
NEVADA
CALIFORNIA
ARIZONA
NEW MEXICO
TEXAS
FLORIDA
N
LOS ESTADOS UNIDOS

Culture Unit Three

¡También nosotros los norteamericanos hablamos español!

America, America,
God shed His grace
On thee,
And crown thy good
With brotherhood
From sea to shining sea!
("America, The Beautiful")

Of special importance to the United States is the fact that large numbers of Mexican Americans live here – many Mexican American families, for generations.

The ties of language, culture, history, and geography between the United States and Mexico are seen in the Mexican-American presence, particularly, in the southwest of the Unitd States, where their ancestral roots lie deep in the history of states that only a little more than a century ago were territory of Mexico.

There are some seven million Mexican Americans in the United States, most of whom are now living in the five southwestern states of California, Arizona, New Mexico, Colorado, and Texas. One in every six residents of the southwest (17 percent) is Mexican American.

California is the state with the largest number of Mexican Americans (over three million). Texas is second (over two million). The Mexican American population of California is greater than the total population of 28 U.S. states and 53 nations. One in every four Californians is now Mexican American.

Los chicanos – La raza

"Chicano" is the term that some Mexican Americans use to refer to themselves; "La Raza" is another that some Mexican Americans apply to the Mexican American group. The term "Chicano," some think, stems from Nahuatl, the Aztec Indian language of Mexico. The **x** in the Nahuatl language was pronounced "ch"; therefore, Mexico" was pronounced "Mechico," and "Mexicano" was pronounced "Mechicano." In common usage the first syllable was dropped, leaving "Chicano." Others believe that the name "Chicano" came from the Mexican border state of Chihuahua. In any case, our lives and language are enriched by the millions of Mexican Americans or Chicanos who live in these United States.

The Chicanos are often a bilingual and bicultural people, who are making an effort to retain the beautiful Mexican heritage, its language and culture, and at the same time participate to the greatest extent possible in the American culture.

Many have acquired varied specialized skills and have entered fields of work beyond the traditional careers in farming and ranching. Mexican-American doctors, teachers, writers, athletes, artists, entertainers, scientists, statesmen, and businessmen and women are represented in all parts of the United States today. Former U.S. Senator Joseph Montoya is a notable example of the many Mexican Americans who are in the mainstream of American life.

Historically, Mexican Americans, or Chicanos, have contributed richly to our American process, culture and language.

Spanish in American English. Much of the Spanish in our American-English language has come by way of Mexico. Everyday many Mexican Americans in the Southwest use only Spanish to express their needs, opinions, and hopes for tomorrow.

A. A brief examination of the Spanish words that we have adopted in English indicates the influence of the Spanish language in America.

Place Names in the United States: An Expression of Spanish Influence and Religious Sentiment

1. **San Francisco** (Saint Francis)
2. **San Diego** (Saint James)
3. **Sacramento** (Sacrament)
4. **San Antonio** (Saint Anthony)
5. **Los Angeles** (City of the Angels)
6. **Las Cruces** (The Crosses)
7. **Santa Fe** (Holy Faith)
8. **San Agustín** (Saint Augustine)

1. **Texas** (*tejas* tiles)
2. **El Paso** (step to the North)
3. **Florida** (floral; flower covered)
4. **Colorado** (red-colored)
5. **Montana** (*montaña* mountain)
6. **Nevada** (snow-capped)
7. **Amarillo** (yellow)
8. **Las Vegas** (flatlands)

Words Used in English Taken Directly from Spanish Colonial Life

The Ranch

1. **adobe** mud bricks
2. **corral** animal enclosure
3. **mesa** tableland
4. **patio** garden
5. **rodeo** roundup of animals
6. **vista** view

Foods

1. **banana** fruit
2. **chile** spice
3. **chocolate** beverage or food
4. **papaya** fruit
5. **mango** fruit
6. **café** coffee

Animals

1. **bronco** untamed horse
2. **burro** donkey
3. **chinchilla** fur-bearing squirrel-like animal
4. **cóndor** fierce bird (eagle family)
5. **pinto** spotted horse
6. **llama** camel-like animal of the Andes

Clothing

1. **poncho** blanket worn overhead in place of coat
2. **sombrero** hat
3. **mantilla** lace shawl
4. **huaraches** sandals

People

1. **hombre** man
2. **caballero** horseman
3. **chico** boy
4. **padre** father, priest
5. **señor** Mr., Sir
6. **señorita** miss

English Words Adapted from Spanish Ranch Life

1. calaboose **calabozo** (jail)
2. cockroach **cucaracha**
3. canyon **cañón**
4. hoosegow **juzgado**
5. maize **maíz** (yellow corn)
6. lasso **lazo**
7. ranch **rancho**
8. potato **patata**
9. renegade **renegado**
10. tomato **tomate**

B. Words Originating in Spanish Colonial Architecture

1. **adobe** bricks made of mud.
2. **arcades** (arcadas) curved overhead archways between the fronts of buildings and providing protection against the sun and rain.
3. **balcony** (balcón) always a part of the homes of southern Spain. Here is a spot to view the local scene, decorate with flowers, and cool off during the warm afternoons and evenings.
4. **mission** (misión) a home for the many priests who came to the New World and a place to teach the Indians a new language, Spanish, a new faith, Catholicism, and many crafts. A series of missions were built in California along the route that came to be known as the *Camino Real* (Royal Road).

Misión

5. **patio** the garden in the center of the Spanish home. The architectural square open to the sky in the center of the house is an influence of the Roman noblemen who built their homes in Spain and occupied the land for six centuries, from 206 B.C. to 476 A.D. Later, the Arabs, who also occupied Spain, from 711 A.D. to 1492 A.D., added a fountain and greenery.

6. **plaza** the town square where most of the government buildings and town cathedral or church are found.

7. **reja** the name for the window that has the decorative wrought-iron bars.

Exercises

I. Fill in the missing words.

1. ______________ is the language of the Aztec Indians from which the term Chicano may come.

2. There are approximately ________________ Mexican Americans living in the United States.

3. Many Mexican Americans live in the ___________________________ part of the United States.

4. ____ is a Mexican state on the U.S. border.

5. Some Mexican Americans refer to themselves proudly as "Chicanos," and to their group as "La ____________."

6. ________________ and Texas are the two states that have the largest number of Mexican Americans.

7. Our southwestern states were formerly the territory of ________________.

8. One among the many famous Mexican Americans in American political life is ________________ ________________.

II. Write the meanings in English of the following Spanish place names.

1. San Antonio ________________
2. Sacramento ________________
3. Los Ángeles ________________
4. Tejas ________________
5. Las Cruces ________________
6. Montaña ________________
7. Amarillo ________________
8. Las Vegas ________________
9. Nevada ________________
10. Florida ________________

III. Write the English/Spanish words that were adapted from the following words.

1. cañón ________________
2. calabozo ________________
3. tomate ________________
4. lazo ________________
5. cucaracha ________________
6. maíz ________________
7. patata ________________
8. juzgado ________________
9. renegado ________________
10. rancho ________________

IV. Match the following words.

A.

a. adobe	1. ________	garden
b. plaza	2. ________	tiles
c. tejas	3. ________	church
d. misión	4. ________	square
e. patio	5. ________	bricks

B.

a. huaraches	1. ________	lace shawl
b. bronco	2. ________	bird
c. mantilla	3. ________	insect
d. cóndor	4. ________	horse
e. mosquito	5. ________	sandals

V. Write the letter of the word that best completes the sentence.

1. The mud bricks made by Mexican Indians for their homes were called
a. plaza b. reja c. adobe d. tejas ____

2. The center of the Spanish home contains a
a. patio b. lazo c. laguna d. poncho ____

3. In the Southwestern United States are churches founded by priests called
   a. arcades b. plazas c. lariats d. missions ____

4. The roundup of horses or cattle is called
   a. bronco b. corral c. pinto d. rodeo ____

5. The state whose name indicates its snow-capped mountains is
   a. Colorado b. Oregon c. Nevada d. Texas ____

6. An animal whose fur is among the most expensive in the world is the
   a. chinchilla b. llama c. burro d. pinto ____

7. Many geographical names indicate Spain's strong emphasis on
   a. economy b. war c. religion d. climate ____

8. The English word which represents both a variety of corn and a color is
   a. maize b. avocado c. adobe d. chili ____

9. The name for the window that has wrought-iron bars is
   a. corral b. reja c. balcón d. tejas ____

10. The Spanish patio has been influenced by the Romans and the
    a. Arabs b. arcadas c. priests d. Indians ____

VI. Write the English adaptations of the following Spanish words. A good guess will do it!

1. cigarro ____________
2. huracán ____________
3. canoa ____________
4. vainilla ____________
5. Santa Clara ____________
6. fiesta ____________
7. florido ____________
8. cocodrilo ____________
9. arcada ____________
10. estampida ____________

AHORRE EN EL A&P

Ahorre hasta $2.00 !Recorte y Cambie los Cupones publicados en este anuncio!

PESCADO BLUEFISH CONGELADO

Entero: 69c lb.

PESCADO TURBOT FILLET CONGELADO

79c lb.

POLLOS PARA FREIR

Promedios de 2 a 3 lbs.

49c lb.

¿Por Qué Pagar Más?

HIGADO DE RES EN REBANADAS

69c lb.

PEDAZOS DE POLLO Frescos

Cuartos de Pechugas con Alas, Muslos con Espinazos.

SU SELECCION: 59c lb

Marca A&P

FRANKFURTERS

DE CARNES O DE RES Paquete de 1 lb. 79c

CARNE MOLIDA "Ground Beef"

Paquete de cualquier tamaño 89c lb.

CARNE MOLIDA "Ground Chuck"

Paquete de cualquier tamaño 99c lb.

TOCINETA ALLGOOD Paquete de 1 lb. 1 19

JUGO DE CHINA

Birds Eye

2 latas de 6 onzas 39c

PAN BLANCO

Marca Marvel

2 Hogazas de 22 onz. 85c

Reprinted with permission of A&P

¿No está interesado en comprar esta casa?

The house seems like a good buy. Is Carlos interested in buying it?

Casa a la venta

Cuando pasa por la calle, Carlos ve este letrero delante de una casa.

Toca a la puerta y espera unos momentos. Pronto, un hombre viejo abre la puerta y lo saluda.

Hombre: Buenos días señor, ¿en qué puedo servirle?

Carlos: Veo que esta casa está a la venta. ¿Puedo verla?

Hombre: Sí, cómo no. Pase Vd. Yo soy Pedro Piragua.

Carlos: Mucho gusto en conocerlo. Me llamo Comequesos, Carlos Comequesos.

Hombre: Bueno, señor Comequesos, Mire Vd. esta sala. Está recién pintada. Ahora vamos a pasar a la cocina. Ese refrigerador y esa estufa son nuevos.

Carlos: Ya veo. Parecen estar en excelentes condiciónes. ¿Dónde están los dormitorios?

Hombre: Hay tres y están en el piso de arriba. Vamos allá ahora. . .

Carlos: ¡Qué hermosos! Estos cuartos son grandes y claros.

Hombre: Además, hay otro cuarto de baño que es completamente nuevo.

Carlos: Dígame algo del vecindario.

Hombre: Es excelente. La casa está cerca de los trenes y autobuses y Vd. puede ir de compras en aquella próxima calle. Ahora, ¿quiere Vd. saber el precio? Es muy barato.

Carlos: No, gracias.

Hombre: ¿Cómo que no? ¿No está Vd. interesado en comprar esta casa?

Carlos: No. Es que voy a poner mi casa a la venta esta semana y quiero saber el mejor método de hacerlo.

Palabras Nuevas

SUBSTANTIVOS

el cuarto de baño *the bathroom*
el dormitorio *the bedroom*
la estufa *the stove*
el letrero *the sign*
Pedro *Peter*
el piso de arriba *the floor above, upstairs*
el precio *the price*
el queso *the cheese*
el refrigerador *the refrigerator*
el vecindario *the neighborhood*

ADJETIVOS

barato,a *inexpensive, cheap*
claro,a *light, clear*
hermoso,a *beautiful*
interesado,a *interested*
(recién) pintado,a *(recently) painted*
próximo,a *next*
viejo,a *old*

VERBOS

ir de compras *to go shopping*
pasar por la calle *to walk along the street*
¡pida informes! *ask for information (formal sing.)*
saludar *to greet*
ver *to see*
ya veo *now I see, indeed I do understand*

OTRAS PALABRAS

a la venta *for sale*
además *besides*
¡cómo no! *of course*
¿Cómo que no? *What do you mean by "no?"*

en aquella próxima calle *on that next street*
es que *the fact is that*
lo *him, it, you (masc.)*
mucho gusto en conocerlo *pleased to meet you*
pronto *soon*
¡Qué hermosos! *How beautiful!*

EJERCICIOS

I. (A) Preguntas. Write your answer in a complete Spanish sentence.

1. ¿Qué ve Carlos delante de una casa? ______
2. ¿Por qué quiere ver Carlos la casa? ______
3. ¿Qué hay en la cocina? ______
4. ¿Cómo son los dormitorios? ______
5. ¿Qué va a hacer Carlos esta semana? ______

(B) Preguntas personales y generales. Write your answer in a complete Spanish sentence.

1. ¿Qué hay generalmente en una cocina?
2. ¿Cuántas habitaciones hay en su casa o apartamiento? ¿Cuáles son?
3. Describa Vd. el vecindario donde vive Vd.
4. ¿Qué pone Vd. en un letrero para vender una casa?
5. ¿Qué dice Vd. para saludar a una persona?

1. ______
2. ______
3. ______
4. ______
5. ______

II. Write the words from group B that match the words in group A.

A

1. La ventana se usa para ______
2. La puerta se usa para ______
3. La sala se usa para ______
4. El tren se usa para ______
5. La estufa se usa para ______
6. El refrigerador se usa para ______
7. El dormitorio se usa para ______
8. El baño se usa para ______

B

a) lavarse
b) descansar y mirar la televisión
c) dormir
d) mantener fría la comida
e) entrar y salir
f) preparar la comida
g) dejar entrar el aire fresco
h) viajar

III. ¿Cómo se dice en español?

1. House for sale, inquire within.
2. He knocks on the door and waits a few minutes.
3. Good morning, what can I do for you?
4. I'm very pleased to meet you.
5. Tell me something about the neighborhood.

1. ______________________________

2. ______________________________

3. ______________________________

4. ______________________________

5. ______________________________

IV. Compositions. Oral or written in notebooks.

(A) Look at the picture opposite page 185. Describe the scene in Spanish to your class.

(B) Tell about the place where you live. Include the following:

Mi casa

1. You live in a big (small) house (apartment). 2. There are __ rooms in your house. 3. You have a beautiful bedroom. 4. The rooms are large and light. 5. Whether you go shopping in the neighborhood.

ESTRUCTURAS DE LA LENGUA

Demonstrative Adjectives

A. *This, these:* The speaker uses the following to indicate a person, place, or thing (or persons, places, things) *close to himself,* i.e., *close to the speaker:*

Este (masc.); **esta** (fem.) — *this*	**Estos** (masc.); **estas** (fem.) — *these*
1. Este perrito cerca de mí es mono. This puppy near me is cute.	1. Estos perritos aquí son más monos. These puppies over here are cuter.
2. Esta rosa que tengo es roja. This rose which I'm holding is red.	2. Estas rosas que tengo son blancas. These roses which I have are white.

Rules:

1. **Este** (masc.) and **esta** (fem. sing.), *this*, are used respectively before a masculine singular noun and before a feminine singular noun.

2. **Estos** (masc. pl.) and **estas** (fem. pl.), *these*, are used respectively before masculine plural nouns and before feminine plural nouns. Note that **estos** is the irregular plural of **este.**

3. Closeness to the speaker may be indicated by additional expressions such as: **aquí,** *here*; **cerca de mí,** *near me*; **que tengo,** *which I hold (have).*

B. *That, those:* The speaker uses the following to indicate that a person, place, or thing (or persons, places, things) is (are) *close to the listener:*

Ese (masc.); **esa** (fem.) — *that*	**Esos** (masc.); **esas** (fem.) — *those*
1. Ese perrito está cerca de ti (Vd., Vds.). That puppy is near you.	1. Esos perritos están cerca de ti (Vd., Vds.). Those puppies are near you.
2. Esa rosa que tienes ahí es rosada. That rose which you have there is pink.	2. Esas rosas que tienes ahí son rojas. Those roses which you have there are red.

Rules:

1. **Ese, esa,** *that*, are formed by dropping the *t* from **este, esta** (*this*). **Esos, esas,** *those*, are formed by dropping the *t* from **estos, estas** *(these).*

2. **Ese** (masc. sing.) and **esa** (fem. sing.), *that*, are used respectively before a masculine singular noun and before a feminine singular noun.

3. **Esos** (masc. pl.) and **esas** (fem. pl.), *those*, are used respectively before masculine plural nouns and before feminine plural nouns. Note that **esos** is the irregular plural of **ese.**

4. Closeness to the listener may be indicated by additional expressions such as: **ahí,** *there, near you*; **cerca de ti (Vd., Vds.),** *near you*; **que tienes (Vd. tiene; Vds. tienen),** *which you hold* (*have*).

C. *That, those*; indicating *distance from both the listener and the speaker.*

Aquel (masc.); **aquella** (fem.) — *that*	**Aquellos** (masc.); **aquellas** (fem.) — *those*
1. Aquel parque está lejos de ti y de mí. That park is far from you and me.	1. Aquellos parques están lejos de nosotros. Those parks are far from us.
2. Aquella casa allí es magnífica. That house over there is magnificent.	2. Aquellas casas allí son magníficas. Those houses over there are magnificent.

Rules:

1. Unlike English, the speaker of Spanish insists on making a distinction between *that, those,* **aquel,** etc., *distant from the listener;* and *that, those,* **ese,** etc., *near the listener.*

2. **Aquel** (masc. sing.) and **aquella** (fem. sing.), *that,* are used respectively before a masculine singular noun and before a feminine singular noun.

3. **Aquellos** (masc. pl.) and **aquellas** (fem. pl.), *those,* are used respectively before masculine plural nouns and before feminine plural nouns.

4. Distance from the listener may be indicated by additional expressions such as: **allí,** *over there, yonder,* and **lejos de nosotros-as,** *far from us.*

STUDY THE RULES, EXAMPLES, AND MODELS BEFORE BEGINNING THE EXERCISES!

Exercises

I. Rewrite each sentence, substituting the noun in parentheses for the noun in *italics*. Make all necessary changes in the demonstrative adjectives (*this, that,* etc.).

Model:	Necesito este *libro.*	I need this book.
	(pluma) Necesito **esta pluma.**	I need this pen.

A. Compro este *papel*. I'm buying this paper.

1. (tiza)____________________

2. (plumas)____________________

3. (lápiz)____________________

4. (papeles)____________________

5. (diccionario)____________________

B. ¿Deseas ese *libro* ahí? Do you want that book there (near you)?

1. (silla)____________________

2. (peras)____________________

3. (periódicos)____________________

4. (libros)____________________

5. (sombrero)____________________

C. Miramos aquel *cuadro* allí. We look at that picture over there.

1. (rosa)____________________

2. (pinturas)____________________

3. (coche)____________________

4. (cuadros)____________________

5. (edificio)____________________

II. Rewrite the sentence, changing the words in *italics* to the *singular,* e.g., *esos usos,* **ese uso.**

1. Reciben *estos papeles* y *aquellos libros.*

____

2. Estudian *estas palabras* y *esas frases.*

____

3. Contestan a *esos profesores* y a *aquellos alumnos.*

____

4. Abren *esas puertas* y *aquellas ventanas.*

____

5. ¿Admiran *estos pañuelos* y *esos zapatos*?

____

III. Rewrite the sentence changing the words in *italics* to the *plural*, e.g., *ese uso*, **esos usos.**

1. Leemos *este periódico* y *ese artículo.*____________________
2. Deseamos *esta silla* y *aquella cama.*____________________
3. Admiramos *este sombrero* y *aquel vestido.*____________________
4. Preferimos *esa clase* y *aquel profesor.*____________________
5. Queremos *ese vestido* y *aquella falda.*____________________

IV. Write a response according to the model. Use the correct form of **este-a, estos-as.**

Model: –¿Es interesante **ese libro** suyo? Is *that* book of yours interesting? –**¿Este libro? Sí, gracias.** *This* book? Yes, thank you.

1. ¿Está contento ese amigo suyo?____________________
2. ¿Es interesante esa revista suya?____________________
3. ¿Son fantásticos esos cuentos suyos?____________________
4. ¿Son excelentes esas fotos suyas?____________________
5. ¿Es importante ese papel suyo?____________________

V. Write a response according to the model. Use the correct form of **ese-a; esos-as.**

Model: –¿Desea Vd. [Deseas] **este** cuarto? Do you want *this* room? –**¿Ese cuarto? No, gracias.** *That* room (near you)? No, thanks.

1. ¿Desea Vd. este postre? ______________________________
2. ¿Quieres esta gramática? ______________________________
3. ¿Necesita Vd. estos libros? ______________________________
4. ¿Prefiere Vd. estas manzanas? ______________________________
5. ¿Invita Vd. a estos amigos? ______________________________

VI. Complete in Spanish the dialogue between Luisita and her mother in which Luisita insists on having her brother's ice cream, candy, cookies, and soda.

Remember:	Este ______ aquí;	Ese ______ ahí;	Aquel ______ allí;
	. . . cerca de mí;	. . . cerca de ti;	. . . cerca de él;
	. . . que tengo.	. . . que tienes.	. . . que él tiene.

1. La mamá: ¿Qué prefieres ____________ (this) helado a vainilla que tengo o ____________ (that) helado a chocolate que tú tienes?
2. Luisita: Prefiero ____________ (that) helado que Juan tiene allí.
3. La mamá: Entonces, Juan te da su plato, ¿Y qué prefieres como dulces, ____________ (these) dulces aquí o ____________ (those) dulces que están cerca de ti?
4. Luisita: Quiero también ____________ (those) dulces que Juan come allí.
5. La mamá: ¿Lo mismo con ____________ (those) galleticas y ____________ (that) gaseosa que Juan toma?
6. Luisita: Sí, lo mismo. No me gustan ____________ (these) galleticas ni ____________ (this) gaseosa mía.
7. La mamá: ¡Ay! ¡Qué difícil es ____________ (that) hija mía!
8. Luisita: ¡Ay! ¡Qué difíciles son ____________ (those) mamás de hoy!

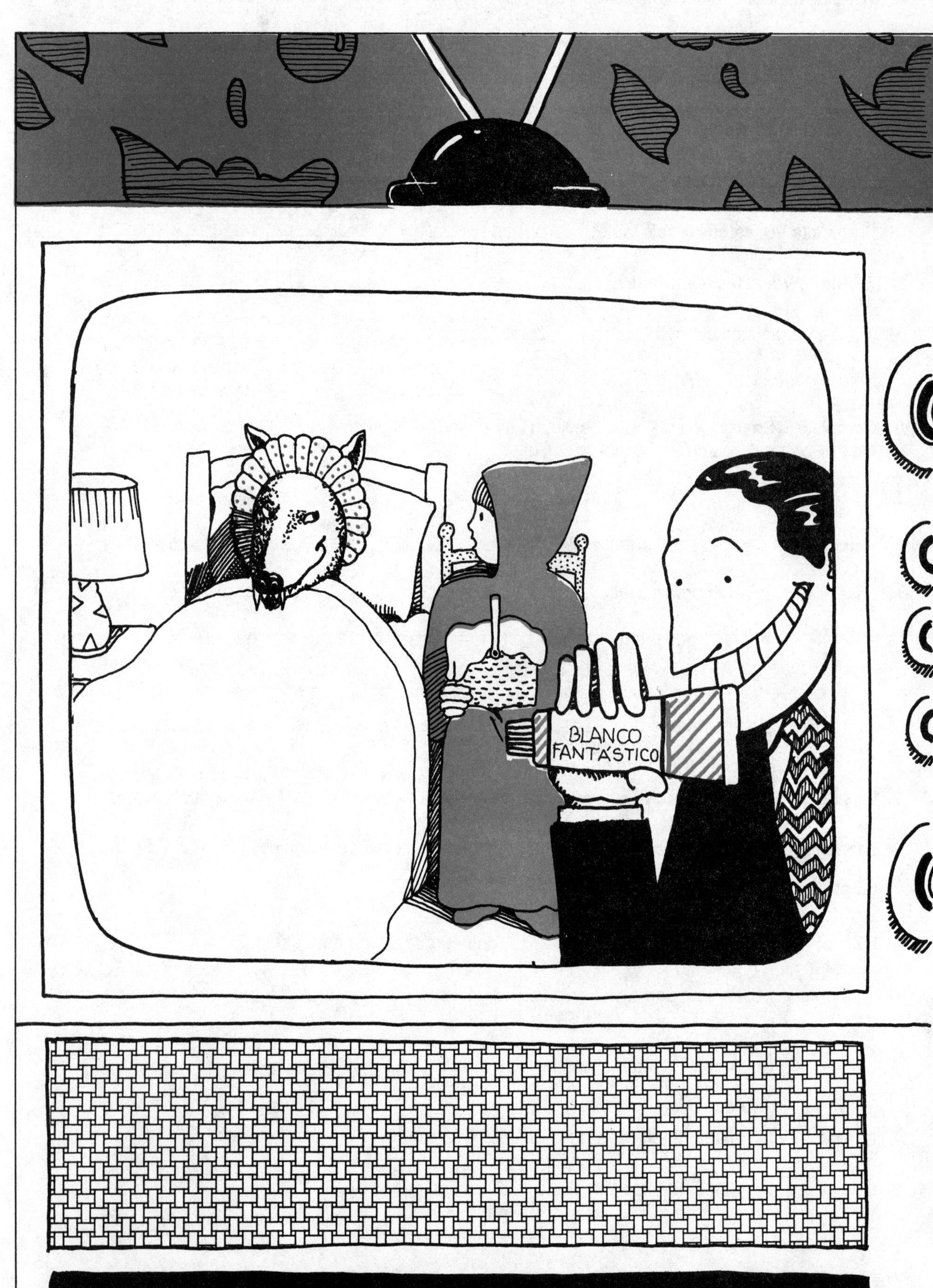

El lobo también tiene los dientes grandes y blancos.

Sure, everybody's heard the story of Little Red Riding Hood. But what happens to it on TV?

!Qué dientes tan grandes tienes!

Es la hora para los niños. Todos los chicos esperan impacientemente su programa favorito de televisión. Esta tarde van a ver una versión moderna del clásico "Caperucita Roja." Vamos a escuchar.

Locutor: Y ahora niños, vamos a ver el capítulo final. Como Vds. ya saben, Caperucita Roja va a la casa de su abuela, con una cesta llena de frutas y dulces. Ya es tarde y quiere llegar antes de la noche. La casa está lejos y dentro de un bosque oscuro. Caperucita Roja anda mucho por el bosque. Al fin llega a la casa de su abuela. Ella no sabe que el lobo ha comido a la abuela y está en su cama. Caperucita toca a la puerta y canta alegremente.

Lobo: ¿Quién es?

Caperucita Roja: Soy yo, abuelita, y te traigo unos dulces y unas frutas.

Lobo: Pasa, pasa, hija mía. La puerta está abierta. Yo estoy enferma y no puedo bajar de la cama.

Caperucita Roja: Oh, mi pobre abuelita. . . . Pero abuelita, ¡qué orejas tan grandes tienes!

Lobo: Para oírte mejor, hija mía. ¡Ven, ven cerca de la cama!

Caperucita Roja: Aquí tienes los dulces. . . . Pero abuelita, ¡qué ojos tan grandes tienes!

Lobo: Para verte mejor, hija mía. Pero ven más cerca, un poco más.

Caperucita Roja: Pero abuelita, ¡qué dientes tan grandes tienes!

Locutor: Sí, el lobo tiene los dientes grandes y blancos también. Y si Vds. quieren tener la sonrisa que encanta, usen nuestro producto, la pasta dentífrica – Blanco Fantástico – y Vds. van a notar la diferencia.

Palabras Nuevas

SUBSTANTIVOS

la abuela *the grandmother*
la abuelita the granny
el bosque the woods
Caperucita Roja *Little Red Riding Hood*
el capítulo *the chapter*
la cesta *the basket*
el diente *the tooth*
los dulces *the candy*
la fruta *the fruit*
la hora de los niños *the children's hour*
el lobo *the wolf*
el ojo *the eye*
la oreja *the ear*
la pasta dentífrica *the toothpaste*
la sonrisa *the smile*
la sonrisa que encanta *the charming smile*

ADJETIVO

lleno,a de *full of, filled with*

VERBOS

bajar de *to get off, to go down from*
llegar *to arrive*
notar *to notice*
oírte *to hear you (fam. sing.)*
pasar *to enter, to pass*
¡pasa! *enter! (fam. sing.)*
(no) puedo *I can(not)*
soy yo *it's I*
vamos a. . . *let us. . .*
¡ven más cerca! *come closer (fam. sing.)*
verte *to see you (fam. sing.)*

OTRAS PALABRAS

alegremente *cheerfully*
antes (de) *before*
hija mía *my child*
impacientemente *impatiently*
¡Qué orejas (ojos, dientes) tan grandes! *What big ears (eyes, teeth)!*
ya es tarde *it's late now (already)*

EJERCICIOS

I. (A) Cierto (true) **o falso** *(false)?*

1. Es el primer capítulo de Caperucita Roja. ____________
2. Caperucita lleva una cesta a la casa de su abuela. ____________
3. La chica pasa por unas calles oscuras. ____________
4. La abuela está en la cama porque ella ha comido al lobo. ____________
5. Caperucita dice: –¡Qué manos grandes tienes! ____________
6. El lobo tiene los dientes blancos porque usa una buena pasta dentífrica. ____________

(B) Preguntas personales y generales. Write your answer in a complete Spanish sentence.

1. ¿Qué contesta Vd. si la persona dentro de la casa pregunta: –¿Quién es?
2. Para tener los dientes blancos, ¿qué usa Vd. todos los días?
3. ¿Hay mucha diferencia entre las pastas dentífricas?
4. ¿Cuál es un buen nombre para una pasta dentífrica?
5. ¡Mencione Vd. un animal que tiene los dientes grandes!

1. ____

____

2. ____

____

3. ____

____

4. ____

____

5. ____

____

____

II. You are Little Red Riding Hood, and you meet the wolf. What would you say to him?

Lobo: Buenos días, señorita. ¿Adónde vas?

Cap. Roja: ____

Lobo: Oh, ¿está enferma la pobre vieja?

Cap. Roja: ____

Lobo: ¿Qué tienes en esa cesta?

Cap. Roja: ____

Lobo: Eres una niña muy buena. Adiós, Caperucita. Hasta pronto.

Cap. Roja: ____

III. Caperucita Roja has a number of things in her basket. Can you unscramble the words to find out what they are?

1. unas _ _ _ _ _ _ _ (tuarfs)
2. unos _ _ _ _ _ _ _ (selcud)
3. una _ _ _ _ (lorf)
4. un _ _ _ _ _ (vueho)
5. un _ _ _ _ _ _ _ (hadleo)

Buenos días, señorita. ¿Adónde vas tan de prisa?

ESTRUCTURAS DE LA LENGUA

Common Adverbs. Exclamatory ¡Qué!

A. Common adverbs of time, place, and manner.

Learn the following paired opposites.

1.	**ahora** **más tarde**	now later	6.	**hoy** **mañana**	today tomorrow
2.	**allí** **aquí**	there here	7.	**más** **menos**	more less
3.	**antes** **después**	before; previously afterwards	8.	**mucho** **poco**	a great deal little
4.	**bien** **mal**	well badly	9.	**siempre** **nunca**	always never
5.	**cerca** **lejos**	nearby faraway	10.	**temprano** **tarde**	early late

B. ¡Qué! in an exclamation.

How!	What a . . . . !
1. **¡Qué bonita** es ella! How pretty she is!	1. **¡Qué chica!** What a girl!
2. **¡Qué bien** canta ella! How well she sings!	2. **¡Qué chica bonita!** What a pretty girl!

Rules:

1. Before adjectives and adverbs **¡qué!** means *How*! in an excited or exclamatory sense.

2. Before nouns **¡qué!** means *what*! or *what a . . . !* in an excited or exclamatory sense. Do *not* use **un** or **una** after **¡qué!**

3. When both a noun and an adjective are present, the *noun* is generally stated *first.*

4. Write an accent mark on **qué**, and place exclamation points *before* and *after* the statement.

5. The subject is placed *after* the verb in exclamations as in questions.

STUDY THE RULES, EXAMPLES, AND MODELS BEFORE BEGINNING THE EXERCISES!

Exercises

I. Write an affirmative answer in a complete Spanish sentence, using the adverbs in *italics*.

Model: –¿Trabaja Vd. *bien* hoy? ¿Trabajas tú bien hoy? Are you working well today? –Trabajo bien hoy. I am working well today.

1. ¿Entra Vd. *tarde hoy*?____________________
2. ¿Termina Vd. *temprano y bien*?____________________
3. ¿Habla Vd. *poco allí*?____________________
4. ¿Aprendes *mucho ahora*?____________________
5. ¿Contestas *más después*?____________________
6. ¿Comes *mal aquí*?____________________
7. ¿Viajas *lejos mañana*?____________________
8. ¿*Siempre* tomas café *antes*?____________________
9. ¿*Nunca* llegas *más tarde*?____________________
10. ¿Gritas *menos* cuando Ana está *cerca*?____________________

II. Write a rejoinder that states the *opposite* of the expression in *italics*. See the paired opposites on p. 93.

Model: –Luis vive *cerca.* Louis lives nearby. –Luis vive **lejos.** Louis lives far away.

1. Juan estudia *mucho*.____________________
2. Mi amiga viene *más tarde*.____________________

3. *Siempre* toman café.____________________

4. Gritan *más* en casa.____________________

5. La escuela está *lejos*.____________________

6. *Hoy* es otro día.____________________

7. La casa está *aquí*.____________________

8. Comemos *antes*.____________________

9. Regresamos *temprano*.____________________

10. María escribe *bien*.____________________

III. Complete the exclamation according to vocabulary on p. 193.

Model: How slowly you speak! ¡ __________ habla Vd! **¡Qué despacio** habla Vd!

1. How well you dance! ¡____________________baila Vd.!

2. How badly they study! ¡____________________estudian ellos!

3. How late John eats! ¡____________________come Juan!

4. How near the house is! ¡____________________está la casa!

5. How far the park is! ¡____________________está el parque!

IV. Write an affirmative response beginning with **¡Qué!**. Make all necessary changes in word order according to the model. Use exclamation points.

Model: –¿Trabajan ellos tarde? Do they work late? –**¡Qué tarde** trabajan ellos! How late they work!

1. ¿Llega ella tarde?____________________

2. ¿Habla Vd. bien?____________________

3. ¿Estudian ellos mal?____________________

4. ¿Viene Rosa temprano?____________________

5. ¿Vive Juan lejos?____________________

6. ¿Vive Ana cerca?____________________

7. ¿Está ella cansada?____________________

8. ¿Es él pobre?____________________

9. ¿Son ellos ricos?____________________

10. ¿Es Luisa bonita?____________________

V. Write two exclamations in response to each statement, according to the model. Make all necessary changes in word order, *omitting* the verb and the article.

Model: –La chica es inteligente. ¿Verdad? "The girl is intelligent. Isn't she?" –**¡Qué chica! ¡Qué chica inteligente!** "What a girl! What an intelligent girl!"

1. —Las casas son altas. ¿Verdad?____________________
2. —Su madre es buena. ¿Verdad?____________________
3. —Los niños son lindos. ¿Verdad?____________________
4. —El cielo está azul. ¿Verdad?____________________
5. —Esta escuela es grande. ¿Verdad?____________________

VI. Write the Spanish equivalent in the correct word order according to the model. Use cues.

Model: What a fine day!
bonito / día **¡Qué día bonito!**

1. What an interesting day!

   interesante / día____________________

2. What an important year!

   importante / año____________________

3. What a nice boy!

   simpático / muchacho____________________

4. What kind teachers!

   amables / profesores____________________

5. What good classes!

   buenas / clases____________________

¡Por fin Caracas podrá ver la pelicula más polémica del año.!

La Mejor Película Extranjera - Festival De Venecia

EL INFIERNO YA NO LES RESERVA SORPRESAS

VANESSA REDGRAVE OLIVER REED

en el film de KEN RUSSELL

LOS DEMONIOS

Panavision® • Technicolor®

Olimpo	cinemóvil Cafetal 2	A
3:00 Bs 5 • 4	6:30 8:30 10:30 Bs. 5	

Lido	Avila	Radio City	cineauto La Boyera	cine Don Bosco
2:30 4:30 6:30 8:30 Bs 5	2:30 4:30 6:30 9:00 Bs 5 • 3	2:00 4:00 6:00 8:00 10:00 Bs 5	6:30 8:30 10:30 Bs. 5	3:15 5:15 7:15 9:15 Bs. 5

Es una carta urgente.

Do you believe in horoscopes? Sometimes they contain surprises.

¿Qué dice el horóscopo?

¿Es Vd. una persona supersticiosa? ¿Es posible saber qué va a pasar en el futuro? Hay muchas personas en este mundo que creen en los horóscopos. Uno de ellos es nuestro héroe, Patricio Pisapapeles. Cuando recibe el periódico por la mañana, no empieza a mirar ni las nòticias ni los deportes. Sólo le interesa su horóscopo. Así empieza a leer su fortuna y piensa en sus planes para el día. Busca su signo de Acuario.

Piscis: (20 febrero-21 marzo)
¡No pierda el tiempo! Su oportunidad está aquí ahora.

Aries: (22 marzo-20 abril)
¡Defienda sus derechos! ¡No sea tímido!

Tauro: (21 abril-21 mayo)
Su fortuna comienza a cambiar. Va a tener suerte.

Géminis: (22 mayo-21 junio)
Vd. puede hacer todo ahora. Su signo es favorable.

Cáncer: (22 junio-23 julio)
Si encuentra algún dinero, ¡no lo gaste todo!

Leo: (24 julio-23 agosto)
¡Recuerde a sus amigos! Ellos pueden ayudarlo.

Virgo: (24 agosto-23 septiembre)
¡Vuelva a su casa pronto!

Libra: (24 septiembre-23 octubre)
¡No cierre los ojos a oportunidades nuevas!

Escorpión: (24 octubre-22 noviembre)
¡Entienda sus deseos! ¡Tenga paciencia!

Sagitario: (23 noviembre-23 diciembre)
Si llueve hoy, Vd. pronto va a ver el sol.

Capricornio: (23 diciembre-20 enero)
La fortuna juega con nuestras vidas. Es necesario ser valiente.

Acuario: (21 enero-19 febrero)
Hoy viene una noticia importante. Puede cambiar su vida.

¡Dios mío, una noticia imprtante! ¿Qué puede ser? ¡La lotería, quizás! Voy a ganar la lotería. Sí, sí, eso es. Voy a recibir dinero, mucho dinero.

En este momento suena el timbre. Patricio corre a la puerta. Es el cartero con una carta urgente. Es de la madre de su mujer. Patricio la abre en un segundo y lee:

> Queridos Patricio y Alicia:
> Voy a tu casa para visitarlos la semana próxima. Pienso pasar tres semanas agradables con mis hijos favoritos.
> Cariñosamente,
> Mamá.

Palabras Nuevas

SUBSTANTIVOS

el cartero *the letter carrier*
el deporte *the sport*
el derecho *the right*
el deseo *the wish, the desire*
la fortuna *the fortune*
el horóscopo *the horoscope*
la noticia *the news*
Patricio *Patrick*
la persona *the person*
el pisapapeles *the paperweight*
el signo de Acuario *the sign of Aquarius*
el timbre *the bell*

VERBOS

cambiar *to change*
cerrar (ie) *to close*
comenzar (ie) *to begin*
defender (ie) *to defend*
empezar (ie) *to begin*
encontrar (ue) *to find, to meet*
entender (ie) *to understand*
gastar *to spend (money)*
(le) interesa *interests him*
jugar (ue) *to play*
llover (ue) *to rain*
perder (ie) *to lose*
perder el tiempo *to waste time*
pensar (ie) *to think, to intend*
poder (ue) *to be able to, can*
recordar (ue) *to remember*
¡sea! *be! (formal sing.)*
sonar (ue) *to ring*
tener paciencia *to be patient*
tener suerte *to be lucky*

ADJETIVOS

favorable *favorable*
supersticioso,a *superstitious*
tímido,a *timid*
urgente *urgent*
valiente *brave, valiant*

OTRAS PALABRAS

algún dinero *some money*
cariñosamente *affectionately*
quizás *perhaps, maybe*

EJERCICIOS

I. (A) Complete according to the story.

1. Hay muchas personas que creen en los horóscopos. Son personas ____________.
2. El horóscopo dice la ____________ de una persona.
3. Patricio no lee ni las ____________ ni los ____________ en el periódico.
4. La fortuna de Patricio está bajo el signo de ____________.
5. Una persona que nace el 22 de junio no debe ____________.

(B) Preguntas personales y generales. Write your answer in a complete Spanish sentence.

1. ¿Qué parte del periódico lee Vd. generalmente?
2. ¿Cuál es el día de su nacimiento (birth)?
3. ¿Cuál es su signo del Zodíaco?
4. ¿Cuánto dinero puede Vd. ganar en la lotería?
5. ¿Qué hace un cartero?

1. ____
2. ____
3. ____
4. ____
5. ____

II. Unscramble the letters in the boxes below and see the advice given in your horoscope.

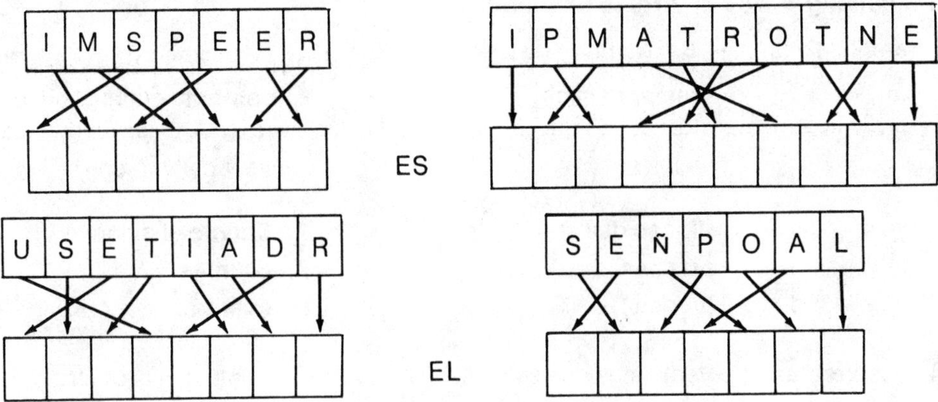

III. Compositions: Oral or written in notebooks.

(A.) Look at the picture opposite page 201. Describe the scene in Spanish to your class.

(B) Tell about a five-day horoscope, giving advice according to the word cues (see story p. 201). Change *infinitives* to commands.

Su horóscopo

1. **lunes:** ______________________
   ¡No *perder* tiempo! Su oportunidad está aquí.

2. **martes:** ______________________
   ¡*Defender* sus derechos! ¡No sea tímido!

3. **miércoles:** ______________________
   ¡Cambiar su fortuna! Vd. tiene suerte.

4. **jueves:** ______________________
   ¡Tener Vd. paciencia! Su signo es favorable.

5. **viernes:** ______________________
   ¡No gastar Vd. mucho dinero!

Add two more horoscopes in Spanish: **El fin de semana:**

6. **sábado:** ______________________

7. **domingo:** ______________________

ESTRUCTURAS DE LA LENGUA

Stem-Changing Verbs of Ar and Er Infinitives

A. **ar** Infinitives

	e>ie **pensar** to think	**o>ue** **contar** to count
	I think so.	I count the money.
1. yo	**Pienso** que sí.	**Cuento** el dinero.
2. tú	**piensas**	**cuentas**
3. él, ella, Vd.	**piensa**	**cuenta**
4. nosotros-as	Pensamos que sí.	Contamos el dinero.
5. vosotros-as	pensáis	contáis
6. ellos-as, Vds.	**piensan**	**cuentan**
Commands	¡**Piense** Vd.! ¡**Piensen** Vds.! ¡Pensemos!	¡**Cuente** Vd.! ¡**Cuenten** Vds.! ¡Contemos!

B. **er** Infinitives

	e>ie **entender** to understand	**o>ue** **volver** to return
	I understand very well.	I'm returning home.
1. yo	**Entiendo** muy bien.	**Vuelvo** a casa.
2. tú	**entiendes**	**vuelves**
3. él, ella, Vd.	**entiende**	**vuelve**
4. nosotros-as	Entendemos muy bien.	Volvemos a casa.
5. vosotros-as	entendéis	volvéis
6. ellos-as, Vds.	**entienden**	**vuelven**
Commands	¡**Entienda** Vd.! ¡**Entiendan** Vds.! ¡Entendamos!	¡**Vuelva** Vd.! ¡**Vuelvan** Vds.! ¡Volvamos!

Rules:

1. **o>ue** The **o** in the stem of some **ar** and **er** infinitives changes to **ue** in the present tense, in persons 1, 2, 3, 6, and in the commands, **Vd.** and **Vds.**

2. **e>ie** The **e** in the stem of some **ar** and **er** infinitives changes to **ie** in the present tense, in persons 1, 2, 3, 6, and in the commands, **Vd.** and **Vds.**

C. Learn these stem-changing verbs:

ar infinitives

e>ie		**o>ue**	
cerrar	to close	**almorzar**	to lunch
comenzar	to begin	**contar**	to tell, count
empezar	to begin	**encontrar**	to meet, to find
pensar	to think; to intend	**mostrar**	to show
		recordar	to remember
nevar	to snow	**volar**	to fly

er infinitives

e>ie		**o>ue**	
defender	to defend	**mover**	to move
entender	to understand	**poder**	to be able
perder	to lose	**volver**	to return
querer	to want	**llover**	to rain

D. Llover (**ue**) and **nevar** (**ie**) are meaningful only in the third person singular:

llueve it rains | **nieva** it snows

E. Jugar is the only verb which changes the infinitive stem's **u** to **ue** in persons 1, 2, 3, 6 of the present tense.

jugar to play (a game)

	I play football.
1. yo	**Juego** al fútbol.
2. tú	**juegas**
3. él, ella, Vd.	**juega**
4. nosotros-as	Jugamos al fútbol.
5. vosotros-as	jugáis
6. ellos-as Vds.	**juegan**

STUDY THE RULES, EXAMPLES, AND MODELS BEFORE BEGINNING THE EXERCISES!

Exercises

I. Rewrite the model sentence substituting the subject given in parentheses, and using the appropriate form of the verb.

A. Model: *Yo* pienso ir mañana. (Ellos) **Ellos piensan ir mañana.**
I intend to go tomorrow. They intend to go tomorrow.

1. (Tú)______________________________
2. (Diego)______________________________
3. (Diego y María)______________________________
4. (Tú y yo)______________________________
5. (Vds.)______________________________
6. (Yo)______________________________

B. Model: ¿Almuerzas *tú* a las doce? (Vds.) **¿Almuerzan Vds. a las doce?**
Do you (fam. sing.) lunch at 12:00? Do you (formal pl.) lunch at 12:00?

1. (Vd.)______________________________
2. (Vd. y yo)______________________________
3. (Las mujeres)______________________________
4. (Mi amiga)______________________________
5. (Yo)______________________________
6. (Tú)______________________________

II. Rewrite the sentence substituting the appropriate form of the verb given in parentheses. Keep the same subject.

Model: Yo encuentro a mis amigos. (perder) **Yo pierdo a mis amigos.**
I meet my friends. I lose my friends.

1. Ellos empiezan el examen. (comenzar)______________________________
2. ¿Cuentas tú el dinero? (encontrar)______________________________
3. Ana y él pierden el libro. (entender)______________________________
4. Él cierra la revista. (empezar)______________________________
5. Vds. no pueden leer. *(volver a)______________________________

*again

6. Ella quiere la música. (perder)____________________
7. Vd. no lo piensa bien. (cerrar)____________________
8. Yo encuentro el disco. (recordar)____________________
9. ¿No lo comienzan ellas? (empezar)____________________
10. Nosotros almorzamos mal. (contar)____________________

III. Write an affirmative answer in a complete Spanish sentence using the words in *italics* and the appropriate form of the verb used in the question.

Model: ¿A dónde volvemos? *Vds. / a casa* **Vds. vuelven a casa.**
Where are we returning? You are returning home.

1. ¿Cuándo comenzamos a estudiar? *Vds. / a las cuatro*

____

2. ¿A qué hora cerramos los libros? *Vds. / a las diez*

____

3. ¿Cuándo podemos venir a la casa? *Vds. / venir temprano*

____

4. ¿A dónde volamos mañana? *Vds. / a Madrid*

____

5. ¿Cómo quieren Vds. viajar? *Nosotros / viajar en coche*

____

6. ¿Entienden Vds. la novela? *Nosotros no / la novela*

____

7. ¿Dónde encuentran Vds. comida? *Nosotras / en la cafetería*

____

8. ¿Cuentas el dinero? *Yo nunca / los dólares*

____

9. ¿Cuánto dinero pierdes? *Yo / dos dólares*

____

10. ¿Con quiénes vuelvo yo a casa? *Tú / a casa con nosotros.*

____

IV. Write an answer in *two* complete Spanish sentences: a) a NEGATIVE answer using **Nosotros;** b) an affirmative answer using **Ella sí que . . .** according to the model.

Model: ¿Piensan Vds. leer? **Nosotros no** pensamos leer. **Ella sí que** piensa leer.
Do you intend to read? We don't intend to read. She surely intends to read.

1. ¿Empiezan la comida ahora? ______________________________

____

2. ¿Almuerzan Vds. en un restaurante chino? ______________________________

____

3. ¿Entienden Vds. el chino? ______________________________

____

"Barron's has been authorized to use the chart "Consuma Diariamente Los Cuatro Alimentos Básicos" by Del Monte Corporation, San Francisco, California, its creator. DEL MONTE is the registered trademark of Del Monte Corporation."

4. ¿Comienzan Vds. a comer? ______________________________

____

5. ¿Mueven Vds. la boca? ______________________________

____

6. ¿Cierran Vds. la boca? ______________________________

____

7. ¿Quieren Vds. tomar un helado? ______________________________

____

8. ¿Pueden Vds. comer más? ______________________________

____

9. ¿Vuelven Vds. a la escuela mañana cuando llueve? ______________________________

____

10. ¿Juegan Vds. en la calle cuando nieva? ______________________________

____

V. Write the appropriate NEGATIVE command in a complete Spanish sentence as a response to the question.

Models: ¿Pierde(n) Vd(s.) paciencia? Are you losing patience? — **¡No pierda(n) Vd(s.) paciencia!** Don't lose patience!

¿Perdemos paciencia? Are we losing patience? — **¡No perdamos paciencia!** Let us not lose patience!

1. ¿Pierde Vd.? ______________________________
2. ¿Perdemos? ______________________________
3. ¿Piensan Vds.? ______________________________
4. ¿Pensamos? ______________________________
5. ¿Cuenta Vd.? ______________________________
6. ¿Contamos? ______________________________
7. ¿Defienden Vds. al amigo? ______________________________
8. ¿Defendemos a los amigos? ______________________________
9. ¿Vuelve Vd.? ______________________________
10. ¿Volvemos? ______________________________

VI. Complete the series using the subject **yo** with the *appropriate form of the verb*, and the vocabulary provided in parentheses.

1. (pensar en el trabajo) ______________________________
2. (comenzar el trabajo) ______________________________
3. (no entender los ejercicios) ______________________________
4. (perder la paciencia) ______________________________
5. (cerrar los libros) ______________________________
6. (querer una fruta) ______________________________
7. (almorzar en la cocina) ______________________________
8. (recordar el trabajo) ______________________________
9. (volver al escritorio) ______________________________
10. (mostrar paciencia) ______________________________

Quiero casarme con una millonaria.

Teodoro thinks he's found a way to be rich and happy without working. Do you agree?

Quiero ser rico

Este junio va a ser un mes especial para Teodoro Tacones. Después de pasar cinco años en la escuela secundaria, finalmente va a graduarse. Teodoro es un muchacho de poco talento pero de mucha ambición. Sabe que tiene que encontrar trabajo lo más pronto posible. Así va a la oficina de empleos de la escuela para pedir ayuda.

Consejero: ¿Qué tal, Teodoro? Al fin va a graduarse.

Teodoro: Sí, señor. Por eso estoy aquí. Necesito su consejo. Busco un empleo.

Consejero: Ah, bueno. ¿Qué clase de trabajo desea?

Teodoro: Pues, un puesto con buen sueldo. Quiero ganar mucho dinero; quiero ser rico.

Consejero: Entonces, Vd. debe ir a la universidad para estudiar más. Tiene que aprender una profesión como médico o como abogado.

Teodoro: No, eso es mucho trabajo. Quiero un empleo fácil. Así puedo descansar y no hacer nada. Quiero viajar por el mundo y ver a la gente de otros países.

Consejero: Entonces, ¿por qué no estudia para ser piloto? Así Vd. puede ganar un buen sueldo y puede viajar también.

Teodoro: No, tengo miedo de los aviones. Y además, los pilotos trabajan largas horas y tienen muchas responsabilidades.

Consejero: Bueno, tengo la solución. Vd. debe casarse con una millonaria.

Teodoro: ¡Perfecto! ¡Ésta es la solución ideal! ¿Para qué trabajar?

Consejero: Sí, pero sólo hay un problema.

Teodoro: ¿Cuál?

Consejero: Todas la chicas quieren casarse con millonarios.

Palabras Nuevas

SUBSTANTIVOS

el abogado *the lawyer*
la ambición *the ambition*
el avión *the airplane*
la chica *the girl*
el consejo *the advice*
el empleo *the job, the employment*
la escuela secundaria *the high school, the secondary school*
la oficina de empleos *the employment office*
el millonario *the millionaire*
el piloto *the pilot*
el puesto *the job, the position*
la responsabilidad *the responsibility*
la solución *the solution*
el sueldo *the salary*
el tacón *the heel*
el talento *the talent*
Teodoro *Theodore*

VERBOS

casarse (con) *to marry, to get married (to)*
ganar dinero *to earn money*
graduarse *to graduate*
pedir (i) ayuda *to ask for help*
tener miedo *to be afraid*
tener que *to have to*
viajar *to travel*

OTRAS PALABRAS

además *besides*
al fin *finally*
¿Cuá? *Which? What?*
finalmente *finally*
lo más pronto posible *as soon as possible*
¿Para qué? *For what purpose? Why?*
por eso *therefore, because of that*
¿Qué clase de? *What kind of?*
¿Qué tal? *How are things?*

EJERCICIOS

I. (A) Preguntas. Write your answer in a complete Spanish sentence.

1. ¿Por qué es un día especial para Teodoro Tacones? ______
2. ¿Cuántos años está en la escuela secundaria? ______
3. ¿Qué quiere ser el muchacho? ______
4. ¿Por qué no quiere ser piloto? ______

(B) Preguntas personales y generales. Write your answer in a complete Spanish sentence.

1. ¿Cuándo va Vd. a terminar la escuela?
2. ¿Cuál es su ambición?
3. ¿Quiere Vd. ser rico? ¿Por qué?
4. ¿En qué clase de trabajo va a recibir un buen sueldo?

1. ______

2. ______

3. ______

4. ______

II. ¿Cómo se dice en español?

1. He's finally going to graduate.
2. He wants to find work as soon as possible.
3. I want to earn a lot of money.
4. I want an easy job in order to rest.

1. ______

2. ______

3. ______

4. ______

III. You're looking for a job and are discussing the possibilities with the employment counselor.

Consejero—Bueno, ¿ qué clase de trabajo busca Vd?

1. Usted ______

Consejero—Para ese empleo, va a necesitar ir a la universidad.

2. Usted ______

Consejero—Es una posibilidad. ¿Cuánto quiere ganar por semana?

3. Usted ______

Consejero—En ese caso, creo que no hay ninguna dificultad. ¡Venga a verme mañana!

4. Usted ______

ESTRUCTURAS DE LA LENGUA

The complementary infinitive. The infinitive after **ir a, tener que,** and **para.**

A. The complementary infinitive completes the thought:

After verbs of mild obligation — **deber, necesitar**

1. —¿Qué debes hacer? What should you do?	—Debo saber la lección. I should know the lesson.
2. —¿Qué necesitas hacer? What do you need to do?	—Necesito estudiarla. I need to study it.

After verbs of wanting and planning — **desear, querer, pensar**

1. —¿Qué quieres (deseas) hacer? What do you want to do?	—Quiero (deseo) escuchar mis discos. I want to listen to my records.
2. —¿Qué piensas hacer? What do you plan (intend) to do?	—Pienso escucharlos ahora. I plan (intend) to listen to them now.

After verbs of being able — **poder, saber**

1. —¿No puedes andar hoy? Can't you walk today?	—Puedo andar un poco. I can (am able to) walk a little.
2. —¿Sabes leer el español? Do you know how to (can you) read Spanish?	—Sé escribirlo también. I know how to (can) write it, too.

Rules:

1. Only the first verb agrees with the subject.
2. **Deber, necesitar, desear, querer, pensar, poder, saber,** are completed by the infinitive form of the verb that follows. Infinitives end in **ar, er,** or **ir.**
3. **Poder** means *can, to be able* in a strictly physical sense. **Saber** means *can* or *to know how* in the sense of possessing a skill or talent.

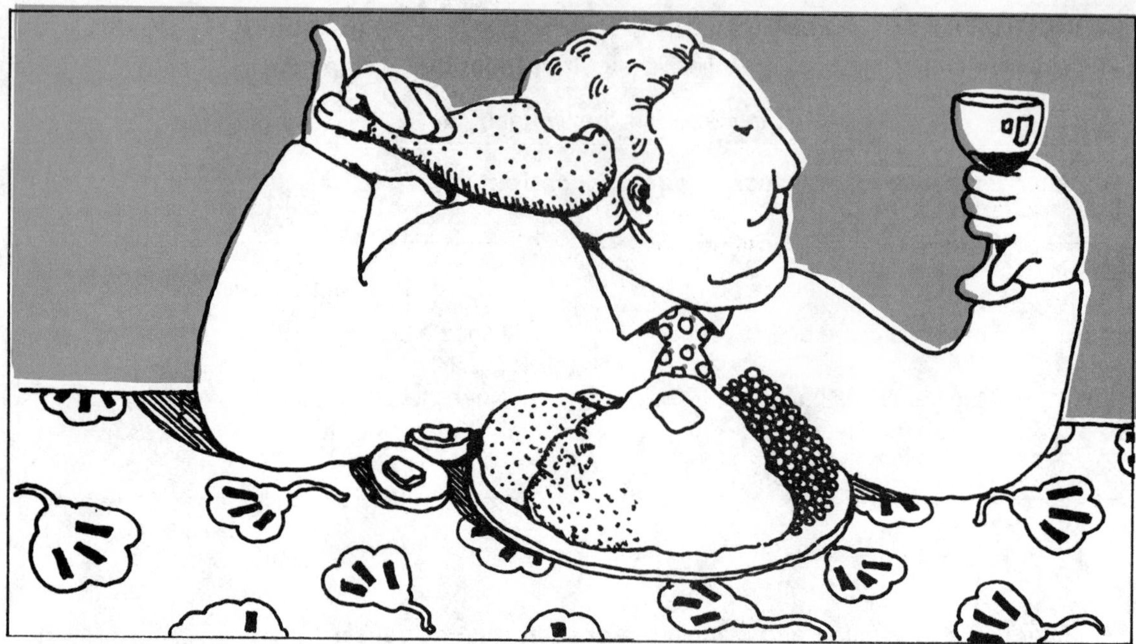

Tengo que comer

B. The infinitive form of the verb follows **ir a** and **tener que.**

1. —¿Qué tienes **que** hacer? What do you have to (must you) do?	—**Tengo que comer.** (strong obligation) I have to (must) eat.
2. —¿Cuándo vas **a** comer? When are you going to eat?	—**Voy a comer** ahora. I am going to eat now.

Rules:

1. **Tener que** followed by the infinitive means *to have to* or *must* and indicates strong obligation. **Deber** (should, ought) is milder. **Tener** agrees with its subject. **Que** has no English translation in this idiomatic expression.

2. **Ir a** followed by the infinitive tells what you are going to do in the immediate future. **Ir** agrees with its subject. **A** has no translation here.

3. For the present tense forms of **ir** and **tener** see Work Unit 7.

C. Para: *in order* (*to*) indicates purpose and introduces a complementary infinitive.

1. —¿**Para** qué trabajas? For what purpose do you work?	—**Trabajo para tener dinero.** I work to (in order to) have money.
2. —¿**Para** qué comen Vds.? For what purpose (why) do you eat?	—**Comemos para vivir.** We eat to (in order to) live.

STUDY THE RULES, EXAMPLES, AND MODELS BEFORE BEGINNING TH EXERCISES!

Exercises

I. Rewrite the model sentence using the subject in *italics*. Make necessary changes in the verb. (Review the forms of **tener** in Work Unit 7.)

Model: **Nosotros tenemos que comer.** We have to eat. — *Ella.* **Ella tiene que comer.** She has to eat.

1. *Yo* __________
2. *Tú* __________
3. *Juan* __________
4. *Vds.* __________
5. *Vd.* __________
6. *Ana y yo* __________
7. *Juan y Ana* __________

II. Rewrite the model sentence using the subject in *italics*. Make necessary changes in the verb. (Review forms of **ir** in Work Unit 7.)

Model: **Yo no voy a leer esta noche.** I'm not going to read tonight. — *Tomás.* **Tomás no va a leer esta noche.** Thomas isn't going to read tonight.

1. *Los tíos* __________
2. *Susana* __________
3. *Tú* __________
4. *Vds.* __________
5. *Marta y yo* __________
6. *Yo* __________
7. *Él* __________

III. Rewrite the MODEL QUESTION substituting the verbs in parentheses for the verbs in *italics*.

Model: ¿*Comemos* para *vivir*? Do we eat in order to live? — (escribir / practicar) **¿Escribimos** para **practicar?** Do we write in order to practice?

1. (Estudiamos / comprender) __________
2. (Leemos / saber) __________
3. (Hablamos / practicar) __________
4. (Escuchamos / aprender) __________
5. (Trabajamos / comer) __________

IV. Rewrite the model sentence substituting the verb in parentheses for the one in *italics*. Use the appropriate preposition **(a, para,** or **que)** *if* one is necessary.

Model: *Quieren* hacerlo. They want to do it. (Voy) **Voy a hacerlo.** I'm going to do it.

1. (Necesita) ____________________
2. (Deben) ____________________
3. (Tiene) ____________________
4. (Puedes) ____________________
5. (Sé) ____________________
6. (Tengo) ____________________
7. (Trabaja) ____________________
8. (Quiero) ____________________
9. (Vamos) ____________________
10. (Desean) ____________________

V. Complete the following. Insert the appropriate word **(a, para,** or **que)** if one is needed. Write a dash (—) if no additional word is needed.

1. Yo deseo ______ pasar un rato con mis amigos. 2. Uso el teléfono ______ invitarlos. 3. Los amigos, Pepe y Luisa, van ______ venir a mi casa. 4. Ellos tienen ______ llamar a la puerta dos veces. 5. No pueden ______ esperar mucho tiempo. 6. Yo voy ______ abrir la puerta. 7. Queremos ______ escuchar música. 8. Pepe va al centro ______ comprar más discos. 9. Sabemos ______ bailar muy bien a la música popular. 10. No tenemos mucho tiempo porque los amigos deben ______ regresar a casa a las diez.

VI. Complete with the correct form of an appropriate verb from those provided below.

1. Hoy ________ ________ estudiar para un examen. (I have to) 2. Yo ________ pasar dos horas con mis libros. (I should) 3. Primero, ________ ________ comer una fruta. (I'm going to) 4. Tomo mi pluma ________ ________ el vocabulario. (in order to write) 5. Mi madre me llama dos veces pero yo no ________ ________ ahora. (want to eat) 6. Ella ________ ________esperar más. (cannot) 7. Finalmente ella ________ ________ gritar. (has to) 8. —Nosotros ________ ________ comer ____ __________. (need; in order to live) 9. Respondo: —Voy porque ya ________ ________ todo el vocabulario. (I know how to write) 10. Me gusta ________ y luego ________. (to study; to eat)

VOCABULARIO: **comer, deber, escribir, estudiar, ir a, necesitar, no, para, poder, querer, saber, tener que, vivir.**

VII. Write an affirmative response using the words given in parentheses.

Model: —¿Cuándo vas a llegar? (hoy) —**Voy a llegar hoy.**
When are you going to arrive? I'm going to arrive today.

1. ¿A qué hora tienes que llegar al trabajo? (a las tres de la tarde)

____

2. ¿Qué sabes tú hacer allí? (vender ropa)

____

3. ¿Cuántas horas tienes que trabajar? (tres horas después de la escuela)

____

4. ¿Cuándo vas a casa a comer? (un poco antes de las seis)

____

5. ¿Cuándo puedes salir temprano? (los sábados)

____

6. ¿No deseas jugar por la tarde? (siempre)

____

7. ¿Para qué trabajas? (tener dinero)

____

8. ¿Para qué necesitas dinero? (ir a estudiar en la universidad)

____

9. ¿Debe trabajar tu hermano? (sí, también)

____

10. ¿Van Vds. a estudiar juntos? (sí, juntos)

____

Yo creí que traías una mala noticia.

We all love a sad story. It gives us a chance to have a good cry.

¡Qué vida tan cruel!

A las doce en punto, todas las mujeres de la ciudad ponen un programa de televisión, "La vida feliz de Alfonso y Adela." En este programa las personas sufren terriblemente. Todos los días hay un nuevo capítulo triste. Yolanda González está loca por este programa. Durante toda la hora, llora constantemente. Pero al día siguiente, lo mira otra vez. Vamos a escuchar el capítulo de hoy. Alfonso regresa de su trabajo y habla con su mujer.

Adela: Ay, mi vida. Estás tan triste. ¿Qué te pasa?

Alfonso: Adela, mi amor, tengo una mala noticia para ti. Ya no puedo trabajar. Cierran la oficina mañana y todos tenemos que buscar otro empleo.

Adela: No es tan serio, Alfonsito. Pronto vas a encontrar trabajo.

Alfonso: Imposible, mi cielo. Estoy muy enfermo y el médico dice que necesito una operación. Tengo que ir mañana al hospital.

Adela: Oh, no. ¡Y mañana viene la abuela a vivir con nosotros porque ella no puede pagar su alquiler! ¡No tenemos más dinero! ¿Qué vamos a hacer?

Alfonso: Es necesario ser valiente. ¿Dónde están nuestros hijos adorables, Raúl y Rodrigo? Quiero hablar con ellos.

Adela: Oh, Alfonso. ¿No recuerdas? Están en la prisión por robar un automóvil.

Alfonso: Sí, sí. Un coche patrullero con el policía adentro. Nuestros hijos son adorables pero estúpidos.

Adela: ¡Ay, qué vida tan miserable y cruel!

En ese momento, Gustavo González, el esposo de Yolanda, abre la puerta y entra en la sala. Completamente sorprendida, Yolanda le pregunta:

Yolanda: Gustavo, ¿Qué te pasa! ¿Por qué vuelves a casa tan temprano?

Gustavo: Yolanda, tengo una mala noticia para ti. Tengo un resfriado y no puedo trabajar más hoy. Además perdí mi cartera con veinte dólares. (Yolanda comienza a reír.) Pero, ¿estás loca? ¿Por qué ríes?

Yolanda: ¿Es eso todo? ¿Cuál es la mala noticia?

Palabras Nuevas

SUBSTANTIVOS

Adela *Adele*
Alfonso *Alphonse*
Alfonsito *little Alphonse, "Alfie"*
el alquiler *the rent*
la cartera *the wallet*
(mi) cielo (vida, amor) *(my) darling*
el coche (patrullero) *the (patrol) car*
la operación *the operation*
la prisión *the prison, the jail*
el resfriado *the cold (illness)*

ADJETIVOS

adorable *adorable*
cruel *cruel*
estúpido *stupid*
feliz *happy*
miserable *miserable*
serio,a *serious*

VERBOS

llorar *to cry*
perdí *I lost*
reír *to laugh*
ríes *you (fam. sing.) are laughing*

OTRAS PALABRAS

al día siguiente *on the following day*
constantemente *constantly*
durante toda la hora *for the whole hour*
estar loco,a por *to be crazy about*
otra vez *again*
para ti *for you (fam. sing.)*
¿Qué te pasa? *What is the matter with you (fam. sing.)*
terriblemente *terribly*

EJERCICIOS

I. (A) Write the word that makes the sentence correct.

1. A las doce todas las mujeres escuchan un programa en la radio. ____________
2. Alfonso y Adela llevan una vida feliz. ____________
3. En el último cápitulo del programa, Alfonso trae una buena noticia. ____________
4. Raúl y Rodrigo están ahora en la universidad. ____________
5. Gustavo vuelve tarde a la casa. ____________

(B) Preguntas personales y generales. Write your answer in a complete Spanish sentence.

1. ¿Qué hace su papá cuando regresa del trabajo?
2. ¿Qué tiene Vd. que hacer si tiene un resfriado?
3. ¿Qué hay dentro de su cartera?
4. ¿Qué puede Vd. comprar con veinte dólares?
5. ¿Cuál es un ejemplo de una mala noticia?

1. ____
2. ____
____
3. ____
____
4. ____
____
5. ____
____

II. Unscramble the words in the boxes to form complete sentences.

1.

llora	durante	la
constantemente	hora	toda

2.

mala	para	noticia
ti	tengo	una

3.

nuestros	estúpidos	son
adorables	pero	hijos

4.

tenemos	empleo	buscar
que	todos	otro

1. ____
2. ____
3. ____
4. ____
____

III. Compositions: Oral or written in notebooks.

(A) Look at the picture opposite page 221. Describe the scene in Spanish to your class.

(B) Tell about watching television. Include the following:

La televisión

1. At night you always watch television. 2. There are many interesting programs. 3. Some programs are very stupid. 4. Your favorite program is ______. 5. It starts at ______.

ESTRUCTURAS DE LA LENGUA

Prepositional Pronouns

A. After the prepositions a, para, sin, sobre, de, and compounds of **de** (**cerca de,** etc.), use **mí, ti,** and forms that look like subject pronouns.

¡ Para ti !

Singular Persons	*Plural Persons*
1. El regalo es **para mí.** The present is for me.	4. Sale **sin nosotros, -as** He leaves without us.
2. Corre **a ti.** He runs to you (*fam. sing.*).	5. Vivo cerca de **vosotros, -as** I live near you (*fam. pl.*)
3. Habla **de él, de ella** y **de Vd.** I speak of him (it *masc.*), of her (it *fem*), and of you (*formal sing.*).	6. Estoy **con ellos -as** y **con Vds.** I am with them and you.

Rules:

1. Learn these prepositions: **a** *to*, **de** *from*, **sin** *without*, **con** with, **para** *for*, **cerca de** *near*.
2. Except for **mí** and **ti,** the pronouns that follow the above prepositions are identical with these subject pronouns: **él, ella, Vd., nosotros, -as, vosotros, -as, ellos, ellas, Vds.**
3. After a preposition **él, ella,** may mean *it*, as well as *her*, *him*. **Ellos, -as** mean *them* for things as well as persons.
4. **Mí** *me* is distinguished from **mi** *my* by the accent mark.
5. **De él** *of him* does not contract, unlike **del** *of the*.

B. The preposition **con** *with* combines with **mí** and **ti** to form **conmigo** *with me*, and **contigo** *with you.*

1. Trabajan **conmigo.**
   They work *with me.*
2. Estudian **contigo.**
   They study *with you* (fam. sing.).
3. Comen **con él, con ella, con Vd.**
   They eat *with him* (it *masc.*), *with her* (it *fem.*) *with you.*
4. Juegan **con nosotros, -as.**
   They play *with us.*
5. Hablan **con vosotros, -as.**
   They speak *with you* (fam. pl.).
6. Van **con ellos-as** y **con Vds.**
   They are going *with them* and *with you* (pl.)

Rule:

Con *must* combine to form **conmigo, contigo. Con** remains separate from the following: **él, ella, Vd., nosotros, -as, vosotros, -as, ellos, -as, Vds.**

STUDY THE RULES, EXAMPLES, AND MODELS BEFORE BEGINNING THE EXERCISES!

Exercises

I. Rewrite the sentence, substituting for each of the two expressions in *italics* the appropriate form of the word in parentheses. Use **con** and **para** in each sentence.

Model: Compran el regalo *conmigo* y es para *mí.*
They buy the present with me and it is for me.

(ella) Compran el regalo con **ella** y es para **ella.**
They buy the present with her and it is for her.

Compran el regalo *conmigo* y es para *mí.*

1. (él)____
2. (ellos)____
3. (ella)____
4. (ellas)____
5. (mí)____
6. (ti)____
7. (Vds.)____
8. (nosotros)____
9. (vosotros)____
10. (Vd.)____

II. Rewrite the sentence, substituting ONE appropriate prepositional pronoun for the expression in *italics*.

Model: Están cerca de Luis y de mí. They are near Louis and me. — Están cerca de **nosotros.** They are near us. (*m.*)

1. Vivo cerca del *centro y del tren.* ______
2. Los niños vienen sin *su abuela y sin Juan.* ______
3. Compras dulces para *Luisa y para su amiga.* ______
4. Los perritos corren a *Pedro y a Vd.* ______
5. Las chicas bailan *conmigo y con mis amigos.* ______

III. Write an affirmative answer, substituting the appropriate prepositional pronoun for the expression in *italics*. Begin with **Sí**.

Model: —¿Vive Vd. (Vives) en *la casa grande*? Do you live in the large house? — —**Sí,** vivo en **ella.** Yes, I live in it.

1. ¿Vive Vd. cerca de *la ciudad*? ______
2. ¿Lo prepara Vd. para *las fiestas*? ______
3. ¿Desea Vd. escribir sin *lápiz*? ______
4. ¿Estás sentado en *el banco*? ______
5. ¿Juegas cerca de *los árboles*? ______

IV. Write a response using the preposition and the appropriate prepositional pronoun suggested by the word(s) in *italics*: **¿ ______ ? Gracias.**

Model: —El regalo es *para Vd.* The present is for you. — —**¿Para mí? Gracias.** For me? Thanks.

1. Compro una bicicleta *para Vd.* ______
2. Vamos a estudiar *con Vd.* ______
3. Hacemos el trabajo *sin ti.* ______
4. Vamos a comer *cerca de Vds.* ______
5. ¡Coma Vd. *con nosotros*! ______

V. Write a rejoinder in a complete Spanish sentence. Use **con** and the appropriate prepositional pronoun in your answer. Begin with **Sí.**

Model: —Van contigo, ¿verdad? They're going with you. Right? — —**Sí. Van conmigo.** Yes. They're going with me.

1. Asisten contigo, ¿verdad? ______

2. Juegan con Vds., ¿verdad?____

3. Van con Vd., ¿verdad?____

4. Trabajan con nosotros, ¿verdad?____________________________________

5. Comen conmigo, ¿verdad?____

VI. Write the equivalent in a complete Spanish sentence using the vocabulary provided.

1. They buy the present for me and for him.______________________________
   Ellos compran / regalo para / y para /
2. The child plays with me and with my friend.____________________________
   El niño juega con / y / mi amigo
3. She runs to him, not to you (*formal*)________________________________
   Ella corre a /, no a /
4. The man works without us and without her.____________________________
   El hombre trabaja sin / y sin /
5. She lives near you (*fam.*), Peter, and near them.________________________
   Ella vive cerca de /, Pedro, y cerca de /

Gs.1.50
PARAGUAY
CORREO
TEJEDORAS DE ÑANDUTI

MONUMENTO GRAL. ARTIGAS - CERRO VENTURA
URUGUAY
MINAS
$100
CORREOS
MEDINA
IMP. NACIONAL 1974

Gs.0.25
PARAGUAY
CORREO

CHIQUIMULA
Q.o.o 5
INSTITUTO VARONES
AEREO
GUATEMALA

AEREO
REPUBLICA DE
HONDURAS
DOCE CENTAVOS
L.O.12
HOTEL HONDURAS MAYA. - TEGUCIGALPA, D.C. 1970

PERU
aéreo 6.50
VENEZUELA
COLOMBIA
ECUADOR
PERU
BOLIVIA
CHILE
REUNION DE MINISTROS DE
COMUNICACIONES DEL PACTO ANDINO

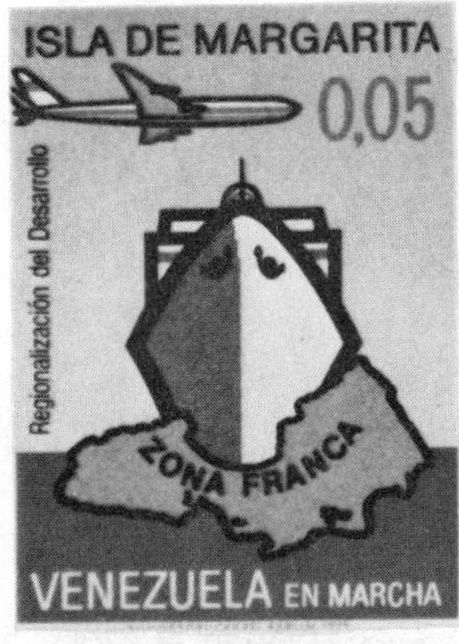
ISLA DE MARGARITA
0,05
Regionalización del Desarrollo
ZONA FRANCA
VENEZUELA EN MARCHA

ECUADOR
FILATELIA
PARA LA PAZ
DIA DE LAS AMERICAS
ABRIL 14 DE 1.973
AEREO S/1.50

REPUBLICA DE
HONDURAS, C.A.
SERVICIO AEREO POSTAL
L. 0.10
UN LEMPIRA

JILINJOCHE
3 Cts.
FLORES
SILVESTRES
NICARAGUA

50 CTS
CORREOS
ESPAÑA
CORRIDA DE TOROS

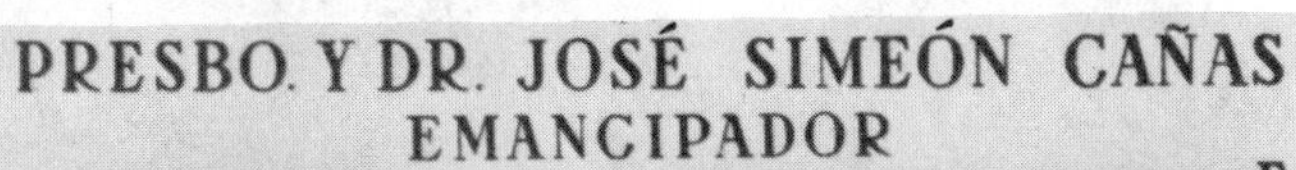
PRESBO. Y DR. JOSÉ SIMEÓN CAÑAS
EMANCIPADOR

CORREOS
EL SALVADOR C.A.
2º CENTENARIO NACIMIENTO 5
1767-18 Febrero-1967
CTS.

CORREOS DE CHILE
E° 2.30
SESQUICENTENARIO DE LA MUERTE
DE JOSE M. CARRERA 1821-1971

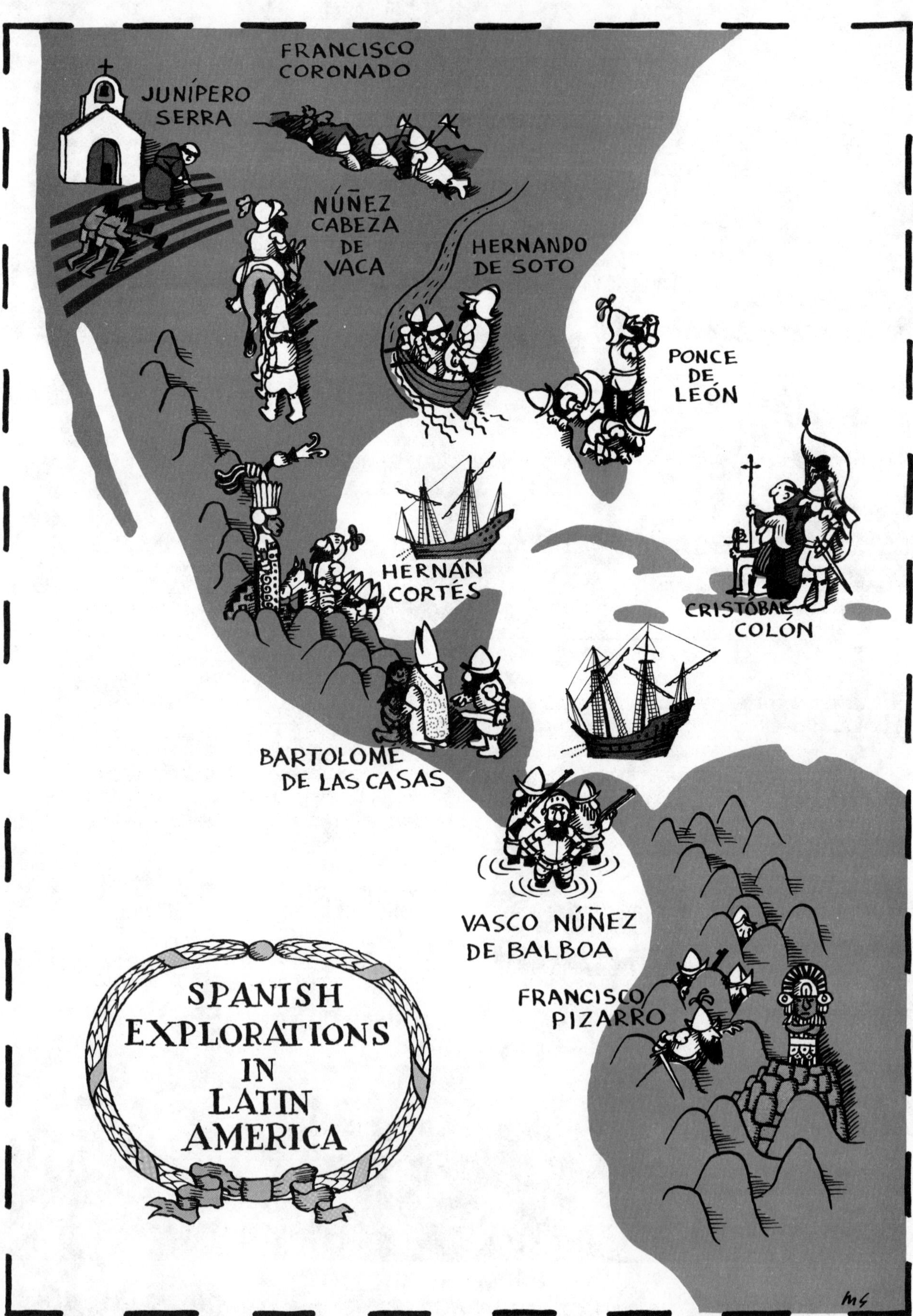

FRANCISCO CORONADO
JUNÍPERO SERRA
NÚÑEZ CABEZA DE VACA
HERNANDO DE SOTO
PONCE DE LEÓN
HERNÁN CORTÉS
CRISTÓBAL COLÓN
BARTOLOME DE LAS CASAS
VASCO NÚÑEZ DE BALBOA
FRANCISCO PIZARRO
SPANISH EXPLORATIONS IN LATIN AMERICA

Culture Unit Four

España: la madre patria

Part One. Discoverers, Conquerors, and Explorers of America

A. Spain at the Time of Columbus

Columbus sailed from Spain in 1492, westward across the Atlantic, sent by **King Ferdinand** and **Queen Isabel**, to find a shorter route to the rich spices of India. Spain had only a few years before becoming a politically unified country. King Ferdinand and Queen Isabel, *los Reyes Católicos* (the Catholic King and Queen), had established their capital city in Madrid, in the center of Spain, and at the heart of the **Iberian Peninsula,** which is the extreme western end of Europe. When they realized that Columbus had discovered new land, needing America's gold, trade, and territory, Ferdinand and Isabel were ready to send brave Spanish **conquistadores** (conquerors) to explore, conquer, colonize, and claim America for Spain. Missionaries like **Bartolomé de las Casas** (*Apostle of the Indians*) tried to better the life of the Indians, to convert, and to educate them. But some colonizers came only to exploit the mines and the Indian manpower of America.

B. Spanish Explorations in Latin America

1. **Christopher Columbus.** Columbus landed on the island of San Salvador on the twelfth of October, a date celebrated as *El Día de la Raza* by Spaniards and Latin Americans alike. He would make three more voyages for King Ferdinand and Queen Isabel of Spain.

2. **Ponce de León.** In a fruitless search for the *Fountain of Youth,* he explored most of Florida. He was the first governor of Puerto Rico.

3. **Hernán Cortés.** In 1519 Cortés landed in Mexico to found the city of *Vera Cruz.* After two attempts at conquest, he defeated the Aztec Indians. Their emperor, Moctezuma, was stoned by his own people for advising peace with the Spaniards.

4. **Balboa.** In his explorations of the Isthmus of Panama, Balboa discovered the *Mar del Sur,* the Sea of the South, now called the Pacific Ocean.

5. **Francisco Pizarro.** As the founder of Lima, called the *City of Kings* and now Peru's capital, he conquered the Inca Indians of Peru and put to death their emperor, *Atahualpa.*

C. Spanish Explorations in the United States

1. **Francisco Coronado.** He sought the *Seven Cities of Cíbola,* which were said to be made of gold according to legend. His explorations of the *Grand Canyon of Arizona* and the surrounding states were his real accomplishment.

2. **Hernando de Soto.** During his explorations of Alabama, Florida, Missouri, Georgia, and Tennessee, he discovered the *Mississippi* in 1541. This great river was to become his grave a year later.

3. **Cabeza de Vaca.** His *explorations* brought him into Texas and Mexico. He was among the very first of a group of explorers from Spain to undertake the long and difficult exploration of the New World.

4. **Fray Junípero Serra.** This Franciscan priest founded such *missions in California* as San Diego, San Luis Obispo, and San Juan Capistrano. Many of the vocational, religious and educational activities were carried out in these missions for the benefit of the Indians.

Exercises

I. Write the letter of the word that best completes the statement.

1. Columbus first landed at
   a. Florida b. the island of San Salvador c. Texas d. Mexico ____

2. Ponce de León searched for the Fountain of Youth in
   a. Florida b. the Antilles c. Texas d. Mexico ____

3. In Spanish-speaking countries October 12 is called el Día de
   a. Colón b. la Raza c. Cíbola d. Pascuas ____

4. Columbus discovered America believing he was on the way to
   a. Mexico b. Santo Domingo c. India d. Africa ____

5. Pizarro conquered the Indians of
   a. Chile b. the Antilles c. Peru d. Florida ____

6. Cabeza de Vaca was among the earliest
   a. missionaries b. explorers c. generals d. soldiers ____

7. The Pacific Ocean was called Mar del
   a. Este b. Oeste c. Norte d. Sur ____

8. Pizarro founded the city of
   a. Santiago b. Lima c. Cíbola d. Miami ____

9. Cortés founded the city of
   a. Vera Cruz b. Santiago c. Kings d. Puerto Rico ____

10. The Aztec king who was supposedly stoned by his people was
    a. Pizarro b. Atahualpa c. Moctezuma d. Balboa ____

II. Write the letter of the word best associated with the word in *italics*

	a.	b.	c.	d.	
1. *Grand Canyon*	a. de Soto	b. Balboa	c. Cortés	d. Coronado	____
2. *mission*	a. Chile	b. San Diego	c. de Soto	d. Balboa	____
3. *Mar del Sur*	a. Texas	b. Pacific	c. Chile	d. las Casas	____
4. *Pizarro*	a. Mississippi	b. Moctezuma	c. Cíbola	d. Atahualpa	____
5. *City of Kings*	a. Cíbola	b. Lima	c. San Diego	d. Vera Cruz	____

III. Match the following items.

A.

a. Columbus	1.____peninsula
b. Spain	2.____Mississippi River
c. Pizarro	3.____San Salvador Island
d. de Soto	4.____Atahualpa
e. capital	5.____Madrid

B.

a. Ponce de León	1.____Cíbola
b. de las Casas	2.____missions
c. Junípero Serra	3.____Florida
d. Coronado	4.____"Apostle"
e. Fernando	5.____Rey Católico

IV. Write the word(s) that best complete(s) the statement from the selection below.

1. Columbus made four voyages for Ferdinand and______________________of Spain.
2. Lima was called City of______________________
3. Ponce de León was the first governor of______________________
4. It was believed that the cities of Cíbola were made of______________________
5. The conquerors came to the New World for precious______________________

Selection: metals; gold; Isabel; Kings; Puerto Rico

Part Two. Spain's Influence in the Daily Life of Latin America

Linguistic Influence

A. The effectiveness of Spain's colonization is reflected in the establishment of Spanish as the national language of eighteen Latin-American countries. Brazil, where Portuguese is spoken, is a notable exception.

Amusements and Pastimes

B. Spain's games and national pastimes became a part of Latin-American life.

1. **Bullfighting (la Corrida de Toros)** is the national pastime of Spain and of some of its former colonies, notably Mexico. It dates from prehistoric times and the cavemen who, it is said, worshipped bulls. The heroes of **la corrida, los matadores,** are comparable to our baseball and football heroes.

2. **Jai-alai,** also called **la pelota,** originated in the Basque region of Spain. It is a version of handball played on a court called a **frontón.** The players wear a **cesta** on one hand, with which the ball, also called **la pelota,** is propelled against any one of three walls of the **frontón.**

3. **Soccer,** called **el fútbol,** is played throughout Latin America. Only American baseball rivals its popularity in such places as Puerto Rico.

4. **Dominos (el dominó):** Many people are seen in the public squares, **las plazas,** in the cafés or at home spending an entire afternoon or evening with the dotted tiles of dominos.

5. **The lottery (la lotería)** is a nation-wide, government-sponsored game of chance in countries like Mexico. The lottery provides employment for thousands who sell parts or all of the ticket on streets and in cafés to those who wish to win **el premio gordo,** first prize.

6. **The coffee house (el café):** A perfect place for a **tertulia** (a chat with light refreshment), the **café** is an informal restaurant with outside tables where one may stop for coffee or wine during the **paseo** or walk.

7. **Music:** The marked rhythms of Spain have developed into the varied dances of Latin America. The accompanying guitar is a musical legacy from Spain to the entire world.

Spain's Customs in Conversation and Social Manners

C. The polite conventions of Spanish life are reflected in everyday conversation as well as in the observance of customs and manner of behavior.

1. **Formal and Informal** *you*
   a. **Use of tú. Tú** (you) is the informal word of address between members of the family, adults speaking to children, good friends, and employers addressing their employees.
   b. **Use of usted** (you). **Usted** is the formal word of address when speaking to employers, very recent acquaintances, teachers, officials, and those in a position of authority.
   c. **Ustedes** (formal) and **vosotros** (familiar) are the corresponding plural forms of **usted** and **tú.** While both are used in Spain, **ustedes** is often the only plural *you* in Latin America.

2. **Expressions of hospitality, graciousness, and courtesy**
   a. **Mi casa es suya** (my house is yours) or **Está en su casa** (you are in your own home) are common greetings of welcome said by the host.
   b. **Es suyo** (it's yours) offers as a gift anything that is openly admired, a tie, a hat, to the person making the comment. No exchange is expected.
   c. **Servidor(a)** (at your service) is an expression of cordiality said during introductions. It is also the student's acknowledgment when the roll is called.
   d. **A sus órdenes** (at your service) or **A la disposición de Vd.** are two more gracious responses when being introduced.

The Spanish Family

D. The Spanish family has traditionally been a tightly-knit unit in Spain and in Latin America. The mother exerts the most immediate influence over her children, who are accountable to her and their father for all their actions in and out of the home. Even the names reflect (1) the importance of both parents and (2) the influence of religion in Spanish life.

1. Spanish children are often named after a particular saint. They celebrate their *Saint's Day* **(el Día del Santo)** as well as birthdays.

2. The last names of *both* parents (the father's before the mother's) become the surnames of the Spanish child.
   Juan **López** and María **García** have a daughter who will be called Elena **López y García.**

3. When Elena marries she drops her mother's last name and adds her husband's.
   Elena **López y García** marries Pedro **González y Rodríguez** and is called Elena **López de González.**

The Religious Holidays and Customs

E. The Catholicism of Spain, brought over by the missionaries, is the major religion of the countries of Latin America. Religious holidays are often national holidays. The manner of celebration comes from Spain.

1. **Christmas** (La Navidad)
   a. **La Nochebuena** (Christmas Eve)
   b. **Los aguinaldos** (Christmas presents)
   c. **El Día de los Reyes Magos:** January 6. Children receive **aguinaldos.**
   d. **El nacimiento,** also called **el portal,** is the manger scene that often replaces the Christmas tree in Spanish and Latin-American homes.

2. **Easter** (Pascua Florida)
   a. **Carnaval** (Carnival) is the colorful and costumed celebration that precedes Lent.
   b. **Cuaresma** (Lent) is the period of forty days before Easter in which the individual gives up some important pleasure or food.
   c. **La Semana Santa** (Holy Week) takes place between Palm and Easter Sundays; it is marked by many colorful processions.

The Animal and Plant Life Brought by Spain

F. Spain's major economic interest in the New World was the extraction of gold and silver from the mines of Mexico and Peru. At the same time Spain introduced new animal and plant life that had been unknown in the New World.

1. **Agricultural products**
   a. **Olives** were brought from Seville for olive oil, food, and nourishment.
   b. **Wheat** provided the Spaniard with bread, while the Indian continued to use **maíz** (corn) for his **tortillas** (round flat bread).
   c. **Sugar** became a major part of Cuba's economy.
   d. **Bananas** were to become a major product and the basis for international trade for most of Central America.
   e. **Oranges, limes, lemons, grapefruits, pears, peaches, mangos,** became as much a part of the tropical fruit of America as were the **papaya** and the cactus pear.

2. **Animal life**
   a. The **horse** was brought to America to be a means of transportation on the plain, and in parts of the Andes Mountains, to replace the human being or even the stubborn **llama** as a beast of burden.
   b. Cattle, sheep, pigs, became a part of the American landscape as the cowboys, called **gauchos** in Argentina and **vaqueros** in Mexico, rounded up and branded the growing herds of cattle.

Days Celebrating Independence and Solidarity

G. Spain and Latin America are proud of their cultural ties and of their independence.

1. **El Día de la Hispanidad** or **El Día de la Raza.** What we regard as Columbus Day, October 12, is celebrated by Spanish-speaking people in the Old and in the New World as a day of recognition of a common tradition.

2. **El Día de las Américas,** the fourteenth of April, Pan American Day, signifies the desire for harmonious interdependence among most of the nations of the Americas.

Exercises

I. Match the following items

A.		**B.**	
a. frontón	1._____dotted tiles	a. corrida	1._____la pelota
b. dominó	2._____lottery	b. cesta	2._____rivals baseball
c. soccer	3._____matador	c. lotería	3._____Cuba
d. premio gordo	4._____jai-alai	d. sugar	4._____bullfight
e. sports hero	5._____fútbol	e. soccer	5._____winning number

II. Write the letter of word(s) that best complete(s) the sentence.

1. Jai-alai originated in Spain in the area of
   a. Sevilla b. the Basques c. Castille d. Andalusia ____
2. A *tertulia* includes conversation and a light
   a. refreshment b. supper c. lunch d. breakfast ____
3. When speaking to a child, it is appropriate to address him as
   a. señor b. vosotros c. Vd. d. tú ____
4. The *vosotros* form of you is used generally in
   a. South America b. Mexico c. Latin America d. Spain ____
5. *Es suyo* is a response to a compliment; it is accompanied by giving
   a. gifts b. nothing c. souvenirs d. insults ____
6. It is customary to take a *paseo* in Spanish-speaking countries
   a. before breakfast b. before noon c. before school d. after dinner ____
7. *A sus órdenes* may be heard most naturally after
   a. a bullfight b. an introduction c. a film d. a sunset ____
8. Another name for Día de la Raza is Día de
   a. la Hispanidad b. las Américas c. los Inocentes d. la Independencia ____
9. Spanish children enjoy their saint's day as they would their
   a. graduation b. vacations c. birthday d. school days ____
10. When the roll is called a Spanish-speaking student might say: —
    a. Es suyo b. Vosotros c. Servidor d. La Navidad ____

III. Write the letter of the word that is best associated with the *italicized* word.

	a.	b.	c.	d.	
1. *lotería*	a. premio	b. cesta	c. tertulia	d. tortilla	____
2. *April 14*	a. Seville	b. Columbus	c. portal	d. Pan-American	____
3. *Día del Santo*	a. dominó	b. independence	c. Lent	d. birthday	____
4. *fiesta*	a. orange	b. celebration	c. lottery	d. soccer	____
5. *Central America*	a. banana	b. llama	c. gaucho	d. Andes	____
6. *aguinaldo*	a. birthday	b. Christmas	c. santo	d. Cuaresma	____
7. *la pelota*	a. colony	b. toro	c. cena	d. game	____
8. *"Mi casa es suya"*	a. greeting	b. game	c. song	d. dance	____
9. *Usted*	a. informal	b. hello	c. greeting	d. formal	____
10. *vaqueros*	a. officers	b. gauchos	c. santos	d. fiestas	____

IV. Write the letter of the answer that best completes the statement.

1. An adult would generally use the informal ***tú*** with a. a new friend b. a young child c. an employer d. officials ____

2. As a result of the national lottery in Mexico a. the government goes bankrupt b. many people have jobs c. there are few winners d. gambling is prohibited ____

3. If María García y López marries Juan González y Hernández, María is now a. María García de González b. María López de Hernández c. María González y Hernández d. María López de González ____

4. The Spanish family has generally been a. disorganized b. a problem of the government c. loosely formed d. tightly knit ____

5. The strong influence of Spain in the life of Latin America shows Spain's a. desire for gold and silver b. language as superior to others c. effective colonization of America d. games were played by all Indians ____

6. One of Spain's great agricultural contributions to Latin America is a. a variety of green plants b. citrus fruit c. the cactus pear d. papaya ____

7. The period of Carnival is best characterized by the idea of a. sacrifice b. work c. celebration d. exchange of gifts ____

8. The meaning of Pan American Day is best characterized by the idea of a. Spanish idealism b. religious festival c. independence d. solidarity ____

9. The café is among the perfect places for a group to participate in a a. game of jai-alai b. tertulia c. soccer match d. religious observance ____

10. The most immediate influence on the Spanish family is exercised by the a. grandparents b. uncle c. father d. mother ____

V. Complete the following statements from the selection below.

1. Children in Latin America usually receive aguinaldos on____________
2. In place of the Christmas tree Spanish homes may have____________
3. Holy Week is between________Sunday and________Sunday.
4. The heroes of the bullfight are called____________
5. Another name for jai-alai is____________
6. The celebration before Lent is called____________
7. What we call Columbus Day, Spaniards call____________
8. A perfect place for a discussion and drink is the____________
9. The cowboy of Argentina is called____________
10. The court on which jai-alai is played is called____________

Selection: matadores; la pelota; El Día de la Hispanidad; January 6; frontón; Palm; Easter; portales; Carnaval; café; gaucho

La construcción de la casa está terminada..

Some people are never satisfied. What could Esmeralda want now?

¡Vamos a construir una casa!

¡Qué día tan triste! Esmeralda, una niña de seis años, está sola en casa con su abuelo. Su padre trabaja, sus hermanos mayores están en la escuela, y su madre está en la casa de una vecina enferma. Quiere ir a jugar afuera pero no puede porque hace mal tiempo. Hace frío y llueve. Esmeralda ya está cansada de jugar con su muñeca, Pepita, y está muy triste.

Esmeralda: Ay, abuelito, ¿qué vamos a hacer? Estoy tan aburrida.

Abuelo: Bueno, niña. Dime, ¿dónde vive tu Pepita?

Esmeralda: ¿Cómo? Pepita vive aquí, conmigo, por supuesto.

Abuelo: Ah, pero no tiene su propia casa, ¿verdad? ¡Vamos a construirla!

Esmeralda: Oh, ¡qué buena idea! Sí, vamos a construir una casa para Pepita.

Abuelo: Primero, necesitamos una caja, así.

Esmeralda: Sí, los lados de la caja pueden ser las paredes de la casa. ¡Haga Vd. un techo de la tapa y póngalo en la casa!

Esmeralda: Ahora, ¡ponga una puerta en el frente de la casa y unas ventanas en las paredes!

Abuelo: ¿Qué más necesitamos?

Esmeralda: Bueno, ¡haga una chimenea y póngala en el techo! Necesitamos también un jardín con unos árboles de cartón.

Después de media hora, la construcción está terminada.

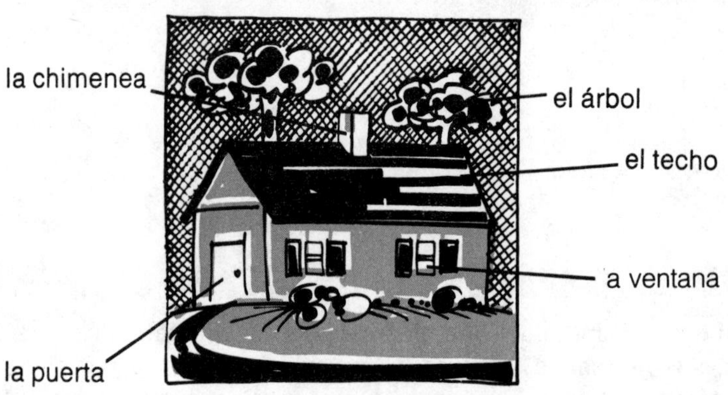

Abuelo: Aquí tienes tu casa, niña. ¿No estás contenta ahora?

Esmeralda: No, abuelito, porque es la única casa en el vecindario y Pepita va a estar sola. Ahora, tenemos que hacer otra cosa necesaria. . . . ¡Construir más casas!

Palabras Nuevas

SUBSTANTIVOS

el abuelito *the grandpa*
la caja *the box*
el cartón *the cardboard*
la construcción *the construction*
la chimenea *the chimney*
el frente *the front*
el jardín *the garden*
el lado *the side*
la pared *the wall*
Pepita *Josie, little Josephine*
la tapa *the cover*
el techo *the roof, the ceiling*
la vecina *the neighbor*
el vecindario *the neighborhood*

ADJETIVOS

propio,a *own*
terminado,a *finished*
único,a *only*

VERBOS

construir *to build, to construct*
¡dime! *tell me! (fam. sing.)*
hace frío *it is cold (weather)*
hace mal tiempo *it is bad weather*
¡haga! *make! (formal sing.)*
¡póngalo(la)! *put it (formal sing.)*
¡vamos! *let's go!*

OTRAS PALABRAS

afuera *outside*
después de media hora *after a half hour*
por supuesto *of course*

EJERCICIOS

I. (A) Preguntas. Write your answer in a complete Spanish sentence.

1. ¿Cuántos años tiene Esmeralda?
2. ¿Por qué está triste hoy?
3. ¿Dónde está la familia de Esmeralda?
4. ¿Por qué no puede jugar afuera?
5. Después de ver la casa, ¿por qué no está contenta Esmeralda?

1. ____

2. ____

3. ____

4. ____

5. ____

(B) Preguntas personales y generales. Write your answer in a complete Spanish sentence.

1. ¿Qué hace Vd. en casa cuando hace mal tiempo?
2. ¿En qué clase está Vd. aburrido? ¿Por qué?
3. ¿Para qué sirve la puerta de una casa?
4. ¿Vive Vd. en un apartamiento o en su propia casa?
5. ¿Qué hay en las paredes de su clase?

1. ______________________________
2. ______________________________
3. ______________________________
4. ______________________________
5. ______________________________

II. Fill in the missing words.

Instrucciones para construir una casa para muñecas.

Primero, es necesario encontrar una ______ (1) de cartón. Los ______ (2) de la caja van a ser las ______ (3) de la casa. Después, hacemos el ______ (4) de la tapa de la caja. En el frente de la casa, ponemos una ______ (5). Las personas ______ (6) y ______ (7) de la casa por esta ______ (8). En las paredes ponemos dos ______ (9). Así pueden entrar luz y ______ (10). Terminamos el trabajo con un jardín con hierba y con unos ______ (11).

III. Compositions: Oral or written in notebooks.

(A) Look at the picture opposite page 229. Describe the scene in Spanish to your class.

(B) Tell about constructing something. Include the following:

Para construír algo

1. You want to build a ______. 2. You need ______, ______, and ______. 3. Afterwards, I have to paint it ______. 4. You can finish the work in ______ hours. 5. You are very happy with (*contento, a de*) your work.

ESTRUCTURAS DE LA LENGUA

Direct Object Pronouns

A. The direct object *pronoun* stands for the noun, and agrees with it in number and gender.

THINGS

The *noun* as object of the verb.	The *pronoun* used in place of the noun.
1. ¿Tiene Anita el libro? Does Anita have the book?	Anita **lo** tiene. Anita has *it.*
2. ¿Tiene Anita la tiza? Does Anita have the chalk?	Anita no **la** tiene. Anita does not have *it.*
3. ¿Aprende Juan los números? Does John learn the numbers?	Sí, Juan **los** aprende. Yes, John learns *them.*
4. ¿Aprende Luis las reglas? Does Louis learn the rules?	Luis no **las** aprende. Louis does not learn *them.*

Rules:

1. Meanings: **lo** (masc.), **la** (fem.) *it;* **los** (masc.), **las** (fem.) *them.*

2. **Lo, la, los,** or **las** (the direct object pronouns) are placed *before* the verb. When **no** is present, it is placed before **lo, la, los,** or **las.**

B. Direct Object Pronouns representing PERSONS.

Juan **me** ve	(a mí)	John sees	*me*
te ve	(a ti)		*you* (familiar sing.)
lo ve	(a él)		*him*
la ve	(a ella)		*her*
lo, la ve	(a Vd.)		you (formal: masc. sing., fem. sing.)
Juan **nos** ve	(a nosotros)	John sees	*us*
os ve	(a vosotros)		*you* (familiar pl.)
los ve	(a ellos)		*them* (masc.)
las ve	(a ellas)		*them* (fem.)
los ve	(a Vds.)		*you* (formal, masc.; plural)
las ve	(a Vds.)		*you* (formal, fem.; plural)

Rules:

1. *All* direct object pronouns are placed directly *before* the conjugated verb.

2. Multiple English meanings for **lo:** *him, you* (masc.), *it* (masc.); for **la:** *her, you* (fem.), *it* (fem.).

3. **A mí, a ti, a él, a ella, a Vd.; a nosotros, a vosotros, a ellos, a ellas, a Vds.**, are omitted under ordinary circumstances. They *are* used for *emphasis,* and to *clarify the meanings* of **lo, la, los,** and **las.**

4. **Le** is reserved for the indirect object pronouns *to him, to her, to you,* in this book.

C. Direct object pronouns *are attached to the end of* AFFIRMATIVE COMMANDS. Direct object pronouns are placed *before* NEGATIVE COMMANDS.

AFFIRMATIVE COMMANDS.	NEGATIVE COMMANDS.
1. **¡Cómalo** Vd. ahora! Eat it now!	1. **¡No lo coma** Vd. después! Don't eat it later!
2. **¡Apréndanla** Vds. bien! Learn it right!	2. **¡No la aprendan** Vds. mal! Don't learn it wrong!
3. **¡Comprémoslos** aquí! Let's buy them here!	3. **¡No los compremos** allí! Let's not buy them there!

Rules:

1. The accent mark is written after attaching the object pronoun to the end of the affirmative command. The mark is placed on the stressed vowel of the third syllable from the end of the combined word. This written accent preserves the original stress on the verb for the reader.

2. No attachment is possible on negative commands; no accent mark is needed.

No lo veo.

D. The position of object pronouns varies in the presence of a conjugated verb which is followed by an INFINITIVE.

1. Anita no **lo quiere comer.**	2. Anita no **quiere comerlo.**
Anita does not want to eat it.	

Rules:

1. Direct object pronouns may be placed either (1) before the conjugated verb or (2) attached to the infinitive, when both conjugated verb and complementary infinitive are present.

2. Direct object pronouns MUST be attached to the end of the infinitive when no conjugated verb is seen *before* it, e.g.,

> Para **comerlo** necesito una cuchara.
> In order *to eat it* I need a spoon.

3. No accent mark is written when attaching one object pronoun to an infinitive.

STUDY THE RULES, EXAMPLES, AND MODELS BEFORE BEGINNING THE EXERCISES!

Exercises

I. Rewrite the sentence, substituting the appropriate direct object pronoun for the noun in *italics*.

Model:	Yo no tengo *los guantes.*	Yo no **los** tengo.
	I don't have the gloves.	I don't have them.

1. Yo no leo *los libros.* ________________
2. Ellas no toman *el avión.* ________________
3. Juan no tiene *la pelota.* ________________
4. Mi amiga no sabe *las repuestas.* ________________
5. Los niños no desean *helado.* ________________

II. Write an affirmative answer in a complete Spanish sentence using the object pronoun before the verb and the emphatic phrase after.

Model:	¿A quién observan allí?	(lo/a él) **Lo** observan a **él** allí.
	Whom do they observe there?	They observe *him* there.

1. ¿A quién necesitan en el jardín?
(me/a mí) ________________

2. ¿A quién ven en el supermercado?
   (la/a Vd.)____________________
3. ¿A quién visitan en aquel país?
   (lo/a Vd.)____________________
4. ¿A quién observan en la calle?
   (lo/a él)____________________
5. ¿A quién permiten en la casa?
   (te/a ti)____________________
6. ¿A quiénes hallan en la sala?
   (los/a Vds.)____________________
7. ¿A quiénes describen en la foto?
   (nos/a nosotros)____________________
8. ¿A quiénes miran por la avenida?
   (las/a ellas)____________________
9. ¿A quién escuchan en su clase de historia?
   (la/a ella)____________________
10. ¿A quiénes comprenden en el cine?
   (los/a ellos)____________________

III. Write an affirmative response using the appropriate direct object pronoun and emphasizing phrase. Begin each response with **Sí que . . .** (certainly) or **Sí . . .** (yes), according to the models.

A. Model: —¿La observan a *María*? Are they watching Mary? —Sí que **la** observan **a ella.** They certainly are watching her.

1. ¿La invitan a *la niña*?____________________
2. ¿Lo prefieren a *este profesor*?____________________
3. ¿Las quieren a *Marta* y a *Luisa*?____________________
4. ¿Los ven a *los hombres*?____________________
5. ¿Los escuchan a *Ana* y a *Tomás*?____________________

B. Model: —**¿Nos** invitan **a nosotros?** Are they inviting *us*? —Sí, **los** invitan **a Vds.** Yes, they are inviting *you* (pl.)

1. ¿Nos ven a nosotros?____________________
2. ¿Me necesitan a mí?____________________
3. ¿Te comprenden a ti?____________________
4. ¿Los visitan a Vds.?____________________
5. ¿La observan a Vd.?____________________

IV. Rewrite the sentence, changing the position of the object pronoun according to the models.

A. Model: No lo debo estudiar.
No debo estudiarlo.
I must not study it.

1. No lo deseo leer. ______
2. ¿No los quiere visitar? ______
3. No te vamos a comer. ______
4. ¿No nos pueden ver? ______
5. No me deben mirar. ______
6. No la voy a construir. ______

B. Model: No puedo estudiarlo.
No lo puedo estudiar.
I cannot study it.

1. No esperamos verte. ______
2. ¿No sabes hacerlas? ______
3. No prefiere contestarla. ______
4. ¿No pueden comprenderme? ______
5. No van a escucharnos. ______

V. Write the appropriate NEGATIVE command. Make all necessary changes in the position of the object pronoun and the use of the accent mark.

Model: ¡Cómprelo Vd.! or ¡Cómprenlo Vds.! or ¡Comprémoslo!
Buy it! Buy it! Let's buy it!

¡No lo compre Vd.! ¡No lo compren Vds.! ¡No lo compremos!
Don't buy it! Don't buy it! Let's not buy it!

1. ¡Enséñelo Vd.! ______
2. ¡Llámeme Vd.! ______
3. ¡Visítenla Vds.! ______
4. ¡Mírennos Vds.! ______
5. ¡Invitémoslos! ______

VI. Write the appropriate AFFIRMATIVE command. Make all necessary changes. (Study the affirmative models seen in Exercise V.)

1. ¡No lo visite Vd.!____________________

2. ¡No nos miren Vds.!____________________

3. ¡No la contestemos!____________________

4. ¡No los use Vd.!____________________

5. ¡No me imiten Vds.!____________________

VII. Complete the dialog, using the Spanish vocabulary provided in parentheses. Be sure to supply the missing direct object pronoun where indicated by the slash.

Model: My father takes **us** to the park. (Mi padre/lleva al parque.)
Mi padre **nos** lleva al parque.

Luis: ¿La ve Vd. a María en la escuela?

1. Pablo:____________________
Yes, I see her. (Sí, yo/veo)

Luis: ¿Lo saluda ella a Vd.?

2. Pablo:____________________
No, she doesn't look at me. (No, ella no/mira)

Luis: ¿A quién saluda ella entonces? ¿A Jorge?

3. Pablo:____________________
Yes. She greets him *(emphatic)*. (Sí. Ella/saluda/)

Luis: ¡No me digas! ¿Por qué?

4. Pablo:____________________
He takes her to the movies often. (El/lleva mucho al cine)

Luis: ¿Y sus padres?

5. Pablo:____________________
Her parents don't know it. (Sus padres no/saben)

Luis: ¡Salúdela Vd. de mi parte mañana!

6. Pablo:____________________
I don't want to greet her. (No quiero saludar/)

Luis: ¡Claro!

7. Pablo: ¡____________________
Greet her yourself! (¡Salude/Vd.!)

Luis: Bueno. Si Vd. lo desea.

8. Pablo:____________________
No. Don't greet her! (No. ¡No/salude Vd.!)

____
I will, tomorrow. (Yo voy a saludar/mañana)

9. Luis: ____________________
Let us greet her together, then! (Entonces, ¡saludemos/juntos!)

¡No vaya tan de prisa! ¡Espéreme!

Some people never trust anyone. Have you ever met a person like Ernesto?

Un hombre moral

Ernesto Cenicero es un hombre de alta moralidad. El cree, como su padre y su abuelo, que la cosa más importante en esta vida es el trabajo.

—El hombre nace para trabajar—él les dice muchas veces a sus amigos. —Tengo sesenta años y todo el dinero que tengo es de mi propia labor. En este mundo, nada es gratis. Es necesario sudar para poder vivir.

Ernesto, un viejo solterón, trabaja en la oficina de un abogado. Trabaja largas horas, los seis días de la semana. El abogado le da varios papeles legales y Ernesto tiene que clasificarlos, ponerlos en orden, y llevarlos a la corte. Un día Ernesto está en la oficina hasta las siete y media de la noche. Quiere volver a casa lo más pronto posible para comer. Cuando pasa por una calle, nota en la esquina a un hombre pobre y mal vestido. —Ah, otro vago—dice Ernesto. —Esos vagos nunca trabajan. Todo el mundo les da dinero. Pero yo no. Yo tengo que trabajar como un perro para vivir—. Decide sacar la cartera de su chaqueta y la mete en el bolsillo del pantalón.

Nota que el vago lo mira. —Ajá—piensa Ernesto y empieza a andar más rápido.

—Señor, señor,—le grita el vago. —¡Espere, un momento!

Ernesto dobla la esquina para perderlo. Pero el vago dobla la esquina también y lo sigue.

—Señor, señor,—grita el vago. —Por favor, ¡espere!

Ernesto corre ahora. El vago corre también.

—Señor, señor. ¡No corra Vd.! ¡Espéreme!

Ernesto no puede más. Está cansado.

—Bueno, bueno. ¿Qué quiere Vd? ¿Por qué no trabaja Vd. en vez de molestar a la gente decente?

—Perdone la molestia, señor. Pero Vd. dejó caer su cartera. Aquí la tiene—. Y le da la cartera a Ernesto.

Palabras Nuevas

SUBSTANTIVOS

el abogado *the lawyer*
el bolsillo *the pocket*
el cenicero *the ashtray*
la chaqueta *the jacket*
la corte *the court*
Ernesto *Ernest*
la esquina *the corner*
la gente *the people*
la labor *the work*
la molestia *the bother*
la moralidad *the morality*
el orden *the order*
los pantalones *the trousers*
el solterón *the bachelor*
el vago *the tramp, the vagabond*

ADJETIVOS

decente *decent*
gratis *free*
(mal) vestido,a *(badly) dressed*

VERBOS

clasificar *to classify, to file*
dejar caer *to drop*
doblar la esquina *to turn the corner*
meter *to put in*
molestar *to bother*
nacer *to be born*
no puede más *he (she) can't stand it any longer; you (formal sing.) can't stand it any longer*
sacar *to take out*
(lo) sigue *he (she) follows him; you (formal sing.) follow him*
sudar *to sweat*

OTRAS PALABRAS

en vez de *instead of*
muchas veces *often, many times*

EJERCICIOS

I. Complete.

1. Ernesto cree que la cosa más importante es ____________.
2. Ernesto trabaja en el ____________ de un ____________.
3. El abogado le da ____________ ____________ y Ernesto tiene que ____________.
4. Nota en la ____________ a un hombre pobre y ____________ ____________.
5. Toma la ____________ y la mete en el ____________ del ____________.
6. Ernesto ha ____________ ____________ la cartera.

II. Place the following sentences in the order in which they occurred.

1. Está en la oficina hasta las siete y media.
2. Nota a un hombre pobre en la esquina.
3. —Aquí tiene Vd. su cartera.
4. —Señor, señor ¡Espere un momento!
5. Quiere volver a casa para comer.

1. ______________________________

2. ______________________________

3. ______________________________

4. ______________________________

5. ______________________________

III. Antónimos – Next to column A write the word selected from column B that has the *opposite* meaning.

A.	B.
1. ahora	_____ a. joven
2. más	_____ b. la derecha
3. mal	_____ c. voy
4. viejo	_____ d. bajo
5. meter	_____ e. lejos
6. la izquierda	_____ f. después
7. vengo	_____ g. algo
8. siempre	_____ h. sacar
9. allí	_____ i. menos
10. alto	_____ j. comprar
11. el vago	_____ k. la mujer
12. el hombre	_____ l. aquí
13. cerca	_____ m. bien
14. vender	_____ n. el trabajador
15. nada	_____ o. nunca

IV. Compositions: Oral or written in notebooks.

(A) Look at the picture opposite page 249. Describe the scene in Spanish to your class.

(B) Tell about something you lost. Include the following:

Una cosa perdida

1. You are looking for your _____. 2. You want to find it because it is very important to you. 3. It is not worth much money. 4. For the _____ you are going to give five dollars. 5. Your telephone number is _____.

ESTRUCTURAS DE LA LENGUA

Indirect Object Pronouns

A. The *indirect object pronoun* represents the noun *to whom* and *for whom, to which* and *for which,* the action is intended.

1. Yo **le** doy el libro.	1. I give the book *to him.*
2. Yo **le** compro el libro.	2. I buy the book *from him.*
3. Yo **no le** escribo el libro.	3. *I don't* write the book *for him.*

Rules:

1. The indirect object pronoun **le** is placed directly *before* the conjugated verb.
2. When **no** is present, it *precedes* the indirect object pronoun **le.**

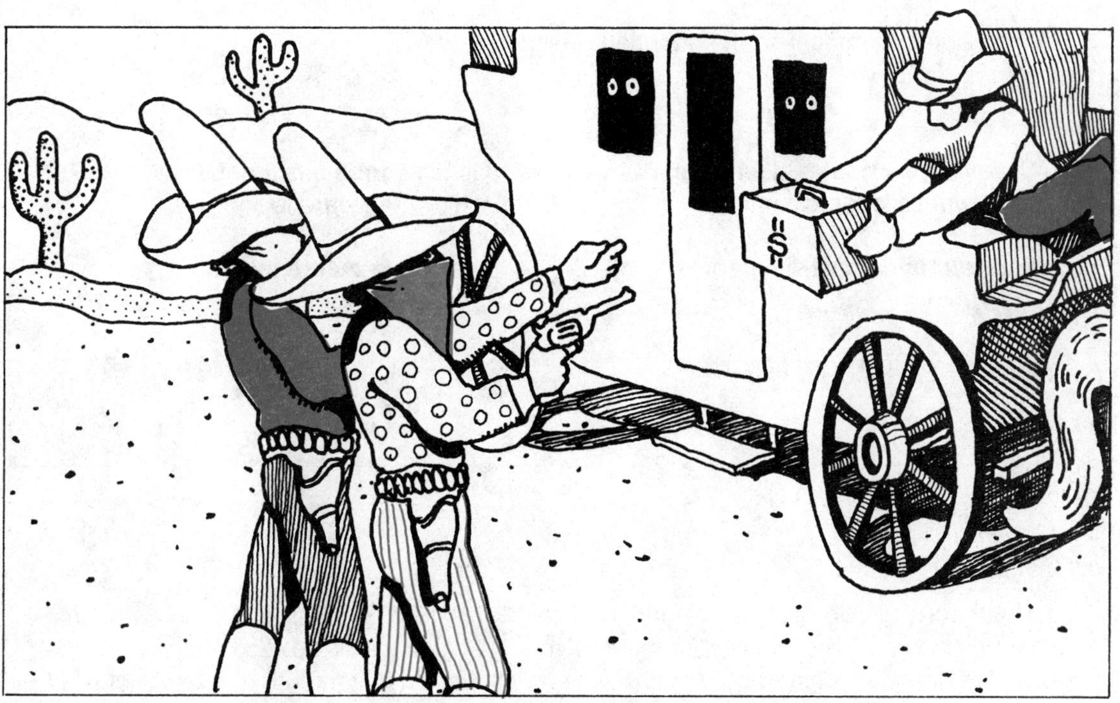

Yo les doy el dinero.

B. All forms of indirect object pronouns.

María **me** da el libro	(a mí).	Mary gives the book *to me.*
te da	(a ti).	*to you* (fam. sing.).
le da	(a él).	*to him.*
le da	(a ella).	*to her.*
le da	(a Vd.).	*to you* (formal sing.).
María **nos** da el libro	(a nosotros).	Mary gives the book *to us.*
os da	(a vosotros).	*to you* (fam. pl.).
les da	(a ellos).	*to them* (masc.).
les da	(a ellas).	*to them* (fem.).
les da	(a Vds.).	*to you* (formal pl.).

Rules:

1. All indirect object pronouns are placed directly *before* the conjugated verb.

2. Note all the meanings of **le:** *to him; to her; to you* (formal sing.); and of **les:** *to them* (masc. and fem.); *to you* (formal pl.)

3. **A mí, a ti, a él,** etc., are omitted under ordinary circumstances. They are used to *emphasize* the indirect object pronoun.

El me escribe **a mí**; no te escribe **a ti**. He writes *to me;* he does not write *to you.*

4. **Le** (to him, to her, to you *formal sing.*) is clarified by adding **a él, a ella,** or **a Vd.; les** (to them, to you *formal pl.*) is clarified by adding **a ellos, a ellas, a Vds.**

C. Indirect object pronouns in the attached position

1. Señorita, **¡escríbale** Vd. una carta! Miss, write a letter to him!	2. ¡**No le escriba** una tarjeta! Don't write a card to him!
3. Para **escribirle** necesito papel. To write to him I need paper.	4. Si Vd. no **le quiere escribir,** yo voy a escribirle. If you don't want to write to him I will write.

Rules:

1. The indirect object pronouns are attached to AFFIRMATIVE COMMANDS like the direct object pronouns. A written accent mark is then placed over the vowel of the syllable that was stressed in speech, frequently the next to last before attachment of the pronoun.

2. Indirect object pronouns are placed *before* NEGATIVE COMMANDS as well as before conjugated verbs, like direct object pronouns.

3. If an infinitive *follows* a *conjugated verb*, the indirect object pronoun may be placed *either before the conjugated verb* or *attached to the end of the infinitive.* No accent mark is needed when attaching one object pronoun to the infinitive.

Anita no **le quiere hablar.**	Anita no **quiere hablarle.**
Anita does not want to talk to him.	

STUDY THE RULES, EXAMPLES, AND MODELS BEFORE BEGINNING THE EXERCISES!

Exercises

I. Rewrite the sentence, using the indirect object pronoun *suggested* by the words in parentheses. (Do *not* write the words in parentheses.)

A. Model: El muestra el lápiz. He shows the pencil. (a mí) **El me muestra el lápiz.** He shows the pencil to me.

1. El enseña la lección.

   (a mí)____________________

2. Ellos dan la cartera.

   (a él)____________________

3. Nosotros decimos todo.

   (a Vd.)____________________

4. El ofrece el automóvil.

   (a ti)____________________

5. Vds. no muestran las flores.

   (a ella)____________________

6. Da los papeles.

   (a nosotros)____________________

7. Enseña la regla.

   (a ellos)____________________

8. Vendo la fruta.

   (a ellas)____________________

9. No traen el paquete.

   (a Vds.)____________________

10. Leo el cuaderno.

    (a él y a ella)____________________

II. Write an answer in a complete Spanish sentence using the appropriate indirect object pronoun. *Include* the word cues in parentheses.

A. Model: –¿A quién vende Vd. el perro? To whom do you sell the dog? (a Juan) –**Le vendo el perro a Juan.** I sell the dog to John.

1. ¿A quién lee Vd. la novela?

   (a Tomás)____________________

2. ¿A quién muestra Vd. la casa?

   (a la señora)____________________

3. ¿A quién enseña Vd. el abrigo?

   (a Vd.)____________________

4. ¿A quién escribe Vd. la carta?

   (a ti)____________________

5. ¿A quién canta Vd. esa canción?

   (a mí)____________________

B. Model: –¿A quiénes vende él la casa? (A Juan y a María) — To whom does he sell the house?

–**El les vende la casa a Juan y a María.** — He sells the house to John and Mary.

1. ¿A quiénes da él el violín?

   (a Pedro y a Anita)____________________

2. ¿A quiénes dice ella la frase?

   (a los alumnos)____________________

3. ¿A quiénes escriben ellos sus ideas?

   (a Ana y a María)____________________

4. ¿A quiénes traen ellas el regalo?

   (a nosotros)____________________

5. ¿A quiénes explica la profesora esa regla?

   (a Elisa y a Vd.)____________________

III. Write an affirmative answer. Substitute the appropriate phrase **a él, a ella, a ellos, a ellas** for the expression in *italics*.

Model: –¿Le mandan ellos el dinero *a Juan*? Do they send the money *to John*? — –Sí, ellos le mandan el dinero **a él.** Yes, they send the money *to him*.

1. ¿Le muestran ellos el examen *al profesor*?____________________

2. ¿Le escribe él las cartas *a Inés*?____________________

3. ¿Les enseñan ellas la historia *a sus hermanitas*?____________________

4. ¿Les lee ella el periódico *a Miguel y a su hermano*?____________________

5. ¿Les explica la profesora las palabras *a Luisa y a Luis*?____________________

IV. Rewrite the sentence changing the position of the indirect object pronoun, according to the models.

A. Model: No quiero hablarle.
No le quiero hablar.
I don't want to speak to him.

1. No deseo leerles. ______________________________
2. No quieren hablarnos. ______________________________
3. No puede mostrarte. ______________________________
4. ¿No van a cantarme? ______________________________
5. ¿No debemos decirle? ______________________________

B. Model: No le debo hablar.
No debo hablarle.
I must not speak to him.

1. No les quiero hablar. ______________________________
2. No le deseo cantar. ______________________________
3. No me espera escribir. ______________________________
4. No te pueden explicar. ______________________________
5. No nos van a cantar. ______________________________

V. Rewrite the command in the appropriate AFFIRMATIVE form. Make all necessary changes.

Model:	¡No les hable Vd.! Don't speak to them!	¡No les hablen Vds.! Don't speak to them!	¡No les hablemos! Let's not speak to them!
	¡Hábleles Vd.! Speak to them!	¡Háblenles Vds.! Speak to them!	¡Hablémosles! Let's speak to them!

1. ¡No me hable Vd.! ______________________________
2. ¡No nos escriba Vd.! ______________________________
3. ¡No nos respondan Vds.! ______________________________
4. ¡No nos lean Vds.! ______________________________
5. ¡No le vendamos! ______________________________

VI. Rewrite the command in the appropriate NEGATIVE form. Make all necessary changes. [Study the affirmative models seen in Exercise V.]

1. ¡Muéstrenos Vd.!____

2. ¡Léanos Vd.!____

3. ¡Enséñenme Vds.!____

4. ¡Escríbanles Vds.!____

5. ¡Respondámosle!____

VII. Write a *question*, in Spanish, using the appropriate indirect object pronoun.
Model: /Dan un regalo a Juan. –**¿Le** dan un regalo a Juan?
Are they giving John a present?

1. /Dan una carta a María.____

2. /Mandan dinero a Pablo y a Juan.____

3. /Enseñan el libro a los chicos.____

4. /Dicen la verdad a Juan y a la chica.____

5. /Escriben la carta a Pablo y a Vd.____

VIII. Complete the dialogue using the Spanish vocabulary provided in parentheses. Be sure to supply the missing indirect object pronoun where indicated by the slash.

Model: He tells *me* the story. (El/dice el cuento.)
El **me** dice el cuento.

Pablo: Hermanita, ¡tengo una sorpresa para ti!

1. Ana: ¡____!
Please tell *me*. What is it? (Favor de decir/ ¿Qué es?)

Pablo: ¡Es un reloj de oro!

2. Ana: ____
Of course! Dad always gives *you* (*fam.*) money. (¡Claro! Papá siempre / da dinero)

Pablo: No, chica. Yo me gano dinero en un supermercado.

3. Ana: ¿____?
And you give presents *to me*? (Y tú / das regalos)

Pablo: Me gusta dar regalos a la familia.

4. Ana: ____
Yes, that does give *us* joy. (Sí, eso es dar / alegría)

Pablo: ¡Y a nuestros padres también!

5. Ana: ¡____!
Please give something fantastic *to them*. (Favor de dar / algo fantástico)

Pablo: ¡Claro, hermanita!

GUAVA
MARMALADE
LaVictoria

MOLE POBLANO
CHILI GRAVY MIX
FOR POULTRY & MEATS

SALSA CASERA
MEXICANA
Con toda confianza... es
HERDEZ®
PESO NETO 215 g.

HERDEZ

ribas
SERVING
SUGGESTION

CALDO GALLEGO
INGREDIENTES
CALDO
VERDURAS (GRELOS)
ALUBIAS
PATATA
Y SAL

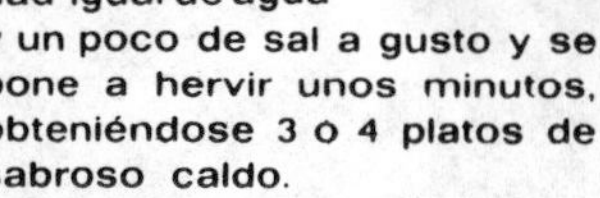
INSTRUCCIONES
Viértase el contenido en una cacerola y añádase una cantidad igual de agua y un poco de sal a gusto y se pone a hervir unos minutos, obteniéndose 3 o 4 platos de sabroso caldo.
GARANTIA. Producto elaborado bajo mi inspección con materias primas en perfectas condiciones sanitarias.
El Veterinario I. S.

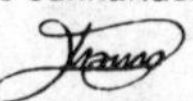
PRODUCT OF SPAIN
GALICIA STEW
CALDO GALLEGO
NET WEIGHT
13 ozs.
R. D. G. D. G. n.° 1713
R. D. G. D. S. n.° 1835
PESO
NETO
390 gr.
.A.
pain)

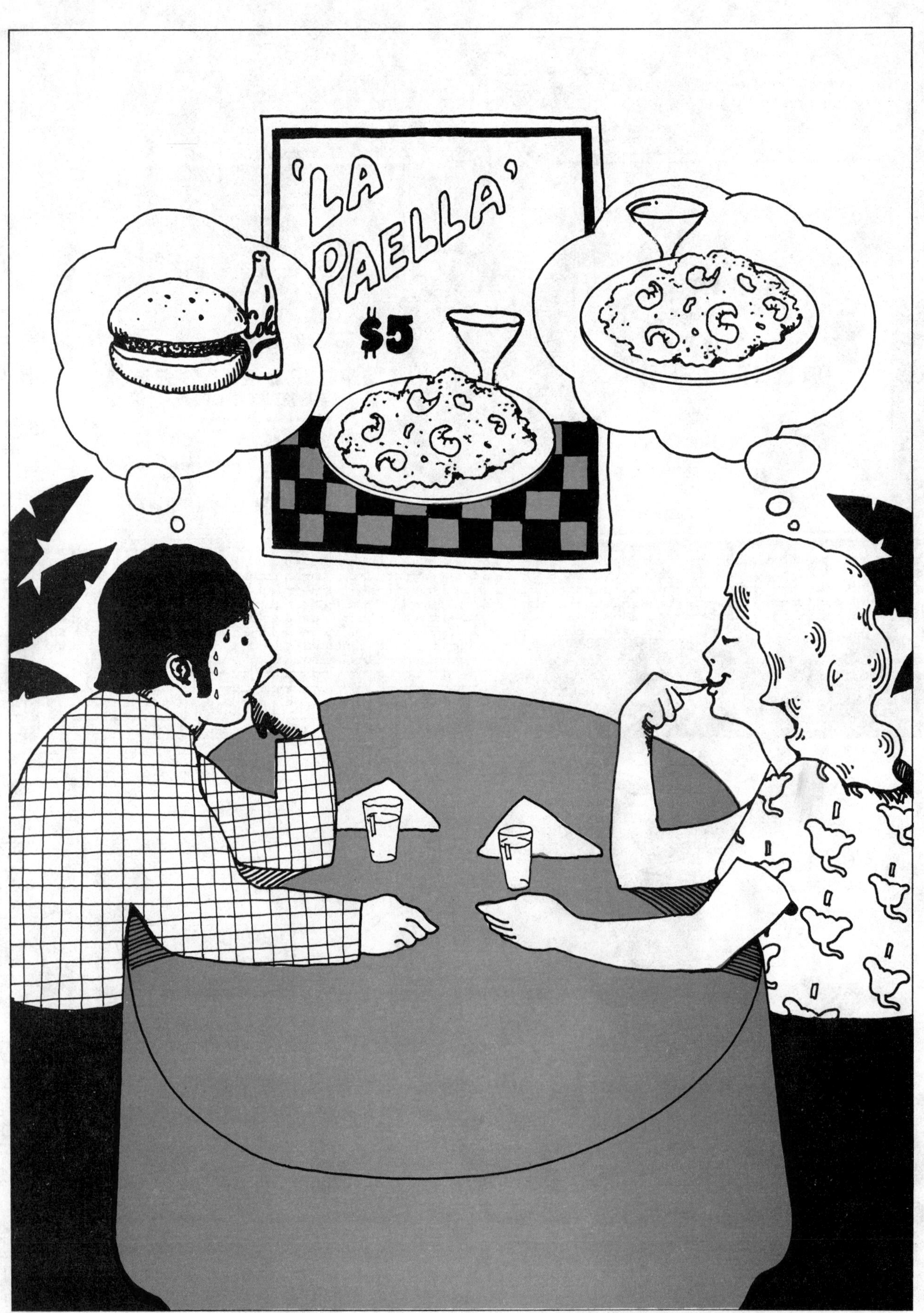

Dicen en el menú que la paella es la especialidad de la casa.

Julio wants to impress his girlfriend. The only problem is that he has no money.

No me gustan las hamburguesas

Es sábado por la noche y Julio y Beatriz salen del cine. Julio está muy contento porque le gusta Beatriz. Ésta es la primera cita. Naturalmente, Julio quiere causar buena impresión y dice:

– Bueno, Beatriz. No es muy tarde. No son todavía las diez. ¿Tienes hambre? ¿Quieres ir a tomar algo? ¿Un refresco, un helado? (En realidad Julio no tiene much dinero.)
– Pues sí, tengo hambre Julio. Vamos a ese restaurante "La Paella."

Los dos entran en el restaurate y toman asiento. El camarero les trae la lista de platos. Julio mira el menú. ¡Qué precios! Y la paella es el plato más caro. ¡Cuesta doce dólares! Julio tiene solamente diez dólares en el bolsillo y menciona otros platos menos caros.

– Beatriz, dicen que las hamburguesas y las papas fritas son muy buenas aquí.
– No, no me gustan las hamburguesas. Dicen en el menú que la paella es la especialidad de la casa. ¿De qué es?
– Oh, es un plato de arroz, pollo, mariscos y legumbres. Personalmente prefiero comida más sencilla. ¿No te gustan los huevos? Preparan excelentes huevos duros aquí.

En ese momento entra el camarero.

Camarero: ¿Están Vds. listos para ordenar?

Julio: Sí, yo quiero una tortilla a la española y una Coca Cola.

Beatriz: Y yo quiero la paella.

Julio: Ay, Beatriz, tengo una confesión.

Camarero: Lo siento, señorita, pero no hay más paella.

Beatriz: No importa. ¿Qué confesión, Julio?

Julio: Nada, nada. ¿No hay más paella? Oh, ¡qué lástima!

Palabras Nuevas

SUBSTANTIVOS

el arroz *the rice*
Beatriz *Beatrice*
el camarero *the waiter*
la confesión *the confession*
la especialidad *the specialty*
la hamburguesa *the hamburger*
los huevos duros *the hard-boiled eggs*
Julio *Julius*
la legumbre *the vegetable*
la lista de platos *the menu*
el marisco *the shellfish*
la paella *the paella (a Spanish specialty of rice, seafood, chicken, and vegetables)*
las papas fritas *the french fries*
el pollo *the chicken*
la tortilla (a la española) *the (Spanish) omelette*

ADJETIVOS

caro,a *expensive*
sencillo,a *simple*

VERBOS

(no) me gusta(n) *I do (not) like*
¿No te gusta(n)? *Don't you like?*
(no) importa *it does (not) matter*
mencionar *to mention*
ordenar *to order*
lo siento *I am sorry about it*

OTRAS PALABRAS

causar buena impresión *to create a good impression*
¿De qué es? *What is it made of?*
menos *less*
¡Qué lástima! *What a pity!*

EJERCICIOS

I. (A) Preguntas. Write your answer in a complete Spanish sentence.

1. ¿Por qué está contento Julio?
2. ¿Qué le pregunta Julio a Beatriz?
3. ¿Por qué no quiere ordenar Julio la paella?
4. ¿De qué es la paella?
5. ¿Cuál es la confesión de Julio?

1. ______________________________

2. ______________________________

3. ______________________________

4. ______________________________

5. ______________________________

(B) Preguntas personales y generales. Write your answer in a complete Spanish sentence.

1. ¿Cuál es su comida favorita?
2. ¡Mencione Vd. algunos refrescos!
3. ¿Qué come Vd. generalmente con una hamburguesa?
4. ¿Cuánto dinero necesita Vd. para comprar una comida buena en un restaurante?

1. ______________________________

2. ______________________________

3. ______________________________

4. ______________________________

II. Word Hunt

Find the words in Spanish.

1. shell fish
2. rice
3. waiter
4. egg
5. plate
6. hard (boiled)
7. expensive
8. night
9. Saturday
10. movie
11. more
12. year
13. very
14. what
15. a (masc.)
16. eye

M	A	R	I	S	C	O	S
A	R	C	P	L	A	T	O
B	R	M	U	Y	M	A	S
N	O	C	H	E	A	D	A
Q	Z	I	C	A	R	O	Ñ
U	N	N	H	U	E	V	O
E	F	E	D	U	R	O	S
S	A	B	A	D	O	J	O

III. Compositions: Oral or written in notebooks.

(A) Look at the picture opposite page 259. Describe the scene in Spanish to your class.

(B) Tell about going to a restaurant. Include the following:

En el restaurante

1. Where you like to eat. 2. Who brings the menu. 3. What three things you order. 4. Whom you go with. 5. Why it is necessary to have a great deal of money for the restaurant.

ESTRUCTURAS DE LA LENGUA

Gustar *to be pleasing, to like* is not like other verbs. It is *generally used only in the third persons:* **gusta** or **gustan.**

A. **Gustar** really means *to be pleasing,* but it is often used to convey the meaning of the English verb *to like.*

B. **Gustar**'s subject *is the thing(s) that is (are) pleasing.* It's subject generally appears *after* **gustar.**

C. The indirect *personal* object pronouns (**me, te, le, nos, os, les**) *tell to whom* the thing is pleasing and always stand *before* **gustar.**

Gusta before a *singular* subject	**Gustan** before a *plural* subject
Me gusta la flor. The flower is pleasing to me. I like the flower.	**Me gustan las flores.** The flowers are pleasing to me. I like the flowers.
Te gusta la flor. The flower is pleasing to you (fam. sing.). You (fam. sing.) like the flower.	**Te gustan** las flores. The flowers are pleasing to you. You (fam. sing.) like the flowers.
Le gusta la flor. The flower is pleasing to you (to him, to her). You (formal sing.) like the flower. He (she) likes the flower.	**Le gustan** las flores. The flowers are pleasing to you (to him, to her). You (formal sing.) like the flowers. He (she) likes the flowers.
Nos gusta la flor. The flower is pleasing to us. We like the flower.	**Nos gustan** las flores. The flowers are pleasing to us. We like the flowers.
Os gusta la flor. The flower is pleasing to you. You like the flower (fam. pl. in Spain).	**Os gustan** las flores. The flowers are pleasing to you. You like the flowers (fam. pl. in Spain).
Les gusta la flor. The flower is pleasing to them (to you). You (formal pl.) like the flower. They (masc., fem.) like the flower.	**Les gustan** las flores. The flowers are pleasing to them (to you). You (formal pl.) like the flowers. They (masc., fem.) like the flowers.

Rules:

1. The noun(s) *after* **gusta** and **gustan** are the subjects of **gusta** and **gustan. Gusta** stands *before a singular subject.* **Gustan** stands *before a plural subject.*

2. **Me, te, le, nos, os,** or **les** must always precede **gustar.** They indicate *who* "likes" or "is pleased" and are called indirect object pronouns. (See Unit 23 for a review of indirect object pronouns.)

D. Gustar's Spanish subject pronouns for *it* and *them (they)* are generally *not expressed*.

Me gusta. I like *it.* (It is pleasing to me.)	**Me gustan.** I like *them.* (They are pleasing to me.)
Les gusta. They like *it.* (It is pleasing to them.)	**Les gustan.** They like *them.* (They are pleasing to them.)

E. Interrogative **gustar** and negative **gustar**.

1. ¿**No** te gusta cantar? Don't you like to sing?	—**No** me gusta mucho. I don't like it very much.
2. ¿**No** le gustan las hamburguesas? Don't you like hamburgers?	—**No** me gustan mucho. I don't like them very much.

Rules:

1. To form the question simply place question marks both *before and after* the sentence. No change in word order is necessary.
2. To form the negative place **no** before **me, te, le, nos, os,** or **les.**

F. Emphatic or clarifying expressions before **me, te, le, nos, os, les,** give clarity and emphasis to "the person(s) who likes (like)."

Emphatic or Clarifying Expressions	
A mí me gustan.	*I* like them. (They are pleasing *to me.*)
A ti te gustan.	*You* (fam. sing.) like them.
A Vd. le gustan. [Clarifies **le.**]	*You* (formal sing.) like them.
A él le gustan. [Clarifies **le.**]	*He* likes them.
A ella le gustan. [Clarifies **le.**]	*She* likes them.
A nosotros-as nos gusta.	*We* like it. (It is pleasing *to us.*)
A vosotros-as os gusta.	*You* (fam. pl.) like it.
A Vds. les gusta. [Clarifies **les.**]	*You* (formal pl.) like it.
A ellos les gusta. [Clarifies **les.**]	*They* (masc.) like it.
A ellas les gusta. [Clarifies **les.**]	*They* (fem.) like it.

Rules:

1. **A mí, a ti, a él, a ella, a Vd., a nosotros-as, a vosotros-as, a ellos-as, a Vds.,** are the forms that appearing before **me, te, le, nos, os, les,** emphasize or clarify them.
2. **Me, te, le, nos, os,** or **les** must stand before **gustar** even when the emphatic expressions are used.

G. Gustar with personal *object* nouns.

A María le gustan las flores.	Mary likes the flowers.
A la chica le gustan las flores.	The girl likes the flowers.
A Juan y a Pedro les gusta.	John and Peter like it.
A los chicos les gusta.	The boys like it.

Rules:

1. **A** precedes the person who likes, who is pleased (the objective form). Note that **a** precedes *each* person when there are more than one.

2. The corresponding indirect object pronoun, **le** or **les,** for example, must continue to stand before the forms of **gustar,** but it is *not* translatable, even when the noun – the person(s) who is (are) pleased – is stated.

STUDY THE RULES, EXAMPLES, AND MODELS BEFORE BEGINNING THE EXERCISES!

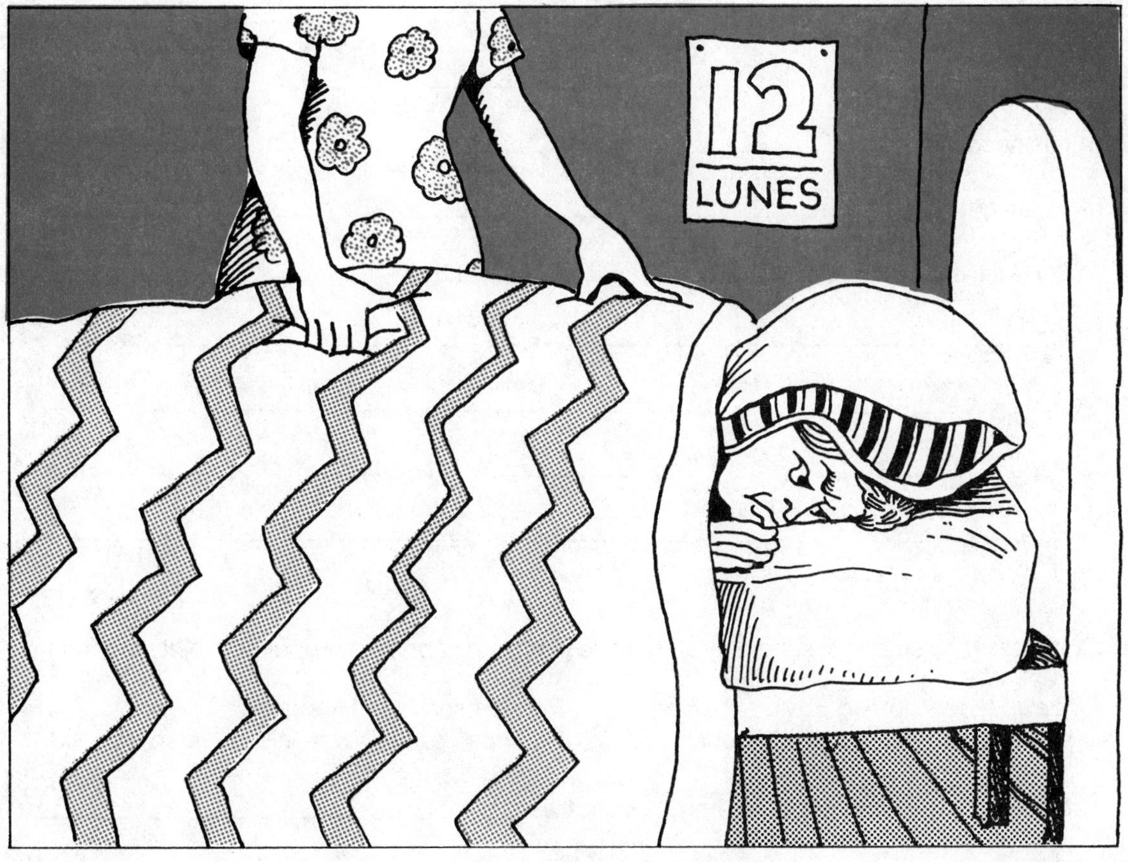

Al niño no le gustan los lunes.

Exercises

Rewrite the **model sentence** *replacing the subject after* **gustar** with the new Spanish subject given in parentheses. Make the necessary change in the form of **gustar.**

Model: No le gustan los lunes. (la clase) **No le gusta la clase.**
He does not like Mondays. He does not like the class.

1. (el cereal)________________
2. (los baños)________________
3. (la escuela)________________
4. (los estudios)________________
5. (la leche)________________
6. (los lunes y los martes)________________

II. Rewrite the model sentence *replacing the person before* **gustar** with the one given in parentheses. Make the necessary change in the indirect object *pronoun*.

Model: *A mí* no me gustan las peras. (A Juan) **A Juan no le gustan las peras.**
I don't like pears. John doesn't like pears.

1. (A nosotros)________________
2. (A Vd.)________________
3. (A Vds.)________________
4. (A mis hermanas)________________
5. (A su amigo)________________
6. (A Luisa y a Juan)________________
7. (A ti)________________
8. (A mí) ________________
9. (A Pedro)________________
10. (A Lola)________________

III. Complete each emphatic statement affirmatively using the appropriate indirect object pronoun.

Model: A Juana no le gusta el béisbol. Pero a ellos . . . sí **les** gusta el béisbol.
Joan does not like baseball. But *they* . . . *they* certainly do like baseball.

1. A María no le gusta tomar café. **Pero a nosotras** ________________
2. A ellos no les gusta el tenis. **Pero a Juan** ________________
3. A Ana no le gustan las clases. **Pero a las maestras** ________________

4. A nosotros no nos gusta ir al cine. **Pero a mi amiga** ______________________

5. A los chicos no les gustan los sábados. **Pero a mí** ______________________

6. A la chica no le gustan las fiestas. **Pero a ti** ______________________

7. A mí no me gustan las rosas. **Pero a Vd.** ______________________

8. A ti no te gusta el helado. **Pero a los chicos** ______________________

9. A Vd. no le gustan las comedias. **Pero a nosotros** ______________________

10. A ella no le gusta bailar. **Pero a Vds.** ______________________

IV. Write an appropriate affirmative response *replacing the words after* **gustar** with the expression **mucho.**

Models: —¿A Vds. les gusta el pan? Do you (pl.) like bread? —**Nos gusta mucho.** We like it very much.

—¿A Vd. le gustan los perros? Do you (sing.) like dogs? —**Me gustan mucho.** I like them very much.

1. ¿A Vd. le gusta la playa?______________________

2. ¿A Vds. les gusta aprender?______________________

3. ¿A ti te gustan aquellos zapatos?______________________

4. ¿A Vds. les gustan las películas?______________________

5. ¿A ti te gusta este sombrero?______________________

V. Write a NEGATIVE answer omitting all nouns. Use the appropriate emphatic expressions and **gusta** or **gustan** as needed.

Model: —¿A Ana y a Vd. les gusta eso? Do Ann and you like that? —**A nosotros no nos gusta.** We don't like it.

1. ¿A Luis y a Vd. les gusta la clase?______________________

2. ¿A Juan le gusta ir al centro?______________________

3. ¿A Elsa le gustan las frutas?______________________

4. ¿A los alumnos les gustan los exámenes?______________________

5. ¿A las chicas les gusta estudiar?______________________

VI. Complete each sentence of the dialogue in Spanish.

1. What do you like to do? —A Vd. ¿qué______________ ______________hacer?

2. I like to walk. —A mí______________ ______________caminar.

3. Do your friends like to walk, too? —¿________sus amigos__________ ____________________ caminar también?

4. *He* (emphatic) doesn't like to walk but *she* (emphatic) does. —A________no______ __________ caminar pero a_______________sí__________gusta.

5. Fine. *I* (emphatic) like it, too. —Bueno. A________ __________ ____________________también.

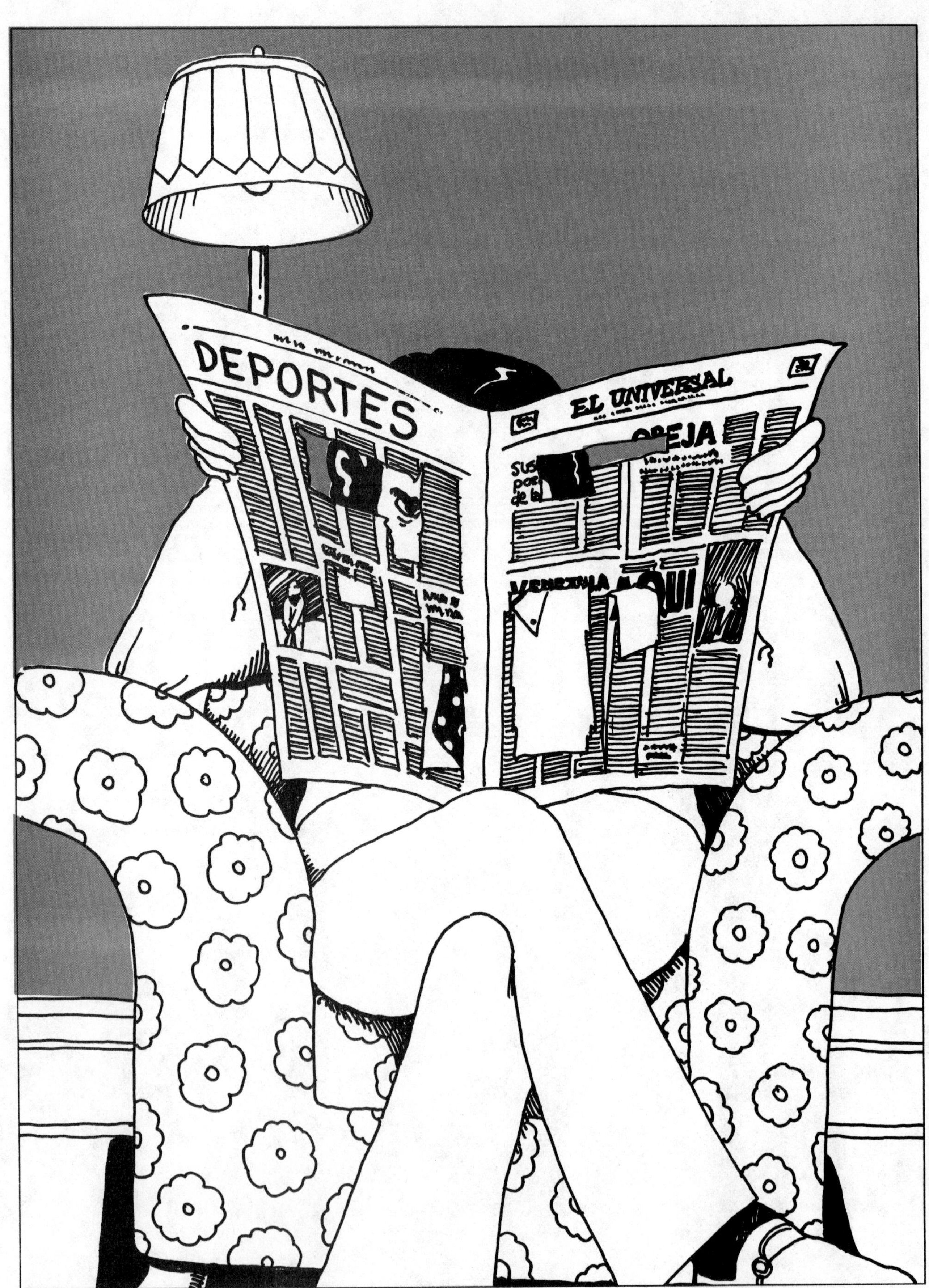

Falta un gran número de palabras.

Nowadays the news is often confusing; especially if many of the words are missing!

Una noticia confusa

Todas las noches, cuando regresa del trabajo, Antonio toma asiento en el sillón más cómodo de la casa, fuma su pipa, y lee las últimas noticias en el periódico. Pero esta noche ¿qué pasa? Cuando empieza a leer el artículo más importante de la primera página, nota que falta un gran número de palabras. Teresita, su niña de dos años, encontró un par de tijeras y cortó una docena de palabras del artículo. Ahora es casi imposible leerlo. Afortunadamente, la niña guardó todas las palabras y Antonio tiene que ponerlas en los espacios apropiados. ¿Puede Vd. ayudarlo? Aquí tiene Vd. el artículo.

Se escaparon tres ______ (1.) peligrosos. Los Angeles, ______ (2.) de septiembre 1983.

El jefe de policía reveló hoy que tres hombres se escaparon de la ______ (3.) anoche. Estos hombres están armados y ______ (4.). Los tres salieron ayer del garaje de la prisión vestidos de mecánicos. (Más tarde ______ (5.) a tres mecánicos atados en el ______ (6.).) El departamento de policía envió fotos y ______ (7.) a todas las estaciones. El jefe del grupo tiene ______ (8.) años y debe servir una sentencia de ______ (9.) años por asesinato. Los otros dos son ______ (10.) y deben estar en la prisión por cometer robo armado. Salieron del garaje en un viejo coche Chevrolet. Pero las autoridades creen que robaron otro ______ (11.) más tarde. Los periódicos recibieron muchas llamadas telefónicas con información pero hasta ahora el trío está en ______ (12.).

Selection:	desesperados	descubrieron	21	el garaje
	libertad	criminales	la prisión	ladrones
	36	cien	descripciones	automóvil

Palabras Nuevas

SUBSTANTIVOS

el artículo *the article*
el asesinato *the murder*
el automóvil *the automobile*
el coche *the car*
el departamento *the department*
el espacio *the space*
la estación *the station*
la foto *the snapshot*
el garaje *the garage*
el jefe *the chief, the leader*
el ladrón *the thief*
la libertad *the freedom, the liberty*
la llamada telefónica *the telephone call*
el mecánico *the mechanic*
el par *the pair*
la prisión *the prison*
el robo armado *armed robbery*
la sentencia *the sentence*
el sillón *the armchair*
Teresita *Tessie, little Theresa*
las tijeras *the scissors*

ADJETIVOS

apropiado,a *appropriate*
atado,a *tied up*
cómodo,a *comfortable*
desesperado,a *desperate*
peligroso,a *dangerous*
último,a *last*

VERBOS

cometer *to commit*
cortó *he (she) did cut; you (formal sing.) did cut*
encontró *he (she) found, met; you (formal sing.) found, met*
envió *he (she) sent; you (formal sing.) sent*
se escaparon *they escaped; you (formal pl.) escaped*
faltar *to be missing, to lack*
fumar *to smoke*
guardó *he (she) kept; you (formal sing.) kept*
recibieron *they received; you (formal pl.) received*
robaron *they stole; you (formal pl.) stole*
salieron *they left; you (formal pl.) left*

EJERCICIOS

I. Preguntas. Write your answer in a complete Spanish sentence.

1. ¿Qué hace Antonio todas las noches?
2. ¿Qué nota en la primera página del periódico?
3. ¿Qué cortó Teresita?
4. ¿Qué tiene que hacer Antonio ahora?
5. En el artículo, ¿cómo se escaparon los tres criminales?

1. ______________________________
2. ______________________________
3. ______________________________
4. ______________________________
5. ______________________________

II. Match the two columns to form sentences. Write the correct letter.

A		*B*
1. Toma asiento en el sillón	____	a) vestidos de mecánicos.
2. Nota que falta	____	b) a todas las estaciones.
3. Los tres criminales salieron	____	c) un gran número de palabras.
4. El jefe envió fotos	____	d) de cien años.
5. Debe servir una sentencia	____	e) más cómodo de la casa.

III. Emiliano has just seen a robbery. He is being questioned later by the police. What would you say in Spanish if you were Emiliano?

Policía: ¿Qué pasó aquí?

1. *Emiliano:* ______________________________

Policía: ¿Cuándo ocurrió el robo?

2. *Emiliano:* ______________________________

Policía: ¿Puede Vd. darnos una descripción del criminal?

3. *Emiliano:* ______________________________

Policía: ¿Quién es Vd.? ¿Cuál es su nombre y dirección?

4. *Emiliano:* ______________________________

Policía: Muchas gracias. Vd. nos ayudó mucho.

ESTRUCTURAS DE LA LENGUA

The Preterite Indicative: Regular Verbs

A. The preterite tense denotes an action or actions that were begun in the past or that were completed in the past.

B. Learn the *two sets* of regular endings.

AR	**ER** and **IR** share one set of preterite endings	
cantar *to sing*	**comer** *to eat*	**escribir** *to write*
I sang yesterday. I did sing yesterday.	I ate last night. I did eat last night.	I wrote last Saturday. I did write last Saturday.
Cant**é** ayer. cant**aste** cant**ó**	Com**í** anoche. com**iste** com**ió**	Escrib**í** el sábado pasado. escrib**iste** escrib**ió**
Cant**amos** ayer. cant**asteis** cant**aron**	Com**imos** anoche. com**isteis** com**ieron**	Escrib**imos** el sábado pasado. escrib**isteis** escrib**ieron**

Rules:

1. The characteristic vowel in the endings of the regular **ar** preterite is **a** except for the first person singular, which is **é,** and the third person singular, which is **ó.**
2. The characteristic vowel in the endings of the regular **er** and **ir** preterite is **i.**
3. Written accent marks appear on the final vowels of the first and third persons singular of the regular preterite tense except for **vi** and **vio** of the verb **ver.**

C. Use of the Preterite Tense

1. **Anoche en la fiesta María cantó pero Pablo sólo comió.**
   Last night at the party Mary sang, but Paul only ate.
2. **Ellas bailaron ayer pero Vd. no las vio.**
   They danced yesterday, but you did not see them.

Rule:

When expressions of completed past time such as **ayer** *yesterday,* **anoche** *last night,* **el año pasado** *last year* appear in the sentence, they are additional cues to indicate the use of the preterite tense, because they show that the action was begun or was terminated in the past.

STUDY THE RULES, EXAMPLES, AND MODELS BEFORE BEGINNING THE EXERCISES!

Exercises

I. Rewrite the MODEL sentence in the *preterite* tense substituting the subject in parentheses for the one in *italics*. Make the necessary changes in the verbs..

Model: *Yo* **entré** a las tres y **salí** a las cuatro. (El) **El entró . . . y salió . . .**
I entered at 3:00 and left at 4:00. He entered at 3:00 and left at 4:00.

1. (Juan)__________________________________
2. (Tú)__________________________________
3. (Tú y yo)__________________________________
4. (Vd.)__________________________________
5. (Vds.)__________________________________
6. (Mis amigos)__________________________________
7. (Yo)__________________________________

II. Rewrite the MODEL sentence in the *preterite* tense substituting the appropriate form of the verb in parentheses for the expression in *italics*.

Model: *Yo escribí* la carta anoche. (El / enviar) **El envió** la carta anoche.
I wrote the letter last night. He sent the letter last night.

1. (Vd. / recibir)__________________________________
2. (Yo / cortar)__________________________________
3. (Yo / romper)__________________________________
4. (Nosotros / encontrar)__________________________________
5. (María / buscar)__________________________________
6. (Vds. / terminar)__________________________________
7. (Pedro y Juan / escribir)__________________________________
8. (Tú / responder)__________________________________
9. (El y yo / perder)__________________________________
10. (Tú / describir)__________________________________

III. Write an affirmative answer in a complete Spanish sentence in the *preterite*. See models.

Model:	
a. —¿Comprendiste el libro? Did you understand the book?	—**Sí, comprendí el libro.** Yes, I understood the book.
b. —¿Y Elisa? And Elisa?	—**Elisa comprendió el libro también.** Elisa understood the book, too.

1. a. ¿Usaste el sombrero?____________________

   b. ¿Y tu madre?____________________

2. a. ¿Aprendiste el pretérito?____________________

   b. ¿Y tu hermano?____________________

3. a. ¿Invitó Vd. al amigo?____________________

   b. ¿Y los padres?____________________

4. a. ¿Recibió Vd. el paquete?____________________

   b. ¿Y yo?____________________

5. a. ¿Bailaron ellos el tango anoche?____________________

   b. ¿Y tu prima?____________________

6. a. ¿Bebieron Vds. café ayer?____________________

   b. ¿Y las chicas?____________________

7. a. ¿Visitó Juan el museo?____________________

   b. ¿Tú y yo?____________________

8. a. ¿Lo comió todo?____________________

   b. ¿Y ellas?____________________

¿Lo comió todo?

9. a. ¿Saludaron los primos a la tía?____________________

   b. ¿Y tú?____________________

10. a. ¿Recibí yo el regalo?____________________

    b. ¿Y Vds.?____________________

IV. Rewrite each sentence in the *preterite* telling what happened yesterday.

1. Juan *entra* en la cocina.____________________

2. *Toma* pan y un vaso de leche.____________________

3. *Come* el pan y *bebe* la leche despacio.____________________

4. Pedro y Jorge *llegan* a su casa.____________________

5. *Comen* un poco de pan con Juan.____________________

6. Luego todos *salen* para la escuela donde *aprenden* mucho.____________________

7. *Escuchan* a la maestra en la clase y *practican* mucho en casa.____________________

8. Juan y yo *contestamos* muy bien.____________________

9. *Aprendemos* mucho cuando *escribimos* ejercicios.____________________

10. Yo también *estudio* y *asisto* a las clases.____________________

Nadie se levantó para
darle un asiento

Is today's generation really as bad as some say? See if you agree with the article.

¡Los muchachos de hoy son horribles!

Gregorio entra en la sala donde su padre lee una revista. Tiene un artículo en la mano y está muy excitado.

– Papá, ¡la semana pasada Vd. nos dijo que la generación de hoy es terrible! Pues tengo algo aquí que seguramente va a ser interesante para Vd.

– Bueno, hijo. A ver si ese artículo expresa mis opiniones.

– Pues, ¡escuche Vd.! El artículo comienza así:

> Ayer, en el tren, vi algo que me molestó. Esa noche no pude dormir. Cinco o seis jóvenes tomaron asiento en el coche cuando entró una señora de unos setenta años. Nadie quiso darle el asiento a la anciana. ¡Absolutamente nadie! ¿Qué hicieron? Pues sacaron sus periódicos y empezaron a leer. Y la pobre señora tuvo que estar de pie. Pero el incidente de ayer es típico. Todo fue muy diferente antes. Ya no hay respeto; ya no hay consideración para los ancianos como en los tiempos de nuestros padres. Los jóvenes de hoy vinieron a este mundo con todo. No necesitan nada y no quieren trabajar. Cuando vi el incidente de ayer, di las gracias a mis padres porque me enseñaron el respeto y la responsabilidad, y soy mejor hombre por eso.

– Bueno, papá, ¿qué piensa Vd. de este artículo? ¿No cree Vd. que es un poco exagerado?

– De ninguna manera. Ese escritor tiene razón. ¿De qué periódico es? Él conoce bien la generación de hoy.

– Él sabe mucho de la generación de Vd. también. Esto fue escrito en 1950. Encontré este viejo periódico en el sótano.

Palabras Nuevas

SUBSTANTIVOS

la anciana *the old woman*
los ancianos *the old people*
la consideración *the consideration, the kindness*
el escritor *the writer*
la generación *the generation*
Gregorio Gregory
el incidente *the incident*
los jóvenes *the young people, the youths*
la opinión *the opinion*
el papá *the daddy*
el respeto *the respect*
la responsabilidad *the responsibility*
la revista *the magazine*
los tiempos *the times*

ADJETIVOS

exagerado,a *exaggerated*
excitado,a *excited*
horrible *horrible*
típico,a *typical*

VERBOS

comenzar (ie) *to begin*
dar las gracias *to thank, to give thanks*
di *I gave*
dijo *he (she) said; you (formal sing.) said*
fue escrito *it was written*
hicieron *they did, made; you (formal pl.) did, made*
(no) pude *I could (not)*
quiso *he (she) wanted; you (formal sing.) wanted*
tener razón *to be right*
tuvo que *he (she) had to; you (formal sing.) had to*
vinieron *they came; you (formal pl.) came*

OTRAS PALABRAS

¡A ver! *Let us see!*
de ninguna manera *by no means*
de pie *standing*
por eso *for that reason, because of that*
ya no *no longer*

EJERCICIOS

I. (A) ¿Cierto *(true)* **o falso** *(false)?*

1. El padre de Gregorio lee un libro en la sala. ________________
2. Gregorio la trae a su padre un artículo sobre un robo. ________________
3. En el artículo setenta jóvenes molestaron a una vieja. ________________
4. Los jóvenes de hoy no quieren trabajar porque lo tienen todo. ________________
5. El padre de Gregorio expresa la opinión del escritor del artículo. ________________

(B) Preguntas personales y generales. Write your answer in a complete Spanish sentence.

1. ¿Qué piensa Vd. de la generación de hoy? ¿Tiene respeto y consideración?
2. ¿Da Vd. su asiento a un anciano en el autobús o en el tren?
3. ¿Qué periódico lee Vd.?
4. ¿Tienen siempre razón sus padres?

1. ______________________________

2. ______________________________

3. ______________________________

4. ______________________________

II. Change the verbs of the following sentences from the present to the preterite.

1. Gregorio *entra* en la sala. ____________
2. *Veo* algo en los trenes que me *molesta.* ____________
3. Nadie quiere darle asiento. ____________
4. Todos *sacan* sus periódicos y *empiezan* a leer. ____________
5. Los jóvenes no *necesitan* nada. ____________

III. ¿Cómo se dice en español?

1. He comes into the living room.
2. I have something here that is going to be interesting to you.
3. Nobody wanted to give her a seat.
4. The poor woman had to stand.
5. I'm a better man because of that.
6. Don't you think it is a bit exaggerated?

1. ______________________________

2. ______________________________

3. ______________________________

4. ______________________________

5. ______________________________

6. ______________________________

IV. Compositions: Oral or written in notebooks.

(A) Look at the picture opposite page 277. Describe the scene in Spanish to your class.

(B) Tell about a considerate act that you have read about. Include the following:

Una cortesía

1. Where you saw the article. 2. Who gave a seat to another person. 3. Why the seat was given. 4. What the other person said. 5. Where and when this happened.

ESTRUCTURAS DE LA LENGUA

The Preterite Indicative: Irregular Verbs

A. *Irregular preterite stems* require only *one set of irregular endings.*

1. **UV** is characteristic of these stems. 2. **US** and **UP** are characteristic of these stems.

estar *to be*	tener *to have*	poner *to put*	saber *to know*
estuv: Pret. stem	**tuv:** Pret. stem	**pus:** Pret. stem	**sup:** Pret. stem
I was there.	I had a letter.	I put (did put) that there.	I knew (learned about) that.
Estuv**e** allí. estuv**iste** estuv**o**	Tuv**e** una carta. tuv**iste** tuv**o**	Pus**e** eso allí. pus**iste** pus**o**	Sup**e** eso. supist**e** sup**o**
estuv**imos** estuv**isteis** estuv**ieron**	tuv**imos** tuv**isteis** tuv**ieron**	pus**imos** pus**isteis** pus**ieron**	sup**imos** sup**isteis** sup**ieron**

3. **I** is characteristic of these stems. 4. **J** is characteristic of these stems.

venir *to come*	hacer *to do, make*	traer *to bring*	decir *to say, tell*
vin: Pret. stem	**hic:** Pret. stem	**traj:** Pret. stem	**dij:** Pret. stem
I came home.	I did (made) that.	I brought this.	I said the truth.
Vin**e** a casa. vin**iste** vin**o**	Hic**e** eso. hic**iste** hi**zo**	Traj**e** esto. traj**iste** traj**o**	Dij**e** la verdad. dij**iste** dij**o**
vin**imos** vin**isteis** vin**ieron**	hic**imos** hic**isteis** hic**ieron**	traj**imos** traj**isteis** traj**eron**	dij**imos** dij**isteis** dij**eron**

Rules:

1. The one set of endings for **ar, er,** or **ir** verbs that have irregular preterite stems is **e, iste, o, imos, isteis, ieron.** After **j** (Group 4) the third person plural ending is **eron.**
2. No accent mark appears on the first or third person singular of the above verbs.

andar *to walk* **anduv:** *Pret. stem* **Anduve** *I walked* (like **estar**)	**poder** *to be able* **pud:** *Pret. stem* **Pude** *I was able, could* (like **poner, saber**)	**querer** *to want* **quis:** *Pret. stem* **Quise** *I wanted* (like **venir, hacer**)

B. Identical special preterite forms for **ser** *to be*, **ir** *to go.*		**C. Dar:** An **ar** verb has regular **er/ir** preterite endings.	**D. Leer: Y** replaces **i** in the third persons.
ser *to be*	ir *to go*	dar *to give*	leer *to read*
fu: Pret. stem	**fu:** Pret. stem	**d:** Pret. stem	**le:** Pret. stem
I was a soldier.	I went home.	I gave thanks.	I did read that.
Fu**i** soldado. fu**iste** fu**e**	Fu**i** a casa. fu**iste** fu**e**	D**i** las gracias. d**iste** d**io**	Le**í** eso. le**íste** le**yó**
fu**imos** fu**isteis** fu**eron**	fu**imos** fu**isteis** fu**eron**	d**imos** d**isteis** d**ieron**	le**ímos** le**ísteis** le**yeron**

Rules:

1. **Ser** and **ir** being exactly alike in the preterite, can be distinguished only according to their use in the sentence.

2. **Leer** keeps its regular **le** stem, adds regular **er** endings, but changes the **ió** and **ieron** endings to **yó** and **yeron** in the third persons singular and plural. An accent mark is written on the **í** of the other personal endings. Conjugate **caer** *to fall*, **creer** *to believe* and **oír** *to hear* like **leer** (D, above).

STUDY THE RULES, EXAMPLES, AND MODELS BEFORE BEGINNING THE EXERCISES!

Exercises

I. Rewrite the sentence in the *preterite* substituting the subject in parentheses. Make necessary changes in each of the two verbs.

Model: La nieve *vino* y *cayó* todo el día. — The snow came and fell all day.
(Las lluvias) **Las lluvias vinieron y cayeron todo el día.** — The rains came and fell all day.

A. Ellos *tuvieron* la carta ayer y la *pusieron* en la mesa.

1. (Yo)____
2. (Pedro)____
3. (Pedro y yo)____
4. (Vd.)____
5. (Los chicos)____

B. Juan *hizo* la tarea y la *trajo* a la clase.

1. (Vds.)____
2. (Vd.)____

3. (Yo)____

4. (La alumna)____

5. (Nosotros)____

C. Ellos *dijeron* que sí y *dieron* las gracias.

1. (Mi madre)____

2. (Vd.)____

3. (Yo)____

4. (Nosotros)____

5. (Los abuelos)____

D. Los chicos *fueron* buenos cuando *vinieron* a la clase.

1. (La niña)____

2. (Yo)____

3. (Tú)____

4. (Ellas)____

5. (Ellas y yo)____

E. Los tíos *fueron* al teatro donde *vieron* una buena comedia.

1. (Yo)____

2. (Diego)____

3. (Diego y yo)____

4. (Mi amiga)____

5. (Tú)____

F. María *leyó* la frase y la *creyó.*

1. (Los primos)____

2. (Nosotras)____

3. (Yo)____

4. (Tú)____

5. (Vd.)____

G. Yo *oí* los gritos cuando *estuve* allí.

1. (María)______________________________
2. (Ellos)______________________________
3. (María y yo)______________________________
4. (Tú)______________________________
5. (Yo)______________________________

H. *Anduve* mucho y *supe* que *pude* hacerlo porque *quise* hacerlo.

1. (Juan)______________________________
2. (Juan y yo) ______________________________
3. (Juan y Ana) ______________________________
4. (Yo) ______________________________
5. (Tú) ______________________________

II. Rewrite the sentence in the *plural* using the word cues.

1. La piedra cayó. (Las piedras)______________________________
2. La niña vino. (Las niñas)______________________________
3. Yo tuve razón. (Nosotros)______________________________
4. Yo hice el viaje. (Nosotros)______________________________
5. El hizo el viaje. (Ellos)______________________________
6. Ella trajo la revista. (Ellas)______________________________
7. Vd. fue al cine. (Vds.)______________________________
8. Yo fui excelente. (Nosotros)______________________________
9. Vd. dijo la frase. (Vds.)______________________________
10. Vd. dio ayuda. (Vds.)______________________________
11. Yo leí mucho. (Nosotros)______________________________
12. Yo oí gritos. (Nosotros)______________________________
13. El oyó el disco. (Ellos)______________________________

14. Vd. creyó el artículo. (Vds.)__________

15. Ella leyó el cuento. (Ellas)__________

16. Yo dije que sí. (Nosotros)__________

17. Yo di dinero. (Nosotros)__________

18. Ella fue bonita. (Ellas)__________

19. Yo fui al mercado. (Nosotros)__________

20. Yo lo creí. (Nosotros)__________

III. Write an affirmative answer in a complete Spanish sentence using the cue words.

1. ¿Quiénes estuvieron allí? (Mis amigos)__________
2. ¿Adónde fue Vd.? (a la tienda)__________
3. ¿Cuánto dinero trajo Vd.? (tres dólares)__________
4. ¿Quién hizo las compras? (Yo)__________
5. ¿Dónde pusieron Vds. las compras? (en la mesa)__________

IV. Rewrite each sentence in the *preterite* tense telling what happened yesterday.

1. Vengo a la casa de Anita.__________
2. Es su cumpleaños.__________
3. Ella tiene regalos de los amigos.__________
4. Ellos le dicen : — Feliz cumpleaños.__________
5. Luego oyen discos en su casa.__________
6. Pueden oír mucho. __________
7. Yo quiero escuchar más. __________
8. Pero tengo que volver a casa. __________
9. Ando a casa. __________
10. Sé que es una buena fiesta.__________

NO PASSING

HORIZONTAL CLEARANCE

MAXIMUM WEIGHT (METRIC TONS)

PARKING LIMIT

ONE-HOUR PARKING

NO LEFT TURN

NO PARKING

USE RIGHT LANE

INSPECTION

PEDESTRIANS KEEP LEFT

SPEED LIMIT (IN K.P.H.)

CONTINUOUS TURN

Highway signs in Mexico

En mi opinión el señor Ramírez no es culpable.

Guilty or innocent? It's a tough decision to make.

La justicia siempre triunfa

Drama policíaco en un acto

Escena Tribunal de la corte civil. Hay una docena de espectadores, más o menos. El juez está sentado al frente del salón. Todo el mundo escucha atentamente. Ahora llaman a los testigos.

Personajes El juez
El abogado defensor
El fiscal
El primer testigo

Abogado: Llamo como primer testigo de la defensa, al señor Ángel Alpargata. Señor Alpargata, como ya sabe usted, el fiscal dice que el acusado, Ramiro Ramírez, cuando borracho, chocó su carro contra la bicicleta de un muchacho. ¿Qué puede Vd. decirnos en la defensa del señor Ramírez?

Testigo: Eso no es verdad. El señor Ramírez es un hombre honrado. No es un borracho y por eso nunca conduce un coche en ese estado. En mi opinión no es culpable.

Fiscal: Protesto, protesto, Aquí en una corte de justicia no importan las opiniones. ¿Estuvo usted allí cuando ocurrió el accidente?

Testigo: No, señor. Nadie estuvo allí. Pero me dicen . . .

Fiscal: No importa eso. ¿Vio o no vio usted el accidente?

Testigo: No señor, el accidente ocurrió a las diez de la noche. Y a esa hora, yo estuve en mi cama cansado de trabajar todo el día.

Juez (muy enojado)*:* – ¿Cómo? ¿En la cama? Pero esto es ridículo. ¿Por qué está Vd. aquí como testigo por el señor Ramírez? Vd. nunca vio nada.

Testigo: Pues. . . .Mi mujer dijo que. . . . Señor juez, Ramiro es mi cuñado.

Palabras Nuevas

SUBSTANTIVOS

el abogado defensor *the defense attorney*
el accidente *the accident*
el acusado *the defendent*
la alpargata *the slipper*
la bicicleta *the bicycle*
el carro *the car*
la corte civil *the civil court*
el cuñado *the brother-in-law*
la defensa *the defense*
el drama policíaco *the detective drama*
el espectador *the spectator*
el fiscal *the district attorney*
el juez *the judge*
la mujer *the wife*
el testigo *the witness*
el tribunal *the courtroom*

ADJETIVOS

borracho,a *drunk*
culpable *guilty*
honrado,a *honest*
ridículo,a *ridiculous*

VERBOS

conducir *to drive*
chocar *to crash*
protestar *to protest*

OTRAS PALABRAS

atentamente *attentively*
contra *against*

EJERCICIOS

I. Preguntas. Write your answer in a complete Spanish sentence.

1. ¿Cuántos espectadores hay en la corte?
2. ¿Con qué chocó Ramiro Ramírez?

3. ¿Qué dice Angel sobre el carácter de Ramírez?
4. ¿Por qué protesta el fiscal?
5. ¿Por qué está enojado el juez?

1. ______________________________

2. ______________________________

3. ______________________________

4. ______________________________

5. ______________________________

II. Unscramble the sentences in the boxes.

1.

¿qué	defensa?	en
decirnos	su	puede

2.

es	hombre	señor
el	un	honrado

3.

nos	las	no
opiniones	importan	aquí

4.

accidente	a	ocurrió
las	diez	el

1. ______________________________

2. ______________________________

3. ______________________________

4. ______________________________

III. Find the following words in the boxes.

1. lawyer
2. accused
3. drama
4. car
5. judge
6. witness (word is backward)
7. drunk
8. D.A.
9. less
10. act
11. all
12. as
13. 10

A	B	O	G	A	D	O	J
C	O	C	H	E	F	G	U
U	T	O	D	O	I	I	E
S	M	E	N	O	S	T	Z
A	C	O	M	O	C	S	A
D	R	A	M	A	A	E	C
O	D	I	E	Z	L	T	T
B	O	R	R	A	C	H	O

IV. Compositions: Oral or written in notebooks.

(A) Look at the picture opposite page 287. Describe the scene in Spanish to your class.

(B) Tell about a court scene. Include the following:

¿Culpable o no culpable?

1. The lawyer enters the court. 2. There are several witnesses. 3. They all saw the accident. 4. The judge listens attentively. 5. Everyone thinks that the defendant is guilty.

ESTRUCTURAS DE LA LENGUA

¡Nadie! **¡Nunca!** **¡Nada!**

Nunca, nada, nadie in Emphatic Negation. The Tag Question, **¿verdad?**

A. ¡Nunca! never!; **¡nada!** nothing!; **¡nadie!** nobody!; when used emphatically precede the verb, like **no.**

Questions	*Statements*
1. **¿No** tienen los chicos libros? Don't the boys have any books?	1. Ellos **no** tienen libros. They have no books. (haven't any)
2. **¿Nunca** escuchan ellos? Don't they ever listen?	2. ¡Ellos **nunca** escuchan! They never listen!
3. **¿Nada** estudian? Don't they study anything?	3. ¡Ellos **nada** estudian! They study nothing!
4. **¿Nadie** contesta? Doesn't anybody (anyone) answer?	4. **¡Nadie** contesta! Nobody (no one) answers.

Rules:

1. **Nunca, nada, nadie,** precede the verb for emphasis both in questions and in statements, like **no.**

2. Summary of English equivalents for the negative words.

nunca:	never	not . . . ever
nada:	nothing	not . . . anything
nadie:	nobody; no one	not . . . anybody

B. The Spanish speaker requests agreement with a statement by adding **¿no es verdad?** or **¿verdad?**

1. Son españoles, ¿no es verdad? They are Spaniards, aren't they?	3. No hablan espãnol, ¿verdad? They don't speak Spanish, do they?
2. Es domingo, ¿no es verdad? It is Sunday, isn't it?	4. No estudian el francés, ¿verdad? They don't study French, right?

Rules:

1. **¿No es verdad?** or **¿verdad?** usually follows the statement.

2. Both forms can be translated according to the meaning of the sentence to which they are added: *isn't it (so)*?; *aren't they*?; *isn't that right*?; etc.

STUDY THE RULES, EXAMPLES, AND MODELS BEFORE BEGINNING THE EXERCISES!

Exercises

I. Write a NEGATIVE answer in a complete Spanish sentence according to the model.

Model:	–¿Sabe **alguien** todos los idiomas? Does anyone know all (the) languages?	–**Nadie** sabe todos los idiomas. *Nobody* (no one) knows all (the) languages.

1. ¿Comprende alguien todos los idiomas?____________________

2. ¿Estudia alguien todos los días?____________________

3. ¿Lee alguien todos los periódicos?____________________

4. ¿Visita alguien todos los países?____________________

5. ¿Hace alguien todo el trabajo?____________________

II. Write an emphatically NEGATIVE answer in a complete Spanish sentence according to the model.

Model: –**¿Siempre** tienes clases hasta las cinco?
Do you *always* have classes until five o'clock?

–**Nunca** tengo clases hasta las cinco.
I *never* have classes until five.

1. ¿Siempre comes despacio? ____________________
2. ¿Siempre estás triste después de un examen? ____________________
3. ¿Siempre tienes hambre a las cuatro? ____________________
4. ¿Siempre lees en la cama antes de dormir? ____________________
5. ¿Siempre ayudas a lavar los platos? ____________________

III. Write an emphatically NEGATIVE answer in a complete Spanish sentence according to the model.

Model: –¿Preparan los chicos **algo** para el desayuno?
Are the boys preparing *something* for breakfast?
–Los chicos **nada** preparan para el desayuno.
The boys are preparing *nothing* for breakfast.

1. ¿Compraron los chicos algo para el viaje? ____________________

2. ¿Reciben ellos algo para pagar el billete? ____________________

3. ¿Comió Juan algo antes de salir de la casa? ____________________

4. ¿Tuvieron ellos que contestar algo a la carta de invitación? ____________________

5. ¿Deben ellos llevar algo a la casa del amigo? ____________________

IV. Write an emphatically NEGATIVE answer, in a complete Spanish sentence, according to the negative used in each question. Begin with **Verdad.**

Model: –**¿Nunca** desea asistir él al teatro? *Doesn't* he *ever* want to attend the theater? –**Verdad.** El **nunca** desea asistir al teatro. *True.* He *never* wants to attend the theater.

1. ¿Nada pueden recibir las niñas pobres para la Navidad? ______________________________

____

2. ¿Nadie va a comprender la lección hoy? ______________________________

____

3. ¿Nada quiso escribir el chico perezoso en la pizarra? ______________________________

____

4. ¿Nadie desea asistir a la fiesta el lunes? ______________________________

____

5. ¿Nunca debe trabajar un hombre cansado los sábados? ______________________________

____

V. Rewrite the following in the emphatic NEGATIVE using the word in parentheses.

Model: Los alumnos estudian mucho. The students study a great deal. (nunca) Los alumnos **nunca** estudian mucho. The pupils never study a great deal.

1. María y yo leímos. (nada)

____

2. Escucha la radio cuando come. (nadie)

____

3. María tomó sopa. (nunca)

____

4. ¿Está buena la sopa? (nunca)

____

5. ¿Está en casa. (nadie)

____

VI. Write the word in *italics* as a separate QUESTION. Then write a contradicting NEGATIVE response using **nunca, nada** or **nadie,** according to the model.

A. Model: Tú *siempre* lees mucho. You always read a great deal. **¿Siempre?** Yo **nunca** leo mucho. Always? I never read a great deal.

1. Tú *siempre* cantas en casa. ______________________________

____

2. Vd. *siempre* toma el desayuno temprano. ____________________

____

3. Laura y Antonio *siempre* pasan el verano en la escuela. ____________________

____

B. Model: –*Juan* está cansado. John is tired. –**¿Juan? Nadie** está cansado. John? Nobody is tired.

1. *María* vino a mi casa. ____________________

____

2. *La familia* fue a esquiar en el invierno. ____________________

____

3. *Ese zapatero* tiene zapatos excelentes hoy. ____________________

____

C. Model: –El lee *algo* de eso. He reads something about that. –**¿Algo?** Él **nada** lee de eso. Something? He reads nothing about that.

1. El sabe *algo* de México. ____________________

____

2. El alumno contestó *algo* a la profesora. ____________________

____

3. Los niños oyen *algo* en la cocina. ____________________

____

4. Los turistas necesitan *algo* para el viaje. ____________________

____

VII. Rewrite the sentence as a request for agreement by adding **¿no es verdad?** *Translate* the complete answer appropriately.

Model: Tus padres van a viajar a Puerto Rico.
Tus padres van a viajar a Puerto Rico, ¿no es verdad?

Your parents are going to travel to Puerto Rico, aren't they?

1. Tus padres salieron para Puerto Rico. ____________________

____

2. Siempre pasan un mes allí. ______________________________

____

3. Tú tienes una prima puertorriqueña. ______________________________

____

4. Se llama Laura y es muy bonita. ______________________________

____

5. Su casa está en el campo. ______________________________

____

VIII. Write a complete Spanish sentence using the vocabulary provided.

1. *Nobody* prepares a breakfast like my mother.

   ____

   / prepara / desayuno como / madre

2. My father and I *never* prepare breakfast.

   ____

   / padre / preparamos / desayuno

3. But my sister takes *nothing* for breakfast.

   ____

   pero / hermana / toma para / desayuno

4. Your sister takes coffee, doesn't she?

   ____

   / hermana toma café /

5. But your brother is still in bed, isn't he?

   ____

   / hermano está todavía / cama /

¡GRAN LIQUIDACIÓN!

VERDADERA GANGA
500 GABARDINAS
algodón jumei 100 %, forro cuadros
2.300 pts. AHORA **399**

1.000 ABRIGOS
para señora, en paño novedad, forrado en pelo
3.780 pts. AHORA **599**

FALDA punto Leacril
680 p. AHORA **299**

ABRIGOS niña, surtido en colores y dibujos, con capucha, t. 0.1.2.3. 4 y 5
1.480 pts. AHORA **399**

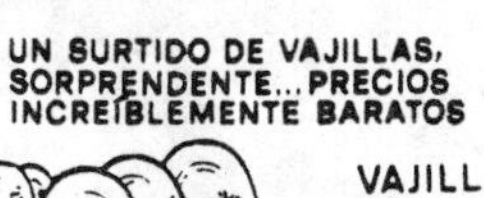

CRISTAL COLOR IRROMPIBLE
PLATO postre 21 pts. AHORA **8**
para café 10 pts. AHORA **4**
TAZA con **PLATO** para té o café 36 pts. AHORA **14**
TAZA desayuno con plato, cristal color irrompible 40 pts. AHORA **16**

UN SURTIDO DE VAJILLAS, SORPRENDENTE... PRECIOS INCREÍBLEMENTE BARATOS

VAJILLA loza, ricos decorados 57 piezas
2.490 pts. AHORA **1.995**

VAJILLA porcelana decorada, 57 piezas
4.500 pts. AHORA **2.600**

VAJILLA loza, ricos decorados 57 piezas
8.500 pts. AHORA **5.890**

JUEGO café, 6 servicios
490 pts. AHORA **350**
12 servicios
700 pts. AHORA **540**

JUEGO postre, decorado, 7 piezas
160 p. AHORA **99**
el mismo modelo, para aperitivo
95 pts. AHORA **59**

PARA SEÑORA

CARDIGAN punto acrílico
680 pts. AHORA **299**

SUÉTER Guitart, con bordado fantasía
880 pts. AHORA **349**

PIJAMA algodón estampado, todas las tallas
680 pts. AHORA **250**

FAJA señora y jovencita, Licra jacquard, reforzada
285 p. AHORA **69**

CALZADOS a cualquier precio
ZAPATOS para señora desde **145 P.**
ZAPATOS para niños desde **95 P.**
ZAPATILLAS foam, para caballero y sra. desde **95 P.**

PARA CABALLERO

PIJAMA punto interlock
608 pts. AHORA **470**

MODERNISIMO CHAQUETÓN
paño, con adorno pelo, cremallera, surtido en colores
2.795 pts. AHORA **699**

VARIOS MODELOS **EN PANTALONES**
en liso y cuadros novedad
880 pts. AHORA **299**

CAMISA Poliester, fantasía
450 pts. AHORA **245**

BATA acolchada, napa lisa
490 p. AHORA **370**

NICKY Crilenka, manga larga, cuello cisne
375 pts. AHORA **225**

LIQUIDAMOS LOS BOLSOS A PRECIOS TIRADOS

BOLSO deporte, tamaño grande
295 p. AHORA **150**

BOLSOS varios modelos, actual temporada
380 p. AHORA **275**

PAQUETE desmaquillaje, Tempo
10 pts. AHORA **7**

DESPERTADOR Imperia, garantizado
375 pts. AHORA **255**

RELOJ cocina, Imperia, garantizado
395 p. AHORA **295**

FRASCO colonia Lavanda, 1 litro
75 pts. AHORA **54**

PEINADOR Terlenka
125 pts. AHORA **89**

ESTUCHE pañuelos, bordados
92 pts. AHORA **65**

PRECIOS TENTACIÓN

PORTÁTIL quinqué, decorado
398 pts. AHORA **325**

PLAFÓN montura cuadrada
175 pts. AHORA **139**

BANDEJA redonda, 32 cms., de metal litografiado, colores surtidos
75 pts. AHORA **35**

BATERÍA de cocina 8 piezas, de acero vitrificado decorado
1.499 pts. AHORA **1.095**

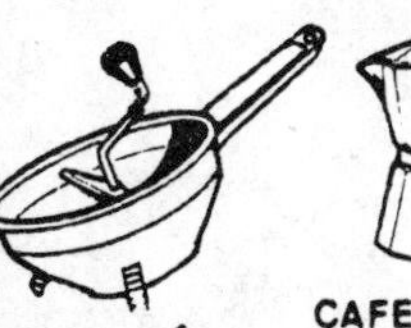

PASAPURÉS de acero inoxidable
325 pts. AHORA **239**

CAFETERA aluminio 6 tazas modelo italiano
280 pts. AHORA **219**

CRISTALERÍA 61 piezas
2.900 pts. AHORA **1.995**

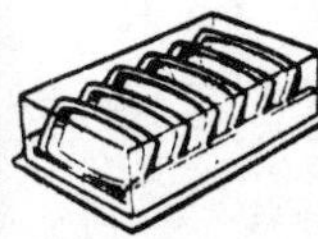

ESTUCHE con 6 rabaneras, acero inoxidable
116 pts. AHORA **90**

eprinted with permission of La Vanguardia Española, Spain

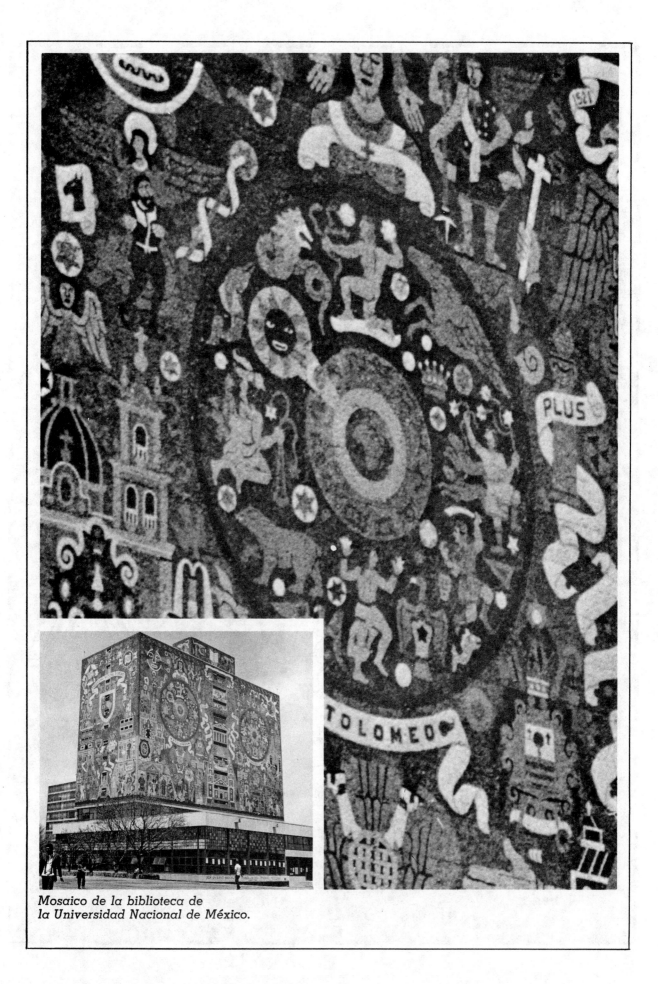

Mosaico de la biblioteca de la Universidad Nacional de México.

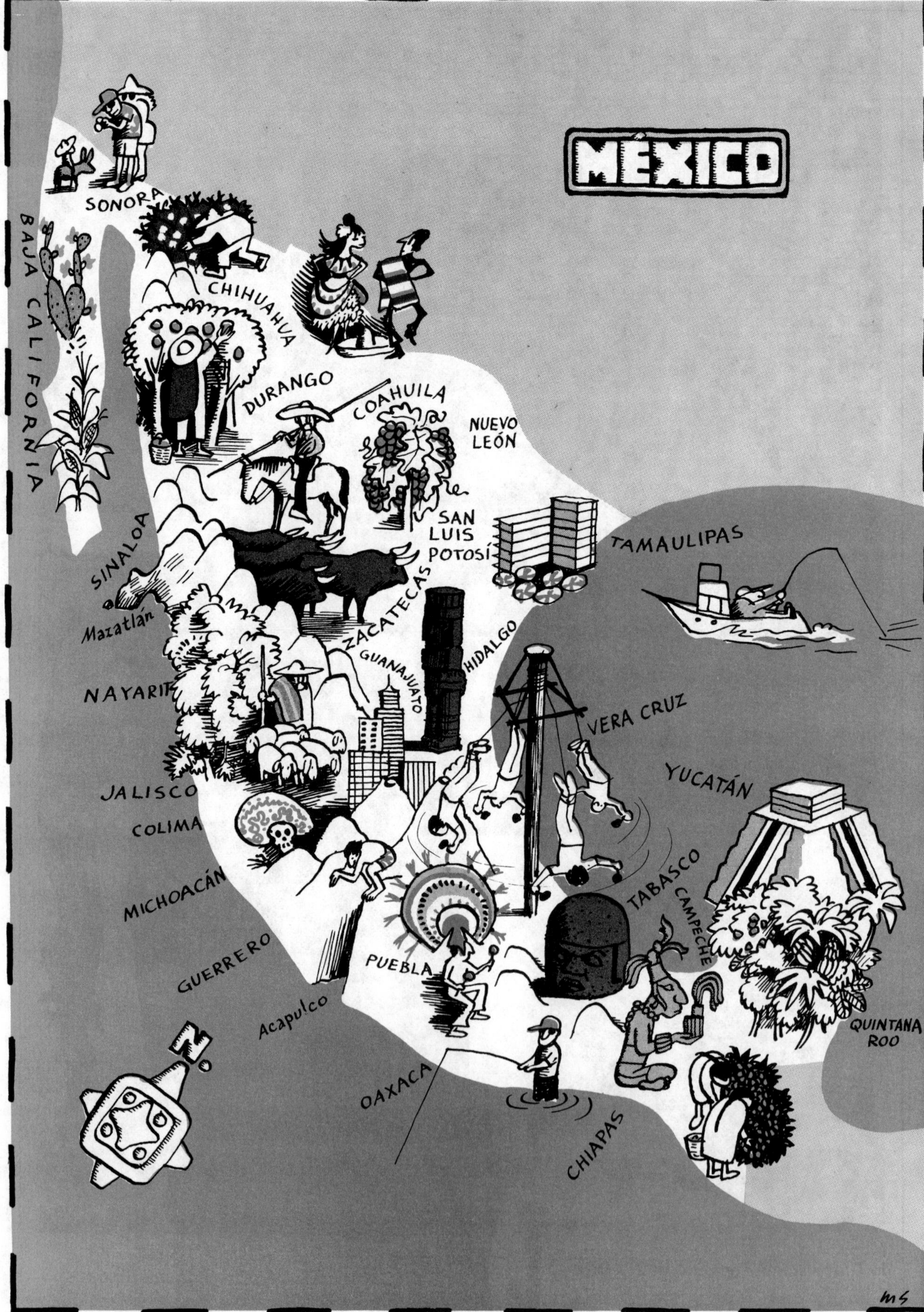
MÉXICO
SONORA
BAJA CALIFORNIA
CHIHUAHUA
DURANGO
COAHUILA
NUEVO LEÓN
SAN LUIS POTOSÍ
TAMAULIPAS
SINALOA
Mazatlán
ZACATECAS
HIDALGO
GUANAJUATO
NAYARIT
VERA CRUZ
YUCATÁN
JALISCO
COLIMA
MICHOACÁN
TABASCO
CAMPECHE
GUERRERO
PUEBLA
Acapulco
QUINTANA ROO
OAXACA
CHIAPAS
N
ms

Culture Unit Five

¡Viva México!

Part One. Our Closest Latin-American Neighbor

México lindo y querido	Dear, beautiful Mexico
si muero lejos de ti	If I should die far from you
que digan que estoy dormido	Let them say that I'm sleeping
y que me traigan aquí	And have them bring me back here
	(canción popular)

Mexico is our good neighbor just to the south of the United States. Did you know some of these facts?

Mexico is a big country. In fact it's the 5th largest country in the western hemisphere with a territory of about one quarter that of the United States.

Mexico is a populous country. There are about 65 million people living there making it one of the world's largest. Its capital, Mexico City, with over 9 million inhabitants, is the largest city in Latin America and the largest Spanish-speaking city in the world.

Mexico is a potentially rich country. It possesses great mineral wealth. Recent petroleum discoveries promise to give the country even greater importance in world markets.

To cross the narrow **Río Bravo** or Rio Grande from Laredo, Texas, into Mexico, a simple tourist card is sufficient. Like so many of its *mestizo* (of Spanish and Indian parentage) inhabitants, Mexico reflects a mixture of European and Indian cultures. Unexpected remains of the former Aztec Empire are seen from the northern border cities to Mexico's central valley. In the southeastern Yucatán Peninsula are stone monuments of Mayan Indian heritage.

A. The Capital City

Mexico City – México, D.F. (Distrito Federal) – rests on the remains of the ancient Indian capital, Tenochtitlán, built by the Aztec Indians on Lake Texcoco. This underlying lake has proved to be an unsure foundation for many of Mexico City's modern buildings and has often delayed the construction of both a new subway system and the largest skyscraper in Latin America.

1. **Parque Chapultepec** is a center of amusement for the people of Mexico City, who take their children to its zoo, its museums, and its famous castle built by the Emperor Maximilian.
2. **Paseo de la Reforma** is the broad and beautiful tree-lined avenue that leads from Chapultepec Park to the elegant hotels and theaters of the city. The Paseo's large traffic circles bear statues and monuments commemorating great moments and leaders in Mexican history.

3. **El Zócalo** or **Plaza Mayor** is located at the end of Avenida Juárez, which is an extension of the Paseo de la Reforma. The enormous square contains several municipal and government buildings.
4. **Palacio de Bellas Artes** is both a museum and a theater for dance, opera, and concerts for both Mexican and international performances and exhibits.
5. **Basílica de Guadalupe** is the church of the patron saint of Mexico. Worshipers crawl on their knees at the entrance of the church of the Virgin of Guadalupe as an act of faith and to ask for her help.
6. **Xochimilco,** often called the "floating gardens" of the city, gives us some small idea of what life might have been like in the days of old Tenochtitlán, when Cortés first saw "the Venice of America."

B. Foods of Mexico

Mexican food is generally *picante* ("hot") because of the chili spice that is added for flavor. Corn, once the basis of Mayan agriculture and still a staple of many Mexican meals, is used in *tortillas* (corn pancakes). In most places the largest meal is eaten during the afternoon, since high temperatures and altitudes make digestion slower and sometimes more difficult.

1. **Chile** is a basic "hot" spice.
2. An **enchilada** is a rolled *tortilla* containing meat and "hot" sauce.
3. **Tortillas** are corn pancakes, eaten as often as bread is eaten in other countries.
4. **Frijoles** are brown beans, often mashed after cooking.
5. **Tamales** are rolled corn husks filled with meat and corn.
6. **Tacos** are folded *tortillas* filled with meat or chicken.
7. **Tequila** is an alcoholic drink made from the maguey plant.
8. **Chile con carne** is made of chopped meat and *frijoles,* cooked in sauce with *chili* peppers.

C. Climate and Clothing

The climate of Mexico, with its warm coastal areas, cold mountain ranges, and temperate interior *mesetas* (tableland), dictates whether woolen or cotton clothing is worn in the various parts of the country. The long afternoon rest or nap (*siesta*) is a Mexican custom that originated in Spain and other warm lands, where all midday activity pauses for relief from the day's heat.

1. The **sarape** is the blanket worn by men for protection against the sun or cold.
2. The **rebozo** is the woman's wool shawl.
3. The **sombrero** is the wide-brimmed hat, also offering shade or warmth.
4. **Huaraches** are leather sandals.
5. **Alpargatas** are hemp or cord sandals.
6. The **poncho** is a triangular woolen covering with an opening for the head to pass through. It is worn loosely on the shoulders.
7. The **charro** is a horseman whose elegant riding costume usually has a richly embroidered design and includes a matching hat.
8. The **china poblana** is the feminine companion of the *charro* and is dressed in a white blouse and colorful skirt, jacket, and hat, equal in elegance to the costume of the proud *charro.*

D. Products of Mexico

Most of the agricultural and energy resources come from the areas surrounding the central *meseta.* This heartland of Mexico, with four fifths of its inhabitants, would be powerless without the coal, petroleum, natural gas, and hydroelectricity of the outlying areas. Recent discoveries of oil and natural gas continue to make Mexico a major energy producer.

1. **Petroleum** production is a state-owned and -operated industry.
2. Cattle raising is a major industry, separate from agriculture, because of the importance of the **meat** and **hides.**
3. **Corn** (*maíz*) is the basic food of the Mexican meal and is the major agricultural product that south-central Mexico produces in sufficient quantity.
4. **Kidney beans, wheat,** and **cotton** are, after corn, the most widely planted crops.
5. **Henequén** is hemp from Yucatán.
6. **Silver** for sale is stamped "9.25" to verify its content of pure silver.

E. The Arts

The fusion of European, American, and native Indian tradition is seen in the work of Mexican artists and artisans.

1. **Painting.** Diego Rivera, Orozco, and Siqueiros are important muralists. They have depicted the history and culture of Mexico on the outside of the buildings of the University of Mexico City and on the walls inside theaters, hotels, and municipal buildings.
2. **Dance.** In the Palacio de Bellas Artes on Sundays, the *Jarabe Tapatío* (Mexican Hat Dance), as well as hundreds of Indian dances, are performed with elegance and spirit by the Ballet Folklórico.
3. **Music.** Carlos Chávez, former conductor of the *Orquesta Sinfónica de México,* has used the native rhythms and instruments in such music as his *Sinfonía India.* Augustín Lara, the composer of *Granada,* has become internationally known for many of his popular songs of Mexico.
4. **Instruments.** The *marimba* is similar to the xylophone. The *guitarra* is the universally known Spanish guitar. The *mariachi band* consists of varying combinations of violins, a large five-stringed guitar, a small guitar, and a small *arpa* (harp). This blend of strolling players may play *Las mañanitas* for a birthday, or serenade a *señorita.*

Exercises

I. Write the letter of the word that best identifies the word in *italics.*

1. *Chávez*	a. composer	b. painter	c. writer	d. singer	_______
2. *D.F.*	a. Zócalo	b. Texcoco	c. Tenochtitlán	d. Mexico City	_______
3. *tamales*	a. maguey	b. husks	c. poncho	d. songs	_______
4. *marimba*	a. mestizo	b. flute	c. horn	d. zylophone	_______
5. *tequila*	a. alcohol	b. corn	c. sandals	d. tortilla	_______
6. *Yucatán*	a. gulf	b. Maya	c. border	d. river	_______
7. *charro*	a. chili	b. hemp	c. theater	d. horseman	_______
8. *Texcoco*	a. sea	b. lake	c. mountain	d. garden	_______

II. Match the following items:

A. a. henequén — 1. ____________ spice
b. sombrero — 2. ____________ sandals
c. chile — 3. ____________ border
d. alpargatas — 4. ____________ hemp
e. Río Bravo — 5. ____________ hat

B. a. zócalo — 1. ____________ floating gardens
b. Bellas Artes — 2. ____________ saint
c. Xochimilco — 3. ____________ park
d. Basílica — 4. ____________ theater
e. Chapultepec — 5. ____________ town square

III. Write the letter of the word that best completes the statement.

1. The Mexican man wears a *sarape,* while the woman wears ____________
 a. *alpargatas* b. a *rebozo* c. a *poncho* d. *huaraches*

2. To make *tacos* you need ____________
 a. *charros* b. *zócalos* c. *tortillas* d. *henequén*

3. Carlos Cháves is the composer of ____________
 a. *Sinfonía India* b. *Granada* c. ballets d. stories

4. "9.25" refers to an amount of ____________
 a. gold b. silver c. tin d. zinc

5. Sandals made of hemp are called ____________
 a. *alpargatas* b. *huaraches* c. *charros* d. *mantillas*

IV. Complete the following sentences from the selection below.

1. Mexico is a potentially richer nation because of recent discoveries of____________.
2. Mexico City was formerly called ____________.
3. Hemp from Yucatán is called ____________.
4. The basic ingredient in *tortillas* is____________.
5. The Indians who founded Mexico City were the ____________.
6. In all Latin America, Mexico has the tallest ____________.
7. The feminine counterpart of the *charro* is the ____________.
8. Mexico's coastal climate is generally very____________.

Selection: **henequén, Tenochtitlán, corn, oil and natural gas, Aztecs, china poblana, warm, skyscraper.**

Part Two. Mexico's Story

A. Geography

Los Estados Unidos de México is the complete name of our North American neighbor, Mexico. Does Mexico's complete name for its 31 states remind you of the United States of America with its 50 states?

Mexico's triangular shape on the map is that of a horn of plenty that showers the country's mineral, agricultural, and industrial wealth on the world. Her great north-to-south mountains, **La Sierra Madre,** run in two branches – one eastern, one western – and join in the south, marking the triangle. Between these two branches lies the cool **Meseta** (high flatland) of **Anáhuac**, on which Mexico City is located, while southward, along the coasts, the climate changes from semitropical to tropical.

The variety in scenery attracts tourists from every part of the world to modern seaside resorts like **Acapulco,** to charming cities, or to remote mountainside Indian villages as well as to ancient Mayan pyramids in **Yucatán,** or to storied volcanoes, some legendary, some new, like **Paricutín** (1943).

B. History

The story of the Mexican people tells of their successful struggle toward independence and freedom.

1. **Discovery, conquest,** and **colonization** span the first 300 years (1519–1810). The Spaniard **Hernán Cortés** arrives in 1519, claims the land for Spain and captures the Aztec **Emperor Moctezuma (Montezuma).** Two years later, **Cortés** returns to finish the destruction of the Aztec Empire. The land becomes a colony of Spain and is called **Nueva España** (New Spain). Other Spaniards follow; they intermarry with Indians and establish a **mestizo** (Spanish and Indian) nation under Spain's control.
2. **Independence from Spain** is not easily won. In 1810 a little-known parish priest, **Padre Miguel de Hidalgo,** urges his townspeople to revolt against Spain's harsh rule, for liberty, farming land, and "La Virgen de Guadalupe." Not until 1821, however, do the defeated Spanish armies leave Mexico free and independent. **Miguel de Hidalgo** is loved as the "George Washington" of his country and is credited as its founder.
3. **The civil war,** called the **War of the Reform** (1857–1860), is fought to protect the new **Reform Constitution** written by Mexico's president, **Benito Juárez,** born a poor Zapotec Indian. He wins the war and then fights again to rid Mexico of the foreign **Emperor Maximilian I,** sent by the French. Again, **Juárez** wins and unites the nation. **Benito Juárez** is the most revered name in Mexican history. Does he remind you of an American president of the same period?
4. **The troubled presidencies** follow for 50 years, into the 1920s. The Mexican people suffer, take sides, and hope again for land to farm and for liberty. One of the presidents, **General Santa Anna,** is forced to give the Mexican territory of Texas its independence. Other Mexican presidents, following the Mexican War, lose or sell to the United States all Mexican land north of the **Río Bravo (Rio Grande)**, including the present states of California, Colorado, Nevada, New Mexico, and Arizona. Mexico has lost a great deal of its land by the twentieth century. How to stabilize this smaller Mexico under the democratic "Reform Constitution" is the problem of the martyred **President Francisco Madero,** who dies in the attempt. His idealism is well remembered, as are his two very unlike supporters, Generals **Emiliano Zapata** and **Pancho Villa,** the guerrilla fighters.
5. **The stable democracy** develops gradually. In the last 50 years Mexico achieves a balanced democracy, internal peace, and a new prosperity. As the fifth-largest Latin-American country and one of the world's major suppliers of oil and natural gas, Mexico today takes an important place among modern nations.

Exercises

I. Match the following by writing the correct letter.

a. Meseta de Anáhuac — 1. ________ seaside resort

b. Sierra Madre — 2. ________ Mayan pyramids

c. Paricutín — 3. ________ mountain chain

d. Acapulco — 4. ________ flat highland

e. Yucatán — 5. ________ new volcano

II. Complete by selecting the correct name from the group of names given below the exercise.

1. The Spanish explorer and conqueror of Mexico was ____________________.
2. The Aztec Emperor captured by Spanish soldiers was ____________________.
3. The father of his country's independence and the "George Washington" of Mexico was ____________________.
4. An idealistic guerrilla fighter who supported **Franciso Madero,** the martyred president, was ____________________.
5. The president of Mexico who was born a poor Zapotec Indian and who later preserved Mexico's unity during its civil war, like the American president, Abraham Lincoln, was ____________________.

Selection: **Juárez, Santa Anna, Cortés, Hidalgo, Moctezuma, Zapata.**

III. Name five states of the United States that were once a part of Mexico's territory.

1. ____________________ 3. ____________________

2. ____________________ 4. ____________________

5. ____________________

Part Two
VOCABULARY

Gold Plaque
Cocle, Panama
The University Museum, Univ. of Pennsylvania

Mosaico de la biblioteca de
la Universidad Nacional de México.

Part Two: Vocabulary

Unit 1

Las diversiones, la ciudad, los edificios

Las diversiones	*Amusements*
1. la canción	song
2. el cine	movies
3. el circo	circus
4. el concierto	concert
5. el cuadro	picture
6. el cuento	story
7. el disco	record
8. la fiesta	party
9. el museo	museum
10. la música	music
11. el paseo	walk
12. la película	movie
13. el periódico	newspaper
14. el programa	program
15. la radio	radio
16. la revista	magazine
17. el teatro	theater
18. la televisión	television
19. el tocadiscos	record-player
20. asistir *a*	to attend
21. bailar	to dance
22. cantar	to sing
23. dar un paseo	to take a walk
24. escuchar	to listen to
25. llegar *a*	to arrive, come
26. mirar	to look at, watch
27. necesitar	to need
28. visitar	to visit

La ciudad	*City*
29. la avenida	avenue
30. la calle	street
31. la ciudad	city
32. la gente	people
33. el parque	park
34. la plaza	square, plaza
35. el pueblo	citizenry, people
36. el ruido	noise
37. el subterráneo	subway
38. el trabajo	work
39. hay	there is, there are
40. alegre; feliz	happy
41. ancho	wide
42. bonito; lindo	pretty
43. hermoso	beautiful
44. para	in order to, for

Los edificios	*Buildings*
45. la casa	house
46. la casa de pisos	apartment house
47. el edificio	building
48. la estación	station
49. el hospital	hospital
50. el hotel	hotel
51. la iglesia	church
52. el templo	temple
53. ir	to go
va	he (she, it) goes, you go

STUDY THE VOCABULARY BEFORE BEGINNING THE EXERCISES!

Exercises

I. Write the letter of the expression that helps to define the word in *italics*.

1. Un *cine* es ____
a. un hotel b. una iglesia
c. una calle d. un teatro

2. Un *hospital* es ____
a. una fiesta b. una avenida c. un edificio d. un parque

3. Un *concierto* es un programa de ____
a. cuadros b. películas c. ruido
d. música

4. Una persona *feliz* ____
a. es bonita b. está alegre c. va al hospital d. es alta

5. La *iglesia* es ____
a. un ruido b. un concierto c. un museo d. un templo

6. Una chica *bonita* es ____
a. ancha b. alta c. linda
d. grande

7. La *música* es ____
a. ciudad b. museo c. canción
d. ruido

8. El *pueblo* es ____
a. ruido b. gente c. el subterráneo
d. la casa de pisos.

9. Toda la *gente* de una ciudad es su ____
a. pueblo b. periódico c. paseo
d. plaza

10. La *avenida* es ____
a. un ruido b. una casa c. un trabajo
d. una calle

II. Write the letter of the word that best completes the sentence.

1. Miramos un programa en ____
a. la radio b. el paseo c. la televisión d. la canción

2. Para escuchar un disco necesitamos ____
a. un periódico b. un concierto
c. un tocadiscos d. un museo

3. Bailamos en ____
a. el cine b. la fiesta c. el circo
d. el subterráneo

4. Cantamos ____
a. calles b. altos c. ruidos
d. canciones

5. En el subterráneo hay muchas ____
a. estaciones b. avenidas
c. ciudades d. plazas

6. En las calles escuchamos muchos ____
a. ruidos b. paseos c. templos
d. circos

7. San Francisco es ____
a. una ciudad b. un parque c. un pueblo d. un cuento

8. En las revistas hay muchos ____
a. periódicos b. paseos
c. hospitales d. cuentos

9. Para ver una película vamos a ____
a. un periódico b. un cine c. un hotel d. una casa de pisos

10. En un día hermoso damos ____
a. un periódico b. un paseo c. una iglesia d. trabajo

11. Mucha gente usa el subterráneo para ____
a. ir a otra ciudad b. ir al trabajo
c. ir a un hospital d. ir a la calle

12. Hay cuentos en ____
a. los tocadiscos b. los edificios
c. los conciertos d. las revistas

13. Hay animales en ____
    a. el templo b. el museo c. el circo
    d. una calle

14. En la fiesta ____
    a. doy un paseo b. bailo y canto
    c. voy al templo d. necesito trabajo

15. Uso la televisión para ____
    a. mirar programas b. ir al teatro
    c. visitar casas d. asistir al circo

III. Write the best answer *completely in Spanish,* and circle the letter.

1. Yo pregunto: —¿Adónde va Vd. el domingo?

   Vd. contesta: —________________________________
   a. —Necesito el periódico. c. —Doy una fiesta.
   b. —Miro el cuadro. d. —Asisto a la iglesia.

2. Yo pregunto: —¿Qué usa la gente para llegar al trabajo?

   Vd. contesta: —________________________________
   a. —Usa la televisión. c. —Llega a la estación.
   b. —Necesita el subterráneo. d. —Visita el museo.

3. Yo pregunto: —¿Dónde dan ellos paseos?

   Vd. contesta: —________________________________
   a. —En el parque. c. —En la estación.
   b. —En el programa. d. —En el trabajo.

4. Yo pregunto: —¿Qué hay en los museos?

   Vd. contesta: —________________________________
   a. —Hay mucho ruido. c. —Hay circos alegres.
   b. —Hay cuadros hermosos. d. —Hay discos bonitos.

5. Yo pregunto: —¿Qué necesitan los circos?

   Vd. contesta: —________________________________
   a. —Usan animales. c. —Dan paseos.
   b. —Miran hospitales. d. —Necesitan películas.

6. Yo pregunto: —¿Qué edificio es alto?

   Vd. contesta: —________________________________
   a. —Asisto a un concierto. c. —Voy a un cine.
   b. —Es un cuento. d. —Es una casa de pisos.

7. Yo pregunto: —¿Qué son anchas?

   Vd. contesta: —________________________________
   a. —Las avenidas y las plazas. c. —Son los ruidos.
   b. —Cantamos canciones. d. —Asistimos a las fiestas.

8. Yo pregunto: —¿Adónde va Vd. para escuchar música?

   Vd. contesta: —______________________________

   a. —Visito un hospital.
   b. —Necesito un periódico.
   c. —Voy a un concierto.
   d. —Miro una revista.

9. Yo pregunto: —¿Qué música escucha Vd. en la radio?

   Vd. contesta: —______________________________

   a. —Canto con el tocadiscos.
   b. —Hay muchos edificios.
   c. —Bailo en casa.
   d. —Es una canción alegre.

10. Yo pregunto: —¿Dónde escucha Vd. programas?

    Vd. contesta: —______________________________

    a. —Llego al hospital.
    b. —Escucho el ruido de la calle.
    c. —Voy al subterráneo.
    d. —Hay música linda en la radio.

IV. Complete by writing the most appropriate word selected from the list on the right.

1. Cuando visito otra ciudad voy a un______________	visitar
2. Mi padre necesita leer______________todos los días.	hotel
3. Cuando bailo y canto, estoy______________	necesitas
4. Necesitas______________al hospital si no estás bien.	llego
5. Voy a otra ciudad para______________a mi amigo.	feliz
6. ______________mucha gente en el subterráneo.	ir
7. En el cine miramos______________	periódicos
8. Va a______________para mirar cuadros.	museos
9. ______________a la clase para escuchar al profesor.	hay
10. Para escuchar tu música favorita______________discos.	películas

V. Write a logical answer in a complete Spanish sentence. Begin each answer with the words in parentheses.

1. ¿Necesitas un tocadiscos para escuchar música o para mirar la televisión? (Necesito)

2. ¿Das un paseo en la plaza o en la casa? (Doy)

3. ¿Asistes al cine para mirar un cuadro o una película? (Asisto)

4. ¿Hay cuentos bonitos en el museo o en la revista? (Hay)

5. ¿Vas al museo o al concierto para escuchar un programa de música? (Voy)

6. ¿Usa la gente el subterráneo para llegar al trabajo o para ir a otra ciudad? (La gente)

7. ¿Bailas y cantas en el subterráneo o en la fiesta? (Bailo y canto)

8. ¿Miras cuadros o películas en el museo? (Miro)

9. ¿Son los edificios altos casas de pisos o circos? (Los edificios)

10. ¿Son hermosos los parques o los hospitales? (Los)

11. ¿Hay muchas casas en los parques o en las avenidas? (Hay)

12. ¿Escuchas ruido en el hospital o en el subterráneo? (Escucho)

13. ¿Son anchas y bonitas las plazas o las estaciones del subterráneo? (Las)

14. ¿Miras programas en la televisión o en la radio? (Miro)

15. ¿Visitas al amigo en su casa o en el subterráneo? (Visito)

Rivera, Diego.
Jacques Lipchitz (Portrait of a Young Man). 1914.
Oil on canvas, 25⅝ x 21⅝.
Collection, The Museum of Modern Art, New York.
Gift of T. Catesby Jones.

Marisol
Women and Dog. 1964
Wood, plaster, synthetic polymer paint and misc. items
Collection of the Whitney Museum of American Art, New York
Gift of the Friends of the Whitney Museum of American Art

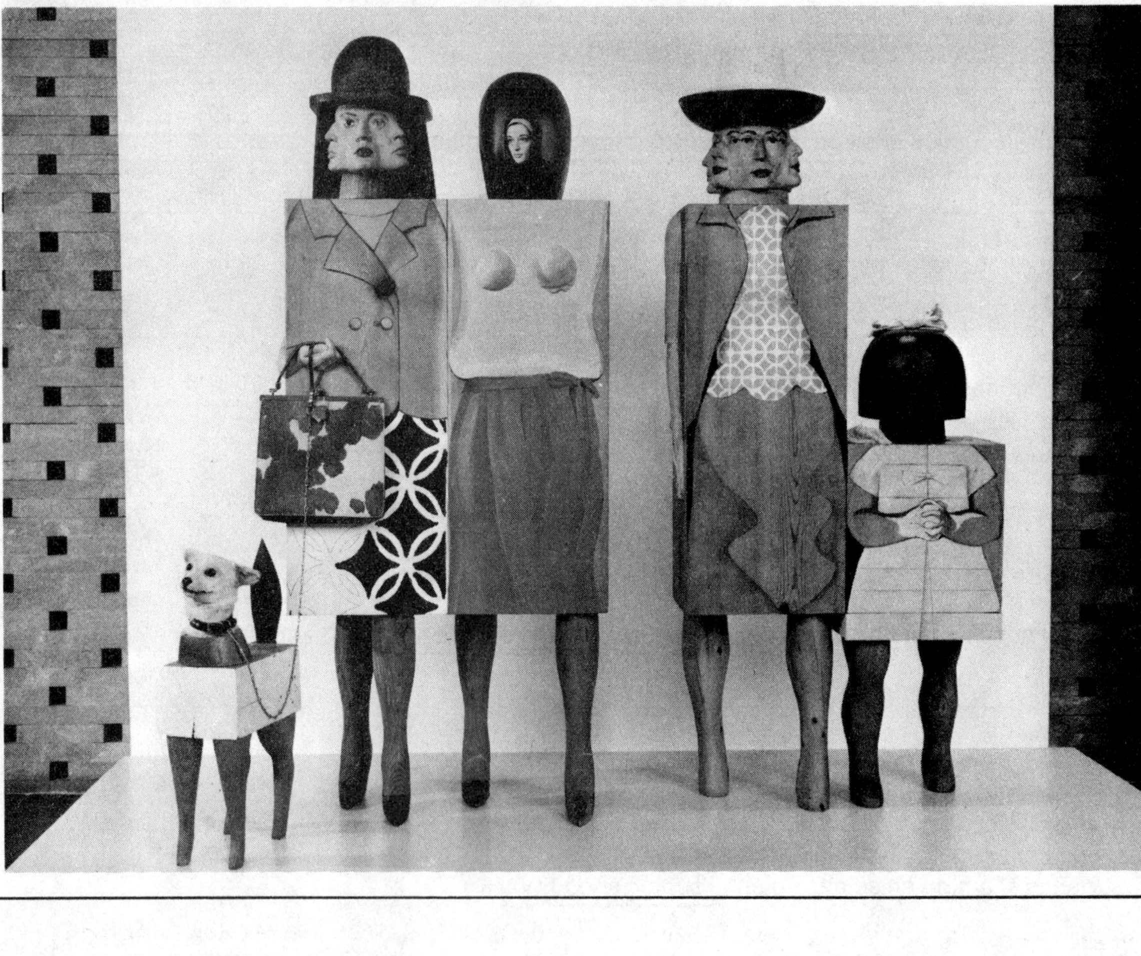

Unit 2

La naturaleza, los animales, las estaciones, los meses, las fiestas

La naturaleza	*Nature*
1. el agua(*f.*)	water
2. el aire	air
3. el árbol	tree
4. el campo	country
5. el cielo	sky
*6. la estrella	star
7. la hierba	grass
*8. la luna	moon
9. la lluvia	rain
10. el mar	sea
11. la montaña	mountain
12. el monte	hill
13. el mundo	world
*14. la neblina	fog
15. la nieve	snow
*16. la nube	cloud
17. la playa	beach
18. el río	river
19. el sol	sun
20. el tiempo	weather
21. la tierra	land, earth
22. brillar	to shine
23. esperar	to wait for
24. solamente	only

Los animales	*Animals*
25. el animal	animal
26. el burro	donkey
27. el caballo	horse
28. el elefante	elephant
29. la gallina	hen
30. el gallo	rooster
31. el gato	cat
32. el león	lion
33. el pájaro	bird
34. el perro	dog
35. el puerco	pig
36. el tigre	tiger

Las estaciones	*Seasons*
39. la estación	season
40. el invierno	winter
41. el otoño	autumn
42. la primavera	spring
43. el verano	summer

Los meses	*Months*
44. el mes	month
45. el primer mes	the first month
46. abril	April
47. agosto	August
48. diciembre	December
49. enero	January
50. febrero	February
51. julio	July
52. junio	June
53. marzo	March
54. mayo	May
55. noviembre	November
56. octubre	October
57. septiembre	September

***Hay:** **hay** estrellas, The stars are out; **hay** luna, The moon is out; **hay** neblina, It is foggy; **hay** nubes, It is cloudy. **Hay** is used for *visible* phenomena in weather expressions.

Las fiestas	*Holidays*
58. el cumpleaños	birthday
59. el Día de Año Nuevo	New Year's Day
60. el Día de la Raza	Columbus Day
61. la Navidad	Christmas
62. la Pascua Florida	Easter
63. las vacaciones	vacation
64. ¡Feliz Año Nuevo!	Happy New Year!
65. ¡Feliz Cumpleaños!	Happy Birthday!
66. ¡Feliz Navidad!	Merry Christmas!
67. ¡Felices Pascuas!	Happy Easter!
68. ¡Igualmente!	the same to you!

STUDY THE VOCABULARY BEFORE BEGINNING THE EXERCISES!

Exercises

I. Write the letter of the expression that helps to define the word in *italics.*

1. *La lluvia* es ____ del cielo.
   a. el sol b. el agua c. la luna d. una estrella
2. *La playa* es ____
   a. hierba b. nieve c. neblina d. tierra y mar
3. *El verano* es la estación de ____
   a. mucho sol b. neblina c. nubes d. la Navidad
4. *Brillar* es una acción de ____
   a. los pájaros b. los burros c. las estrellas d. las nubes
5. *Esperar* es la acción de los niños para el día de ____
   a. su cumpleaños b. las lluvias c. las nubes d. la Raza
6. *El gallo* es ____
   a. un animal b. un pájaro c. una estación d. una fiesta
7. *Las vacaciones* son los días de ____
   a. sol b. fiesta c. lluvia d. neblina
8. *Un mes* es un período de ____
   a. siete días b. treinta días c. cuatro estaciones d. un año
9. *El invierno* es la estación de ____
   a. la nieve b. noviembre c. los ríos d. los montes
10. *El elefante* es un animal ____
    a. bonito b. fuerte c. doméstico d. rojo

II. Write the letter of the word that best completes the sentence.

1. Un animal que vive en nuestra casa es ____
   a. el caballo o el tigre b. el gato o el perro c. la gallina d. el gallo
2. Un animal doméstico es ____
   a. el burro b. el león c. el tigre d. el pájaro
3. Un animal muy fuerte es ____
   a. el perro b. el caballo c. el gato d. el puerco
4. Un animal que vive *solamente* en el campo es ____
   a. el puerco b. el gato c. el perro d. el pájaro

5. Mucha agua entra en el mar de ____
   a. los árboles b. los meses c. los ríos d. las fiestas

6. En el árbol canta un ____
   a. puerco b. perro c. pájaro d. río

7. Donde hay mucha hierba es en ____
   a. el campo b. las nubes c. la luna d. la ciudad

8. No vemos bien cuando hay ____
   a. estrellas b. luna c. neblina d. sol

9. El primero de enero es el Día de ____
   a. la Navidad b. la Pascua Florida c. la Raza d. Año Nuevo

10. El 25 de diciembre es el Día de ____
    a. las Américas b. la Navidad c. Año Nuevo d. la Raza

III. Write the letter of the expression that is related to the word in *italics*.

1. Vamos *al mar.* ____
   a. a la hierba b. a la tierra c. a la playa d. al cielo

2. *El otoño* es bonito. ____
   a. abril b. septiembre c. junio d. febrero

3. *El mundo* está bonito en la primavera. ____
   a. el animal b. el agua c. la fiesta d. la tierra

4. *La montaña* es alta. ____
   a. el mundo b. el monte c. el árbol d. la tierra

5. Hay *árboles* en el parque. ____
   a. nubes b. estaciones c. hierba d. luna

IV. Write the expression that forms the best rejoinder, and circle the letter.

1. Yo digo: —Es la Navidad.

   Vd. responde: —Entonces________________________________
   a. —Vd. es fuerte. b. —¡Feliz Navidad! c. —Es enero. d. —¡Igualmente!

2. Yo digo: —¡Feliz Año Nuevo!

   Vd. responde: —________________________________
   a. —Vd. es feliz. b. —¡Igualmente! c. —¡Feliz Cumpleaños! d. —El verano es bonito.

3. Yo digo: —Hoy es mi cumpleaños.

   Vd. contesta: —________________________________
   a. —¡Feliz Año Nuevo! b. —¡Feliz Cumpleaños! c. —Es un buen año. d. —Tenemos las vacaciones.

4. Yo digo: —Estamos celebrando la Pascua Florida.

   Vd. responde: —________________________________
   a. —Tienen muchas playas. b. —¡Felices Pascuas! c. —Voy allá. d. —¡Igualmente!

5. Yo digo: —¡Es una noche bonita!

   Vd. contesta: —Sí, ________________________________
   a. el sol está muy fuerte. b. es el invierno. c. llueve mucho. d. hay luna y estrellas.

V. Complete each sentence in Spanish.

1. La Navidad es en el mes de ________________. 2. La Pascua Florida es en la estación de ________________. 3. El Día de la Raza es en el mes de ________. 4. Los meses de ________________, ________________, y ________________ son en la primavera. 5. El Día de Año Nuevo es en el mes de ________________. 6. Noviembre es en la estación de ________________. 7. ________________ es la estación de mucha nieve. 8. Julio es en la estación de ________________. 9. Los meses de ________________, ________________ y ________________ son el verano. 10. Los meses de ________________, ________________, y ________________ son el invierno.

VI. Write a factual answer in a complete Spanish sentence. To agree, rewrite the question as a statement. To disagree, place **no** before the verb in your statement.

1. ¿Hay mucha nieve en el invierno?

   ____

2. ¿Esperan los niños la Navidad?

   ____

3. ¿Brillan las estrellas en el cielo?

   ____

4. ¿Hay nubes antes de la lluvia?

   ____

5. ¿Es la gallina un animal fuerte?

   ____

6. ¿Es puro el aire en el campo?

   ____

7. ¿Son los leones y los tigres pájaros domésticos?

   ____

8. ¿Hay luna cuando hay mucha neblina?

   ____

9. ¿Son bonitas las vacaciones y las fiestas?

   ____

10. ¿Está el mundo bonito en todos los tiempos y en todas las estaciones?

   ____

Unit 3

El cuerpo, la salud, la ropa, las dimensiones

El cuerpo	*Body*
1. la boca	mouth
2. el brazo	arm
3. la cabeza	head
4. la cara	face
5. el cuerpo	body
6. el dedo	finger
7. el diente, la muela	tooth
8. el estómago	stomach
9. los labios	lips
10. la lengua	tongue
11. la mano	hand
12. la nariz	nose
13. el ojo	eye
14. la oreja	outer ear
el oído	inner ear
15. el pelo	hair
16. el pie	foot
17. la pierna	leg
18. besar	to kiss
19. caminar	to walk
20. comer	to eat
21. hablar	to speak
22. oír	to hear
23. respirar	to breathe
24. trabajar	to work
25. ver	to see

La ropa	*Clothing*
26. el abrigo	coat
27. la blusa	blouse
28. el bolsillo	pocket
29. los calcetines	socks
30. la camisa	shirt
31. la cartera	purse, wallet
32. la corbata	tie
33. la chaqueta	jacket
34. el dinero	money
35. la falda	skirt
36. la gorra	cap
37. los guantes	gloves
38. las medias	stockings
39. los pantalones	trousers
40. el pañuelo	handkerchief
41. la ropa	clothing
42. la ropa interior	underwear
43. el sombrero	hat
44. el traje	suit
45. el traje de baño	bathing suit
46. el vestido	dress
47. los zapatos	shoes
48. llevar; usar	to wear
49. llevar	to carry
50. meter	to put in, to insert
51. ponerse	to put on
52. usar	to use

La salud	*Health*
53. el dolor	pain
54. el dolor	
. . . de cabeza	headache
. . . de muelas (dientes)	toothache
. . . de estómago	stomachache
55. la enfermedad	illness
56. el resfriado	cold
57. la salud	health
58. sufrir	to suffer
(estar)	to be
59. enfermo	sick
(estar) bien	(to be) well

Las dimensiones	*Dimensiones*
60. bajo	short (persons)
(*anton.* alto)	(*anton.* tall, high)
61. corto	short (things)
(*anton.* largo)	(*anton.* long)
62. estrecho	narrow
(*anton.* ancho)	(*anton.* wide)
63. pequeño	small, little
(*anton.* grande)	(*anton.* large, big)

STUDY THE VOCABULARY BEFORE BEGINNING THE EXERCISES!

Exercises

I. Write the letter of the word that best completes the sentence.

1. En el bolsillo tengo un pañuelo y ____
   a. dinero b. ropa c. una chaqueta
   d. un dolor

2. Mi salud es buena. No tengo ____
   a. cabeza b. gorras
   c. enfermedades d. estómago

3. Llevas una blusa y ____
   a. un vestido b. una camisa
   c. un traje de baño d. una falda

4. El hombre usa camisa y ____
   a. vestido b. blusa c. falda
   d. corbata

5. La chaqueta y los pantalones forman ____
   a. una corbata b. un traje
   c. una cartera d. un abrigo

6. La mano tiene cinco ____
   a. dientes b. brazos c. pies
   d. dedos

7. En las manos usamos ____
   a. guantes b. medias c. abrigos
   d. gorras

8. Estoy bien. Tengo buena ____
   a. ropa b. salud c. enfermedad
   d. cabeza

9. Para respirar uso ____
   a. las piernas b. la lengua c. la nariz
   d. los ojos

10. Para escuchar uso ____
    a. los ojos b. los oídos c. la lengua
    d. la nariz

11. Para ver usamos ____
    a. los ojos b. las orejas c. los labios
    d. los pies

12. Para besar usamos ____
    a. los ojos b. las orejas c. los labios
    d. los pies

13. La cabeza es una parte del ____
    a. cuerpo b. dolor c. pie d. dedo

14. Los chicos usan calcetines; las chicas usan ____
    a. sombreros b. medias
    c. un traje de baño d. blusas

15. Los pantalones son grandes porque son ____
    a. hermosos y cortos b. bajos y estrechos c. cortos y estrechos
    d. largos y anchos

16. Para mi pie este zapato está muy ____
    a. estrecho b. negro c. alegre
    d. blanco

17. En el invierno debo llevar ____
a. una cartera b. un abrigo c. un bolsillo d. un traje de baño

18. Los dientes y las lenguas son partes ____
a. de la boca b. de la nariz c. del traje d. del pie

19. Los ojos y la nariz son partes ____
a. del pelo b. de la cara c. de la ropa d. de la mano

20. Uso el pañuelo para ____
a. un dolor de estómago b. un vestido c. un resfriado d. un abrigo

21. Si como mucho sufro un dolor de ____
a. los bolsillos b. los pies c. estómago d. los ojos

22. En el invierno los niños usan ____
a. mucho dolor b. mucha ropa interior c. mucho dinero d. mucha salud

23. En la cabeza tenemos ____
a. un cuerpo b. pelo c. piernas d. el estómago

24. Cuando *no* sufro estoy ____
a. enfermo b. malo c. bien d. cansado

25. Tomo aspirina para *no* ____
a. respirar b. sufrir c. besar d. oír

II. Write the letter of the word that is *related* to the *italicized expression* and that will keep the sentence meaningful.

1. Uso *los pies* para caminar. ________
a. el pelo b. los pantalones c. las piernas d. la cabeza

2. Uso *la boca* para hablar. ________
a. el dolor b. la salud c. el cuerpo d. la lengua

3. Uso *las manos* para trabajar. ________
a. los brazos b. la blusa c. la nariz d. el traje

4. Tengo el dinero en *los bolsillos.* ______
a. los calcetines b. la corbata c. la cartera d. el sombrero

5. En los pies llevo *calcetines.* ________
a. zapatos b. vestidos c. camisas d. pañuelos

6. En la cabeza llevo *el sombrero.* ______
a. los guantes b. la gorra c. las medias d. el abrigo

7. El usa *camisa* pero ella usa . . . ______
a. ropa b. dinero c. cartera d. blusa

8. Las piernas tienen *pies* como los brazos tienen . . . ____________
a. pelo b. manos c. cara d. medias

9. Los dedos son partes *de la mano,* como la cara es parte . . . ________
a. de la casa b. del día c. de la cabeza d. de la ropa

10. Las casas *no* son *pequeñas* son . . . ___
a. blancas b. grandes c. estrechas d. bajas

III. Next to each word in the first column write the word from the second column that means its opposite. Write the corresponding letter before it.

1. *cabeza* ________________ a. pantalones

2. *falda* ________________ b. pequeño

3. *largo* ________________ c. pies

4. *alto* ________________ d. bajo

5. *grande* ________________ e. corto

IV. Complete by writing the best selection from the following: **besar, caminar, comer, hablar, oír, respirar, trabajar, ver, meter dinero, ponerse el sombrero**

1. Usan los ojos para____________.
2. Usan los dientes para____________.
3. Usan la nariz para____________.
4. Usan los oídos para____________.
5. Usan los pies para____________.
6. Usan carteras para____________.
7. Usamos las manos para____________.
8. Uso la lengua para____________.
9. Usan los labios para____________.
10. Usan la cabeza para____________.

V. Write a *logical* answer in a complete Spanish sentence. (Begin each answer with the words in parentheses.)

Model: ¿Usan los chicos *una blusa* o *una camisa*?
Do boys wear a blouse or a shirt?

____________________ **Los chicos usan una camisa.**
(Los chicos) Boys wear a shirt.

1. ¿Usan las chicas vestidos lindos para *las fiestas* o para *la escuela*?

____
(Las chicas)

2. ¿Usan los chicos corbatas con *trajes de baño* o con *camisas*?

____
(Los chicos)

3. ¿Se ponen ellos el traje de baño para ir a *la playa* o a *la escuela*?

____
(Ellos se ponen)

4. En el invierno ¿lleva Vd. mucha ropa en *las montañas* o en *el cine*?

____
(Llevo)

5. ¿Mete Vd. un pañuelo en *el bolsillo* o en *la ropa interior*?

____
(Meto)

Unit 4

Las flores, los colores, las frutas, los árboles

Las flores	*Flowers*	*Las frutas*	*Fruit*
1. el clavel	carnation	20. la cereza	cherry
2. la flor	flower	21. la fruta	fruit
3. el jardín	garden	22. el limón	lemon
4. la rosa	rose	23. la manzana	apple
5. el tulipán	tulip	24. la naranja	orange
6. la violeta	violet	25. la pera	pear
		26. la uva	grape
¿De qué color?	*What color?*		
		Los árboles	*Trees*
7. el color	color		
8. amarillo	yellow	27. el árbol	tree
9. anaranjado	orange	28. el arbusto	bush
10. azul	blue	29. el cerezo	cherry tree
11. blanco	white	30. el limón	lemon tree
12. gris	gray	31. el manzano	apple tree
13. morado	purple	32. el naranjo	orange tree
14. negro	black	33. el peral	pear tree
15. pardo	brown		
16. rojo	red	34. da	bear, gives
17. rosado	pink	dan	bear, give
18. verde	green		
		35. ¿Cuál?	Which? which one?
19. ¿De qué color es?	What color is it?		

STUDY THE VOCABULARY BEFORE BEGINNING THE EXERCISES!

Exercises

I. Complete each sentence in Spanish. Use the article **el** or **la.**

1. La fruta del naranjo es________________.
2. La fruta del peral es________________.
3. La fruta del manzano es________________.
4. La fruta del cerezo es________________.
5. La fruta del limón es________________.

II. Write the most appropriate color to complete the sentence, and then circle the letter.

1. La rosa es________________.
   a. negra b. azul c. verde d. blanca
2. La pera es________________.
   a. parda b. negra c. gris d. blanca
3. La violeta es________________.
   a. azul b. roja c. negra d. parda
4. El tulipán es________________.
   a. morado b. azul c. gris d. verde
5. *No* hay fruta *ni* flor del color________________.
   a. anaranjado b. negro c. rosado d. verde

III. Write an answer in a complete Spanish sentence, using the most appropriate expression.

1. ¿Qué da el jardín? ____________________
   a. ropa b. flores c. animales d. fiestas
2. ¿Qué da el árbol? ____________________
   a. fruta b. uvas c. perales d. violetas
3. ¿Qué da el arbusto? ____________________
   a. pájaros b. árboles c. manzanas d. rosas
4. ¿Cuál es una flor? ____________________
   a. el arbusto b. el tulipán c. el árbol d. el limón
5. ¿Cuál es azul? ____________________
   a. la rosa b. la violeta c. la naranja d. el jardín
6. ¿Cuál es verde? ____________________
   a. la hierba b. el naranjo c. el clavel d. la violeta
7. ¿Cuál es blanco? ____________________
   a. el clavel b. el jardín c. el limón d. el peral
8. ¿Cuál es rosada? ____________________
   a. la flor b. la naranja c. la pera d. la manzana
9. ¿Cuál es morada? ____________________
   a. la uva b. la naranja c. la pera d. la manzana
10. ¿Cuál está gris o azul? ____________________
    a. el cielo b. el elefante c. el clavel d. el peral

IV. a. Write a complete QUESTION for each noun, beginning with **¿De qué color es ______?**
b. Then write an ANSWER in a complete Spanish sentence giving the most usual color for that noun.

Model: ¿la pizarra? **¿De qué color es la pizarra?** **La pizarra es negra.**
What color is the blackboard? The blackboard is black.

1. ¿el elefante? ____________________

   ____
2. ¿la hierba? ____________________

   ____
3. ¿el limón? ____________________

   ____
4. ¿la cereza? ____________________

   ____
5. ¿la naranja? ____________________

   ____

V. Complete in Spanish.

1. a. Ana dice: —¿__________________ es tu flor favorita? (Which)

   b. Luis responde: —Todas las __________________ son mis favoritas. (flowers)

2. a. Ana dice: —Pero ¿__________________ es la flor que prefieres? (What color?)

   b. Luis responde: —Prefiero el clavel __________________ (pink).

3. a. Ana dice: —En mi __________ hay __________ que __________ muchas peras y muchas __________ (garden/ trees/give/cherries)

   b. Luis responde: —Lo sé. Yo como la fruta de tu __________________, de tu __________ y de tu __________. (cherry tree/pear tree/apple tree)

4. a. Ana dice: —También, hay varios __________ pero no tengo __________. (bushes/orange trees)

   b. Luis responde: —Así, tengo que comprar __________________ que deseo. (the oranges)

Xochimilco, the floating gardens of the Aztec Emperors, Mexico City

Unit 5

La lección, los días

La lección	*The Lesson*
1. el cuaderno	notebook
2. el dictado	dictation
3. el ejercicio	exercise
4. el examen	test
5. la falta	mistake
6. la frase	sentence
7. el grabado	picture
8. el lápiz	pencil
9. la lección	lesson
10. el libro	book
11. la página	page
12. la palabra	word
13. el papel	paper
14. el párrafo	paragraph
15. la pluma	pen
16. la pregunta	question
17. la respuesta	answer
18. la tarea	homework
19. el trabajo	work, homework
20. contestar	to answer
21. escribir	to write
22. explicar	to explain
23. preguntar	to question
24. responder	to answer
25. correcto	correct
26. difícil	difficult
27. fácil	easy
28. correctamente	correctly
29. con faltas	with mistakes
30. sin	without
31. sin faltas	without mistakes

Los días	*Days*
32. el día	day
33. la semana	week
34. el fin de semana	weekend
35. (el) domingo	Sunday
36. (el) lunes	Monday
37. (el) martes	Tuesday
38. (el) miércoles	Wednesday
39. (el) jueves	Thursday
40. (el) viernes	Friday
41. (el) sábado	Saturday

STUDY THE VOCABULARY BEFORE BEGINNING THE EXERCISES!

Exercises

I. Write the letter of the expression that helps to define the word in *italics*.

1. Muchas *páginas* son ____
   a. una palabra b. un libro c. una frase d. una pluma

2. Muchas *frases* son ____
   a. un párrafo b. un día c. un lápiz d. una semana

3. Muchas *palabras* son ____
   a. una pluma b. un día c. una frase d. un fin de semana

4. Muchos *grabados* son para ____
   a. comer b. beber c. escuchar d. explicar

5. Un *cuaderno* tiene muchas ____
   a. días b. lápices c. grabados d. páginas

6. Un *día* es ____
   a. cuatro semanas b. veinte y cuatro horas c. diez años d. doce meses

7. Un *ejercicio* tiene muchas ____
   a. tareas b. preguntas c. lecciones d. semanas

8. La *semana* tiene ____
   a. un mes b. dos años c. siete días d. una falta

9. *Contestar* es ____
   a. ir b. dar c. responder d. preguntar

10. El *lápiz* es para ____
    a. respirar b. escribir c. oír b. caminar

II. Write the letter of the expression that is *related* to the word(s) in *italics* and that keeps the sentence meaningful.

1. Para escribir uso *un lápiz.* ____
   a. una pluma b. una respuesta c. un sábado d. faltas

2. Escribo en *el papel.* ____
   a. el cuaderno b. la lección c. el grabado d. la falta

3. Siempre preparo *el trabajo* en casa. ____
   a. la palabra b. el examen c. la tarea d. la frase

4. El examen está *sin faltas.* ____
   a. difícil b. estrecho c. grande d. correcto

5. Escriben *sin faltas.* ____
   a. correctamente b. con pluma c. con lápiz d. el fin de semana

6. La página tiene tres *ejercicios.* ____
   a. libros b. dictados c. lápices d. cuadernos

7. La alumna *responde* bien. ____
   a. contesta b. escribe c. estudia d. lee

8. Estudiamos del *cuaderno.* ____
   a. mes b. domingo c. libro d. trabajo

9. El *párrafo* es fácil. ____
   a. la pluma b. el lápiz c. el lunes d. la lección

10. Las *preguntas* son difíciles. ____
   a. los días b. los exámenes c. los grabados d. las plumas

III. Write the letter of the expression that best completes the sentence.

1. El fin de semana es ____
   a. viernes y sábado b. lunes c. sábado y domingo d. domingo y lunes

2. El primer día de escuela es ____
   a. viernes b. sábado c. miércoles d. lunes

3. Voy a la iglesia el ____
   a. lunes b. día c. domingo d. martes

4. No hay escuela el ____
   a. jueves b. fin de semana c. lunes d. viernes

5. En una frase hay muchas ____
   a. páginas b. plumas c. papeles d. palabras

6. Para la tarea escribimos ____
   a. un ejercicio b. un libro c. una revista d. un periódico

7. Escribimos en ____
   a. la pluma b. el papel c. el lápiz d. el grabado

8. Escribo el examen sin ____
   a. papel b. respuestas c. faltas d. escribir

9. *No* escribimos en ____
   a. el examen b. el cuaderno c. el grabado d. el papel

10. Hay siete días en ____
   a. la lección b. la semana c. el ejercicio d. el fin de semana

IV. Write the missing day in order of sequence.

1. Lunes, martes y ______________. 2. Viernes, ______________ y domingo.

3. ______________ y viernes. 4. ______________, sábado y ______________.

5. Domingo, ______________ y ______________.

V. Write the letter of the expression which is the *opposite* in meaning to the word in *italics.*

	a.	b.	c.	d.	
1. *fácil*	a. corto	b. pequeño	c. difícil	d. correcto	___
2. *pluma*	a. respuesta	b. viernes	c. lápiz	d. examen	___
3. *pregunta*	a. falta	b. respuesta	c. fin	d. ejercicio	___
4. *contestar*	a. preguntar	b. escribir	c. explicar	d. responder	___
5. *con*	a. de	b. para	c. en	d. sin	___

VI. Write a logical answer in a complete Spanish sentence. Begin each answer with the word(s) in parentheses.

1. ¿Escribe Vd. en el cuaderno con lápiz o en el lápiz con cuaderno?

____

(Escribo)

2. ¿Escribe Vd. en el grabado o en el cuaderno?

____

(Escribo)

3. Si Vd. contesta correctamente ¿contesta Vd. con faltas o sin faltas?

____

(Contesto)

4. Si la lección es fácil ¿es también fácil o difícil el examen?

____

(El examen)

5. Si el párrafo es difícil ¿es también difícil o fácil el ejercicio?

____

(El ejercicio)

6. Si completo el trabajo los cinco días de la semana ¿hay mucho o poco trabajo para el fin de semana?

____

(Hay)

7. Cuando todas las páginas están correctas ¿está correcto o incorrecto el libro?

____

(El libro)

8. Si la profesora explica la lección muy bien, ¿es fácil o difícil la tarea?

____

(La tarea)

9. Si el profesor de inglés pregunta en inglés, ¿responde Vd. en inglés o en español?

____

(Respondo)

10. Si la profesora de español pregunta en español, ¿contesta Vd. en español o en italiano?

____

(Contesto)

¿Sabe Vd. la respuesta?
Indian school, Chimaltenango, Guatemala.

Unit 6

Los alimentos, las comidas, para la mesa

Los alimentos	*Foods*
1. el agua	water
2. el azúcar	sugar
3. el café	coffee
4. la carne	meat
5. el chocolate	chocolate, hot chocolate
6. la ensalada	salad
7. la gaseosa	soda
8. el huevo	egg
9. la leche	milk
10. la legumbre	vegetable
11. la mantequilla	butter
12. el pan	bread
13. la patata	potato
14. el pescado	fish
15. la pimienta	pepper
16. el postre	dessert
17. el queso*	cheese
18. la sal	salt
19. la sopa	soup
20. el té	tea
21. el vino	wine
22. beber	to drink
23. comer	to eat
24. delicioso	delicious
25. con	with
26. café con leche	coffee regular
27. pan con mantequlla	bread and butter

*El queso (cheese) is served as desert in Spain.

Las comidas	*Meals*
28. el almuerzo	lunch
29. la cena	supper
30. la comida	meal, dinner
31. el desayuno	breakfast
32. el mozo, el camarero	waiter
33. el restaurante	restaurant
34. preparar	to prepare
35. servir; sirve	to serve; he (she) serves, you serve
36. ¡Buen provecho!	Hearty appetite!

Para la mesa	*For the table*
37. la copa	goblet; wine glass
38. la cuchara	spoon
39. la cucharita	teaspoon
40. el cuchillo	knife
41. el mantel	tablecloth
42. el platillo	saucer
43. el plato	dish
44. la servilleta	napkin
45. la taza	cup
46. el tenedor	fork
47. el vaso	glass
48. cortar	to cut
49. desear	to wish, want
50. tomar	to take, consume
51. poner la mesa	to set the table

En el restaurante los camareros nos sirven una comida deliciosa. — ¡Buen provecho!

STUDY THE VOCABULARY BEFORE YOU BEGIN THE EXERCISES!

Exercises

I. Write the letter of the expression that best completes the definition.

1. Usamos una taza para tomar ____
   a. patatas b. queso c. ensalada d. té

2. El cuchillo es para ____
   a. beber b. cortar c. servir d. tomar

3. Usamos un platillo para ____
   a. un vaso b. una copa c. una taza d. un plato

4. La cucharita es para tomar ____
   a. carne b. azúcar c. sopa d. mantequilla

5. El tenedor es para comer ____
   a. leche b. sopa c. pescado d. mantequilla

6. La patata es ____
   a. un platillo b. una legumbre c. un postre d. un pescado

7. El camarero, quien sirve la comida en un restaurante, es ____
   a. la madre b. el profesor c. el mozo d. el alumno

8. La primera comida del día es ____
   a. el almuerzo b. el desayuno c. la comida d. la cena

9. El vaso es para tomar ____
   a. agua b. cuchillos c. pimienta d. queso

10. El vino en una copa es como la gaseosa en ____
    a. un plato b. un platillo c. un mantel d. un vaso

II. Write the letter of the expression that best completes the sentence.

1. Cuando deseo comer, voy a ____
   a. la escuela b. un restaurante c. la clase de español d. un jardín

2. Cuando el camarero me sirve, digo: ____
   a. —No hay de qué b. —Hoy es domingo c. —Buenos días d. —Gracias

3. El postre es ____
   a. primero b. una sopa c. al fin de la comida d. la cena

4. Para poner la mesa, ____
   a. como pan b. sirvo postre c. bebo leche d. preparo el mantel

5. A las once de la noche tomo ____
   a. sal y pimienta b. el desayuno c. el almuerzo d. la cena

6. Usamos sal y pimienta con ____
   a. el té b. el café c. la gaseosa d. la carne

7. Tomamos la sopa con ____
   a. un tenedor b. una cucharita c. una cuchara d. un cuchillo

8. A la una de la tarde tomo ____
   a. el desayuno b. el almuerzo c. la cena d. la comida

9. Para beber tomo ____
   a. pescado b. carne c. un chocolate d. ensalada

10. Para el desayuno tomo ____
    a. huevos b. una copa de vino c. una ensalada d. un postre

11. Para postre, el español toma ____
    a. queso b. sopa c. carne
    d. mantequilla

12. Pongo mantequilla en ____
    a. la ensalada b. el pan c. el café
    d. el camarero

13. Tomo pan cuando deseo ____
    a. beber b. bailar c. comer
    d. escribir

14. Tomo agua cuando deseo ____
    a. beber b. servir c. escuchar
    d. comer

15. Pongo la mesa con el mantel y ____
    a. el restaurante b. la cena
    c. servilletas d. el postre

III. Write the entire appropriate rejoinder, and then circle its letter.

1. Mi hermana dice: —Yo pongo la mesa.

   Yo respondo: —Entonces, ______________________________

   a. yo sirvo la comida
   b. es delicioso
   c. ¡buen viaje!
   d. ¡feliz cumpleaños!

2. Yo digo: —La comida está deliciosa.

   Mi madre dice: —______________________________

   a. Feliz Navidad
   b. ¡Buen provecho!
   c. ¡Buen viaje!
   d. ¡Igualmente!

3. Mi amigo dice: —Deseo beber algo con la comida.

   Yo digo: —¡Tome______________________________!

   a. un plato de carne
   b. una copa de vino
   c. una cucharita de azúcar
   d. un poco de sal

4. Yo digo: —Deseo comer.

   El mozo responde: —¡Tome______________________________!

   a. un vaso de gaseosa
   b. una taza de café con leche
   c. una taza de té con limón
   d. pan con mantequilla

5. El mozo me pregunta: —¿Qué legumbre desea Vd.?

   Yo respondo: —______________________________

   a. Unas patatas deliciosas
   b. Una comida deliciosa
   c. Deseo tenedores
   d. Vd. necesita una taza con platillo

IV. Write a *logical* answer in a complete Spanish sentence. Begin each answer with the word(s) in parentheses.

1. ¿Toma Vd. té con *sal* o con *limón*? (Tomo)

   ____

2. ¿Prepara Vd. una ensalada con *leche* o con *legumbres*? (Preparo)

____

3. ¿Toman los españoles con la comida *una copa de vino* o *un vaso de agua*? (Los españoles)

____

4. ¿Para el postre sirven queso los *españoles* o los *norteamericanos*? (Los . . .)

____

5. ¿Dice el camarero —Buen *prove*cho— o —Buen *viaje*— cuando comemos? (El camarero)

____

V. Write an affirmative answer in a complete Spanish sentence giving the Spanish equivalent of the words in parentheses. Topic: **Pongo la mesa** — *I set the table*

1. ¿Con qué pone Vd. la mesa? (knives, forks, teaspoons, salt and pepper)

____

2. ¿Qué no come la familia hoy con la comida? (soup)

____

3. ¿Qué sirve su madre? (a dish of salad and dessert)

____

4. ¿Qué desea su padre? (coffee regular); y ¿qué desea Vd.? (a glass of soda)

____

5. ¿Qué bebe el gato? (a saucer of milk)

____

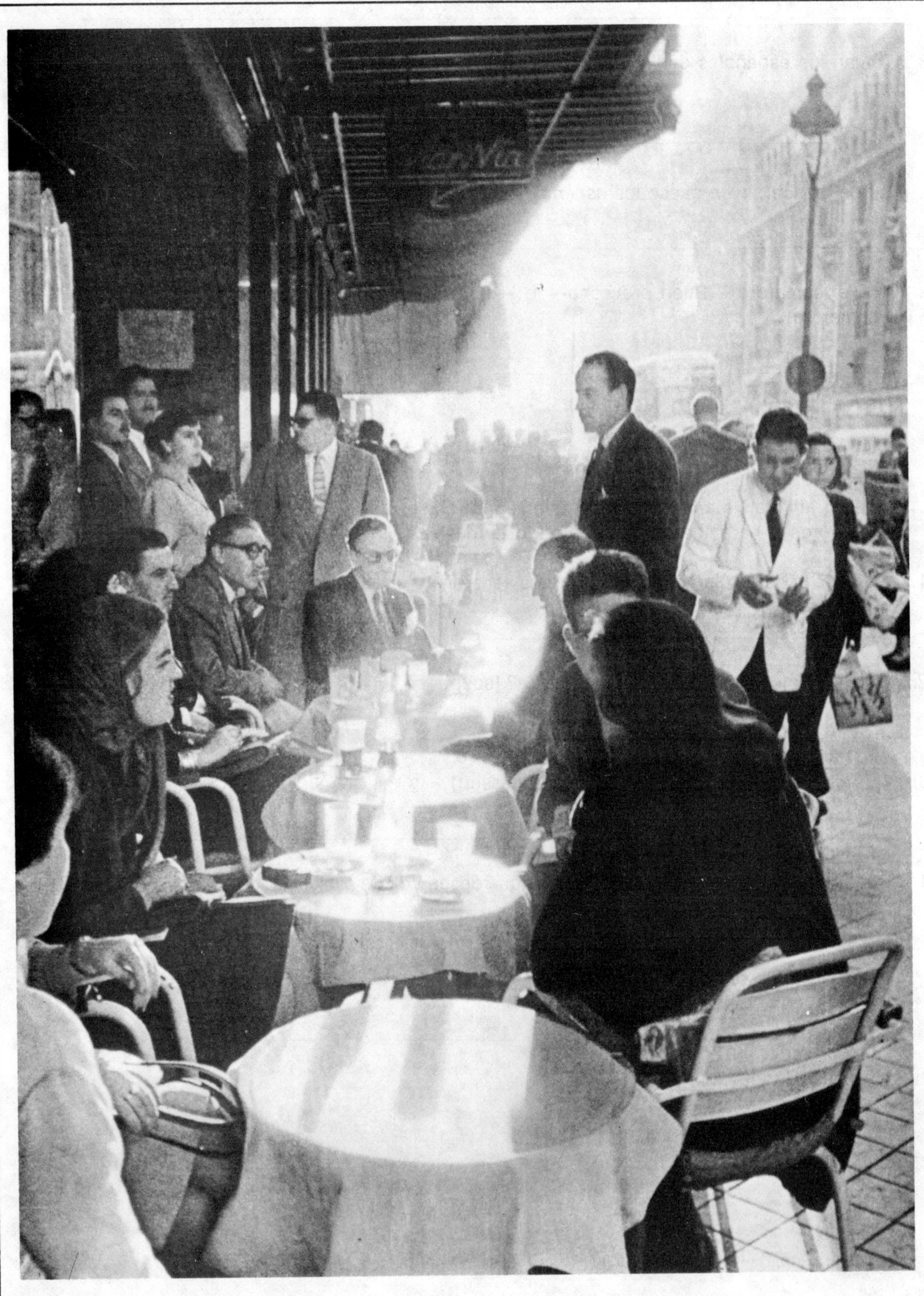

Una tarde en el café.
One of Madrid's many sidewalk cafes.

Unit 7

La familia, los amigos, el trabajo: descripciones

La familia	*Family*
1. la abuela	grandmother
2. el abuelo	grandfather
3. los abuelos	grandparents
4. la esposa	wife
5. el esposo	husband
6. la familia	family
7. la hermana	sister
8. el hermano	brother
9. los hermanos	brother and sister
10. la hija	daughter
11. el hijo	son
12. los hijos	children
13. la madre	mother
14. la nieta	granddaughter
15. el nieto	grandson
16. los nietos	grandchildren
17. el padre	father
18. los padres	parents
19. el pariente	relative *(masc.)*
20. la pariente	relative *(fem.)*
21. la prima	cousin *(fem.)*
22. el primo	cousin *(masc.)*
23. la sobrina	niece
24. el sobrino	nephew
25. la tía	aunt
26. el tío	uncle

Descripciones	*Descriptions*
27. alegre; feliz	happy
28. bueno	good
29. cansado	tired
30. débil	weak
(*anton.* fuerte)	(strong)
31. feo	ugly
(*anton.* hermoso)	beautiful
32. inteligente	intelligent
33. joven	young
34. malo	bad
35. mayor	older
36. menor	younger
37. moreno	brunette
38. perezoso	lazy
(*anton.* diligente)	hard-working
39. pobre	poor
40. rico	rich
41. rubio	blond
42. simpático	nice, congenial
43. triste	sad
44. viejo	old

Los amigos	*Friends*
45. la amiga	friend *(fem.)*
46. el amigo	friend *(masc.)*
47. el hombre	man
48. la mujer	woman
49. la muchacha; la chica	girl
50. el muchacho; el chico	boy
51. el señor	gentleman; man
52. la señora	lady; woman
53. la señorita	young lady
54. la vecina	neighbor *(fem.)*
55. el vecino	neighbor *(masc.)*

El trabajo	*Occupations*
56. el abogado	lawyer
57. el ama de casa	housewife
58. el campesino	farmer
59. el carnicero	butcher
60. el científico	scientist
61. el comerciante	merchant
62. el chófer	chauffeur
63. la enfermera	nurse
64. el ejército	army
65. el jefe	chief, boss, head
66. el médico el doctor *(title)*	doctor
67. el panadero	baker
68. el piloto	pilot
69. el presidente	president
70. el profesor	teacher *(masc.)*
71. la profesora	teacher *(fem.)*
72. el sastre	tailor
73. la secretaria	secretary
74. el soldado	soldier
75. cuidar	to take care
76. enseñar	to teach
77. manejar	to drive
78. trabajar	to work
79. vender	to sell

STUDY THE VOCABULARY *BEFORE* BEGINNING THE EXERCISES!

Exercises

I. Write the *word* that best completes the definition, and circle the letter.

1. El ______________________ enseña.
   a. sastre b. profesor c. presidente
   d. carnicero

2. El ____________ maneja el automóvil.
   a. piloto b. abogado c. campesino
   d. chófer

3. El ________________ vende carne.
   a. ejército b. abogado
   c. campesino d. carnicero

4. El ______________________________
   trabaja en un laboratorio.
   a. comerciante b. nieto c. científico
   d. chófer

5. El ____________________ hace trajes.
   a. panadero b. soldado c. abogado
   d. sastre

6. El ____________________ vende pan.
   a. carnicero b. abogado
   c. panadero d. piloto

7. El __________________ cultiva tierra.
   a. soldado b. campesino c. sastre
   d. ejército

8. La ____________ cuida a los enfermos.
   a. profesora b. secretaria
   c. maestra d. enfermera

9. El _______________ maneja un avión.
   a. comerciante b. abogado
   c. panadero d. piloto

10. El ____________ trabaja con cosas legales.
    a. campesino b. científico
    c. médico d. abogado

11. El _______________________ vende.
    a. médico b. soldado
    c. comerciante d. científico

12. El _______________ está en el ejército.
    a. abogado b. doctor c. enfermera
    d. soldado

13. El ____________ es el jefe de la nación.
    a. soldado b. presidente
    c. comerciante d. médico

14. El ____________ cura a los enfermos.
    a. médico b. sobrino c. tío
    d. carnicero

15. El __________ de la familia es el padre.
    a. primo b. vecino c. jefe d. hijo

II. Complete with an appropriate word selected from the group below the exercise. (p. 335).

1. La hermana de mi padre es mi________________. 2. La hija de mi tía es mi ________________. 3. La madre de mi padre es mi________________. 4. Yo soy el ________________de mi abuelo. 5. Mi hermano es el________________de mi madre. 6. El esposo de mi madre es mi________________. 7. La hija de mi padre es mi ________________. 8. Todas las personas de mi familia son mis________________.

9. Yo soy el____________de mi tío. 10. Mi madre es nuestra____________ de casa. 11. Las señoras que viven cerca de mi casa son mis____________. 12. Las muchachas con quienes voy a la escuela son mis____________. 13. Mi madre es la____________de mi padre. 14. El padre de mi madre es mi____________. 15. El hijo de mi madre es mi____________.

Selection: **abuelo, ama, amigas, nieto, esposa, hermana, padre, tía, sobrino, hermano, abuela, parientes, prima, vecinas, hijo.**

III. Write the *feminine word that is related to the word in italics.*
Model: Si el padre de mi padre es mi **abuelo,** la madre de mi padre es mi **abuela.**
If my father's father is my **grandfather,** my father's mother is my **grandmother.**

1. Si mi tío es un *hombre,* mi tía es una____________.
2. Si mi padre es un *señor,* mi madre es una____________.
3. Si mi vecino es un *padre,* mi vecina es una____________.
4. Si mi tío es *profesor,* mi tía es____________.
5. Si mi primo es *el pariente*, mi prima es____________

IV. Write a *Spanish word* that is *based on the word in italics.*

Model: *trabajo* — *trabajador*
work — worker

1. *pan* ____________ 3. *enfermo* ____________ 5. *comercio* ____________

2. *carne* ____________ 4. *ciencia* ____________ 6. *campo* ____________

V. Complete the exercise from the selection below (p. 336).

1. La buena secretaria________________en la oficina. 2. Nuestra ama de casa ________________bien nuestra casa. 3. La profesora Martínez y el profesor Ortega ________________a la clase. 4. El panadero y los otros comerciantes________________ muchos productos. 5. Las mujeres________________un bonito automóvil.

Selection: **manejan, cuida, venden, enseñan, trabaja.**

VI. Complete with the *opposite* of the word in *italics*.

1. Mi amigo Luis no es una *muchacha;* es un________________. 2. Él no es *rico;* es ________________. 3. Pero él no es *feo;* es________________. 4. Es *rubio;* no es ________________. 5. Luis no es *viejo;* es________________. 6. Luis es *menor* porque tiene un hermano________________. 7. Luis no es un muchacho *perezoso;* es ________________. 8. No es *malo;* es________________. 9. Él está cansado y *débil* hoy; no está________________. 10. Así, no está *alegre;* está________________.

VII. Complete in Spanish.

1. En fin, Luis es un chico________________(intelligent) y________________(nice). 2. En la________________(family) de Luis, él solamente es________________(blond), pero no es________________(ugly). 3. Luis es el________________(friend) de la ________________(young lady), María, una________________(girl) de su clase. 4. Ella es una buena________________(secretary) y la________________(neighbor) de sus________________(parents). 5. Luis no es________________(lazy) ni ________________(bad). 6. Pero hoy está enfermo y________________(tired). 7. Luis cree que está________________(weak) y________________(old). 8. Así, María no está________________(happy). 9. Mañana el________________(Doctor) López va a llegar. 10. Él es un________________(doctor) muy bueno y un________________ (man) muy________________(rich).

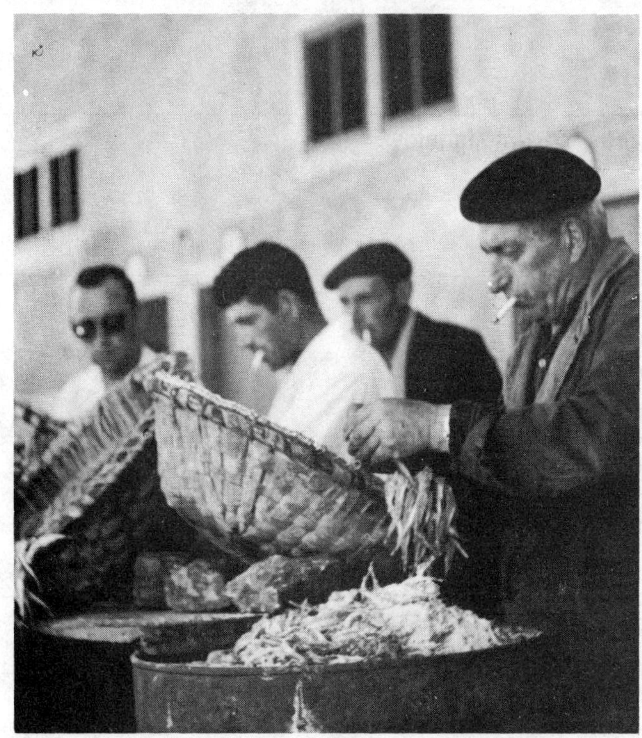

Vigo (Pontevedra). Cebos de pesca

Granada. La Alcaiceria

VIII. Complete the rejoinder by writing the appropriate Spanish expression. Circle its letter.

1. Yo digo: —No desean trabajar.

   Vd. contesta: —Claro. Son____________________
   a. simpáticos b. perezosos c. feos d. inteligentes

2. Yo digo: —Aprendes rápidamente.

   Tú contestas: —Gracias. ¿Soy____________________?
   a. inteligente b. mayor c. perezoso d. pobre

3. Yo digo: —María tiene dos años y yo tengo diez.

   Vd. contesta: —Entonces María es____________________
   a. mayor b. vieja c. rica d. menor

4. Yo digo: —Juan tiene once años y Pedro tiene quince.

   Vd. contesta: —Entonces Pedro es____________________
   a. menor b. mayor c. joven d. viejo

5. Yo digo: —Tú estás enfermo.

   Tú contestas: —Sí, estoy muy____________________
   a. rubio b. alegre c. fuerte d. débil

IX. Write a *logical* answer in a complete Spanish sentence.

1. ¿Es su abuelo *joven* o *viejo*?

   ____

2. ¿Es su nieta *joven* o *vieja*?

   ____

3. ¿Es *el vecino* o *la vecina* jefe de la familia?

   ____

4. ¿Es *el presidente* o *la secretaria* jefe de la compañía?

   ____

5. ¿Están *muchos hombres* o *muchas mujeres* en el ejército?

   ____

X. Write the Spanish equivalent. (Omit **un** and **una.** Use **mi, su, sus,** as needed.)

1. My older brother is a soldier. ____________________

2. My grandfather is a farmer. ____________________ 3. His niece is a teacher. ____________________ 4. His granddaughter is a secretary. ____________________ 5. My uncle is a doctor and a scientist. ____________________ 6. His younger daughter is a housewife. ____________________

7. Their nephews are lawyers. ____________________

8. Their cousins are chauffeurs. ____________________

9. Their friends are tailors and merchants. ____________________ 10. Their neighbors are butchers and bakers. ____________________

Steaming rice, beans, fish and tortillas: Guadalajara, Mexico

Unit 8

Las tiendas, ¿cuánto?

Las tiendas	*Stores*	*¿Cuánto?*	*How much?*
1. la bodega	grocery store	16. bastante	enough
2. la carnicería	butcher shop	17. demasiado	too much
3. los comestibles	groceries	18. más	more
4. el dinero	money	19. menos	less
5. la farmacia	pharmacy	20. mucho	a great deal
6. la oficina	office	21. muchos, —as	many
7. la panadería	bakery	22. muy	very
8. el precio	price	23. poco	little, a small amount
9. la ropería	clothing store	24. varios, —as	several
10. la tienda	store	25. ¿Cuánto cuesta? ¿Cuánto vale?	How much is it?
11. el supermercado	supermarket		
12. la zapatería	shoe store		
13. comprar	to buy		
14. vender	to sell		
15. cuesta; vale	it costs		

STUDY THE VOCABULARY BEFORE BEGINNING THE EXERCISES!

Exercises

I. Complete the sentence naming the appropriate store in Spanish.

1. Para comprar voy a una_______________. 2. Para comprar carne voy a una _______________. 3. Venden comestibles en la_______________. 4. Venden medicinas en la_______________. 5. Compro pan en esta_______________. 6. La ropa bonita es de esta_______________. 7. Los zapatos no cuestan mucho en aquella _______________. 8. Tienen fruta, carne y comestibles en el_______________.

II. Write the letter of the expression that best completes the sentence.

1. En una tienda venden ____
   a. varias cosas b. pocas cosas
   c. dinero d. precios

2. En la carnicería venden ____
   a. comestibles b. carne
   c. medicina d. dinero

3. En la zapatería venden ____
   a. pan b. zapatos c. ropa
   d. supermercados

4. En la panadería venden ____
   a. comestibles b. papel c. precios
   d. pan y pastel

5. El dinero que pagamos para comprar algo es su ____
   a. precio b. peso c. dólar d. peseta

6. Cuando deseo saber el precio, pregunto: —¿Cuánto vale? o —____
   a. ¿Cuánto compra? b. ¿Cuántos vende? c. ¿Cuánto cuesta? d. ¿Cuánto hay?

7. En la bodega venden ____
   a. farmacias b. zapatos c. oficinas d. comestibles

8. En la ropería venden ____
   a. pan b. comestibles c. rosas d. pantalones

9. En el supermercado venden ____
   a. tiendas b. poco c. oficinas d. comestibles, carne, pan, etc.

10. En la farmacia venden ____
    a. flores b. medicinas c. comestibles d. tiendas

III. Write the expression that best completes the rejoinder.

En la carnicería

1. Yo digo: —La carne cuesta mucho en esta carnicería.

   Tú contestas: —Entonces, voy a comprar____________________

   a. mucho b. poco c. demasiado

2. Yo digo: —El precio es muy alto. ¿Tienes el dinero para comprarla?

   Tú contestas: —Sí, tengo____________________

   a. menos b. bastante c. poco

3. Yo digo: —Pero yo tengo solamente dos dólares y la carne cuesta tres dólares.

   Tú contestas: —Claro, cuesta____________________

   a. poco aquí b. demasiado aquí c. menos aquí

4. Yo digo: —Vamos al supermercado por pan, legumbres y carne.

   Tú contestas: —¡Buena idea! Allí venden____________________

   a. muy pocas cosas b. solamente pan c. varias cosas por menos

IV. Rewrite in the order of *increasing* amounts.

1. mucho dinero poco dinero demasiado dinero

   a. ____________ b. ____________ c. ____________

2. más comestibles menos comestibles bastantes comestibles

   a. ____________ b. ____________ c. ____________

V. Write a *logical* answer in a complete Spanish sentence. Begin each answer with the word(s) in parentheses.

1. ¿Compra su madre carne en *la zapatería* o en *la carnicería*? (Mi madre)

____

2. ¿Cuesta la carne *mucho* o *poco* hoy? (La carne)

____

3. ¿Cuestan los comestibles menos en *el supermercado* o en *la farmacia*? (Los comestibles)

____

4. ¿Venden leche en esta *bodega* o en aquella *oficina*? (Venden)

____

5. ¿En la farmacia venden *varias* medicinas o *pocas* medicinas? (En la)

____

6. ¿Trabaja la secretaria demasiado en *el supermercado* o en *la oficina?* (La secretaria)

____

7. ¿Tiene ella bastante dinero para comprar ropa en *la panadería* o en *la ropería?* (Ella)

____

8. ¿Son todos los precios muy *altos* o muy *bajos* hoy? (Todos los)

____

VI. Write in Spanish, answering the question, **¿Cuánto cuesta?** How much does it cost?

It costs a great deal (a lot) of money. **Cuesta mucho dinero.**

1. It costs too much money. ______________________________
2. It costs very little money. ______________________________
3. It costs more money. ______________________________
4. It costs less money. ______________________________
5. It costs several "pesos". ______________________________
6. It costs enough money. ______________________________

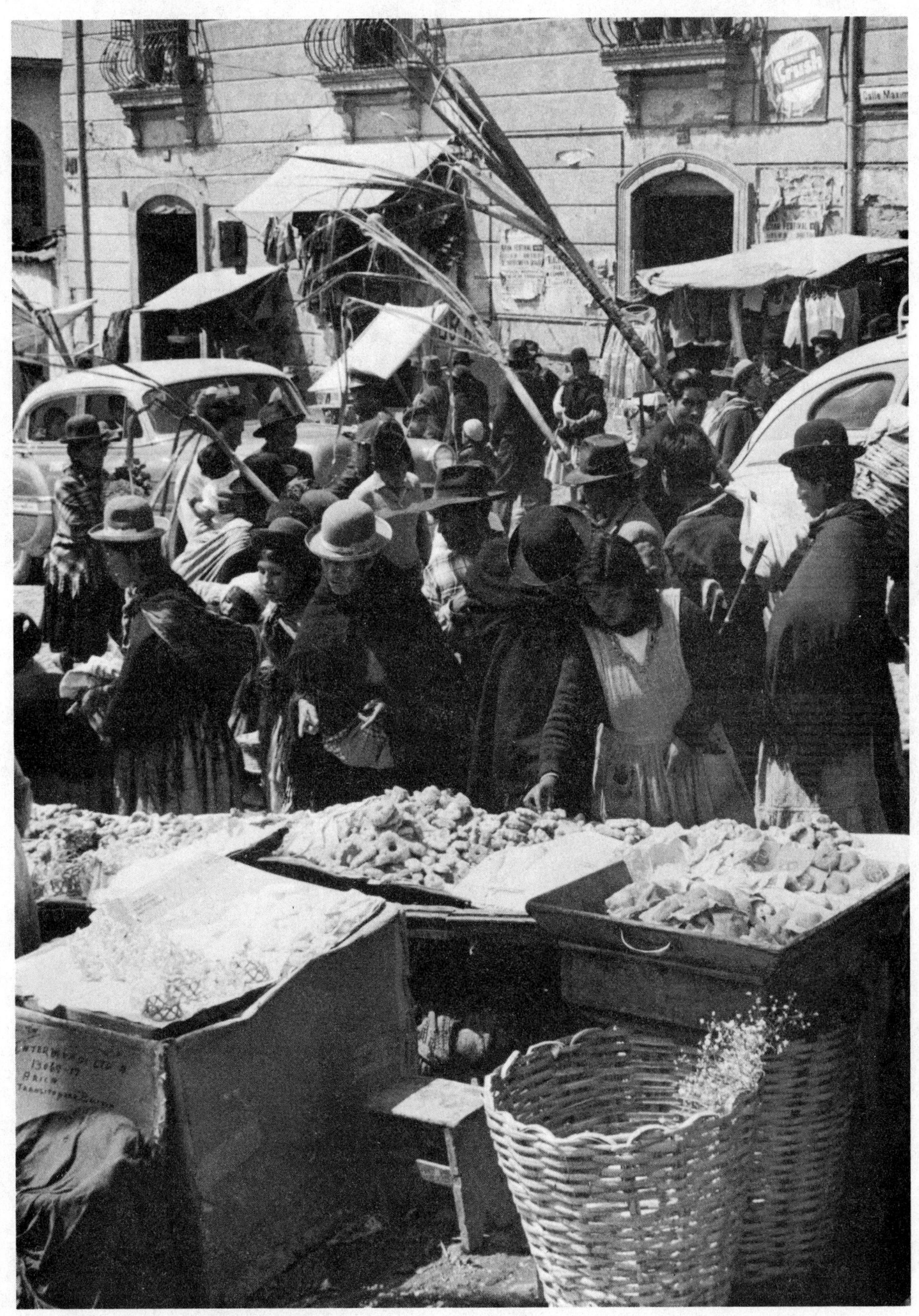

La Paz, Bolivia. Indian Marketplace.

Unit 9

Los viajes, el tiempo pasa

Los viajes	*Trips*	*El tiempo pasa*	*Time Passes*
1. el autobús	bus	26. el año	year
2. el automóvil	car	27. el día	day
el coche		28. la fecha	date
3. el avión	airplane	29. la hora	hour
4. la bicicleta	bicycle	30. la mañana	morning
5. el camino	road	31. la medianoche	midnight
6. el este	east	32. el mediodía	noon
7. el ferrocarril	railroad	33. el mes	month
8. el norte	north	34. el minuto	minute
9. el oeste	west	35. la noche	night
10. el ómnibus	bus	36. la semana	week
el autobús		37. la tarde	afternoon
11. el país	country		
12. el sur	south	38. pasar	to spend (time)
13. el tren	train		
14. las vacaciones	vacation	39. ahora	now
15. el vapor	ship	40. anoche	last night
16. el viaje	trip	41. antes	before
		(antes de esto)	(before this)
17. bajar	to go down	42. ayer	yesterday
18. bajar de	to get off	43. después	after; afterwards
19. caminar	to walk	(después de esto)	(after this)
20. regresar	to return	44. hoy	today
21. subir	to go up	45. luego	then
22. subir a	to get on	46. mañana	tomorrow
23. viajar	to travel	47. nunca	never
		48. pronto	soon
24. ¡Buen viaje!	Have a good trip!	49. siempre	always
25. en avión	on a plane	50. tarde	late
	by plane	51. temprano	early

STUDY THE VOCABULARY BEFORE BEGINNING THE EXERCISES!

Exercises

I. Write the word that helps to define the expresion in *italics*, and circle the letter.

1. *El tren* forma parte del ________________
   a. vapor b. este c. ferrocarril d. avión

2. *Un coche* es un ________________
   a. vapor b. avión c. país d. automóvil

3. *Un autobús* es un ________________
   a. ómnibus b. ferrocarril c. país d. camino

4. *Una excursión* es ________________
   a. un viaje b. un vapor c. una lengua d. una bicicleta

5. *Ser viejo* es ________________
   a. hacer un viaje b. viajar en avión c. tener muchos años d. estar bien

6. *Después* es ________________
   a. ahora b. luego c. temprano d. antes

7. *En unos pocos minutos* es ______
a. pronto b. siempre c. antes
d. tarde

8. *El día del mes* es ______
a. el minuto b. el año c. la hora
d. la fecha

9. *Los días sin trabajar* son ______
a. los caminos b. los países c. las vacaciones d. los ferrocarriles

10. *El año* tiene ______
a. quince días b. tres estaciones
c. doce meses d. diez semanas

11. *La semana* tiene ______
a. una hora b. siete días c. cinco mañanas d. seis noches

12. *El mes* tiene ______
a. cuatro semanas b. cuatro años
c. treinta horas d. veinte días

13. *La hora* tiene ______
a. veinte tardes b. una mañana
c. sesenta minutos d. cuatro días

14. *Un día antes de hoy* es ______
a. mañana b. tarde c. ahora
d. ayer

15. *Un día después de hoy* es ______
a. ayer b. mañana c. anoche
d. nunca

II. Write the letter of the word that best completes the sentence.

1. Cuando los aviones llegan, ellos ____
a. bajan b. suben c. besan
d. corren

2. Cuando los aviones salen, ellos ____
a. llegan b. bajan c. suben
d. corren

3. A las doce es la medianoche o ____
a. la mañana b. la noche c. la fecha
d. el mediodía

4. Si los caminos son malos tomamos ____
a. el tren b. el ómnibus c. el autobús
d. el automóvil

5. Para ir a la escuela tomo mi ____
a. bicicleta b. avión c. ferrocarril
d. fecha

6. ____ las vacaciones en el sur.
a. Paso b. Subo c. Camino
d. Bajo

7. Para ir al Canadá voy ____
a. al norte b. al sur c. al este
d. al oeste

8. ____ es donde van los coches.
a. El viaje b. El camino c. El cielo
d. El río

9. El ____ viaja por el aire.
a. coche b. ómnibus c. vapor
d. avión

10. Un ____ viaja por el mar.
a. viaje b. vapor c. camino
d. automóvil

11. Los Estados Unidos es un ____
a. país b. año c. día d. mediodía

12. Después de la medianoche, viene ____
a. la noche b. la mañana c. la tarde
d. anoche

13. Después de ayer, viene ____
a. el oeste b. hoy c. el sur
d. nunca

14. Después de la tarde, viene ____
a. la noche b. anoche c. ayer
d. temprano

15. Para ir a Puerto Rico vamos ____
a. al oeste b. al norte c. al sur
d. al Canadá

III. Write the word that is the *opposite* of the word in *italics.* Then circle the letter.

1. *el este* ____________ a. el norte b. el oeste c. el sur d. el país
2. *mañana* ____________ a. ayer b. temprano c. pronto d. tarde
3. *la mañana* ____________ a. el día b. la tarde c. la hora d. el viaje
4. *temprano* ____________ a. luego b. menos c. siempre d. tarde
5. *nunca* ____________ a. tarde b. país c. bastante d. siempre
6. *subir* ____________ a. bajar b. viajar c. comprar d. vender
7. *regresar* ____________ a. pasar b. trabajar c. salir d. volver
8. *el día* ____________ a. anoche b. la mañana c. el este d. la noche
9. *hoy* ____________ a. anoche b. en tren c. en avión d. al este
10. *después* ____________ a. en coche b. en vapor c. en bicicleta d. ahora

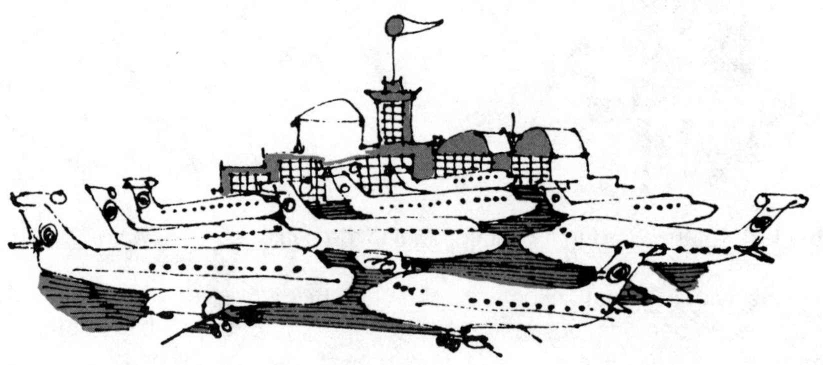

IV. Write the sentence that expresses the *opposite* of the *italicized words.*

1. *Bajo del* avión. ____________

   a. Subo al avión. b. Vengo del avión. c. Camino al avión.

2. *Tomo el tren* a Madrid. ____________

   a. Regreso en tren de Madrid. b. Camino a Madrid. c. Viajo en tren a Madrid.

3. *Salgo de* España tarde. ____________

   a. Me voy de España tarde. b. Viajo de España después. c. Regreso a España temprano.

4. Voy *después de* comer. ____________

   a. Voy al mediodía. b. Voy antes de comer. c. Voy sin comer.

5. Regreso *al mediodía.* ____________

   a. Regreso muy tarde. b. Regresó anoche. c. Regreso a la medianoche.

V. Write the appropriate rejoinder. Then circle the letter.

1. Yo digo: —Mi hermano siempre regresa a casa a la medianoche.

Vd. responde: —________________________

a. —Claro, porque nunca sabe la hora. b. —Nunca sabe la fecha. c. —Vamos a tener las vacaciones pronto.

2. Yo digo: —Los caminos son buenos.

Vd. responde: —Excelente.________________________

a. ¡Vamos a viajar en coche! b. ¡Vamos a tomar el tren! c. ¡Vamos a subir al avión!

3. Yo digo: —Mañana viajo a Puerto Rico.

Vd. responde: —________________________

a. —Los trenes llegan a tiempo. b. —¡Buen viaje! c. —¡Feliz Navidad!

4. Yo digo: —La distancia es muy corta.

Vd. responde: —________________________

a. —Voy en avión. b. —Voy en bicicleta. c. —Voy en vapor.

5. Yo digo: —Nuestras vacaciones son cortas y el viaje es largo.

Vd. responde: —________________________

a. —¡Vamos en autobús! b. —¡Vamos en bicicleta! c. —¡Vamos en avión!

VI. Write a *logical* or *factual* answer in a complete Spanish sentence. Begin with the cues.

1. ¿Prefiere Vd. *tomar el tren* o *caminar* cuando es un día bonito? (Prefiero)

____

2. Cuando tenemos un invierno largo y frío ¿desea Vd. pasar las vacaciones en el *sur* del país o en el *norte*? (Deseo)

____

3. ¿Viaja Vd. siempre en *avión* o en *vapor* para llegar muy pronto? (Viajo)

____

4. ¿Prefiere Vd. subir al avión a *la medianoche* o *al mediodía*? (Prefiero)

____

5. Luego cuando Vd. regresa ¿*baja* Vd. del avión o *sube* Vd.? (Luego cuando yo)

____

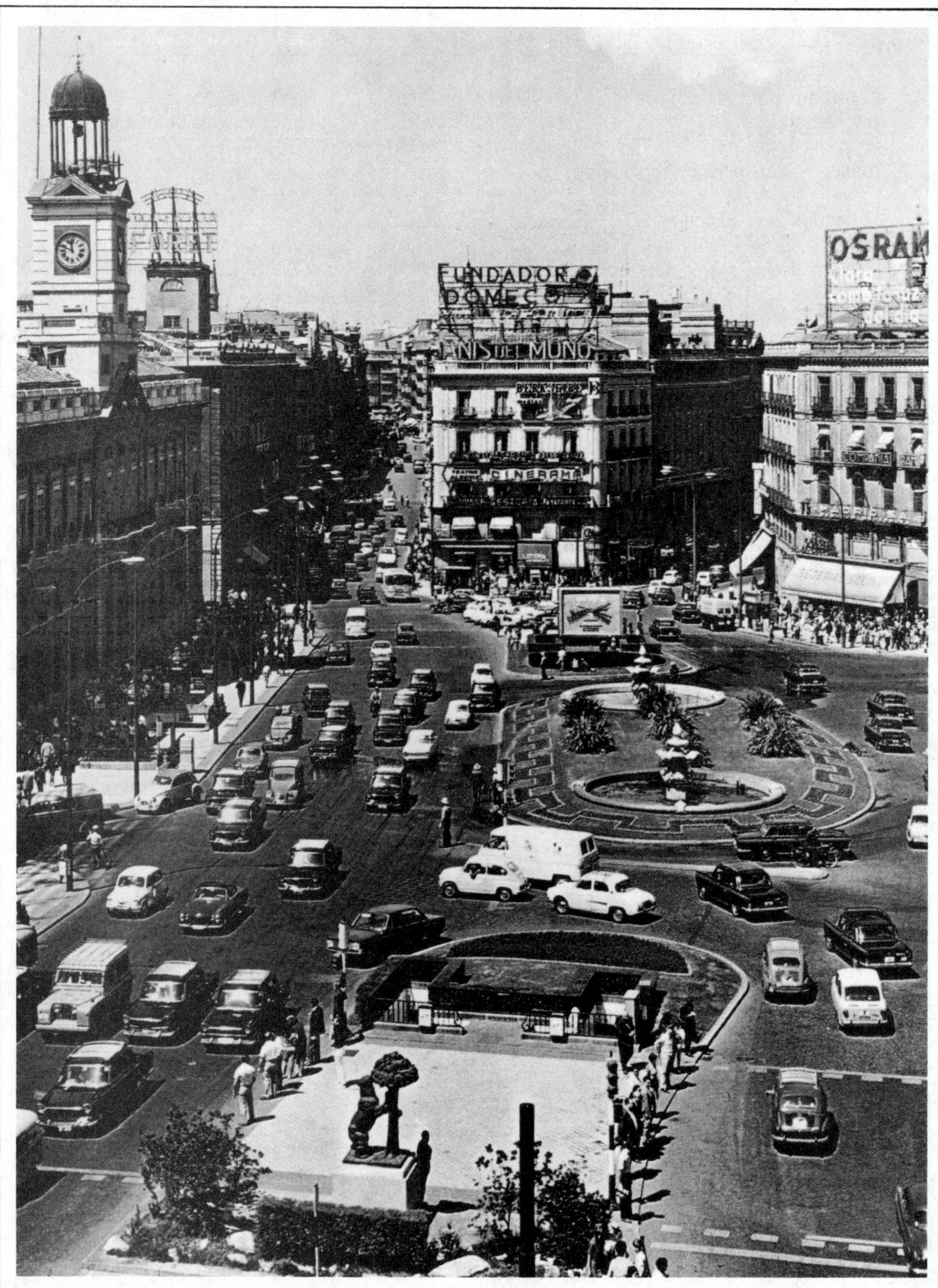

La Puerta del Sol — the heart of Madrid.

VII. Write the equivalent in a complete Spanish sentence.

A. Subo al tren.

1. I'll get on the plane.

____

2. I'll get into the car.

____

3. I'll get on the ship.

____

4. I'll get on the bus.

____

B. Bajo del autobús.

1. I'll get off the train.

____

2. I'll get out of the automobile.

____

3. I'll get off the plane.

____

4. I'll get off the ship.

____

C. Viajo al Canadá.

1. I'll travel to the north.

____

2. I'll travel to the south.

____

3. I'll travel to the east.

____

4. I'll travel to the west.

____

5. I'll travel at noon.

____

6. I'll travel at midnight.

____

D. Regresa siempre.

1. He returns early.

____

2. He returns late.

____

3. He returns soon.

____

4. He returns tomorrow.

____

5. He returns now.

____

6. He always returns.

____

E. Llego en un año.

1. I'll arrive in a day.

____

2. I'll arrive in a week.

____

3. I'll arrive in a month.

____

4. I'll arrive in one hour.

____

5. I'll arrive in a minute.

____

F. Regresó después.

1. He returned before.

____

2. He returned last night.

____

3. He returned yesterday.

____

4. He returned afterwards.

____

5. He returned today.

____

G. Nunca viajé en avión.

1. I never travelled on a train.

____

2. I never travelled in a car.

____

3. I never travelled on a bus.

____

4. I never travelled on a ship.

____

5. I never travelled by plane.

____

El Castillo del Morro, San Juan, Puerto Rico.

Unit 10

La escuela, la aritmética

La escuela	*School*
1. la alumna	pupil (*f.*)
2. el alumno	pupil (*m.*)
3. la clase	class
4. el director	principal (*m.*)
5. la directora	principal (*f.*)
6. la escuela	school
7. la lección de historia	history lesson
8. la maestra de inglés	English teacher
9. el maestro	teacher
10. la clase de aritmética	arithmetic class
11. la clase de español	Spanish class
12. la sala de clase	classroom
13. abrir	to open
14. aprender	to learn
15. asistir a	to attend
16. entrar en	to enter
17. empieza	begins
18. enseñar	to teach
19. escuchar	to listen to
20. explicar	to explain
21. leer	to read
22. prestar atención	to pay attention
23. salir de	to leave
24. terminar	to end
25. estar ausente	to be absent
26. estar presente	to be present

La aritmética	*Arithmetic*
27. un cuarto	a quarter
28. un medio	one half
29. un número	a number
30. entre	between
31. menos (—)	minus
32. por (×)	multiplied by
33. son (=)	equal(s)
34. y (+)	plus
35. dividido por (÷)	divided by

STUDY THE VOCABULARY BEFORE BEGINNING THE EXERCISES!

Exercises

I. Write the letter of the word that helps to define the expression in *italics*.

1. *La chica que asiste a la escuela* es ____
a. una alumna b. un alumno c. una maestra d. la directora

2. *Un grupo de alumnos* que tiene maestra es ____
a. una escuela b. una familia c. una clase d. unos amigos

3. *El cuarto donde la clase aprende* es ____
a. la sala de clase b. un salón c. una habitación d. un jardín

4. *Dos cuartos* son ____
a. un medio b. dos medios c. ocho d. doce

5. *Estudiar y comprender* es ____
a. llegar b. leer c. aprender d. llevar

6. *Estar presente* en la clase es ____
a. terminar b. asistir c. abrir d. escuchar

7. *Explicar la lección* es ____
a. aprender b. abrir c. escuchar d. enseñar

8. *Un medio* es ____
a. dos cuartos b. tres cuartos c. un cuarto d. un dólar

9. *Prestar atención* es ____
a. escuchar b. enseñar c. leer d. llegar

10. *Mirar una frase y comprender* es ____
a. llegar b. leer c. abrir d. entrar

Face of an Old Man.
Buff clay.
Teotihuacan III-IV.
Courtesy of the Art Institute of Chicago
Joseph P. Antonow Gift

Standing Figure of a Dancer
Mexico, Southern Vera Cruz
Late Classic Period AD 600-900
Brooklyn Museum, Brooklyn, New York

II. Write the letter of the word that best completes the sentence.

1. Si estoy enfermo estoy ____
   a. ausente b. presente c. en la clase
   d. en la escuela

2. Llego a la sala de clase y ____
   a. bailo b. entro c. como d. bebo

3. Siete ____ dos son catorce.
   a. por b. menos c. y
   d. dividido por

4. Diez ____ dos son ocho.
   a. dividido por b. y c. por
   d. menos

5. Aprendo porque ____
   a. enseño la lección b. termino la clase
   c. presto atención d. duermo en la clase

6. El ____ abre la escuela.
   a. primo b. alumno c. soldado
   d. director

7. La ____ empieza la clase.
   a. secretaria b. escuela c. maestra
   d. enfermera

8. Cinco es un ____
   a. maestro b. alumno c. día
   d. número

9. El número tres está ____ los números 2 y 4.
   a. entre b. ausente c. presente
   d. en

10. Seis ____ tres son dos.
    a. por b. menos c. y
    d. dividido por

III. Write both the example and its answer in a complete Spanish sentence.

1. 13 + 2 = ____________________
2. 20 — 10 = ____________________
3. 12 — 2 = ____________________
4. 20 — 4 = ____________________
5. 3 × 6 = ____________________
6. 4 × 4 = ____________________
7. 20 ÷ 5 = ____________________
8. 15 ÷ 3 = ____________________
9. 12 × ½ = ____________________
10. ¾ + ¼ = ____________________

IV. Write the letter of the expression that means the *same* as the *italicized words.*

1. *El profesor* enseña mucho. ____
   a. el alumno b. el maestro c. el director d. el padre

2. Los alumnos *llegan a la clase.* ____
   a. entran en la clase b. escuchan en la clase c. leen en la clase d. estudian en casa

3. La maestra *abre* la clase. ____
   a. termina b. escucha c. empieza d. cierra

4. La maestra *enseña* la regla. ____
   a. lee b. abre c. estudia d. explica

5. Antonio *asiste a la clase.* ____
   a. está ausente de la clase b. está presente en la clase c. está en la calle d. está con su familia

V. Write the letter of the word(s) that mean(s) the *opposite* of the *italicized word(s).*

1. *La alumna* entra en la clase. ____
   a. la chica b. la muchacha c. la directora d. la niña

2. La clase *empieza* ahora. ____
   a. escucha b. termina c. llega d. escribe

3. El alumno *entra en la sala.* ____
   a. lee en la sala b. pasa en la sala c. llega a la sala d. sale de la sala

4. El director *cierra* la escuela. ____
   a. abre b. lee c. aprende d. termina

5. Ana *está ausente de la clase.* ____
   a. está enferma en casa b. está en la calle c. sale de la escuela d. asiste a la clase

VI. Write the most *logical* or *factual* answer in a complete Spanish sentence. Use cues.

1. ¿Entra Vd. en la sala de clase o en el restaurante por la mañana? (Entro)

   ____

2. ¿Enseña el maestro o el alumno a la clase de aritmética? (El)

   ____

3. ¿Asiste Vd. a la escuela medio año o los tres cuartos del año? (Asisto)

   ____

4. ¿Escucha Vd. al maestro de historia o al alumno en la clase? (Escucho)

____

5. ¿Sale Vd. de la escuela a las ocho o a las tres? (Salgo)

____

6. ¿Terminan las clases en septiembre o en junio? (Las)

____

7. ¿Empieza o termina la clase de español cuando el director abre la escuela? (La clase)

____

8. ¿Aprende Vd. mucho o poco cuando Vd. lee la lección de historia? (Aprendo)

____

9. ¿Está Vd. presente o en casa cuando Vd. está bien? (Estoy)

____

10. ¿Está Vd. ausente o presente cuando Vd. está enfermo-a? (Estoy)

____

VII. Write in Spanish. Use the appropriate forms from the selection below.

Asisto a la clase de español.

1. I enter the Spanish class. ______________________
2. I learn from the Spanish teacher (*masc*). ______________________
3. I leave the arithmetic class. ______________________
4. I am absent from the arithmetic lesson. ______________________
5. I am present in the English class. ______________________
6. I listen to the English teacher (*fem*). ______________________
7. I attend the history class. ______________________
8. I pay attention to the history lesson. ______________________

Selection: **aprender (de); asistir (a); entrar (en); escuchar (a); estar ausente (de); estar presente (en); prestar atención (a); salir (de).**

Unit 11

Mi casa, los muebles, ¿de qué es?, ¿dónde está?

Mi casa	*My house*
1. el ascensor	elevator
2. la casa particular	private house
3. la casa de pisos	apartment house
4. la cocina	kitchen
5. el comedor	dining room
6. el cuarto	room
7. el cuarto de baño	bathroom
8. el dormitorio	bedroom
9. la habitación	room
10. la llave	key
11. el patio	yard
12. el piso	floor; apartment
13. la sala	living room
14. el sótano	cellar
15. el suelo	ground
16. el techo	roof; ceiling
17. dormir (ue)	to sleep
18. jugar (ue)	to play
19. subir (*anton.* bajar)	to go up (*anton.* to go down)

¿De qué es?	*What is it made of?*
20. el algodón	cotton
21. el hierro	iron
22. la lana	wool
23. la madera	wood
24. el nilón	nylon
25. la seda	silk
26. Es de algodón (de hierro; de lana; de madera; de nilón; de seda)	It is (made of) cotton (of iron; of wool; of wood; of nylon; of silk)

Los muebles	*Furniture*
27. la alfombra	carpet
28. el armario	closet
29. la cama	bed
30. la cómoda	bureau
31. la cortina	curtain, shade
32. el escritorio	desk
33. la lámpara	lamp
34. la mesa	table
35. los muebles	furniture
36. la silla	chair
37. el sillón	armchair
38. el sofá	sofa
39. el teléfono	telephone

¿Dónde está?	*Where is it?*
40. abajo	below, down (stairs)
41. allí	there
42. aquí	here
43. arriba (de esto)	up, above (above this)
44. cerca (cerca de esto)	near (near this)
45. debajo (debajo de esto)	under, beneath (under, beneath this)
46. delante (delante de esto)	in front (in front of this)
47. detrás (detrás de esto)	behind (behind this)
48. donde	where
49. en	in, on
50. en casa	at home
51. entre	between
52. lejos (lejos de esto)	far (far from this)
53. sobre	on, above

STUDY THE VOCABULARY BEFORE BEGINNING THE EXERCISES!

Exercises

I. Write the letter of the expression that best completes the sentence.

1. Siempre dormimos en ______
   a. el dormitorio b. el cuarto de baño c. la sala d. el patio

2. Miro la televisión en ______
   a. el sótano b. el cuarto de baño c. la sala d. el jardín

3. Mi madre prepara la comida en ______
   a. la sala b. la cocina c. el comedor d. el dormitorio

4. No están en casa; juegan en ______
   a. el patio b. la cocina c. el comedor d. la sala

5. Para abrir una puerta uso ______
   a. un piso b. una llave c. un cuarto d. un sofá

6. Para subir a un piso alto uso ______
   a. el armario b. el escritorio c. el ascensor d. el sillón

7. Hay muchos vecinos en nuestra casa ______
   a. particular b. de pisos c. de campo d. de correos

8. Sobre nuestra casa está ______
   a. un sótano b. un suelo c. un patio d. un techo

9. Abajo está ______
   a. el sótano b. el techo c. el nilón d. la mesa

10. La alfombra está en ______
    a. el piso b. el jardín c. el techo d. la cortina

11. En el dormitorio hay una cama y ______
    a. un patio b. un comedor c. una cómoda d. una cocina

12. En la sala hay un sofá y ______
    a. un sótano b. un ascensor c. un patio d. un sillón

13. La ropa está en ______
    a. el ascensor b. el techo c. el patio d. el armario

14. Nosotros vivimos en el primer ______
    a. sillón b. sofá c. piso d. armario

15. En el escritorio hay ______
    a. una lámpara b. una cama c. una cómoda d. una mesa

16. En el piso de mi cuarto está ______
    a. una cocina b. una sala c. una alfombra d. la ventana

17. El teléfono está sobre ______
    a. la silla b. la mesa c. la cama d. la ventana

18. La ventana tiene ______
    a. una casa b. una sala c. una alfombra d. una cortina

19. En el comedor están una mesa y cuatro ______
    a. camas b. cómodas c. sofás d. sillas

20. En la mesa, mi silla está ______ mis padres.
    a. delante de b. detrás de c. entre d. debajo de

21. Solamente *una* familia vive en ______
    a. un cuarto de baño b. una casa particular c. un techo d. un escritorio

22. Un cuarto es ______
    a. una casa b. un mueble c. un sofá d. una habitación

23. Para conversar usamos ______
    a. la lámpara b. el teléfono c. el escritorio d. el baño

24. Para llegar al sótano ______
    a. bajo b. subo c. duermo d. juego

25. El sótano está debajo ______
    a. del teléfono b. del sofá c. del suelo d. del techo

II. ¿De qué es? Write the entire expression for the most logical material. Circle its letter.

1. La alfombra es ______________
   a. de plata b. de lana c. de oro
   d. de madera
2. La lámpara es ______________
   a. de algodón b. de nilón c. de seda
   d. de hierro
3. Las cortinas de la sala son __________
   a. de plata b. de oro c. de hierro
   d. de seda
4. Las cortinas del dormitorio son ______
   a. de oro b. de hierro c. de madera
   d. de nilón
5. El escritorio es ______________
   a. de madera b. de nilón c. de seda
   d. de plata
6. *No* hay muebles ______________
   a. de oro b. de madera c. de hierro
   d. de metal
7. Los tenedores y las cucharas son _____
   a. de seda b. de plata c. de hierro
   d. de nilón
8. Las cortinas de la cocina son _______
   a. de hierro b. de oro c. de plata
   d. de algodón

III. ¿Dónde está? Complete with the *opposite* of the word in *italics*.

1. La cocina está *aquí*. El comedor está______________________.
2. El jardín está *delante de* la casa. Los dormitorios están______________de ella.
3. La cocina está *abajo*. Los dormitorios están______________________.
4. La escuela está *cerca*. El parque está______________________.
5. La lámpara está *sobre* la mesa. La alfombra está______________de ella.

IV. Write a logical or factual answer in a complete Spanish sentence. Begin each sentence with the cue words in parentheses.

1. ¿Dónde dormimos en una cama en el dormitorio o en la mesa? (Dormimos)

   ____

2. ¿Dónde comemos en el sofá o en las mesas de la cocina y del comedor? (Comemos)

   ____

3. ¿Dónde descansamos en el sótano o en el sofá de la sala? (Descansamos)

   ____

4. ¿Dónde tenemos más vecinos en una casa particular o en una casa de pisos? (Tenemos)

5. ¿Dónde tomamos un baño en el patio o en el cuarto de baño? (Tomamos)

____

6. ¿Adónde van los chicos a jugar al patio o a la escuela? (Los chicos)

____

7. ¿Tiene Vd. una lámpara cerca del sillón o lejos de él para leer bien? (Tengo)

____

8. ¿Escribe Vd. la carta en el escritorio o debajo de él? (Escribo)

____

9. En una casa de pisos ¿qué toma Vd. para subir a un piso alto un avión o el ascensor? (Tomo)

____

____

10. ¿De qué son sus muebles de oro o de madera? (Mis muebles)

____

V. Write in Spanish. Follow the word order in the model sentence.

A. Su familia vive en un piso bonito. *Your family lives in a pretty apartment.*

1. Your family lives in an apartment house.______________________
2. My family lives in an apartment house.______________________

B. El sótano está debajo de la casa. *The cellar is beneath the house.*

1. The garden is in front of the house.______________________
2. The patio is on the ground near the garden.______________________

____

3. The bathroom is where the bedrooms are.______________________

____

4. The dining room, the living room and the kitchen are downstairs.______________________

____

5. We are here at home.______________________

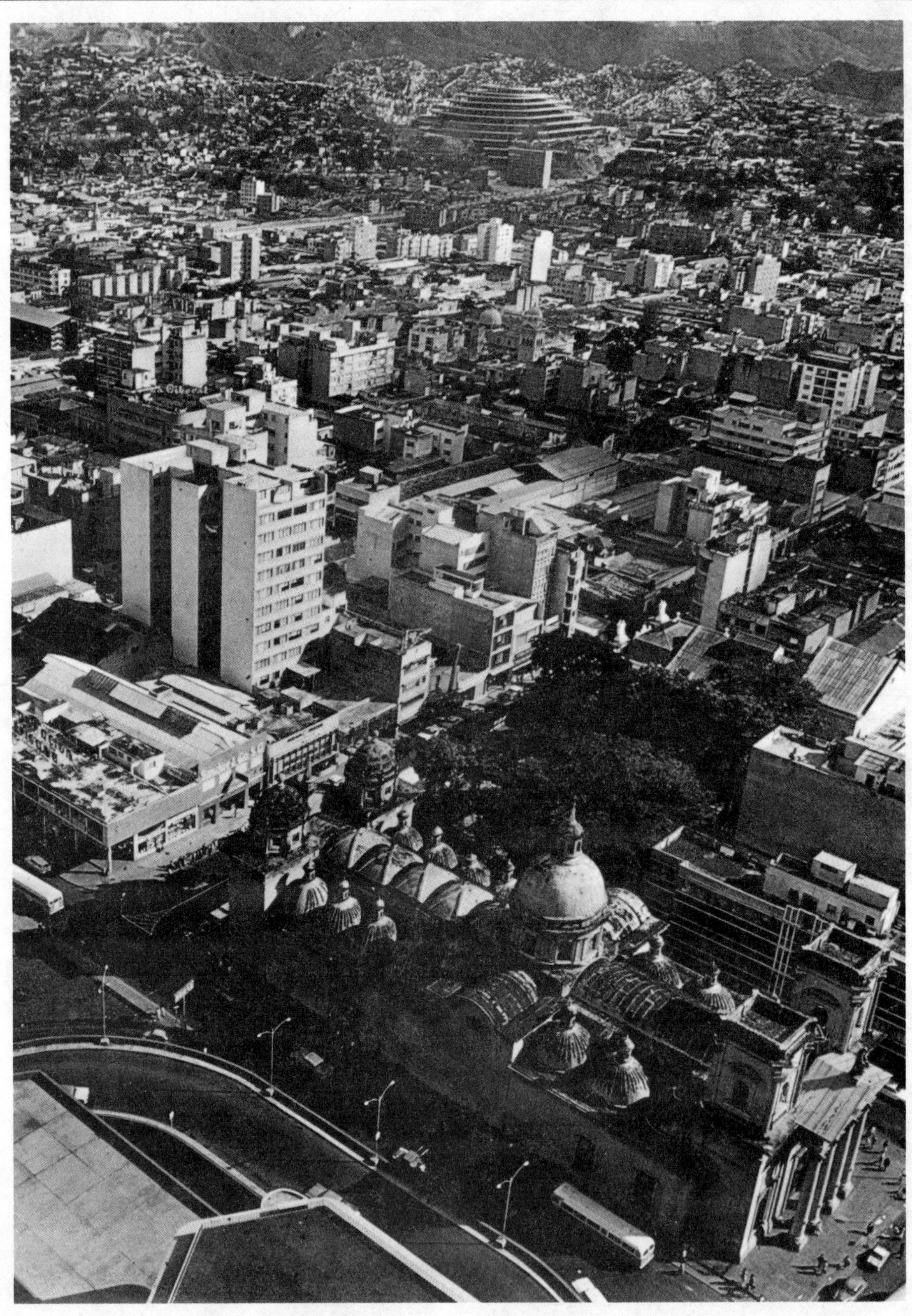

Vista panorámica: Caracas, Venezuela

Unit 12

Las lenguas, las naciones, los gobiernos

Las lenguas	*Languages*	*Las naciones*	*Nations*
1. la lengua	language	16. el país	country
2. el alemán	German	17. Alemania	Germany
3. el castellano o el español	Castillian or Spanish	18. España, México y Puerto Rico	Spain, Mexico and Puerto Rico
4. el chino	Chinese	19. *(La) China	China
5. el francés	French	20. Francia	France
6. el hebreo	Hebrew	21. Israel	Israel
7. el inglés	English	22. Inglaterra y los Estados Unidos	England and the United States
8. el inglés y el francés	English and French	23. El Canadá	Canada
9. el italiano	Italian		
10. el japonés	Japanese	24. Italia	Italy
11. el portugués	Portuguese	25. El Japón	Japan
12. el ruso	Russian	26. Portugal y el Brasil	Portugal and Brazil
13. comprender	to understand	27. La Unión Soviética	Soviet Union

Organizaciones Internacionales	*International Organizations*	*Gobiernos*	*Governments*
		28. la bandera	flag
14. Las Naciones Unidas (N.U.)	United Nations (U.N.)	29. la democracia	democracy
		30. la dictadura	dictatorship
15. La Organización de Estados Americanos (O.E.A.)	Organization of American States (O.A.S.)	31. la patria	native land
		32. la república	republic
		33. la república democrática	democratic republic

*Optional use of *La*

STUDY THE VOCABULARY BEFORE BEGINNING THE EXERCISES!

Exercises

I. Write in Spanish. Follow the word order of the model sentence.

A. Mi país se llama Puerto Rico. ______________________

1. My country is called England. ______________________
2. My country is called France. ______________________
3. My country is called Mexico. ______________________
4. My country is called Italy. ______________________
5. My country is called Germany. ______________________

B. Mi patria es China.

1. My native land is Brazil. ______________________________
2. My native land is Canada. ______________________________
3. My native land is Japan. ______________________________
4. My native land is the Soviet Union. ______________________________
5. My native land is the United States. ______________________________

II. Complete in Spanish answering **¿Qué hablan?** (Omit *el* after *hablar.*)

1. En Alemania hablan ______________. 2. En Inglaterra hablan ______________. 3. En China hablan ______________. 4. En Francia hablan ______________. 5. En los Estados Unidos hablan ______________. 6. En la Unión Soviética hablan ______________. 7. En México, Puerto Rico y España hablan ______________ o ______________. 8. En Italia hablan ______________. 9. En Portugal y en el Brasil hablan ______________.

10. En Israel hablan ______________.

III. Complete in Spanish.

1. Hablan portugués en ______________ y en ______________.
2. Hablan italiano en ______________. 3. Hablan hebreo en ______________. 4. Hablan castellano en ______________, ______________ y ______________. 5. Hablan inglés y francés en ______________.

IV. Complete each sentence selecting from the following: **democracia, naciones, los Estados Unidos, países, bandera, inglés, castellano, lenguas, república.**

1. Mi patria es ______________ de América. (United States). 2. El rojo, el blanco y el azul son los colores de mi ______________ (flag). 3. Las lenguas que comprendo son ______________ y ______________ (English; Spanish). 4. Los Estados Unidos tiene un presidente y es una ______________ (republic). 5. Lo contrario de la dictadura es la ______________ (democracy). 6. La Organización de los Estados Americanos es de diez y ocho ______________ americanos (countries). 7. Las Naciones Unidas es una organización de muchas ______________ del mundo (nations). 8. En las Naciones Unidas hablan muchas ______________ (languages).

V. Write an affirmative answer in a complete Spanish sentence.

1. ¿Qué lenguas comprende Vd.?

____

2. ¿Dónde hablan francés?

____

3. ¿En qué países hablan chino y japonés?

____

4. ¿Cómo se llama su patria?

____

5. ¿De qué colores es su bandera?

____

6. ¿Es su país una dictadura o una república democrática?

____

7. ¿Forma su país una parte de las Naciones Unidas?

____

8. ¿Es su país una parte de la Organización de los Estados Americanos?

____

VI. Write in Spanish, following the word order of the model sentence. (Omit *el* after *hablar.*)
Model: **En España hablan castellano pero comprenden el portugués.** In Spain they speak Castillian, but they understand Portuguese.

1. In Canada they speak English, but they understand French.

____

2. In Brazil they speak Portuguese, but they understand Spanish.

____

3. In Italy they speak Italian, but they understand French.

____

4. In Germany they speak German, but they understand English.

____

5. In Israel they speak Hebrew, but they understand English.

____

6. In Spain they speak Spanish, but they understand Portuguese.

____

7. In France they speak French, but they understand many languages.

____

8. In the United States they speak English, but they understand Spanish and other languages.

____

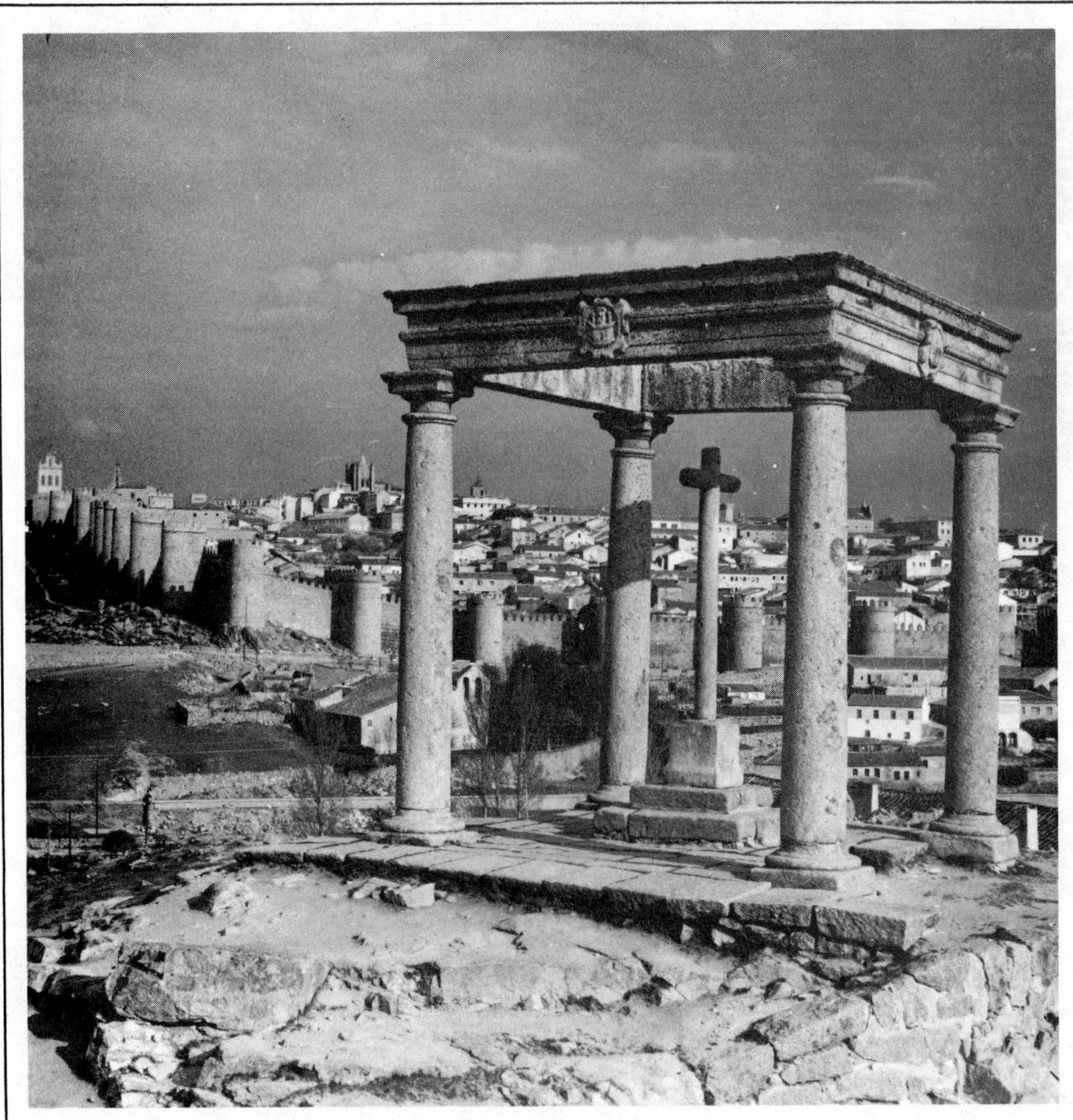

Avila. "Cuatro Postes"
Vista de la ciudad

Part Three
IDIOMS AND DIALOGUES

Warrior
Buff clay
Chiapas, Mexico
The Metropolitan Museum of Art, New York

Part Three: **Idioms and Dialogues**

Unit 1. Fórmulas de cortesía : Expressions of Courtesy

Conversación entre el maestro, su nuevo alumno y una señorita, hermana del alumno. Es el primer día de la escuela.

Conversation among the teacher, his new pupil, and a young lady who is the pupil's sister. It is the first day of school.

Greetings

Maestro: —Hola, amigo.	Hi, (hello) friend.	Familiar: **Hola.** *Hello.* Formal: **Buenos días.** *Hello.* **Buenas tardes.** *Good afternoon* or *early evening.* **Buenas noches.** *Good evening* (late); *good night.* **Señora** *m'am, Mrs.* **Señorita** *Miss.* **Señor** *Mr.*
Alumno: —Buenos días, señor.	Good day (good morning), sir.	

Please. Thanks

M: —¡Pasen Vds., por favor!	Come in, please.	**Por favor** may follow the request, which is in the COMMAND form. **Haga(n) Vd.(s) el favor de** . . . (formal) and **haz el favor de** . . . (fam. sing. **tú**) precede the request, which is in the INFINITIVE form.
—¡Haga Vd. el favor de pasar, señorita!	Please come in, miss.	
—¡Haz el favor de pasar, niño!	Please come in, child.	
A: —(Muchas) gracias, señor profesor.	Thank you (very much), teacher.	**Maestro** in grade-school **Señor profesor** courtesy form

---

Welcome (to my house etc.)

M: —Bienvenido, niño.	Welcome, child.	**Bienvenido-a** agrees in gender and number with the person(s) welcomed.
—Bienvenida, señorita.	Welcome, miss.	
—Bienvenidos, todos.	You are all welcome.	

Introductions

M: —¿Cómo te llamas tú, niño?	What is your name, child?	**Llamarse** *to be named*
A: —Me llamo Pepe, servidor.	My name is Joe, at your service.	me llamo te llamas se llama
M: —¿Y cómo se llama tu hermana?	And what is your sister's name?	nos llamamos os llamáis se llaman
A: —Mi hermana se llama Rosa.	My sister's name is Rose.	
M: —Dispense, señorita. ¿Se llama Vd. Rosa?	Excuse me, miss. Is your name Rose?	**Servidor-a** *At your service.* Courtesy form used after giving one's name in introductions.
Srta: —Me llamo Rosa Ortiz, servidora.	My name is Rose Ortiz, at your service.	
M: —Mucho gusto.	Great pleasure. (Pleased to meet you).	

To Shake Hands. Of Course

M: —¿Me das la mano, Pepe?	Will you shake hands, Joe?	**Dar la mano** *to shake hands*
A: —¡Cómo no! Le doy la mano, señor.	Of course, I'll shake hands, sir.	doy damos das dais da dan

Polite Inquiries

M: —¿Qué tal, niño?	How are things, child?	**Estar** *to be* (health)
A: —Sin novedad.	Nothing new.	estoy estamos estás estáis está están
M: —Pero, ¿cómo estás tú, Pepe?	But how are you, Joe?	
A: —(Estoy) muy bien. ¿Y cómo está Vd., señor?	(I am) very well. And how are you sir?	
M: —Así, así. No estoy enfermo. ¿Y Vd.,señorita?	So, so. I am not sick. And you, miss?	
Srta: —No estoy muy bien. Estoy enferma.	Not very well. I am ill.	

¿Qué tal?

Taking Leave

Srta: —Con permiso. Hasta mañana.	Excuse me. Until tomorrow.	**Con permiso** *Excuse me:* courtesy form when leaving early or upon inconveniencing a person; also, **dispense.**
M: —Le doy las gracias por la visita.	I thank you for the visit.	
Srta: —De nada, señor profesor. (No hay de qué.)	You are welcome, teacher. (You are welcome.)	**Dar las gracias** *to thank* doy damos das dais da dan
M: —Hasta luego. (Hasta la vista.)	Until later. (See you later.)	*Farewells*: *fam.*: **Hasta luego (hasta la vista);**
Srta: —Adiós.	Good-bye.	*formal*: **Adiós.**

STUDY THE IDIOMS BEFORE BEGINNING THE EXERCISES!

Exercises

I. Write the expression that best completes the sentence, and circle the letter.

1. Cuando mi amigo entra en mi casa, yo le digo:____________
   a. —Bienvenido. b. —Adiós. c. —Dispense. d. —Sin novedad.

2. Si mi amigo me presenta a su profesor, le doy____________
   a. dinero. b. una revista. c. la mano. d. un beso.

3. Cuando mi madre me da la comida, yo le doy____________
   a. la mano. b. las gracias. c. un vaso de leche. d. un dólar.

4. Acepto la invitación a la casa de un amigo cuando le digo:____________
   a. —Con mucho gusto. b. —Hola. c. —Con permiso. d. —Así, así.

5. Si *no* puedo aceptar una invitación digo:____________
   a. —De nada. b. —Mucho gusto. c. —Dispense. d. —Servidor.

6. Si yo visito a una persona en el hospital le digo:____________
   a. —¿Cómo está Vd.? b. —¿Cómo se llama Vd.? c. —Dispense. d. —Bienvenido.

7. Cuando una persona me da las gracias, le contesto:____________
   a. —Hasta luego. b. —Bienvenido. c. —De nada. d. —Buenas noches.

8. Si quiero conocer a una persona le pregunto:____________
   a. —¿Cómo se llama Vd.? b. —¿Qué es esto? c. —¿Dónde estás? d. —¿Adiós?

9. Antes de interrumpir una conversación digo:____________
   a. —Sin novedad. b. —Con permiso. c. —Gracias. d. —No hay de qué.

10. Si mi amigo necesita un favor de mí, yo le respondo:____________
    a. —¡Cómo no! b. —¡Pase Vd.! c. —¡Por favor! d. —Gracias.

II. Write *two* appropriate rejoinders in Spanish from the selection given. **Circle the letters.**

1. —Te doy las gracias:________________/________________
   a. —No hay de qué. b. —De nada. c. —Buenas tardes. d. —Así, así.

2. —Te doy el dinero que necesitas:________________/________________
   a. —Te doy las gracias. b. —No muy bien. c. —De nada. d. —Muchas gracias.

3. —¿Cómo estás?:________________/________________
   a. —No hay de qué. b. —Adiós. c. —No estoy bien. d. —Estoy enfermo.

4. —¿Entro ahora?:________________/________________
   a. —De nada. b. —¡Entre Vd. por favor! c. —Así, así. d. —¡Haz el favor de pasar!

5. —¿Qué tal?:________________/________________
   a. —Por favor. b. —Sin novedad. c. —Muy bien. d. —¿Cómo te llamas?

6. —Hola:________________/________________
   a. —Buenos días. b. —Buenas tardes. c. —Así, así. d. —De nada.

7. —Adiós:________________/________________
   a. —Hasta luego. b. —Bienvenido. c. —Hasta la vista. d. —Sin novedad.

8. —¡Dispense!________________/________________
   a. —Hola. b. —Así, así. c. —¡Cómo no! d. —Con mucho gusto.

III. Write the appropriate rejoinder, and then circle the letter.

1. Vds. llegan a mi casa por la mañana.

   Yo digo: —________________
   a. Buenos días. b. Buenas tardes.
   c. Buenas noches.

2. Yo pregunto: —¿Cómo está tu familia?

   Tú respondes: —________________
   a. Buenas tardes. b. Adiós.
   c. Así, así.

3. Yo pregunto: —¿Cómo se llama Vd.?

   Vd. responde: —________________
   a. Mi amigo se llama Juan. b. Buenas tardes. c. Me llamo Juan, servidor.

4. Yo digo: —¡Haga Vd. el favor de entrar!

   Vd. responde: —________________
   a. Le doy las gracias. b. De nada.
   c. Estoy bien.

5. Vd. dice: —Buenas tardes.

   Yo respondo: —________________
   a. Hola. b. Servidor. c. No muy bien.

6. Vd. pregunta: —¿Se llama Vd. Laura?

   Yo respondo: —________________
   a. Sí, muchas gracias. b. Sí, servidora.
   c. Sí, buenas noches.

7. Yo digo: —Adiós.

   Vd. responde: —________________
   a. Hasta la vista. b. Dispense.
   c. Mucho gusto.

8. Yo digo: —Me llamo Juan.

   Vd. responde: —________________
   a. Mucho gusto. b. Dispense.
   c. Hasta la vista.

9. Yo digo: —Yo te doy la mano.

   Tú dices: —____________________
   a. Bien. b. De nada. c. Mucho gusto.

10. Yo digo: —Gracias.

   Tú respondes: —____________________
   a. ¿Cómo está? b. Buenos días.
   c. No hay de qué.

IV. Rewrite the following sentences *with their letters* in the logical order of sequence.
Model: a. Hasta luego b. Sin novedad. c. ¿Qué tal? d. Buenos días.

1. (d.) *Buenos días.*
2. (c.) *¿Qué tal?*
3. (b.) *Sin novedad.*
4. (a.) *Hasta luego.*

A. a. Dices: —No hay de qué. b. Te doy las gracias. c. Tú me das un regalo.

1.____________________ 2.____________________

3.____________________

B. a. Yo te doy la mano y digo: —Mucho gusto. b. Tú respondes: —Me llamo Víctor, servidor. c. Yo pregunto: —¿Cómo te llamas?

1.____________________ 2.____________________

__________ 3.____________________

C. a. —Entonces, lo invito para mañana. b. —Haga Vd. el favor de venir a mi casa esta tarde. c. —Muchas gracias. d. —Dispense. Estoy enfermo hoy.

1.____________________

2.____________________ 3.__________

____________________ 4.__________

V. Rewrite the sentence, using the correct expression for *how* or *what*: **¿Cómo?** or **¿Qué?**

1. ¿____________________? (se llaman ellos)
2. ¿____________________? (tal)
3. ¿____________________? (está Vd.)
4. ¿____________________? (te llamas)
5. ¿____________________? (está tu familia)

VI. Complete from the selection below. (See DIALOGUES, pp. 366–368.)

Juan: —__________ (1) tardes, __________ (2) profesor.

El profesor: —Bienvenido, Juan Gómez: ¡Haga Vd. el __________ (3) de entrar! ¿Me __________ (4) Vd. la mano?

Juan: —Sí, ¡__________ (5) no! ¿Cómo __________ (6) Vd.?

El profesor: —Estoy bien; no estoy __________ (7)

Juan: —Deseo darle las __________ (8) por la ayuda con el trabajo.

El profesor: —No hay de __________ (9). ¿__________ (10) tal, Juan? ¿Y la familia?

Juan: —__________ (11) novedad. La familia __________ (12) bien. Yo __________ (13) bien. Tengo que regresar a casa ahora. __________ (14) permiso. Buenas __________ (15)

El profesor: —__________ (16), Juan.

Selection: **adiós, buenas, cómo, con, da, enfermo, está, estoy, favor, gracias, está, tardes, qué, señor, sin, qué.**

VII. Copy the Spanish sentence. Then rewrite the sentence, substituting the expressions in parentheses for the appropriate words in *italics.* Make all necessary changes in the verb.

Model: *Él* le da las gracias por *la comida.* **He thanks him for the meal.**
(Tú / dinero) **Tú le das las gracias por el dinero.**
(You thank him for the money.)

A. *Yo* le doy las gracias por *la visita.*__________

1. (Nosotros/el favor)__________
2. (El maestro/la bienvenida)__________
3. (Sus amigos/su invitación)__________
4. (Tú/los regalos)__________

B. *Ella* le da la mano *a Juan.*__________

1. (Yo/al profesor)__________
2. (Nosotros/a la vecina)__________
3. (Tú/mi padre)__________
4. (Los oficiales/al astronauta)__________

C. *Señorita*, ¡haga Vd. el favor de *pasar!*

1. (Señora,/responder a la carta)
2. (Caballeros,/entrar)
3. (Señor,/salir ahora)
4. (Señoritas,/poner la mesa)

D. *Niño*, ¡haz el favor de *dar la mano!*

1. (Ana,/escuchar al maestro)
2. (Chico,/leer el cuento)
3. (Prima,/llegar a tiempo)
4. (Hijo,/dar las gracias a mamá)

E. ¡Pasen Vds., *por favor!*

1. (¡Den Vds. la mano!)
2. (¡Escriba Vd.!)
3. (¡Conteste Vd. en español!)
4. (¡Vengan Vds. acá!)

VIII. Replace **por favor** by the appropriate form of **hacer el favor de**. Make necessary changes in the verb form and in the word order.

A. Model: ¡Trabajen Vds. menos, por favor! Work less, please! (*pl.*) — **¡Hagan Vds. el favor de trabajar** menos! Please work less! (*pl.*)

1. ¡Den Vds. la mano, por favor!
2. ¡Tomen Vds. asiento, por favor!
3. ¡Salgan Vds. más tarde, por favor!
4. ¡Escriban Vds. su dirección, por favor!
5. ¡Hablen Vds. menos aquí, por favor!

B. Model: ¡Trabaje Vd. menos, por favor! — **¡Haga Vd. el favor de trabajar** menos!
Work less, please! — Please work less!

1. ¡Dé Vd. las gracias, por favor! ______________________
2. ¡Tome Vd. café, por favor! ______________________
3. ¡Ponga Vd. el libro aquí, por favor! ______________________
4. ¡Reciba Vd. este dinero, por favor! ______________________
5. ¡Coma Vd. más, por favor! ______________________

IX. Write a complete Spanish sentence supplying the missing words for the expressions given below the line.

Model: Les doy/mano/profesores.
Les doy la mano a los profesores. — I shake hands with the teachers.

1. ¡______________________!
Haz/favor/aprender/lección

2. ¡______________________!
Haz/favor/abrir/ventana

3. ¡______________________!
Hagan/favor/no hablar/en/clase

4. ¡______________________!
Pasen/al otro cuarto/favor

5. ______________________.
Les doy/gracias/padres

Picasso, Pablo.
Guernica. (1937, May-early June).
Oil on canvas. 11'5½" x 25'5¾"
El Museo del Prado, Madrid, España.

El tiempo, la edad, las sensaciones

Unit 2: Conversaciones breves sobre el tiempo, la edad y unas sensaciones. | Little conversations about the weather, age, and some sensations.

A. El tiempo — *The Weather*

Hace . . .	It is . . . (idiomatic)	**Hace** expresses *what kind of weather it is. It* is understood.
1. —¿Qué tiempo hace?	What kind of weather is it? How is the weather?	
2. —Hace (muy) buen tiempo.	It is (very) good weather.	**Muy** emphasizes the adjectives **buen** and **mal.**
3. —¿Hace calor?	Is it warm?	
4. —Hace sol pero no hace calor.	It is sunny but it is not hot.	**No** appears before **hace** in the negative sentence.
5. —Entonces hace fresco.	Then it is cool.	
6. —Sí, hace fresco pero no hace frío.	Yes, it is cool but it is not cold.	
Muy — Mucho; Poco.	*Very; Slightly*	
1. —¿Hace muy mal tiempo?	Is it very bad weather?	
2. —Sí, hace mucho calor. (Hace mucho frío.)	Yes, it is very hot. (It is very cold.)	**Mucho** emphasizes the nouns: **calor, fresco, frío, sol, viento**
3. —¿Hace mucho viento?	Is it very windy?	
4. —Hace poco viento pero hace mucho sol.	It is slightly windy but it is very sunny.	
1. —¿Está nevando ahora?	Is it snowing now?	Weather verbs that do not need **hace:**
2. —No. Está lloviendo.	No. It is raining.	**llover** (ue) to rain and
3. —¿No nieva aquí?	Doesn't it snow here?	**nevar** (ie) to snow
4. —Nieva poco, pero llueve mucho.	It snows a little, but it rains a great deal.	

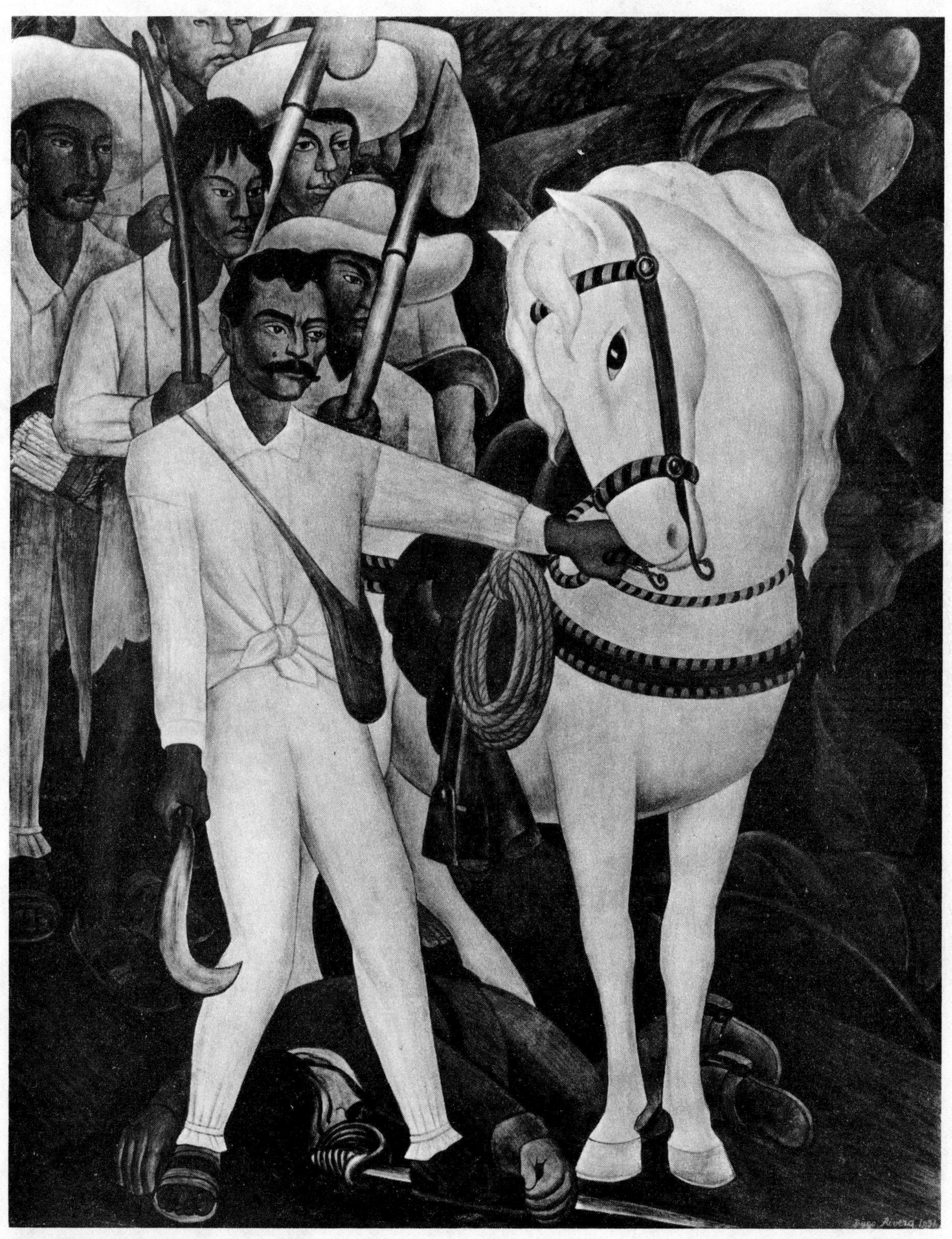

Rivera, Diego
Agrarian Leader Zapata. 1931
Fresco, 7'9¾" x 6'2".
Collection, The Museum of Modern Art, New York
Abby Aldrich Rockefeller Fund

B. Tener____años (meses)	*Idiomatic: to be ____ years (months) old.*	
1. —¿Cuántos años tienes tú? (¿Cuántos años tiene Vd.?)	How old are you? (*fam.*) How old are you? (*formal*)	
2. —Tengo (catorce) años.	I am (fourteen) years old.	Age in numbers: **tener . . . años** **tener . . . meses** tengo, tienes, tiene tenemos, tenéis, tienen
3. —¿Y tu hermanito?	And your little brother?	
4. —Él tiene dos meses.	He is two months old.	

C. Tener sensaciones	*Idiomatic: to be*	*Sensations:*
1. —¿Qué tienen Vds.?	What is the matter with you? (*pl.*)	**tener** *to be the matter with*
2. —Tenemos (mucho) dolor de cabeza (dolor de muelas; dolor de estómago)	We have a (bad) headache. (toothache; stomachache)	**tener dolor de** . . . *to have a pain in . . .*
1. —¿Tienen Vds. calor?	Are you warm?	
2. —Tenemos (mucho) calor. . . . . frío . . . . sueño . . . . interés . . . . miedo	We are (very) warm. . . . . cold . . . . sleepy . . . . interested . . . . afraid	**mucho** emphasizes the masculine nouns: *warmth*: **calor** *cold*: **frío** *sleepiness*: **sueño** *interest*: **interés** *fear*: **miedo**
3. —¿Tienen Vds. hambre?	Are you hungry?	
4. —Yo no tengo mucha hambre pero mi hermano tiene mucha sed.	I am not very hungry, but my brother is very thirsty.	**mucha** *emphasizes the feminine nouns*: *hunger*: **hambre** *thirst*: **sed**

STUDY THE IDIOMS BEFORE BEGINNING THE EXERCISES!

Exercises

I. Write an affirmative answer in a complete Spanish sentence. Translate your answer into English.

1. ¿Hace mucho fresco en el otoño?______________________________

____

2. ¿Hace mucho frío y mucho viento en el invierno?____________________

3. ¿Hace mucho calor en el verano?____________________

4. ¿Hace mucho sol en Puerto Rico?____________________

5. ¿Llueve mucho en abril?____________________

6. ¿Está lloviendo mucho ahora?____________________

7. ¿Nieva mucho en diciembre?____________________

8. ¿Está nevando hoy?____________________

9. ¿Hace muy buen tiempo en mayo?____________________

10. ¿Hace muy mal tiempo en noviembre?____________________

II.

A. Write an affirmative answer in a complete Spanish sentence, using the appropriate word for *very*: **muy** or **mucho.**

Model:	¿Hace calor? Is it warm?	Hace **mucho** calor. It is very warm. (hot)

1. ¿Hace frío en el invierno?____________________
2. ¿Hace calor en el verano?____________________
3. ¿Hace fresco en el otoño?____________________
4. ¿Llueve en abril?____________________
5. ¿Hace buen tiempo en la primavera?____________________

6. ¿Hace mal tiempo en febrero?____________________

7. ¿Nieva en enero?____________________

8. ¿Hace viento en marzo?____________________

B. Write an affirmative answer using **poco** according to the model.

Model: ¿Hace mucho calor hoy? Hace **poco** calor.
Is it very warm today? It is slightly (hardly) warm.

1. ¿Hace mucho sol hoy?____________________

2. ¿Hace mucho frío hoy?____________________

3. ¿Hace mucho fresco hoy?____________________

4. ¿Hace mucho viento hoy?____________________

5. ¿Llueve mucho hoy?____________________

6. ¿Nieva mucho hoy?____________________

7. ¿Hace mucho calor hoy?____________________

III. Write a factual answer in a complete Spanish sentence. Place **no** before the verb *if* your answer is negative.

Model: ¿Hace buen tiempo en el desierto? No hace buen tiempo en el desierto.
Is it good weather in the desert? It is not good weather in the desert.

1. ¿Nieva mucho en la Florida?____________________

2. ¿Llueve mucho en el desierto?____________________

3. ¿Está lloviendo dentro de la casa?____________________

4. ¿Hace fresco en la primavera?____________________

5. ¿Está nevando dentro de la casa?____________________

6. ¿Hace mucho calor en Alaska?____________________

7. ¿Hace mucho frío en África?____________________

8. ¿Hace mucho sol en Puerto Rico?____________________

9. ¿Hace buen tiempo en Londres?____________________

10. ¿Hace mal tiempo en California?____________________

IV. Write an affirmative answer in a complete Spanish sentence, using the expression in parentheses. Be sure each sentence has a verb.

Model: ¿Qué tiempo hace en la Florida?
______________________ **Hace mucho sol en la Florida.**
(mucho sol) It is very sunny in Florida.

1. ¿Qué tiempo hace en el verano? ______________________
(mucho calor)

2. ¿Qué tiempo hace en el invierno? ______________________
(mucho frío)

3. ¿Qué tiempo hace en abril? ______________________
(llueve mucho)

4. ¿Qué tiempo hace en diciembre? ______________________
(nieva mucho)

5. ¿Qué tiempo hace en marzo? ______________________
(mucho viento)

6. ¿Qué tiempo hace entre el frío de invierno y el calor de verano? ______________________
____
(mucho fresco)

7. ¿Qué tiempo hace ahora? ______________________
(nevando mucho)

8. ¿Qué tiempo hace en este momento? ______________________
(lloviendo mucho)

9. ¿Qué tiempo hace en mayo? ______________________
(muy buen tiempo)

10. ¿Qué tiempo hace en noviembre? ______________________
(muy mal)

V. Write a sentence, using the expressions in parentheses and the *appropriate form* of **tener.**

Model: (el chico/ interés en eso) El chico tiene interés en eso.
The boy is interested in that.

1. (Nosotros/sueño aquí) ______________________

2. (Tú/frío sin abrigo) ______________________

3. (Juan y Carlos/calor ahora) ______________________

4. (Vd./dolor de cabeza hoy)__________

5. (Anita/sed y bebe)__________

6. (Yo/hambre y como)__________

7. (Vds./miedo del agua) __________

8. (Luis/dolor de muelas hoy) __________

9. (Vd. y yo/dolor de estómago)__________

10. (Luis y Vd. / interés en ella)__________

VI. Write an affirmative answer in a complete Spanish sentence beginning with **Ella tiene** and using the cue words in parentheses.

Model: ¿Si no duerme?

__________ **Ella tiene sueño si no duerme.**
(sueño) She is sleepy if she does not sleep.

1. ¿Si no come?__________
(hambre)

2. ¿Si no bebe?__________
(sed)

3. ¿Si no estudia?__________
(miedo)

4. ¿Y si no va al lago?__________
(calor)

5. ¿Y si no va al dentista?__________
(dolor de muelas)

6. ¿Y si no toma aspirinas?__________
(dolor de cabeza)

7. ¿Y si abre la puerta?__________
(frío)

8. ¿Y si come mucho?__________
(dolor de estómago)

9. ¿Y si hoy es su cumpleaños?__________
(quince años)

10. ¿Y si no duerme?__________
(sueño)

VII. Write an affirmative answer in a *short* complete sentence using the appropriate word for *very*: **mucho, mucha,** or **muy,** according to the model.

Model: ¿Tienes hambre por la mañana? Sí, tengo **mucha** hambre.
Are you hungry in the morning? Yes, I'm very hungry.

1. ¿Tienes frío en el invierno? ______
2. ¿Tenemos calor en el verano? ______
3. ¿Tienen ellos interés en eso? ______
4. ¿Tiene María hambre cuando no come? ______
5. ¿Tiene Pepe sed cuando no bebe? ______
6. ¿Tengo yo miedo cuando hay un examen? ______
7. ¿Tienes sueño cuando estás cansado? ______
8. ¿Tienes dolor de cabeza si no estás bien? ______
9. ¿Hace buen tiempo si hace fresco? ______
10. ¿Hace mal tiempo cuando llueve? ______

VIII. Complete with the *appropriate form* of **hacer, tener, estar,** or a dash if no addition is necessary.

1. ¿Qué tiempo ______?
2. Yo ______ dolor de cabeza.
3. Ya no ______ mucho viento.
4. Pero ______ fresco.
5. Nosotros ______ dolor de dientes.
6. Hoy ______ mal tiempo.
7. No ______ buen tiempo.
8. ¿Cuántos años ______ ella?
9. Ellos ______ mucha hambre.
10. Siempre ______ nevando.
11. ¿Estás enfermo? ¿Qué ______?
12. No ______ lloviendo ahora.
13. Aquí ______ nieva poco.
14. No ______ llueve mucho.
15. Pero ______ calor, no hace frío.

IX. Write the letter of the expression that best completes the sentence, and circle the letter.

1. Cuando hace mucho sol ______
   a. tenemos frío b. tenemos hambre c. hace frío d. tenemos calor

2. En el cumpleaños de mi amiga, le pregunto: —______
   a. ¿Tienes frío? b. ¿Qué tienes? c. ¿Cuántos años tienes? d. ¿Qué tiempo hace?

3. Cuando está enferma, María ______
   a. tiene dolor b. tiene quince años c. hace calor d. hace frío

4. Cuando visita al dentista, el niño ______
   a. hace viento b. tiene miedo c. tiene sed d. hace buen tiempo

5. Si no bebo varios vasos de agua ______
   a. nieva b. tengo sed c. tengo frío d. llueve

6. Cuando ella no toma el almuerzo ______
   a. es hombre b. tiene hambre c. hace mal tiempo d. hace fresco

7. Si ella no duerme ocho horas ______
   a. tiene sed b. está lloviendo c. hace fresco d. tiene sueño

8. Si Juan tiene veinte años y yo tengo quince, él ______
   a. tiene cinco años más b. tiene un mes más c. hace viento d. nieva

9. Para saber si hace frío, pregunto: —______
   a. ¿Qué tiempo hace? b. ¿Cuántos años tiene? c. ¿Qué tiene? d. ¿Está nevando?

10. Si Ana está enferma le pregunto: —______
    a. ¿Está lloviendo? b. ¿Qué tienes? c. ¿Cuántos años tienes? d. ¿Qué tiempo hace?

X. Write a rejoinder in a complete Spanish sentence using the *appropriate verb* and the expressions in parentheses.

1. Vd. dice: —Voy a comer.

   Yo respondo: —______
   (Vd./mucha hambre)

2. Tú dices: —Bebo mucha agua fría.

   Yo respondo: —______
   (Tú/mucha sed)

3. Él dice: —Vas a la cama temprano.

   Yo respondo: —______
   (Yo/mucho sueño)

4. La madre dice: —Hace mucho viento hoy.

   Respondemos: —______________________________
   (Nosotros no/mucho frío)

5. María dice: —Hace mucho frío.

   Su padre responde: —______________________________
   (Y/nevando mucho)

6. Juan dice: —Tengo mucho calor hoy.

   Su amigo responde: —______________________________
   (Claro,/mucho sol)

7. Mi madre dice: —Debes llevar el paraguas.

   Yo respondo: —______________________________
   (¡No quiero porque no/lloviendo mucho!)

8. El médico dice: —Tu hermano debe tomar aspirinas y no puede comer hoy.

   Yo pregunto: —______________________________
   (¿ /él/dolor/estómago y/cabeza?)

9. La maestra pregunta: —¿Tiene Vd. hermanos menores?

   Yo respondo: —______________________________
   (Yo/quince años/y mis hermanos/quince meses)

10. La vecina dice: —¿Qué tiempo hace hoy?

    Mi madre responde: —______________________________
    (Siempre/muy mal/en noviembre)

Palacio Torre Tagle.
Ministerio de Relaciones Exteriores
Lima, Peru

Segovia, Spain: (r.) The Alcazar Castle built in the 15th century

La hora, la fecha

Unit 3: Conversaciones entre una niña y su madre.

Conversations between a child and her mother.

A. La hora — *Telling Time*

1. —¿Qué hora es?	What time is it?	Time is feminine.
2. —Es la una.	It is one o'clock.	**Una** is the *only* number in *feminine* form. **La** *precedes* **una.**
3. —¿Qué hora es ahora?	What time is it now?	**Las** *precedes all other hours.*
4. —Son las dos. No es la una.	It is two o'clock. It isn't one.	**No** is placed *before* **es** or **son** in a negative sentence.
1. —¿Son las cuatro?	Is it four o'clock?	**En punto** *on the dot; exactly.*
2. —Son las cuatro en punto.	It is four exactly.	
1. —¿Son las cinco *y treinta*?	Is it five *thirty*?	*Add the minutes after the hour. Use* **y** (plus, and).
2. —Sí, son las cinco *y media.*	Yes, it is *half past* five.	**Media** *half* (past)
1. —¿Son las ocho y *quince*?	Is it eight *fifteen*?	
2. —Sí, son las ocho y *cuarto.*	Yes, it is a *quarter* past eight.	**Cuarto** *quarter* (past)
1. —¿No son las doce *menos cuarto*?	Isn't it a *quarter to* twelve?	*Use* **menos** (minus, less) to *subtract the minutes from the hour.*
2. —No. Es la una *menos cuatro.*	No. It is *four* minutes *to* one.	*Add minutes only up to thirty. Past the half hour, name the next hour, and subtract the required minutes. Use* **menos.**
3. —Siempre salimos a almorzar entre las doce y media y la una menos veinte y cinco.	We always go out to lunch between half past twelve and twelve thirty-five.	

1. —¿Cuándo comes más: por la mañana, por la tarde, o por la noche?	When do you eat more: in the morning, in the afternoon, or at night?	**Por la mañana, por la tarde, por la noche** *in the morning, afternoon, evening, are used* when *no hour is stated.*
2. —A las 8 de la mañana no tengo tiempo. A la una de la tarde y a las seis de la tarde como más.	At 8 A.M. I have no time. At 1 P.M. and at 6 P.M. I eat more.	**De la mañana** *A.M.*, **De la tarde** *P.M.* (afternoon and *early* evening, are used when *the hour is stated.*
3. —¿A qué hora vas a dormir?	At what time do you go sleep?	**A la, a las** mean *at* when telling time.
4. —Voy a la cama a las once de la noche.	I go to bed at eleven P.M.	**¿A qué hora?** is *at what time*? **De la noche** is *P.M.* for late evening and night.

B. La fecha	*The Date*	
1. —¿Qué día es hoy?	What day is it today?	Days and months are *not usually capitalized.*
2. —Hoy es viernes.	Today is Friday.	
3. —¿A cuántos estamos?	What is the date?	The day and date *precede* the month.
4. —Estamos a doce de octubre.	It is October 12.	
5. —¿Cuál es la fecha completa?	What is the complete date?	*Except* after **estamos a, el** is used before the date: **El doce de octubre** *Oct. 12.*
6. —Hoy es viernes el doce de octubre.	Today is Friday, October 12.	
7. —¿Qué celebramos el doce de octubre?	What do we celebrate on October 12?	*On* is understood when **el** *precedes the date*: **El doce de octubre** *On* October 12th.
8. —Celebramos el **Día de la Raza** el doce de octubre.	We celebrate Columbus Day on October 12.	
9. —Y el **Día de las Américas** cae el catorce de abril.	And Pan American Day falls on April 14th.	
10. —¿Y el dos de mayo?	And on May 2?	
11. —El dos de mayo es el **Día de la Independencia** de España.	May 2 is Spain's Independence Day.	
12. —¿Y el cuatro de julio?	And the fourth of July?	
13. —El cuatro de julio es el **Día de la Independencia** de los Estados Unidos.	July 4 is the United States' Independence Day.	

14. —¿Cuándo celebramos la **Navidad?**	When do we celebrate Christmas?	Simple cardinal numbers express the date *except* for the first of the month.
15. —Celebramos el **Día de la Navidad** el veinte y cinco de diciembre.	We celebrate Christmas on December 25.	
16. —¿Qué fiestas caen el primero del mes?	What holidays fall on the first of the month?	**Primero** expresses the *first* day of the month.
17. —**El Año Nuevo** cae el primero de enero. El **Día de los Inocentes** cae el primero de abril.	New Year's falls on January first. April Fools' Day falls on April first.	

STUDY THE IDIOMS *BEFORE* BEGINNING THE EXERCISES!

Exercises

I. Write the translation of the Spanish sentence. Then (1) rewrite the Spanish sentence, substituting the expression in parentheses for the words in *italics*; (2) translate each Spanish sentence you write.

Model: ¿A qué hora *salen*? **At what time do they leave?**

(regresan) (1) **¿A qué hora regresan?** (2) **At what time do they return?**

1. ¿A qué hora *almuerzas*?______________________________

a. (vas a la cama) (1)______________________________

(2)______________________________

b. (comemos) (1)______________________________

(2)______________________________

c. (estudian) (1)______________________________

(2)______________________________

2. Salimos *a las seis de la tarde*.______________________________

a. (a las once de la noche) (1)______________________________

(2)______________________________

b. (a las ocho de la mañana) (1)______________________________

(2)______________________________

c. (a la una de la tarde) (1)______________________________

(2)______________________________

3. Estudian *por la noche.* ______

a. (por la mañana) (1) ______

(2) ______

b. (por la tarde) (1) ______

(2) ______

c. (por la noche) (1) ______

(2) ______

4. *¿Cuál es la fecha de* hoy? ______

a. (¿A cuántos estamos?) (1) ______

(2) ______

b. (¿Qué fiesta cae?) (1) ______

(2) ______

c. (¿Qué día es?) (1) ______

(2) ______

5. Hoy es *el primero de mayo.* ______

a. (el dos de junio) (1) ______

(2) ______

b. (el veinte y uno de noviembre) (1) ______

(2) ______

c. (el veinte de octubre) (1) ______

(2) ______

6. *Hoy es el* primero de abril. ______

a. (Estamos a) (1) ______

(2) ______

b. (La fiesta cae) (1) ______

(2) ______

c. (Mañana es) (1) ______

(2) ______

______

II. ¿Qué hora es? Write an answer in a complete Spanish sentence.

1 2 3 4 5 6

1. (1 o'clock) ____________________

2. (2 o'clock) ____________________

3. (3 o'clock) ____________________

4. (5:15 P.M.) ____________________

5. (6:30 A.M.) ____________________

6. (6:45 P.M.) ____________________

III. Write an affirmative answer in a complete Spanish sentence using the verbs given in parentheses and the ideas given below the writing line.

1. ¿A qué hora de la mañana comes?

   (Como) ____________________
   (8 A.M.)

2. ¿A qué hora de la tarde sales de la clase?

   (Salgo) ____________________
   (1 P.M.)

3. ¿Cuándo regresas a casa?

   (Regreso) ____________________
   (in the afternoon)

4. ¿A qué hora de la noche estudias?

   (Estudio) ____________________
   (9:30 P.M.)

5. ¿Qué hora es cuando vas a dormir?

   (Son/voy) ____________________
   (10:40 exactly)

IV. Write an affirmative answer in a complete Spanish sentence, selecting the correct date. (Write out the numbers in Spanish in your answer.)

1. Hoy celebramos el Día de la Independencia norteamericana. ¿Cuál es la fecha?

   ____

   a. 4 de julio b. 1 de enero c. 12 de octubre d. 25 de diciembre

2. Hoy es la Navidad. ¿A cuántos estamos?

   ____

   a. 2 de mayo b. 1 de enero c. 25 de diciembre d. 12 de febrero

3. Hoy es el Día de la Raza. ¿Cuál es la fecha?

   ____

   a. 4 de julio b. 14 de julio c. 12 de octubre d. 12 de febrero

4. Hoy es el Día de Año Nuevo. ¿A cuántos estamos?

   ____

   a. 25 de diciembre b. 4 de julio c. 1 de enero d. 1 de abril

5. Hoy es el Día de los Inocentes. ¿Cuál es la fecha?

   ____

   a. 1 de abril b. 14 de abril c. 2 de mayo d. 12 de octubre

6. Hoy celebramos el Día de las Américas. ¿A cuántos estamos hoy?

   ____

   a. 4 de julio b. 14 de abril c. 2 de mayo d. 1 de abril

V. Rewrite each sentence, correcting the expressions in *italics*. (See DIALOGUES, pp. 385–387.)

1. La Navidad cae *el primero de enero.*

   ____

2. Pregunto: —¿Cuál es la fecha de hoy? Tú respondes: —*Son las dos.*

   ____

3. Pregunto: —¿Qué hora es? Tú respondes: —*Es el* dos.

   ____

4. El Día de la Raza es *el cuatro de julio.*

   ____

5. El Día de la Independencia norteamericana cae *el doce de octubre.*

____

6. El Día de Año Nuevo cae *el veinte y cinco de diciembre.*

____

7. El Día de las Américas cae *el dos de mayo.*

____

8. El Día de la Independencia española cae *el catorce de abril.*

____

VI. Write the question suggested by each statement. Use the cues in parentheses and question marks.

Model: Ana es linda. (Quién) **¿Quién es linda?** Who is pretty?

1. ____
Hoy es martes el tres de marzo. (Cuál)

2. ____
Estamos a jueves el trece de abril. (A cuántos)

3. ____
Son las diez de la mañana. (Qué)

4. ____
Comen a la una de la tarde. (A qué)

5. ____
Celebramos La Navidad el veinte y cinco de diciembre. (Cuándo)

VII. Complete using the appropriate equivalent of "*what*": **¿cómo?, ¿cuál?, ¿qué?** or **¿cuántos?**

1. ¿ ____________________ hora es?
2. ¿ ____________________ es la fecha de hoy?
3. ¿ ____________________ se llama Vd.?
4. ¿A ____________________ estamos?
5. ¿A ____________________ hora comes?

VIII. Complete the sentence, using the appropriate verb: **es, estamos, llama,** or **son.** (The same verb may be used appropriately more than once.)

1. ¿A cuántos ______________ hoy?
2. ¿Qué hora ______________ ?
3. ¿Cómo se ______________ su padre?
4. ¿Cuál ______________ la fecha de hoy?
5. Hoy ______________ lunes.
6. Hoy ______________ martes.
7. ______________ la una menos cuarto.
8. ______________ las diez y media.

IX. Complete with the appropriate article **el, los, la, las.** Write a dash if *no* article is needed.

1. Hoy es ______________ dos de junio.
2. Estamos a ______________ diez de junio.
3. ¿Cuál es ______________ fecha de hoy?
4. Hoy es ______________ viernes.
5. Es ______________ una de ______________ tarde.
6. Son ______________ ocho de ______________ mañana.
7. Comemos a ______________ cinco.
8. Miramos la televisión por ______________ noche, o a ______________ cuatro de ______________ tarde.

X. Write the Spanish equivalent adapted from the DIALOGUES, pages 385–387.

1. What time is it?______________
2. It is one P.M. ______________
3. What time is it now?______________
4. It is two. It is not one.______________
5. Is it four o'clock exactly?______________
6. It is four forty.______________
7. Is it five thirty now?______________
8. Yes, it is half past five.______________

XI. Complete in Spanish. (Consult DIALOGUES, pp. 385–387, for review.)

A.

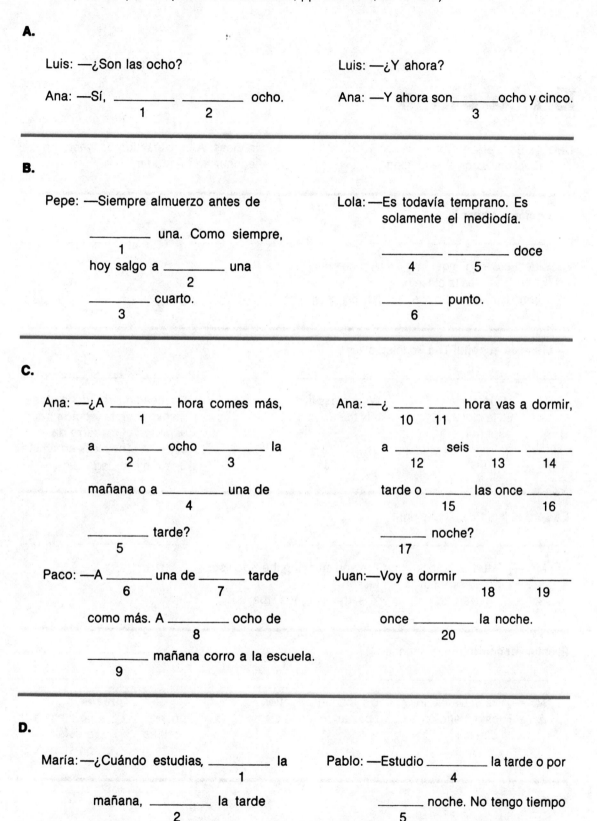

Luis: —¿Son las ocho?

Ana: —Sí, ________ ________ ocho.
1 2

Luis: —¿Y ahora?

Ana: —Y ahora son______ocho y cinco.
3

B.

Pepe: —Siempre almuerzo antes de ________ una. Como siempre,
1
hoy salgo a ________ una
2
________ cuarto.
3

Lola: —Es todavía temprano. Es solamente el mediodía.

________ ________ doce
4 5
________ punto.
6

C.

Ana: —¿A ________ hora comes más,
1
a ________ ocho ________ la
2 3
mañana o a ________ una de
4
________ tarde?
5

Paco: —A ______ una de ______ tarde
6 7
como más. A ________ ocho de
8
________ mañana corro a la escuela.
9

Ana: —¿ _____ _____ hora vas a dormir,
10 11
a ______ seis ______ ______
12 13 14
tarde o ______ las once ______
15 16
______ noche?
17

Juan: —Voy a dormir ________ ________
18 19
once ________ la noche.
20

D.

María: —¿Cuándo estudias, ________ la
1
mañana, ________ la tarde
2
o ________ la noche?
3

Pablo: —Estudio ________ la tarde o por
4
______ noche. No tengo tiempo
5
para estudiar más temprano.

En la clase

Unit 4: En la clase: Conversación entre el maestro y una alumna.

In class: A conversation between the teacher and a student.

¿De quién? Whose?

Maestro:	—¿De quién es la clase?	Whose class is it?
Alumna:	—Es mi clase.	It is my class.

La clase de español The Spanish class

M:	—¿Qué clase es?	What class is it?	**De** meaning *about;* **La clase de español; la lección de español; el maestro de español.** The class *about* the Spanish language, etc.
A:	—Es la clase de español.	It is the Spanish class.	

Es verdad It is true. That's right.

M:	—¿Estudias la lección de español?	Are you studying the Spanish lesson?
A:	—Sí, es verdad.	Yes, that's right. (True, so)

Prestar atención to pay attention

M:	—¿Prestas atención?	Do you pay attention?
A:	—Presto atención en la clase.	I pay attention in class.

prestar

presto	prestamos
prestas	prestáis
presta	prestan

Querer a to love

M:	—¿Quieres al profesor de español?	Do you love the Spanish teacher?
A:	—Sí, quiero al profesor.	Yes, I love the teacher.

querer

quiero	queremos
quieres	queréis
quiere	quieren

Querer decir to mean

M: —¿Qué quiere decir **'chica'?**	What does **chica** mean?	In **querer decir, querer** is conjugated; **decir** does *not* change its infiniitve form.
A: —**'Chica'** quiere decir **'muchacha'.**	**Chica** means **muchacha.**	

¿Cómo se dice? How do you say?, how does one say?

M: —¿Cómo se dice **'chico'** en inglés?	How do you say **chico** in English?	**Se** represents impersonal "*you*" or "*one*"
A: —Se dice **'boy'.**	One says "boy." (You say "boy.")	

Estar de pie to be standing

M: —¿Para qué estás de pie?	Why are you standing?	**estar**	
		estoy	estamos
A: —Estoy de pie para contestar.	I'm standing in order to answer.	estás	estáis
		está	están

Saber *before an infinitive* to know how (can)

M: —¿Sabes escribir español?	Do you know how to write Spanish?	**saber**	
		sé	sabemos
A: —Sí, sé leer también.	Yes, I know how to read, too.	sabes	sabéis
		sabe	saben

Salir bien en to pass (a test, a course, etc.)
Salir mal en to fail (a test, a course, etc.)

M: —¿Sales mal o bien en el examen?	Do you fail or pass a test?	**salir**	
		salgo	salimos
A: —No salgo mal en el examen. Salgo bien porque es fácil.	I don't fail the test. I pass because it is easy.	sales	salís
		sale	salen

Creer que sí (**no**) to believe so (not)

M: —¿Hay que estudiar para salir bien?	Is it necessary to study in order to pass?	**creer**	
		creo	creemos
A: —Creo que no.	I don't think so.	crees	creéis
M: —Yo creo que sí. Si no estudias no sabes contestar.	I think so. If you do not study you cannot answer.	cree	creen

¡Concedido! Agreed!
Por eso Therefore

A: —¡Concedido! Por eso, hay que estudiar.	Right! (Agreed!) Therefore, one must study.

STUDY THE IDIOMS BEFORE BEGINNING THE EXERCISES!

Exercises

I. Write the translation of the Spanish sentence. Then (1) rewrite the Spanish sentence, substituting the expressions in parentheses for the words in *italics*; (2) translate each Spanish sentence you write.

Model: *Ellos* prestan atención *al circo*. **They pay attention to the circus.**
a. (Tú/al tigre) (1) **Tú prestas atención al tigre.** (2) **You pay attention to the tiger.**

1. *Yo* quiero a *mi madre*.____________________

a. (Tú/a la maestra) (1)____________________

(2)____________________

b. (Nosotros/a los amigos) (1)____________________

(2)____________________

c. (Juan/a la chica) (1)____________________

(2)____________________

d. (Ana y Pepe/a sus hermanos) (1)____________________

(2)____________________

e. (Yo/al compañero de clase) (1)____________________

(2)____________________

2. *Ellos* saben *tocar el piano*.____________________

a. (Yo/cantar la canción) (1)____________________

(2)____________________

b. (María/bailar la bamba) (1)____________________

(2)____________________

c. (Tú/hablar español) (1)____________________

(2)____________________

d. (Tú y yo/jugar al tenis) (1)____________________

(2)____________________

e. (Ellos/tocar el violín) (1)____________________

(2)____________________

3. *Luis y Pedro* están *de pie.*____________________

a. (Yo/de pie) (1)____________________

(2)____________________

b. (Vd. y yo/levantados) (1)____________________

(2)____________________

c. (Vd./sentado) (1)____________________

(2)____________________

d. (Tú/de pie) (1)____________________

(2)____________________

e. (Los chicos/de pie) (1)____________________

(2)____________________

4. *Yo* salgo *bien en el examen.*____________________

a. (Tú/mal en la clase) (1)____________________

(2)____________________

b. (Juan y yo/bien en el examen) (1)____________________

(2)____________________

c. (Los alumnos/mal en sus estudios) (1)____________________

(2)____________________

d. (Yo/bien en los exámenes) (1)____________________

(2)____________________

5. ¿Qué quiere decir *la palabra*?____________________

a. (¿Qué/decir las frases?) (1)____________________

(2)____________________

b. (¿Qué/decir tú?) (1)____________________

(2)____________________

c. (¿Qué/decir Juan?) (1)__________

(2)__________

6. *Yo* creo *que sí.*__________

a. (Él y yo/que no) (1)__________

(2)__________

b. (La madre/que no) (1)__________

(2)__________

c. (Tú/que sí) (1)__________

(2)__________

II. Complete the response. (Consult DIALOGUES, pp. 394–396.)

1. —¿Estás sentado cuando contestas?
   —No. Estoy __________ pie.

2. —¿Es tu pluma?
   —No. No sé ______ quién es la pluma.

3. —¿Sabes el inglés?
   —Sí, Yo __________ el inglés.

4. —¿Sabes escribir el chino?
   —No. No ______ ______ el chino.

5. —¿Sales mal en el examen de español?
   —No. Salgo bien ______ el examen.

6. —¿Quieres a tu profesora?
   —Sí, ______ ______ mi profesora.

7. —¿Quieres decir que ella es bonita?
   —Quiero ______ que es una buena maestra.

8. —¿Cómo se dice **maestra** en inglés?
   —Se ______ "teacher" o ______ dice "instructor".

9. ¿Hay que prestar atención en la clase de español?
   —Sí, ______ ______ prestar atención.

10. —¿Es verdad?
    —Sí, es __________

11. —¿Cree tu profesora que sí?
    —______ verdad. Mi profesora cree ______ __________.

12. —¿Cree tu amigo que sí?
    —No. Mi amigo ______ que ______.

13. —¿Crees que sí?
    —Sí. Yo ______ ______ sí.

14. —¿Por eso prestas atención?
    —Sí, ______ eso, ______ atención.

15. —¿Concedido?
    —Sí ¡ __________ !

III. Write the appropriate rejoinder in Spanish, and circle the letter.

1. Vd. dice: —Sé escribir muy bien el español.

   Yo respondo: —__________

   a. ¿Cree Vd. que sí? b. ¿A cuántos estamos hoy? c. ¿Cómo se llama Vd.?

2. Vd. pregunta: —¿De quién es el libro?

   Yo respondo: —______________________________
   a. Creo que no. b. Queremos al alumno. c. No sé de quién es.

3. Vd. dice: —¡Tome Vd. esta silla, por favor!

   Yo respondo: —Gracias pero______________________________
   a. quiero estar de pie. b. quiero salir bien. c. quiero hablar español.

4. Vd. dice: —Hay que salir bien en el examen.

   Yo respondo: —______________________________
   a. ¡Concedido! b. Sabemos bailar. c. Estamos de pie.

5. Vd. dice: —Quiero a mi maestra.

   Yo respondo: —______________________________
   a. ¿Cómo se dice **maestro?** b. ¿Qué quiere decir **maestro?** c. ¡Por eso prestas atención!

IV. Write an affirmative response in a complete Spanish sentence, using the cue word in parentheses at the beginning of the answer. Then translate your answer.

Model: ¿Hay que estudiar?

______________ **¡Concedido! Hay que estudiar.**

(¡Concedido!) *Agreed! One must study.*

1. ¿Está Vd. en una clase de español?______________________________
   (Estoy)

   ____

2. ¿Está la maestra de pie?______________________________
   (La maestra)

   ____

3. ¿Sabe Vd. cómo se dice "*book*" en español?______________________________
   (Sí, sé)

   ____

4. ¿Sabe Vd. de quién es el libro?______________________________
   (Yo)

   ____

5. ¿Sabe Vd. leer el español?______________________________
   (Yo)

   ____

6. ¿Presta Vd. atención?______________________________
   (Sí, yo)

   ____

7. ¿Hay que trabajar en la clase de historia? __________
(Hay)

____

8. ¿Sale Vd. bien en los exámenes? __________
(Salgo)

____

9. ¿Quieres mucho a la maestra? __________
(Quiero)

____

10. ¿No es verdad que la maestra cree que sí? __________
(Es)

____

V. Write the expression that best completes the sentence, and circle the letter.

1. Cuando el maestro enseña yo __________
   a. estoy de pie
   b. presto atención
   c. toco la guitarra
   d. creo que sí

2. Cuando leo para la clase __________
   a. quiero a mi padre
   b. creo que sí
   c. creo que no
   d. estoy de pie

3. Cuando el maestro es simpático yo __________
   a. lo quiero mucho
   b. se dice: —chico
   c. salgo mal
   d. pienso que hay que salir

4. Para salir bien en la clase de español __________
   a. hay que escuchar
   b. hay que salir mal
   c. sé tocar el piano
   d. aprendo el inglés

5. Para saber el dueño del lápiz pregunto: — __________
   a. ¿A quién quieres?
   b. ¿Cómo se dice *lápiz*?
   c. ¿De quién es esto?
   d. ¿Qué es esto?

6. Para aprender una palabra le pregunto a la profesora: — __________
   a. ¿Qué quiere decir eso?
   b. ¿Sales bien en el examen?
   c. ¿Hay que aprender?
   d. ¿Sabes leer?

7. Para saber una pronunciación yo pregunto: — __________
   a. ¿Hay que estudiar?
   b. ¿Cómo se dice esto?
   c. ¿De quién es?
   d. ¿A quién quieres?

8. Practico la guitarra porque quiero __________
   a. estar de pie
   b. salir bien en inglés
   c. bailar a la música
   d. saber tocar música

9. Estudio mucho en casa para____________________________
   a. creer que sí c. prestar atención
   b. salir bien d. estar de pie

10. Si es verdad yo digo: —____________________________
   a. Creo que sí c. Por eso
   b. Creo que no d. Hay que estudiar

VI. Write the entire expression from the second column that means the *same* as the word in *italics*. Before each expression write its corresponding letter.

1. *Escucho* ________________________ a. ¿Qué quiere decir?
2. *¿Qué significa?*________________________ b. de pie
3. *¿A quién amas?*________________________ c. ¡Concedido!
4. *¡Cómo no!*________________________ d. Presto atención.
5. *levantado*________________________ e. ¿A quién quieres?

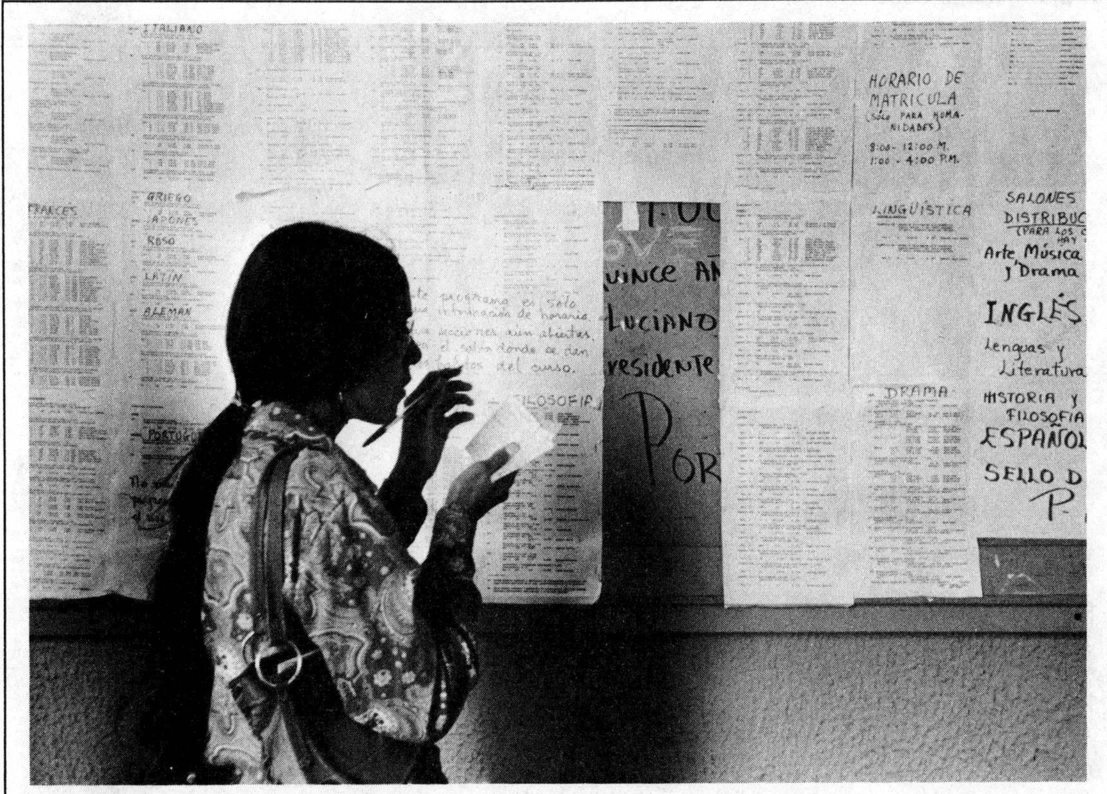

Registration — Universidad de Puerto Rico, Río Piedras.

Un sâbado en el parque.

Unit 5: Un sábado en el parque. A Saturday in the park.

Conversación entre una vecina y un alumno sobre qué va a hacer el alumno el sábado en el parque.

Conversation between a neighbor and a pupil about how he plans to spend his Saturday in the park.

Asistir a to attend

Sra.: —¿No asistes a la escuela hoy?	Don't you attend school today?	**asistir**	
		asisto	asistimos
		asistes	asistís
Alumno: —No asisto hoy. Es sábado.	I don't today. It's Saturday.	asiste	asisten

---

Ir a + *noun* to go to

S: —¿Adónde vas?	Where are you going?	**ir**	
		voy	vamos
A: —Voy al parque.	I'm going to the park.	vas	vais
		va	van

Ir de paseo to go for a walk

S: —¿Por qué vas al parque? — Why are you going to the park?

A: —Voy de paseo allí. — I'm going for a walk there.

Subir a to get on (*vehicle*)

S: —¿Cómo vas a llegar al parque?	How are you going to get to the park?	**subir**	
		subo	subimos
		subes	subís
A: —Primero, subo al tren.	First, I get on the train.	sube	suben

Bajar de to get off (*vehicle*)
Entrar en to enter

bajar	
bajo	bajamos
bajas	bajáis
baja	bajan

S: —¿Y luego? — And then?

A: —Luego, bajo del tren y entro en el parque. — Then, I get off the train and enter the park.

entrar	
entro	entramos
entras	entráis
entra	entran

Ir a + *infinitive* to be going to (do); **Dar un paseo a pie** to take a walk; **Dar un paseo a caballo** to ride horseback; **Dar un paseo en bicicleta** to take a ride on a bicycle; **Dar un paseo en automóvil** to take a ride in a car.

S: —¿Qué vas a hacer en el parque? — What are you going to do in the park?

A: —Voy a dar un paseo a pie o en bicicleta. — I'm going to take a walk, or go bicycle riding.

dar	
doy	damos
das	dais
da	dan

S: —¿No das un paseo a caballo? — Don't you go horseback riding?

A: —Sí, doy un paseo a caballo cuando tengo dinero. — Yes, I ride when I have money.

S: —¿Por qué no das un paseo en automóvil? — Why don't you take a ride in a car?

A: —No doy paseos en automóvil porque no tengo automóvil. — I don't go riding in a car because I have no car.

Por todas partes everywhere
Todo el mundo everyone, everybody

S: —¿Quién está en el parque? — Who is in the park?

A: —Todo el mundo está allí. — Everyone is there.
Por todas partes hay gente y flores. — Everywhere there are people and flowers.

Poner la mesa to set the table
Salir de to leave
Regresar a casa to go home
Estar en casa to be at home
Tocar el piano, el violín, la guitarra to play the piano, violin, guitar

To express "home" use
1. **a casa** after a verb of locomotion: **correr, volver**
2. **en casa** after **estar**

S: —¿Cuándo sales del parque?	When do you leave the park?
A: —Salgo del parque temprano para volver a casa.	I leave the park early to return home.
A: —¿Qué haces en casa?	What do you do at home?
S: —En casa, primero pongo la mesa. Después de comer, toco el piano y mis hermanos tocan el violín y la guitarra.	At home, first I set the table. After eating, I play the piano, and my brothers play the violin and the guitar.

poner	
pongo	ponemos
pones	ponéis
pone	ponen

STUDY THE IDIOMS BEFORE BEGINNING THE EXERCISES!

Exercises

I. Write the translation of the sentence. Then (1) rewrite the Spanish sentence, substituting the expressions in parentheses for the words in *italics*; (2) translate each Spanish sentence you write.

Model: *Me* gusta la clase *de historia*. — **I like the history class.**
a. (Les/de inglés) — (1) **Les gusta la clase de inglés.**
(2) **They like the English class.**

1. *Yo* doy un paseo a *caballo*.____________________

a. (Tú/a pie) (1)____________________

(2)____________________

b. (Vds./en automóvil) (1)____________________

(2)____________________

c. (Nosotros/en bicicleta) (1)____________________

 (2)____________________

2. *Nosotros* bajamos *del tren.* ____________________

   (a) (El piloto/del avión) (1) ____________________

   (2) ____________________

   b. (Los amigos/del coche) (1) ____________________

   (2) ____________________

   c. (Yo/del autobús) (1) ____________________

   (2) ____________________

3. *Todo el mundo* asiste *al teatro.* ____________________

   a. (Yo/a la escuela) (1) ____________________

   (2) ____________________

   b. (Ellos/al cine) (1) ____________________

   (2) ____________________

   c. (Nosotros/a las fiestas) (1) ____________________

   (2) ____________________

4. *Yo* pongo la mesa *con el mantel.* ____________________

   a. (Tú/la mesa con vasos) (1) ____________________

   (2) ____________________

   b. (Ana y yo/la mesa con cucharas) (1) ____________________

   (2) ____________________

   c. (Marta/la mesa con cuchillos) (1) ____________________

   (2) ____________________

   d. (Yo/la mesa con servilletas) (1) ____________________

   (2) ____________________

5. *Tú y yo* entramos *en el cine.* ____________________

   a. (Vd./en la casa) (1) ____________________

   (2) ____________________

   b. (Vd. y Juan/en la clase) (1) ____________________

   (2) ____________________

c. (Yo/en la escuela) (1)__________

(2)__________

6. *Yo* voy de paseo *por todas partes.*__________

a. (Yo/de paseo al parque) (1)__________

(2)__________

b. (Tú/de paseo a casa) (1)__________

(2)__________

c. (Ellos/de paseo al cine) (1)__________

(2)__________

d. (Tú y yo/de paseo al centro) (1)__________

(2)__________

II. Write an affirmative answer in a complete Spanish sentence. Begin with the cue in parentheses. *Then translate your answers.*

1. ¿Asistes a la escuela los lunes?__________
(asisto)

____

2. ¿Vas de paseo al parque?__________
(voy)

____

3. ¿Subes al tren para ir al parque?__________
(subo)

____

4. ¿Bajas del tren y entras en el parque?__________
(bajo)

____

5. ¿Primero das un paseo a pie y luego en bicicleta?__________
(primero doy)

____

6. ¿Sabes tocar un instrumento como el violín?__________
(sé tocar)

____

7. ¿Está todo el mundo por todas partes del parque? ____________
(todo el mundo)

____

8. ¿Sales del parque para ir a casa? ____________
(salgo)

____

9. ¿Pones la mesa antes de comer? ____________
(pongo)

____

10. ¿Tocas la guitarra, el piano y el violín en casa? ____________
(toco)

____

III. Write a *logical* or factual answer in a complete Spanish sentence.

1. ¿Quién asiste a la escuela *todo el mundo* o *nadie*?

____

2. ¿Qué sabe Vd. tocar bien *las paredes* o *la guitarra*?

____

3. ¿Hay mucha gente por todas partes *del campo o de la ciudad*?

____

4. ¿Antes de comer pones la mesa con *un mantel* o con *una manta*?

____

5. ¿Cuándo das un paseo en bicicleta a la playa *el lunes* o *el sábado*?

____

6. ¿De dónde sales a las tres *del cine* o *de la escuela*?

____

7. ¿A qué subes para llegar al piso del vecino *al ascensor* o *al avión*?

____

8. ¿Cómo regresas a casa *a caballo* o *a pie*?

____

9. ¿Por dónde das un paseo a caballo por *la calle* o por *el parque*?

____

10. ¿En dónde entras a las ocho de la mañana en *el dormitorio* o en *la clase*?

____

IV. Write the appropriate response or rejoinder, and circle the letter.

1. —Vamos a la escuela todos los días.

____

a. —Todo el mundo da paseos. b. —Siempre asistimos a las clases. c. —Entramos en casa.

2. —Vamos a comer.

____

a. —Voy a poner la mesa. b. —Voy a dar un paseo. c. —Voy a bajar del tren.

3. —Son las ocho de la mañana.

____

a. —Es hora de entrar en la escuela. b. —Es hora de poner la mesa. c. —Es hora de ir a dormir.

4. —Voy al parque.

____

a. —¿Va Vd. a pie? b. —¿Sale Vd. del cine? c. —¿Entra Vd. en la tienda?

5. —¿Dónde hay alumnos?

____

a. —Hay muchos maestros. b. —Están por todas partes. c. —Todo el mundo es alumno.

V. Write the expression which best completes the sentence, and circle the letter.

1. Cuando doy un paseo al centro______________________________

a. voy a pie b. subo al avión c. voy a caballo d. asisto a la clase

2. Voy al parque porque deseo______________________________

a. tocar el piano b. salir mal c. ir de paseo d. poner la mesa

3. Cuando hace buen tiempo ____________________ va de paseo.
   a. el automóvil b. todo el mundo c. la guitarra d. la bicicleta

4. En la primavera todo el mundo da paseos ____________________
   a. en las escuelas b. por todas partes c. en los edificios d. en los museos

5. Prestamos atención al maestro cuando ____________________
   a. asistimos b. salimos c. estamos de pie d. damos paseos

VI. Rewrite the following sentences *with their letters* in a *logical sequence.*

Para llegar a la escuela: *To reach my school.*

a. Entro en la clase. 1. ____________________

b. Bajo del tren. 2. ____________________

c. Subo al tren. 3. ____________________

d. Salgo de mi casa. 4. ____________________

e. Veo que todo el mundo asiste. 5. ____________________

VII. Complete in Spanish. (Consult DIALOGUES, pp. 402–404.)

1. Voy ____________ casa.
2. Estoy ____________ casa.
3. Doy un paseo ____________ bicicleta.
4. Pedro baja ____________ automóvil.
5. Él va ____________ paseo al centro.
6. Doy un paseo ____________ pie.
7. Subimos ____________ tren.
8. Asisto ____________ la clase.
9. Damos un paseo ____________ automóvil.
10. Entras ____________ la clase.

VIII. Complete, using an appropriate expression from the selection provided below. (Consult DIALOGUES, pp. 402–404.)

1. La tía: —¿No asistes ____________ la escuela hoy, Paco?

2. Paco: —Yo no ____________ hoy porque es sábado.

3. La tía: —Entonces, ¿adónde ____________?

4. Paco: —Voy ____________ paseo al parque. Allí doy un paseo ____________ pie o ____________ bicicleta. Si tengo dinero ____________ un paseo ____________ caballo.

5. La tía: —Aquí tienes dinero para ____________ un ____________ a caballo.
   Paco: —Mil gracias.

Selection: a, asisto, dar, de, doy, en, paseo, vas

La cita

Unit 6: La cita

The Appointment (The Date):

En el supermercado. Juan quiere salir con Alicia, quien trabaja en el supermercado. Alicia decide finalmente no salir con él porque él le hace muchas preguntas.

At the supermarket. John wants to go out with Alice, who is working in the supermarket. She finally decides not to go out with him because he asks so many questions.

Juan: —¿Asistes al cine a menudo? Alicia: —Asisto muchas veces con mis amigos.	Do you go to the movies often? I go often with my friends.	*Sinónimos* **a menudo** often **muchas veces** often
J: —¿Deseas ir de nuevo hoy? A: —¿Otra vez? Sí. Gracias.	Do you want to go again today? Again? Yes. Thanks.	*Sinónimos* **de nuevo** again **otra vez** again
J: —¿Deseas ir conmigo en seguida? A: —No. Más tarde. Tengo mucho trabajo.	How about going with me right away? No. Later. I have a great deal of work.	*Antónimos* **en seguida** right away (immediately) **más tarde** later
J: —¿No terminas en seguida? A: —No. Termino poco a poco hoy.	Won't you be finishing at once? No. I'll be finishing little by little (gradually) today.	*Antónimos* **en seguida** at once **poco a poco** little by little (gradually)
J: —¿Así no llegamos tarde? A: —No. Llegamos a tiempo.	Won't we arrive late this way? No. We'll arrive on time.	*Antónimos* **tarde** late **a tiempo** on time
J: —¿Trabajaste también el sábado pasado? A: —Sí, y trabajé toda la semana pasada, el mes pasado y el año pasado.	Did you work last Saturday, too? Yes, and I worked all last week, last month, and last year.	*"Last ____"* **el sábado pasado** last Saturday **la semana pasada** last week **el año pasado** last year **el mes pasado** last month
J: —¿Y trabajas el sábado que viene? A: —El sábado próximo, la semana próxima, el mes próximo, y el año próximo.	And *next* Saturday? *Next* Saturday, next week, next month, and next year.	*Next ____ "Sinónimos"* **el año que viene** next year **el año próximo** next year *Antónimos* ____ **pasado-a** last ____ **próximo-a** (que viene) next

J: —Así trabajas mucho pero estudias pocas veces como yo. A: —No. Estudio a menudo (muchas veces).	Then you work a great deal, but you study rarely like me. No. I often study.	*Antónimos* **pocas veces** rarely **a menudo** (muchas veces) often
J: —Entonces ¿vas conmigo al cine todas las semanas? A: —No voy ni esta noche, ni esta semana, ni este mes, ni este año.	Then will you go with me to the movies every week? No, I'm not going tonight, or this week, or this month, or this year.	*Antónimos* **todas las semanas** every week **esta semana** this week **todas las noches** every night **esta noche** tonight
J: —¿Por qué no deseas salir conmigo ahora? A: —No tengo tiempo para hablar contigo hoy ni todos los días, ni todos los meses, ni todos los años.	Why don't you want to go out with me now? I don't have time to chat with you today, or every day, or every month, or every year.	**todos los días** every day **hoy** today **todos los meses** every month **este mes** this month **todos los años** every year **este año** this year

---

STUDY THE IDIOMS BEFORE BEGINNING THE EXERCISES!

I. (1) Write an affirmative answer in a complete Spanish sentence beginning your answer with the cue words in parentheses. (2) Translate your answer into English.

1. ¿Asistes a fiestas a menudo? (1)____________________
(Asisto)
(2)____________________

2. ¿Fuiste a muchas fiestas el mes pasado? (1)____________________
(Fui)
(2)____________________

3. ¿Llegas muchas veces a tiempo? (1)____________________
(Llego)
(2)____________________

4. ¿Deseas ir de nuevo? (1)____________________
(Deseo)
(2)____________________

5. ¿Quieres ir en seguida? (1)____________________
(Quiero)
(2)____________________

6. ¿Terminas el trabajo para la clase más tarde? (1)__________
(Termino)

____

(2)__________

7. ¿Estudias pocas veces este año como el año pasado? (1)__________
(Estudio)

____

(2)__________

8. ¿Luego aprendes poco a poco? (1)__________
(Aprendo)

(2)__________

9. ¿Pero trabajaste mucho toda la semana pasada? (1)__________
(Trabajé)

____

(2)__________

10. Entonces ¿vas a México el año próximo como todos los años? (1)__________
(Voy)

____

(2)__________

11. ¿Celebras el cumpleaños la semana próxima? (1)__________
(Celebro)

____

(2)__________

12. ¿Vas al campo otra vez el mes que viene? (1)__________
(Voy)

(2)__________

13. ¿Das una fiesta esta semana como todas las semanas? (1)__________
(Doy)

____

(2)__________

14. ¿Sales esta noche como todas las noches? (1)__________
(Salgo)

(2)__________

15. ¿Asistes a las clases hoy como todos los días? (1)________________________
(Asisto)

____

(2)____

II. Write the expression that best completes the sentence, and circle the letter.

1. Para ver todas las buenas películas hay que ir al cine________________________
   a. a menudo b. sin dinero c. a caballo d. con dolor

2. Conocen muchos países porque viajan a Europa________________________
   a. todos los días b. todos los años c. más tarde d. en seguida

3. Ayer tuvimos un examen, y hoy hay un examen________________________
   a. a tiempo b. de nuevo c. poco a poco d. muchas veces

4. La escuela se abre a las ocho y nosotros entramos en la clase________________________
   a. todos los sábados b. el domingo que viene c. a tiempo d. el año pasado

5. Si no podemos salir en seguida, vamos a salir________________________
   a. más tarde b. anoche c. el mes pasado d. otra vez

III. Write the expression that best completes the answer, and circle the letter.

1. —¿Cómo aprendes el español?

   —Lo aprendo________________________
   a. el año pasado b. todos los meses c. poco a poco

2. —¿Hay que estudiar hoy?

   —Siempre hay que estudiar________________________
   a. todos los días b. el mes pasado c. el año pasado

3. —¿Presta la clase atención a menudo?

   —Sí, ________________________
   a. escucha muchas veces b. presta atención en seguida c. estudia pocas veces

4. —¿Cuándo celebramos un cumpleaños?

   —Lo celebramos________________________
   a. todos los años b. todos los meses c. todas las semanas

5. —¿Pones la mesa de nuevo?

   —Sí, la pongo________________________
   a. pocas veces b. otra vez c. el mes pasado

IV. Write the expression that means the *opposite* of the expression in *italics.* Circle the letter.

1. Estudian *pocas veces.*________________________________
   a. poco a poco b. a menudo c. más tarde d. la próxima semana

2. Van *la semana próxima.*________________________________
   a. la semana pasada b. antes c. tarde d. la semana que viene

3. Aprenden *en seguida.*________________________________
   a. en punto b. a tiempo c. poco a poco d. a menudo

4. Viene *más tarde.*________________________________
   a. muchas veces b. en seguida c. pocas veces d. el año pasado

5. Llega *a tiempo.*________________________________
   a. en seguida b. tarde c. en punto d. a menudo

V. Complete in Spanish with the appropriate expression from the selection below. (Consult DIALOGUE, pp. 410–411.)

1. Pepe: —¿Sales __________ menudo?

2. Lola: —Sí, salgo muchas __________.

3. Pepe: —¿Tienes tiempo para salir __________ noche?

4. Lola: — __________ seguida no tengo tiempo, pero __________ tarde sí.

5. Pepe: —Entonces salgamos temprano para llegar al cine __________ tiempo.

6. Lola: —Salimos todas __________ semanas y nunca llegamos tarde. ¡No lo repitas

   __________ nuevo la semana ______________!

Selection: **a, de, en, esta, las, más, a, próxima, veces**

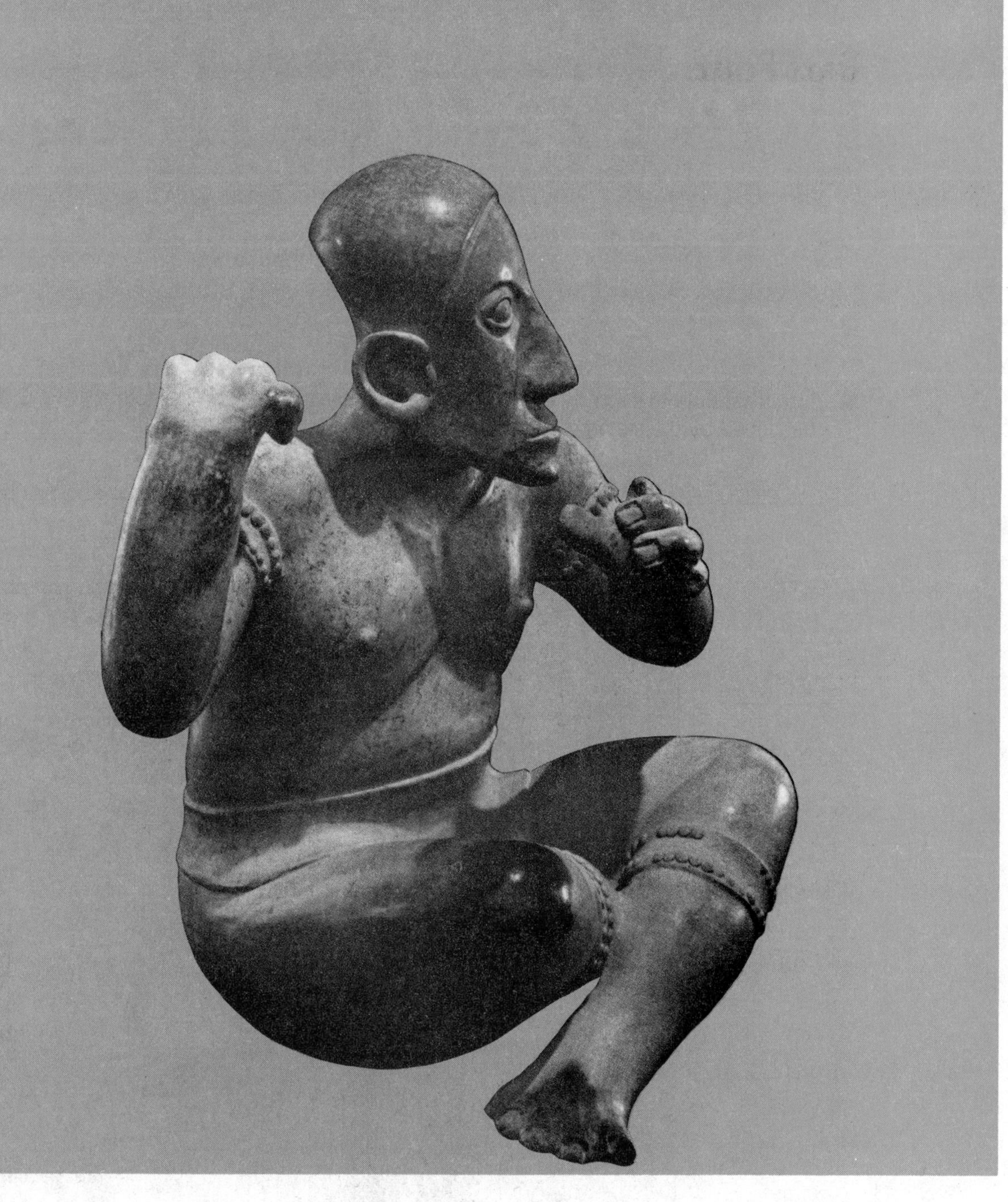

Part Four

SKILL IN LISTENING COMPREHENSION

Wrestler
Sculpture of Ancient West Mexico
Nayarit, Jalisco, Colima
Collection of Proctor Stafford, Los Angeles
Los Angeles County Museum of Art

Part Four:
Skill in Listening Comprehension

A. Listen carefully to each statement that is read. Write the letter of the picture (A, B, C, D, or E) best described by the statement. Each description will be read twice only.

1. ______
2. ______
3. ______
4. ______
5. ______
6. ______
7. ______
8. ______
9. ______
10. ______
11. ______
12. ______
13. ______
14. ______
15. ______

B. Listen to the statements that will be read to you to describe the pictures shown. When you hear the statement that best describes the picture, write its corresponding letter on the blank line. Each statement will be read only twice.

1

2

3

1. ____________

2. ____________

3. ____________

4

5

6

4. ____________

5. ____________

6. ____________

7

8

7. ____________

8. ____________

C. Choose the word that is pronounced, and write the letter on the blank line. Each word will be read twice only.

1. a. poncho
   b. rancho
   c. Pancho
   d. noche
   _____

2. a. toro
   b. todo
   c. tomo
   d. toldo
   _____

3. a. casa
   b. cosa
   c. causa
   d. costa
   _____

4. a. jota
   b. goma
   c. hoja
   d. gota
   _____

5. a. cielo
   b. cierro
   c. cero
   d. celo
   _____

6. a. ese
   b. asa
   c. esa
   d. así
   _____

7. a. dos
   b. dios
   c. día
   d. dio
   _____

8. a. banana
   b. Ana
   c. año
   d. mañana
   _____

9. a. duro
   b. dote
   c. duelo
   d. dudo
   _____

10. a. leve
    b. lluvia
    c. llueve
    d. ¡lleve!
    _____

11. a. habló
    b. hablo
    c. hablé
    d. ¡hable!
    _____

12. a. pero
    b. perro
    c. para
    d. barra
    _____

D. Listen carefully to each question that is read. Then choose the correct response, and write the letter on the blank line. Each will be read twice only.

1. a. A las doce de la tarde.
   b. A las dos de la mañana.
   c. A las doce de la noche.
   d. A las diez de la noche.
   _____

2. a. Voy a la mesa.
   b. Voy a la cama.
   c. Voy a la playa.
   d. Voy a la puerta.
   _____

3. a. El doce de febrero.
   b. El veinticinco de diciembre.
   c. El cuatro de julio.
   d. El veintidós de agosto.
   _____

4. a. Es mi sobrino.
   b. Es mi primo.
   c. Es mi hermano.
   d. Es mi nieto.
   _____

5. a. Digo: —Adiós.
   b. Digo: —Hasta la vista.
   c. Digo: —Muy bien, ¿y tú?
   d. Pregunto: —¿Cómo se dice . . .?

______

6. a. Son sesenta.
   b. Son ochenta.
   c. Son noventa.
   d. Son setenta.

______

7. a. Vengo a la escuela.
   b. Voy de paseo.
   c. Voy al banco.
   d. Trabajo en el mercado.

______

8. a. Hay siete.
   b. Hay treinta y uno.
   c. Hay doce.
   d. Hay cincuenta y dos.

______

9. a. Es el mozo.
   b. Es mi madre.
   c. Es el cocinero.
   d. Es la criada.

______

10. a. En el verano.
    b. En el otoño.
    c. En el invierno.
    d. En la estación.

______

E. Listen carefully to each statement and question that is read. Then choose the appropriate response, and write the letter on the blank line. Each will be read twice only.

1. a. Quieres tomar una fruta.
   b. Me gusta más el tenis.
   c. Juegan despacio.
   d. Les gusta jugar.

______

2. a. A veces yo me levanto tarde.
   b. Muchas veces yo me lavo.
   c. Esta vez yo me llamo Juan.
   d. Ellos siempre me llaman Juan.

______

3. a. Escucha a sus parientes.
   b. Escuchas la radio.
   c. Mira la televisión.
   d. Escuchan atentamente.

______

4. a. Quiero pan tostado.
   b. Quiero arroz con pollo.
   c. Quiero pan y mantequilla.
   d. Quiero helado de chocolate.

______

5. a. Las oímos también.
   b. Las escribimos también.
   c. Las estudiamos también.
   d. Les gritamos también.

______

6. a. Voy a la iglesia.
   b. Van a la inglesa.
   c. Vas a la tienda.
   d. Va a la clase de inglés.

______

7. a. Es más gordo.
   b. Es más inteligente.
   c. Es la una de la tarde.
   d. Son más bonitas también.

______

8. a. Va al teatro contigo.
   b. Vas al teatro con él.
   c. Vamos al teatro con Vds.
   d. Van al teatro conmigo.

______

F. Listen carefully to the two statements read, which describe two actions in a series. Choose the next logical action, and write the letter on the blank line. Each series will be read twice only.

1. a. Tomo el tren.
   b. Tomo el almuerzo.
   c. Tomo el avión.
   d. Toco el disco.

______

2. a. La cierro.
   b. La abro.
   c. La estudio.
   d. La como.

______

3. a. Sube a la montaña.
   b. Corre al campo.
   c. Compra el regalo.
   d. Pinta su casa de campo.

   ______

4. a. Vamos al teatro.
   b. Vamos a la escuela.
   c. Vamos a la cocina.
   d. Vamos a la mesa.

   ______

5. a. Digo: —Hola.
   b. Digo: —Adiós.
   c. Digo: —Es así.
   d. Digo: —Feliz Año Nuevo.

   ______

6. a. Pagan rápidamente.
   b. Lavan rápidamente.
   c. Saben rápidamente.
   d. Cortan rápidamente.

   ______

7. a. Tomo el desayuno.
   b. Salgo de la fiesta para la casa.
   c. Tomo el sol.
   d. Voy a la escuela.

   ______

8. a. Buscan el abrigo.
   b. Tienen frío.
   c. Nieva a menudo.
   d. Van a la playa.

   ______

9. a. Juegan al tenis.
   b. Empiezan a estudiar.
   c. Contestan bien.
   d. Tienen sed.

   ______

10. a. Hablo con él.
    b. Pienso en ello.
    c. Bailo con ella.
    d. Juego con él.

    ______

G. Listen carefully to each statement or question. Then choose the correct response, and write the letter on the blank line. Each will be read twice only.

1. a. Buenos días, amigo mío.
   b. Buenos días, padre.
   c. Buenas tardes, madre.
   d. Buenos días, profesora.

   ______

2. a. Estoy enfermo.
   b. No está ausente.
   c. No está bien.
   d. Estamos en casa.

   ______

3. a. ¡Cómprame un helado y leche!
   b. ¡Coman Vds. en casa!
   c. ¡Vamos a la iglesia!
   d. ¡Cómprame un hotel!

   ______

4. a. ¡Presten Vds. atención!
   b. Es una película buena.
   c. El cine es bonito.
   d. Traigo el reloj.

   ______

5. a. Sí, porque hoy es domingo.
   b. Sí, porque hoy compro un vestido.
   c. Sí, porque hoy es el 25 de diciembre.
   d. Sí, porque hoy está cerrada.

   ______

6. a. De nada.
   b. Mucho gusto.
   c. Mil gracias.
   d. Hasta mañana.

   ______

7. a. Es un hombre alto.
   b. Es un hombre feliz.
   c. Es un padre pobre.
   d. Es un padre generoso.

   ______

8. a. Pero soy muy alto.
   b. Pero tengo un zapato.
   c. Pero hablo muchas lenguas.
   d. Pero estoy muy cansado.

   ______

9. a. Los chicos son altos.
   b. Los chicos son bajos.
   c. Necesito más dinero.
   d. Necesito menos dinero.

   ______

10. a. Sí, hasta pronto amigo.
    b. Sí, en dos días amigo.
    c. Sí, después de una semana.
    d. Sí, ¡escríbame un libro!

    ______

H. Listen carefully to each incomplete statement. Then choose the correct answer, and write the letter on the blank line. Each will be read twice only.

1. a. cantar
   b. bailar
   c. enseñar
   d. aprender
   ______

2. a. hambre
   b. calor
   c. frío
   d. libros
   ______

3. a. escuela
   b. casa
   c. comida
   d. paseo
   ______

4. a. una palabra
   b. el tiempo
   c. la historia
   d. la verdad
   ______

5. a. carne
   b. una gaseosa
   c. pollo
   d. ensalada
   ______

6. a. el dormitorio
   b. la cocina
   c. el baño
   d. la sala
   ______

7. a. coche
   b. abrigo
   c. oficina
   d. tren
   ______

8. a. cumpleaños
   b. estación
   c. manzana
   d. vestido
   ______

9. a. el violín
   b. al béisbol
   c. el piano
   d. la radio
   ______

10. a. cantar bien
    b. ser profesor
    c. ver la película
    d. ir por avión
    ______

I. Listen carefully to the word that is pronounced. Then choose the word that belongs in the same class, and write the letter on the blank line. Each word will be read twice only.

1. a. cabeza
   b. mesa
   c. padres
   d. casa
   ______

2. a. clase
   b. tomo
   c. cielo
   d. avión
   ______

3. a. diente
   b. dolor
   c. cuento
   d. La Navidad
   ______

4. a. deseo
   b. desayuno
   c. desierto
   d. derecho
   ______

5. a. abrigo
   b. cortina
   c. edificio
   d. azul
   ______

6. a. calor
   b. hoy
   c. calle
   d. cama
   ______

7. a. nación
   b. campo
   c. pizarra
   d. habitación

   ______

8. a. canto
   b. bailo
   c. aplicado
   d. trabajo

   ______

9. a. nieve
   b. hora
   c. mitad
   d. alcoba

   ______

10. a. tomate
    b. nube
    c. parque
    d. pelo

    ______

J. Listen carefully to the definition that is read to you. Then choose the word that is defined, and write the letter on the blank line. Each definition will be read only twice.

1. a. minuto
   b. postre
   c. hierro
   d. lana

   ______

2. a. semana
   b. madre
   c. lengua
   d. postre

   ______

3. a. la playa
   b. el precio
   c. la puerta
   d. la pimienta

   ______

4. a. el carnicero
   b. el panadero
   c. el lechero
   d. el cartero

   ______

5. a. el perro
   b. la rata
   c. el gato
   d. el elefante

   ______

6. a. un asiento
   b. una tarea
   c. una taza
   d. un viento

   ______

7. a. una servilleta
   b. un teatro
   c. la seda
   d. un coche

   ______

8. a. un teatro
   b. una ventana
   c. un hospital
   d. un museo

   ______

9. a. la sala
   b. la plaza
   c. el baño
   d. el sótano

   ______

10. a. página
    b. lana
    c. guante
    d. pañuelo

    ______

K. Listen carefully to the word that is pronounced. Then choose a word that means the *same*, and write the letter on the blank line. Each word will be read twice only.

1. a. enfermo
   b. doctor
   c. esposo
   d. alumno

   ______

2. a. cocina
   b. criada
   c. cena
   d. sal

   ______

3. a. coche
   b. ciudad
   c. casa
   d. calle

   ______

4. a. dólares
   b. tienda
   c. tiempo
   d. compras

   ______

5. a. frase
   b. aeroplano
   c. biblioteca
   d. respuesta

   ______

6. a. escuchar
   b. preguntar
   c. cantar
   d. contestar

   ______

7. a. querer
   b. salir
   c. tocar
   d. poder

   ______

8. a. viaje
   b. calle
   c. parque
   d. automóvil

   ______

9. a. cuento
   b. rosa
   c. mercado
   d. campo

   ______

10. a. risa
    b. silla
    c. cuarto
    d. ventana

   ______

L. Listen carefully to each incomplete statement. Then choose the answer that completes the thought, and write the letter on the blank line. Each statement will be read twice.

1. a. Sin permiso
   b. ¿Qué tal?
   c. Dispense Vd.
   d. Adiós

   ______

2. a. tengo miedo
   b. tengo mucho
   c. tengo poco
   d. tengo interés

   ______

3. a. tomar un avión
   b. ir en coche
   c. caminar rápidamente
   d. tomar el autobús

   ______

4. a. está enfermo
   b. está bien
   c. es interesante
   d. está bueno

   ______

5. a. ir de paseo
   b. hacer buen tiempo
   c. estudiar mucho
   d. jugar al béisbol

   ______

6. a. hacemos el favor
   b. hace mucho frío
   c. doy las gracias
   d. doy la mano

   ______

7. a. a la hora de jugar
   b. a la hora de trabajar
   c. a la hora de comer
   d. a la hora de viajar

   ______

8. a. el año pasado
   b. otra vez
   c. ayer
   d. anoche

   ______

9. a. estar de pie
   b. tocar un instrumento
   c. dar la mano
   d. prestar atención

   ______

10. a. tomamos leche
    b. tomamos el tren
    c. tomamos el tiempo
    d. tomamos aspirina

   ______

M. Listen carefully to the word that is pronounced. Then choose the word that is the *opposite* meaning, and write the letter on the blank line. Each word will be read twice only.

1. a. viento
   b. frío
   c. tiempo
   d. lluvia
   ______

2. a. luna
   b. cielo
   c. aire
   d. calor
   ______

3. a. aquí
   b. sobre
   c. al lado
   d. detrás
   ______

4. a. partir
   b. ir
   c. entrar
   d. subir
   ______

5. a. otoño
   b. primavera
   c. mañana
   d. verano
   ______

6. a. contento
   b. cansado
   c. bajo
   d. despacio
   ______

7. a. comprender
   b. preguntar
   c. querer
   d. hacer
   ______

8. a. grande
   b. poco
   c. alto
   d. corto
   ______

9. a. zapatos
   b. cuellos
   c. pantalones
   d. medias
   ______

10. a. salir
    b. observar
    c. bajar
    d. cerrar
    ______

N. Listen carefully to the statement that is read. Then choose the word or words that match the description, and write the letter on the blank line. Each statement will be read twice only.

1. a. En la oficina
   b. En el avión
   c. En el gimnasio
   d. En el cine
   ______

2. a. En sus vacaciones
   b. En su cuarto
   c. En el teatro
   d. En la fiesta
   ______

3. a. En el dormitorio
   b. En la avenida
   c. En el patio
   d. En el aeropuerto
   ______

4. a. En la clase
   b. En la estación
   c. En las Naciones Unidas
   d. En la nieve
   ______

5. a. El verano
   b. El invierno
   c. El viento
   d. La primavera
   ______

6. a. En el parque
   b. En el teatro
   c. En el hospital
   d. En el museo
   ______

7. a. En la cocina
   b. En el jardín
   c. En la pizarra
   d. En los cuadernos

______

8. a. En el aeropuerto
   b. En la iglesia
   c. En el subterráneo
   d. En casa

______

9. a. En el hotel
   b. En el árbol
   c. En la puerta
   d. En la flor

______

10. a. En el subterráneo
    b. En la televisión
    c. En el concierto
    d. En la taza

______

O. *Listen carefully to the statement that is read. On the blank line write* **verdad** *if the statement is true, or* **mentira** *if it is false. Each statement will be read twice only.*

1. ________ 2. ________ 3. ________ 4. ________ 5. ________

6. ________ 7. ________ 8. ________ 9. ________ 10. ________

P. *A brief paragraph will be read to you. Choose the correct answer based on the content of the paragraph, and write the letter on the blank line. Each paragraph will be read twice only.*

1. La fecha es
   a. el 30 de junio
   b. el 15 de septiembre
   c. el 12 de octubre
   d. el 5 de febrero

______

2. La persona que va a preparar la comida es
   a. la madre
   b. el hermano
   c. la hija
   d. el padre

______

3. Los jóvenes juegan al
   a. béisbol
   b. fútbol
   c. tenis
   d. golf

______

4. Todos esperan
   a. al profesor
   b. al médico
   c. al policía
   d. a la maestra

______

5. Anita está
   a. con su animalito
   b. con su hermano
   c. con dos amigos
   d. cansada

______

6. Son las
   a. dos de la tarde
   b. tres de la mañana
   c. ocho de la noche
   d. siete de la mañana

______

7. Antonio vuelve a casa
   a. para comer
   b. para bailar
   c. para dormir
   d. para conversar

______

8. Tomás visita
   a. a su tía
   b. la biblioteca
   c. un campo de fútbol
   d. a su familia

______

9. Su padre halla una sorpresa en
   a. un cuaderno
   b. las noticias del día
   c. una revista
   d. una carta larga

______

10. Esta familia va a
    a. la iglesia
    b. Inglaterra
    c. un museo
    d. una casa de campo

______

11. Ella recibe el honor porque es
    a. la más rica
    b. la más bella
    c. la más inteligente
    d. la más española
    ______

12. La chica recibe
    a. un peso
    b. 18 pesos
    c. 80 pesos
    d. 10 pesos
    ______

13. ¿Adónde van Juan y María?
    a. a casa
    b. al mercado
    c. al cine
    d. al pueblo
    ______

14. ¿Por qué está triste Pablo?
    a. Le gusta leer.
    b. No le gusta el cine.
    c. Es fácil hacer su tarea.
    d. No puede ir al cine.
    ______

15. ¿Qué tiempo va a hacer?
    a. mal tiempo
    b. mucho tiempo
    c. buen tiempo
    d. un tiempo frío
    ______

16. ¿Qué problema tiene Pedro?
    a. No puede salir.
    b. No puede entrar.
    c. No tiene reloj.
    d. No tiene dinero.
    ______

17. ¿Qué tienen que hacer los alumnos?
    a. terminar
    b. comenzar
    c. leer
    d. estudiar
    ______

18. ¿En qué estación del año estamos?
    a. la primavera
    b. el verano
    c. el otoño
    d. el invierno
    ______

19. ¿Dónde está el niño?
    a. en el hospital
    b. en casa
    c. en la calle
    d. en la farmacia
    ______

20. ¿Por qué como el pescado?
    a. Es mi plato favorito.
    b. Es muy caro.
    c. Quiero ver alegre a mi abuela.
    d. No tengo plato favorito.
    ______

Q. A short dialogue will be read. Listen carefully, then choose the answer that indicates who the two speakers are, and write the letter on the blank line. Each dialogue will be read twice only.

1. a. madre y profesor
   b. alumno y músico
   c. padre e hijo
   d. policía y hombre
   ______

2. a. dentista y paciente
   b. médico y abogado
   c. dos padres
   d. niño y paciente
   ______

3. a. dos chicas
   b. dos amigas
   c. una chica y un chico
   d. un dependiente y el patrón
   ______

4. a. un doctor y su esposa
   b. un patrón y un empleado
   c. un taxista y un hombre
   d. un enfermo y una enfermera
   ______

5. a. una madre y un tío
   b. un chófer y su pasajera
   c. una mujer y un cocinero
   d. un profesor y el director
   ______

6. a. dos chicos
   b. dos familias
   c. dos hijos
   d. dos chicas
   ______

7. a. dos padres
   b. una madre y un hijo
   c. un policía y un chófer
   d. un banquero y una cliente
   ______

8. a. dos campesinos
   b. un hombre y su esposa
   c. un profesor y un alumno
   d. dos profesores
   ______

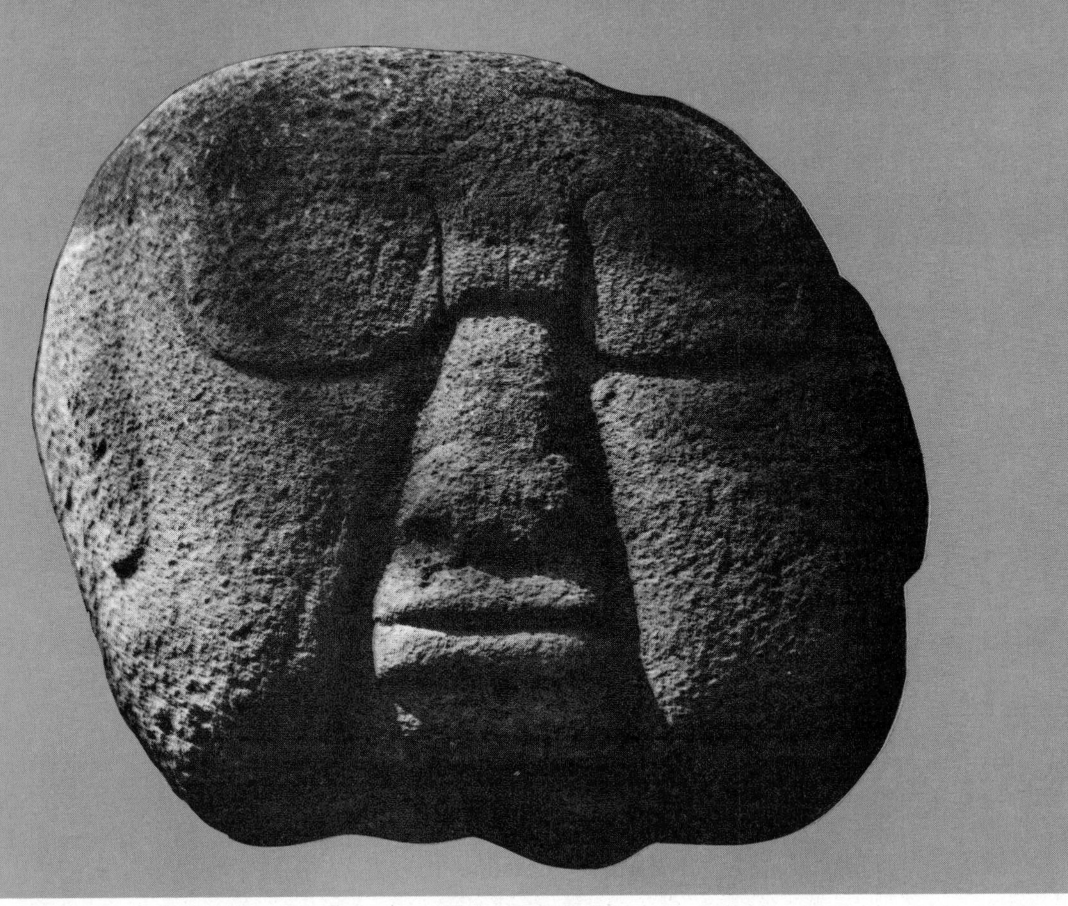

Part Five

READING COMPREHENSION

Large Stone Head
Monte Alto, Guatemala
Peabody Museum, Harvard University

Part Five:
Skill in Reading Comprehension

A. Read the following statements. On the blank line write **verdad** if the statement is true and **falso** is the statement is false.

1. La semana tiene siete días. ______
2. El año tiene catorce meses. ______
3. Se preparan las comidas en la cocina. ______
4. Cuatro y cinco son nueve. ______
5. Cuando se dice: —Muchas gracias, se responde: —De nada. ______
6. Cuando se dice: —Buenos días, se responde: —Lo siento mucho. ______
7. El día que precede el jueves es sábado. ______
8. Se come sopa con un tenedor. ______
9. Cuando se dice: —Hasta la vista, se responde: —Hola. ______
10. Si uno tiene frío debe llevar un traje de baño. ______
11. Se habla español en la América del Sur. ______
12. Cuba es la capital de los Estados Unidos. ______
13. El presidente es un hombre importante. ______
14. Es necesario comer algo cuando uno tiene hambre. ______
15. Enero es el primer mes del año. ______
16. El zapatero vende sombreros. ______
17. Es imposible llevar un paraguas cuando llueve. ______
18. Las vacas dan leche. ______
19. Se usan platos en la mesa. ______
20. El lápiz sirve para escribir en la pizarra. ______
21. La manzana es una fruta. ______

22. El Océano Atlántico está entre América y Europa. ______
23. Si uno tiene sed debe beber algo. ______
24. El mes tiene veinte días. ______
25. Los Estados Unidos es un país pequeño. ______
26. El verano es la estación cuando hace mucho calor. ______
27. Las ciudades tienen muchas calles y edificios altos. ______
28. El día tiene veinte y nueve horas. ______
29. El béisbol es un pasatiempo nacional de los Estados Unidos. ______
30. Los automóviles consumen mucha gasolina. ______
31. Mi hermano es el hijo de mis padres. ______
32. Mañana es otro día. ______
33. En el invierno usamos poca ropa. ______
34. Los campos tienen flores cuando hace frío. ______
35. Mis primas son las hijas de mis tíos. ______
36. Los periódicos tienen artículos sobre los eventos diarios. ______
37. Cristóbal Colón descubrió a América en 1492. ______
38. Cuando llueve vamos a la playa a nadar. ______
39. En este país la nieve cae generalmente en el verano. ______
40. Se usan cuchillos para cortar. ______
41. Se toma jugo de naranja en el desayuno. ______
42. Las bibliotecas venden libros. ______
43. Vemos estrellas cuando hace sol. ______
44. Si uno está triste canta mucho. ______
45. Cuando estamos bien llamamos al médico. ______
46. El hospital es para los enfermos. ______
47. Los aviones son muy lentos. ______
48. Los tigres son animales domésticos. ______
49. Se come un postre al final de la comida. ______
50. Usamos el teléfono para hablar. ______

B. Read the following paragraph. Then write **verdad** or **falso** after each statement.

El señor Suárez y su mujer, Isabel, pasan un mes en Buenos Aires, capital de la Argentina. La señora tiene unas primas que viven en los suburbios de la capital. Por la mañana los señores Suárez visitan varios monumentos históricos de la ciudad. Pero por la tarde Isabel va a las tiendas sola a comprar cosas interesantes. El señor Suárez pasa la tarde en el café con varios amigos argentinos. De noche, los señores Suárez van a la casa de los primos donde pasan unas horas agradables en conversación con la familia.

51. Los señores Suárez pasan cuatro semanas en Buenos Aires. ______

52. Los primos tienen su casa cerca de Buenos Aires. ______

53. El señor Suárez pasa la tarde comprando cosas en las tiendas. ______

54. La señora Suárez va sola a visitar los monumentos. ______

55. Después de un día activo los Suárez hablan con sus primos. ______

C. Pictorial Stimuli. Choose the correct statement, and write the letter on the blank line.

1. 

a. Es la una.
b. Es el mediodía.
c. Son las doce y cinco.
d. Es la una menos cinco. ______

2. 

a. Son las dos menos veinte.
b. Son las seis y cinco.
c. Es la una y media.
d. Son las doce y media. ______

3. 

a. Son las doce y dos.
b. Son las dos.
c. Son las doce y diez.
d. Es la hora del desayuno. ______

LE GOURMET
Pablo Picasso
National Galley of Art, Washington, D.C.
Chester Dale Collection

4. Esta persona es
   a. una mujer joven
   b. una vieja
   c. una niña
   d. un chico

   ______

5. En una mano tiene
   a. una cuchara
   b. una pelota
   c. un libro
   d. un lápiz

   ______

6. Esta persona desea
   a. comprar más ropa
   b. comer más sopa
   c. recibir más dulces
   d. leer más libros

   ______

7. En la mesa vemos
   a. una lámpara
   b. una servilleta
   c. un mantel
   d. un abrigo

   ______

D. Choose the correct response, and write the letter on the blank line.

1. —Ana viaja a Puerto Rico. ¿Y tú? ______
   a. —Yo viajo a Puerto Rico también.
   b. —Yo veo el puerto también.
   c. —Tú eres rico también.
   d. —Tú vas al puerto también.

2. —Estos niños comen después de jugar. ¿Y Vds.? ______
   a. —Vds. siempre comen antes.
   b. —Vds. siempre caminan después.
   c. —Nosotros siempre comemos después.
   d. —Yo siempre como después.

3. —Mis amigos y yo caminamos por el parque. ¿Caminan sus amigos también? ______
   a. —Sí, comen en el parque también.
   b. —Sí, ellos caminan allí también.
   c. —Sí, es un camino también.
   d. —Sí, cantan mucho también.

4. —Este verano llueve mucho. ¿Y en septiembre? ______
   a. —En septiembre llegan muchos.
   b. —En septiembre va a llover más.
   c. —En septiembre llevamos más.
   d. —En septiembre lavamos más.

5. —Son las siete ya. ¿A qué hora entras en la clase hoy? ______
   a. —Hoy salgo a las tres.
   b. —Hoy debo salir a la una.
   c. —Hoy debo entrar a las ocho.
   d. —Hoy estoy entre ocho.

6. —Voy a comprar un paraguas. ¿Lo compras tú también? ______
   a. —Sí, lo haces tú también.
   b. —Sí,te vas a comprar uno.
   c. —Sí, compras uno también.
   d. —Sí,voy a comprar uno también.

7. —Para la próxima fiesta te invito a mi casa. ¿Van a venir tus padres? ______
   a. —Ellos van a venderla también.
   b. —Ellos la venden también.
   c. —Ellos ven también.
   d. —Ellos vienen también.

8. —Hoy hay patatas para el almuerzo. ¿Y para mañana? ______
   a. —Mañana hablan más.
   b. —Mañana hay más.
   c. —Mañana ando más.
   d. —¡Mañana abran más!

9. —Siento mucho recibir una mala nota. ¿Qué va a decir mi madre? ______
   a. —Ella va a sentirlo también.
   b. —Tu madre la come también.
   c. —Tu madre la escribe también.
   d. —Ella la prepara también.

10. —Juan estudió la gramática. ¿La estudió Vd. mucho? ______
   a. —Claro. Yo la voy a estudiar mucho.
   b. —Claro. Tú la estudiaste mucho.
   c. —Claro. Tú la estudias mucho.
   d. —Claro. Yo la estudié mucho.

E. Choose the best rejoinder, and write the letter on the blank line.

1. La amiga pregunta: —Buenos días, Juanita. ¿Cómo estás hoy? ______
   Juanita responde:
   a. —Hace buen tiempo hoy.
   b. —Estoy así, así.
   c. —Buenas noches, gracias.
   d. —¿Cómo te llamas tú?

2. Yo digo: —Estoy muy fatigado. ______
   Mi vecino responde:
   a. —Vd. necesita un paraguas.
   b. —Vd. debe trabajar más.
   c. —¡Siéntese Vd. en esta silla!
   d. —Vamos a caminar mucho.

3. Papá dice: —Hace mucho frío, pero tengo que salir. ______
   Mamá responde:
   a. —¡Tome Vd. una aspirina!
   b. —¡Abra Vd. la ventana!
   c. —¡Necesitas el abrigo!
   d. —¡Tome Vd. una gaseosa muy fría!

4. Mamá dice: —Mañana voy a comprarme ropa para el invierno. ______
Papá responde:
a. —El tiempo me gusta mucho.
b. —Siempre eres muy amable.
c. —Gracias. No necesito nada.
d. —Bueno. Necesitas muchas cosas.

5. Mi padre me dice: —Pedro, dime la hora. ______
Yo le respondo:
a. —Gracias. Está bien por ahora.
b. —Hasta luego, señor.
c. —Es la una en punto.
d. —Aquí tienes el reloj, Pedro.

6. Marta no quiere bailar con Juan. Ella le dice: ______
a. —Este baile es muy bonito.
b. —Me gusta mucho esta música.
c. —Vd. es muy guapo.
d. —No tengo interés en esta música.

7. Juanito llega muy tarde a su clase, toma asiento y dice: ______
a. —Muy bien, gracias.
b. —Perdón. El tren no llegó a tiempo.
c. —Vd. no puede entrar a esta hora.
d. —Hoy no asisto a la clase.

8. Pablo desea participar en el partido de béisbol. El dice: ______
a. —Soy un buen jugador.
b. —Quiero jugar al fútbol.
c. —No tengo pelota.
d. —Tengo un resfriado hoy.

9. Tu madre te dice: —Veo que no comes. ¿No tienes hambre hoy? ______
Tú le respondes:
a. —No leo muy tarde.
b. —Lo siento pero tengo dolor de cabeza.
c. —Me gusta tu abrigo.
d. —Necesito unos libros en seguida.

10. Diego le pregunta: —¿Qué tiempo va a hacer el día de la parada? ______
Vd. le contesta:
a. —Yo voy a marchar con Vds.
b. —Va a ser espléndido.
c. —Yo también voy a verla.
d. —Está lloviendo.

F. Choose the expression whose meaning best completes each sentence. Write the letter of the correct expression on the blank line.

1. En el verano generalmente hace ______
a. frío
b. calor
c. mal tiempo
d. fresco

2. Esta noche voy a una fiesta para pasar ______
a. un mal rato
b. una noche agradable
c. por la sala
d. un año

3. Tomamos el desayuno ______
a. por la tarde
b. a la medianoche
c. al mediodía
d. por la mañana

4. Un soldado tiene que ______
a. vivir en el campo
b. asistir a fiestas
c. cantar bien
d. defender su patria

5. Un buen niño ______
a. juega en el camino
b. tiene disputas con otros niños
c. obedece a sus padres
d. grita mucho

6. Antes de comer, es necesario ______
   a. poner la mesa
   b. entrar en la clase
   c. cruzar la calle
   d. cantar una melodía

7. Generalmente, se toma el almuerzo ______
   a. por la noche
   b. por la mañana
   c. al mediodía
   d. a la medianoche

8. El tren va a salir. Si Vd. quiere tomarlo ______
   a. ¡corra Vd. rápido!
   b. ¡ande Vd. lentamente!
   c. ¡vaya Vd. a la pizarra!
   d. ¡venga Vd. a mi casa!

9. El señor Bello no puede andar porque ______
   a. es simpático
   b. es paralítico
   c. es hermoso
   d. es atleta

10. No sé tocar el piano porque ______
    a. siempre quiero practicarlo
    b. la maestra enseña bien
    c. la música es bonita
    d. nunca lo aprendí

G. Choose the word that belongs in the *same class* as the *italicized* word. Write the letter of the correct expression on the blank line.

1. El niño come *arroz.*
   a. dulces b. chicle c. maíz d. tiza ______

2. Los pollitos corren a *la gallina.*
   a. el gallo b. el gato c. la gorra d. el gusto ______

3. La criada pone *un vaso* en la mesa.
   a. un tenedor b. una taza c. una servilleta d. un mantel ______

4. La sala está clara porque tiene *luz eléctrica.*
   a. una alfombra b. una lámpara c. un televisor d. una cortina ______

5. Apreciamos *la música* de la guitarra.
   a. la vista b. el sonido c. el perfume d. la forma ______

6. Tomamos *un refresco* cuando hace calor.
   a. un helado b. una cocina c. una ducha d. un baño ______

7. Viajamos cómodamente en *el ferrocarril.*
   a. los aviones b. los pájaros c. los caballos d. los instrumentos ______

8. *Los turistas* viajan a muchos países.
   a. vendedores b. viajeros c. artistas d. coleccionistas ______

9. En este museo *los cuadros* originales son magníficos.
   a. las pinturas b. las películas c. los dramas d. las poesías ______

10. Se oyen *los gritos* de la gente.
    a. silencio b. ruidos c. gustos d. salud ______

H. Choose the word that is defined, and write its letter on the blank line.

1. La habitación donde uno duerme
   a. la sala b. el comedor c. la cocina d. el dormitorio ______

2. El hombre que sirve a los clientes que entran en la tienda
   a. vendedor b. comprador c. explorador d. torero ______

3. La hermana de mi madre
   a. mi tía b. mi prima c. mi hermana d. mi abuela ______

4. La persona que dirige el tráfico
   a. detective b. policía c. médico d. chófer ______

5. El hombre que sirve las comidas en el restaurante
   a. cocinero b. camarero c. criado d. director ______

6. El edificio donde la gente adora a Dios
   a. museo b. escuela c. tienda d. iglesia ______

7. La mujer que prepara las comidas en el restaurante
   a. cocinera b. maestra c. enfermera d. camarera ______

8. El hijo de mi hermano
   a. abuelo b. tío c. sobrino d. primo ______

9. El utensilio que se usa para comer carne
   a. cuchara b. castañuela c. coche d. tenedor ______

10. El mecanismo que se usa para hacer vestidos
    a. máquina de escribir b. máquina de coser c. coche d. vestíbulo ______

I. Choose the word that has the *same meaning* as the *italicized word.* Write the letter of the correct synonym on the blank line.

1. Esta universidad es muy *vieja.*
   a. viajera b. famosa c. antigua d. nueva ______

2. *La tarea* para mañana es fácil.
   a. el capítulo b. el trabajo c. la obra d. el libro ______

3. Cervantes fue un gran *autor.*
   a. abogado b. soldado c. escritor d. actor ______

4. La canción es muy *linda.*
   a. larga b. corta c. metódica d. bonita ______

5. Perico *vuelve* a la escuela.
   a. regresa b. sale c. vuela d. viaja ______

6. María está muy *contenta* hoy.
   a. triste b. cansada c. alegre d. fea ______

7. El pájaro cayó *al suelo.*
   a. a la tierra b. al cielo c. al río d. al agua ______

8. Este viejo *anda* con dificultad.
   a. nada b. camina c. corre d. maneja ______

9. Marta tiene *cabellos* rubios.
   a. pelo b. color c. cabeza d. cara ______

10. *El chico* canta alegremente.
   a. el hijo b. el primo c. el muchacho d. el chicle ______

11. Estos alumnos siempre *contestan* muy bien.
   a. preguntan b. explican c. responden d. aprenden ______

12. La sopa está *rica.*
   a. deliciosa b. pobre c. caliente d. fría ______

13. Sirven carne *con papas.*
   a. al padre b. con patatas c. a los hombres d. con papel

14. Están *fatigados* al fin del día.
   a. famosos b. cansados c. contentos d. tristes ______

15. Aquellos muchachos *flojos* no quieren trabajar.
   a. aplicados b. perezosos c. enérgicos d. fuertes ______

J. Choose the idiom or expression whose meaning best completes each sentence. Write the letter of the correct expression on the blank line.

1. Es necesario abrir la ventana porque aquí
   a. hace calor c. hace frío
   b. tengo sed d. tengo hambre ______

2. Vuelvo a casa por el paraguas porque
   a. está lloviendo c. hace calor
   b. tengo sueño d. hay polvo ______

3. Pepito está muy flaco; debe comer más cuando
   a. tiene sueño c. lo visita el médico
   b. tiene hambre d. va al parque ______

4. ¿Por qué no tomas una aspirina si
   a. quieres ser maestro? c. tienes dolor de cabeza?
   b. juegas a la pelota? d. estás bien? ______

5. Para votar hay que
   a. saber nadar c. recibir buenas notas
   b. saber cantar d. saber leer ______

6. Pedro recibe malas notas después de
   a. hacer buenos exámenes c. prestar atención
   b. hacer malos exámenes d. asistir a las clases ______

7. La maestra no conoce al alumno porque
   a. siempre está lloviendo c. él no asiste a sus clases
   b. él estudia todo el tiempo d. nunca está ausente ______

8. El niño va a la cama temprano cuando
   a. tiene sed
   b. desea comer
   c. tiene luz eléctrica
   d. tiene sueño ______

9. Cuando mi tío entra en mi casa yo le digo:
   a. —¡Llame Vd. a la puerta!
   b. —¡Haga Vd. el favor de gritar!
   c. —Hasta la vista
   d. —Bienvenido ______

10. No estudié y ahora en el examen
   a. cometo muchas faltas
   b. llamo a la puerta
   c. tengo quince años
   d. llueve ______

K. Choose the word that has the *opposite meaning* of the *italicized word.* Write the letter of the correct antonym on the blank line.

1. María tiene cinco años; es muy *joven.*
   a. bonita b. rubia c. vieja d. alta ______

2. En la ciudad los edificios son *altos.*
   a. bajos b. gordos c. cortos d. estrechos ______

3. Esta plaza es muy *ancha* y agradable.
   a. elegante b. estrecha c. larga d. baja ______

4. Cuando no hace sol tengo *frío.*
   a. fresco b. sed c. hambre d. calor ______

5. Juan está *alegre* hoy.
   a. moreno b. triste c. agradable d. inteligente ______

6. La señorita tiene pelo *moreno* y ojos negros.
   a. rubio b. guapo c. simpático d. americano ______

7. José come mucho y es un chico *gordo.*
   a. hermoso b. guapo c. delgado d. sincero ______

8. Estas señoras compran ropa bonita pero ellas son *feas.*
   a. distintas b. hermosas c. bajas d. francesas ______

9. Su *esposa* es la señora de López.
   a. mujer b. marido c. negocio d. chico ______

10. Regresan a su casa *antes de* la una.
   a. al dar b. sin c. son d. después de ______

L. Choose the missing word in each sentence to complete a particular structure or idiom. Write the letter of the correct word on the blank line.

1. ¡Venga otra vez ______________ favor!
   a. de b. por c. en d. a ______

2. Los alumnos entran ______________ la tienda.
   a. por b. en c. entre d. de ______

3. Van a salir ______________ la escuela a las tres.
   a. de b. por c. con d. en ______

4. Vamos ________________ dar un paseo esta noche.
   a. delante de b. a c. en d. al ______

5. Hay ________________ llamar a la puerta antes de entrar.
   a. que b. en c. de d. por ______

6. No sé qué ________________ decir esta frase.
   a. quiere b. desea c. puede d. va ______

7. Tengo dolor ________________ los pies después de andar.
   a. de b. en c. a d. con ______

8. Llegan ________________ la estación para tomar el tren.
   a. en b. a c. antes d. después de ______

9. ________________ las doce tomamos el almuerzo.
   a. por b. delante c. a d. en ______

10. ________________ la mañana vamos a la escuela.
    a. para b. a c. por d. de ______

M. Choose the word or words that are *related to the situation* described. Write the letter of the correct expression on the blank line.

1. Voy a las tiendas. ________________
   a. escuela b. enfermedad c. dinero
   d. camarero

2. Tienen un resfriado. ________________
   a. blusa b. zapatos c. música
   d. pañuelo

3. Termino la comida. ________________
   a. postre b. sopa c. clase
   d. cine

4. Visitamos otro país. ________________
   a. comerciantes b. turistas
   c. carniceros d. soldados

5. Tenemos las vacaciones en abril. ______
   a. La Navidad b. el cumpleaños
   c. La Pascua Florida d. el fin de semana

6. Marta toca el piano y los amigos bailan. ________________
   a. gramática b. fiesta c. campo
   d. lectura

7. Subimos al avión. ________________
   a. trabajo b. viaje c. ejercicio
   d. palabra

8. La niña baja del autobús. ________________
   a. regreso b. lámpara c. cama
   d. noche

9. Hablas por teléfono. ________________
   a. leer b. mirar c. charlar
   d. escribir

10. Tengo sueño por la tarde. ________________
    a. pan b. siesta c. biblioteca
    d. comedor

N. Choose *the word in parentheses that matches* each word in the first column. Write the correct matching word on the blank line.

1. cine ________________ (cumpleaños)
2. parque ________________ (animales)
3. fiesta ________________ (película)
4. biblioteca ________________ (paseo)
5. circo ________________ (libros)
6. chófer ________________ (avión)
7. piloto ________________ (escuela)
8. camarero ________________ (automóvil)
9. maestro ________________ (hospital)
10. enfermera ________________ (restaurante)

O. Summarizing. Read each of the following paragraphs. Then choose the statement that best summarizes **the main point** of the paragraph, and write the letter on the blank line.

I

Las noches de invierno cuando hace much frío, la familia se sienta en la sala para pasar unas horas agradables. Los niños no juegan. Escuchan las historias que el abuelo cuenta de sus años juveniles en España. Toda la familia escucha al abuelo describir cómo él y sus amigos vivieron de niños en aquel país remoto.

a. La familia conversa todas las noches del verano.
b. Toda la familia desea saber cómo vivió el abuelo de niño.
c. En el invierno hace mucho frío.
d. Los niños siempre juegan en la sala. ______

II

La casa de mis tíos es donde me gusta pasar el verano. Está en el campo y casi siempre hace fresco allí. El pequeño río que corre cerca nos ofrece su agua fresca. Uno puede nadar y refrescarse. Cerca, hay también caminos largos, blancos y solitarios que llegan a unos montes. ¡Qué hermoso es caminar allá!

a. El chico visita a sus abuelos en el campo.
b. El chico no quiere pasar el verano en el campo.
c. Le gusta el campo porque allí siempre hay cosas agradables que hacer.
d. No le gusta nadar en el río cuando hace calor. ______

III

Una bonita mañana de primavera encontré a mi amigo Juan en el patio de la escuela. Decidimos dar un paseo a las tres, antes de regresar a casa. Así, después de la escuela, nos dirigimos al parque. Cuando llegamos al lago que está allí, tomamos un bote y pasamos varias horas agradables. Por fin oímos un reloj. ¡Las cinco de la tarde! Regresamos a casa en media hora. Nuestras familias nos esperaron para la comida. Comimos con mucho apetito, después de nuestra aventura.

a. Los dos amigos salieron de la escuela a las cinco de la tarde.
b. El lago está en el patio de la escuela.
c. Entraron en sus casas y comieron con sus familias a las tres.
d. Los chicos pasaron una tarde en el lago y luego regresaron a casa. ______

P. Answering content questions. Read the following passages, then choose the best answer to each question, and write the letter on the blank line.

I

Es la clase de geografía. Pepe no es un alumno muy diligente. No aprende porque no estudia. La maestra le da un examen oral.

—¿Cuál es la capital de Chile?—pregunta ella.

—¿Dice usted la capital de Chile?—repite Pepe.

La plaza de toros.

—Sí, señor, la capital de Chile—repite la maestra con paciencia. —¿No sabe usted? Esa geografía fue parte de la tarea para hoy.

Pepe mira a sus compañeros de clase. Quién puede ayudarlo?

—San José—dice un alumno en voz baja.

—Lima—dice otro alumno.

—Santiago—dice otro alumno que está cerca.

Al fin Pepe contesta: —Chile tiene tres capitales.

1. ¿Qué quiere saber la profesora? ______
   a. el nombre de una ciudad.
   b. el nombre de Chile.
   c. la capital de Costa Rica.
   d. un producto de Colombia.

2. ¿Por qué debe saberlo Pepe? ______
   a. Es la lección para todo el año.
   b. Es la lección del día.
   c. Pepe pasó varios días en Chile.
   d. Pepe es de Santiago.

3. ¿Por qué no sabe contestar Pepe?______
   a. Nadie le dice la respuesta.
   b. Chile no tiene capital.
   c. Chile tiene varias capitales.
   d. Pepe no es aplicado.

4. ¿Quiénes quieren ayudarlo? ______
   a. el maestro y un alumno.
   b. un compañero de clase y su madre.
   c. la maestra y su hermano.
   d. tres alumnos.

5. ¿Cómo contesta Pepe al fin? ______
   a. Que el país tiene varias capitales.
   b. Que Chile no tiene capital.
   c. Que San José y Lima son sus capitales.
   d. Que no sabe la respuesta.

II

La Navidad es una fiesta bonita para los niños norteamericanos. Algunas veces nieva el Día de la Navidad. Nos gusta ver la nieve cubrir las calles, los árboles y los techos de las casas. Todo está muy bonito y salimos a jugar en un mundo blanco. Además, tenemos muchos días de vacaciones. Pero el día más alegre es el veinte y cinco de diciembre cuando recibimos regalos. En muchos países hispanos por otro lado, los niños esperan para recibir sus regalos hasta el seis de enero, el Día de los Reyes Magos. Los niños hispanos necesitan mucha paciencia.

1. ¿Cuál es una fiesta favorita de los chicos norteamericanos? ______
   a. el Día de los Reyes Magos
   b. la Navidad
   c. su cumpleaños
   d. el Día de Año Nuevo

2. ¿Por qué le gusta esa fiesta al alumno? ______
   a. Desea asistir a la escuela el veinte y cinco de diciembre.
   b. Siempre nieva.
   c. Nunca recibe regalos.
   d. El tiempo, los regalos y los días sin escuela son agradables.

3. ¿Quiénes esperan para recibir sus regalos? ______
   a. los niños norteamericanos
   b. los niños malos
   c. todos los niños
   d. los niños hispanos

4. ¿Por qué está todo hermoso para los chicos? ______
   a. No hay nieve.
   b. El clima es perfecto.
   c. La nieve llega y cubre la ciudad.
   d. Nieva el Día de los Reyes Magos.

5. ¿Dónde juegan los niños? ______
   a. en los techos
   b. en las calles blancas
   c. en casa
   d. en la Navidad

III

El gato no es mi animal favorito. Prefiero los perros y detestos los gatos. El mes pasado mi hermana recibió un gatito muy bonito. ¡Qué sorpresa! Me gusta mucho ese gatito. Voy a decirle por qué. Es muy hermoso y muy inteligente.

Es un gato muy raro. Algunas veces hace cosas extraordinarias. Por ejemplo, este gatito nunca bebe leche. Luego, veo que le gusta buscar y traerme la pelota como hacen los perros. La inteligencia y la personalidad que tiene nuestro gatito son extraordinarias. ¿No es verdad?

1. ¿Cuáles son los animales que siempre le gustaron al chico? ______
   a. los tigres
   b. los perros
   c. los gatos
   d. los caballos

2. ¿Cuál es su opinión del gatito? ______
   a. Lo detesta.
   b. No lo admira.
   c. No es su juego favorito.
   d. Lo adora mucho.

3. ¿Por qué quiere el chico al gatito? ______
   a. Es muy grande.
   b. Es bonito e inteligente.
   c. Es feo.
   d. Es de su hermano.

4. ¿Por qué es el gato como un perro? ______
   a. Ladra toda la noche.
   b. Le trae la pelota al niño.
   c. Tiene ojos amarillos.
   d. Bebe mucha leche.

IV

María es una muchacha de quince años que asiste a una escuela secundaria. No es muy aplicada a sus estudios porque no le gusta leer. Ella nunca estudia en casa. Prefiere preparar unos platos para la familia. En la escuela está en una clase de cocina donde aprende bien a preparar platos nuevos. Un día María le habla a su padre de su clase favorita. Finalmente su padre le pregunta:

—Y ¿da la profesora permiso a las alumnas para comer los platos que ellas preparan?

—¿Si ella permite, papá? ¡Tenemos que comerlos!

1. ¿A qué escuela va María? ______
   a. a una escuela elemental
   b. a un colegio para muchachos
   c. a una escuela de cocina
   d. a una escuela superior

2. ¿Por qué no estudia María? ______
   a. Prefiere jugar con sus amigas.
   b. Le gusta mucho la televisión.
   c. No quiere asistir a la escuela.
   d. Prefiere trabajar en la cocina.

3. ¿Qué aprende la chica en su clase? ______
   a. Aprende a leer.
   b. Empieza a preparar varias comidas.
   c. Termina estudios de ciencia.
   d. Aprende a bailar.

4. ¿En qué insiste la profesora? ______
   a. Las chicas deben lavar los platos.
   b. Ellas deben comer las comidas.
   c. Tienen que estudiar gramática.
   d. Hay que practicar en casa.

5. ¿Qué tipo de alumna es María? ______
   a. Es perezosa.
   b. Es seria.
   c. Es aplicada.
   d. Es diligente.

V

Muchas de las casas de La Paz tienen colores alegres como el azul, el verde, el rojo y el rosado. Las mujeres nativas llevan colores brillantes en las calles, y en los mercados adonde van con sus hermosos vestidos de lana. El anaranjado y el rosado son los favoritos. Los indios también llevan ponchos de lana de varios colores. De los edificios públicos flota la bandera nacional con los colores: rojo, amarillo y verde que representan respectivamente los animales, los minerales y los vegetales.

1. ¿Por qué es la ciudad de La Paz atractiva? ______
   a. La gente lleva ropa de lana.
   b. Tiene muchos indios.
   c. Uno ve varios colores por todas partes.
   d. Las casas tienen banderas.

2. ¿Qué son de lana? ______
   a. los mercados y los edificios.
   b. los animales.
   c. la ropa de las mujeres.
   d. las banderas.

3. ¿Cuáles son los colores favoritos? ______
   a. el rosado y el negro.
   b. el rosado y el anaranjado.
   c. el verde y el azul.
   d. el rojo, el amarillo y el verde.

4. ¿Dónde están las banderas? ______
   a. en las casas bonitas.
   b. en los edificios públicos.
   c. en el mercado.
   d. en los ponchos de los indios.

5. ¿Qué color simboliza los minerales? ______
   a. el amarillo.
   b. el rojo.
   c. el verde.
   d. el rosado.

VI

Es una hermosa tarde de primavera. Doy un paseo por las calles de Madrid. Cuando llego a un café oigo las notas de una linda canción española. Me interesa la música, y entro en el café.

Tomo asiento en una mesa cerca de la puerta. El mozo viene a mi mesa. Quiero café con leche. Una señorita, un poco gorda pero bonita, canta. Un joven toca la guitarra. El mozo regresa y pone la taza en la mesa. Así paso unas horas muy agradables.

1. ¿Cómo es el día? ______
   a. fresco y bonito.
   b. frío y bonito.
   c. ocupado en el trabajo.
   d. nevado y bonito.

2. ¿Qué hace el hombre? ______
   a. Camina por la ciudad.
   b. Escucha la música de varios cafés.
   c. Camina por el parque.
   d. Compra un billete para un concierto.

3. ¿Por qué entra en el café? ______
   a. Tiene sed.
   b. Quiere escuchar a la señorita.
   c. Tiene hambre.
   d. Está cansado y quiere descansar.

4. ¿Qué toma en la mesa? ______
   a. un asiento cerca de los músicos
   b. un vaso de leche
   c. un café con azúcar
   d. una taza de café con leche

5. ¿Quiénes son los músicos? ______
   a. el mozo de la mesa y su madre
   b. una señorita que toca y un joven que canta
   c. unos señores
   d. una señorita que canta y un hombre que toca

VII

Un hombre le pregunta a un piloto: —¿Cuánto cuesta subir en avión? El aviador le contesta que cuesta cien dólares para dos personas si hablan, pero cuesta solamente cincuenta dólares si no dicen palabra.

—Acepto con gusto—dice el hombre, y sube al avión con su esposa.

Después de media hora el hombre baja del avión, y el piloto le dice:

—¡Magnífico! El viaje le cuesta solamente cincuenta dólares porque Vds. no dijeron ni una palabra.
El hombre responde: —Ya lo creo. Por eso, no dije nada cuando mi mujer se cayó del avión.

1. ¿Qué quieren hacer el hombre y su mujer? ______
   a. Desean viajar en un tren.
   b. Prefieren comprar un coche.
   c. Van a dar un paseo a pie.
   d. Quieren dar un paseo en un aeroplano.

2. ¿Cuánto cuesta? ______
   a. Vale cien dólares si hablan.
   b. Siempre cuesta mil dólares por persona.
   c. Nunca cuesta más de cincuenta.
   d. No cuesta nada si uno se cae del avión.

3. ¿Cuánto debe pagar el hombre? ______
   a. cien dólares
   b. cincuenta dólares
   c. cinco dólares
   d. nada

4. ¿Qué pasa en el avión? ______
   a. El hombre se cae del avión.
   b. El hombre grita.
   c. Su esposa habla.
   d. Su esposa se cae del avión.

5. ¿Por qué no dice el hombre ni una palabra en el avión? ______
   a. No habla español.
   b. No quiere pagar cien dólares.
   c. Nadie se cae del avión.
   d. No sabe pronunciar muy bien.

VIII

En un hospital, los enfermos hablan de los médicos.

—¿Conocen Vds. —uno de los pacientes pregunta— el caso del médico que operó a un enfermo y dejó un guante en el estómago del paciente?

Cuando uno de los enfermos oye esto, se pone pálido.

—¿Qué le pasa a Vd.? —le preguntan sus amigos.

El enfermo pálido responde: —Sufrí una operación de apendicitis la semana pasada y después de la operación mi médico buscó su paraguas.

1. ¿Quiénes hablan? ______
   a. los médicos
   b. los pacientes
   c. los parientes
   d. las enfermeras

2. ¿De qué hablan? ______
   a. Comparan guantes.
   b. Explican una palabra nueva.
   c. Hablan de dos enfermeras buenas.
   d. Notan la mala memoria de un médico.

3. ¿Qué olvidó el primer médico? ______
   a. un paraguas
   b. un cuchillo
   c. un guante
   d. una apendicitis

4. ¿Qué buscó el otro médico? ______
   a. una operación
   b. un hospital
   c. a un enfermo
   d. un artículo para el mal tiempo

5. ¿Por qué está pálido un paciente? ______
   a. Piensa que tiene un guante en el estómago.
   b. Tiene miedo de una apendicitis.
   c. Regresa a casa mañana.
   d. Piensa que tiene un paraguas en el estómago.

Part Six

SKILL IN WRITING

The King
Sculpture of Ancient West Mexico:
Nayarit, Jalisco, Colima
Collection of Proctor Stafford, Los Angeles
Los Angeles County Museum of Art

Part Six:
Skill in Writing

I. Copying sentences. Copy each statement or question after you have read and understood it. Then compare your copy with the original. See Spanish-English Vocabulary, pp. 465–489, as needed.

1. a. Es lunes.________________ b. ¿Es mañana miércoles?________________ c. No es miércoles. Es martes.________________

2. a. María no va al parque esta tarde.________________ b. ¿Adónde va ella mañana?________________ c. Va al cine con sus amigas mañana.________________

3. a. Esas chicas perezosas nunca me escriben cartas.________________ b. ¿Quiénes le escriben?________________ c. Las buenas amigas me escriben a menudo.________________

4. a. Los papeles necesarios están sobre el escritorio negro del abuelo.________________ b. ¿Dónde están los libros que busco?________________ c. Aquellos libros están sobre la mesita de madera de Juana.________________

5. a. Siempre hace mucho frío en el invierno.________________ b. ¿Qué tiempo hace hoy?________________ c. Hoy hace mucho frío pero ayer hizo calor.________________

6. a. Juana es la chica simpática que me habla en la clase de historia.________________ b. ¿De qué le habla Vd.?________________ c. Yo le hablo de mis viajes que hice el año pasado.________________

__________ 7. a. Quiero ser piloto.__________

__________ b. ¿No le gusta ser astronauta?__________

__________ c. No me gustan los viajes largos. Sólo me gusta ser un buen piloto de avión.__________

____

8. a. Yo debo estudiar para ser médico.__________

__________ b. ¿Cuánto debe Vd. estudiar?__________

__________ c. Tengo que estudiar muchas horas todos los días para ser médico o científico.__________

____

9. a. ¡Haga Vd. el favor de cantar esa canción para nosotros!__________

____

b. ¿No desea Vd. cantarla también?__________

__________ c. Gracias, no la deseo cantar. ¡Cántela Vd., por favor!__________

____

__________ 10. a. Si no llueve voy a salir en seguida.

__________ b. ¿Por qué no vas a salir conmigo esta noche?__________

__________ c. No puedo salir contigo porque si no llueve voy a asistir a una fiesta esta noche.__________

____

____

II. Writing a substitute for a portion of a sentence. Rewrite the sentence substituting each expression in heavy print for the words in *italics*. Be sure you understand the meaning of the sentence and of each expression. See Spanish-English Vocabulary, pp. 465–489, as needed.

Model: Doy un paseo *a caballo*. **en coche.** Doy un paseo en coche.

1. Doy un paseo *a caballo por el parque*. a. **en bicicleta por la ciudad** b. **en automóvil por el campo** c. **a pie por las calles**

a. __________

b. __________

c. ______________________________

2. *Cuando hace calor* vamos a la playa. a. **Como es un día bonito** b. **Si hace sol** c. **Porque tenemos calor**

a. ______________________________

b. ______________________________

c. ______________________________

3. Ellos salieron *cuando Vd. entró.* a. **cuando tú llegaste** b. **si ellos pudieron** c. **y nosotros regresamos.**

a. ______________________________

b. ______________________________

c. ______________________________

4. El sábado *voy al circo* con mis amigos. a. **doy un paseo al centro** b. **asisto a una fiesta** c. **visito a mis abuelos**

a. ______________________________

b. ______________________________

c. ______________________________

5. ¿Van *Vds. a trabajar aquí antes de comer*? a. **. . ellos a jugar aquí después de estudiar** b. **. . Ana y Clara a estar aquí sin hablar** c. **. . los abuelos a viajar allá para descansar**

a. ______________________________

b. ______________________________

c. ______________________________

6. ¡Haga Vd. el favor *de entrar en el cuarto*! a. **de pasar al patio** b. **de asistir a la escuela** c. **de venir a mi casa**

a. ______________________________

b. ______________________________

c. ______________________________

7. Tengo que *estudiar para aprender.* a. **dormir para descansar** b. **volver para comer** c. **salir para jugar** d. **dar para recibir**

a. ______________________________

b. ______________________________

c. ______________________________

d. ______________________________

8. *¿Dónde pueden* tocar la guitarra? a. **cómo saben** b. **quiénes quieren** c. **cuándo desean** d. **por qué deben**

a. ______________________________

b. ______________________________

c. ______________________________

d. ______________________________

9. ¡*Salga Vd. en seguida* por favor! a. **venga Vd. a la una** b. **vaya Vd. pronto** c. **hablen Vds. bien** d. **respondan Vds. ahora**

a. ______________________________

b. ______________________________

c. ______________________________

d. ______________________________

III. Writing words.

A. Write the word that your teacher reads; then **choose the word from those given below the line that has the opposite meaning, and write it** in the space on the right. Circle its letter.

1. ____________________; ____________________
a. sabemos b. saludamos c. partimos d. entramos

2. ____________________; ____________________
a. detrás b. arriba c. bajo d. después

3. ____________________; ____________________
a. volver b. salir c. telefonear d. empezar

4. ____________________; ____________________
a. grande b. ancho c. largo d. pequeño

5. ____________________; ____________________
a. buen tiempo b. buen provecho c. buenas noches d. buena salud

6. ____________________; ____________________
a. menores b. pocas veces c. muchas veces d. cuando

7. ____________________; ____________________
a. ahora b. más tarde c. si d. pero

8. ____________________; ____________________
a. joven b. menor c. poco a poco d. más

B. Write the word that your teacher reads; then **choose the word from those given below the line that has the same meaning,** and write it in the space on the right. Circle its letter.

1. ______________________; ______________________
   a. llevar b. vender c. comprar d. llegar

2. ______________________; ______________________
   a. canto b. fatigado c. favorito d. sentado

3. ______________________; ______________________
   a. alto b. álgebra c. feliz d. federal

4. ______________________; ______________________
   a. conversar b. andar c. cantar d. recibir

5. ______________________; ______________________
   a. autobús b. ómnibus c. ferrocarril d. coche

6. ______________________; ______________________
   a. chicle b. muchacho c. mucho d. chino

7. ______________________; ______________________
   a. contestar b. andar c. bailar d. cantar

IV. Dictations. Listen to the directions and to the material read by the teacher.

A. 1. *Spot dictation*

a. Vivo en una ______________ particular de dos ______________. b. La casa tiene un ______________ por ______________ y hay un jardín por ______________ de ella. c. ______________ tenemos el techo; abajo está el ______________. d. Hay en el primer piso una ______________, un ______________ y una ______________.

A. 2. *Complete dictation.*

a. ____

____

b. ____

____

____

c. ____

d. ____

e. ______________________________

f. ______________________________

B. 1. *Spot dictation.*

a. Cuando estoy bien y no __________ de __________ de __________ me pongo __________ bonita y salgo a la calle. b. __________ un __________ o una __________ con una __________. c. En los pies me pongo __________ y __________, y en las manos __________.

B. 2. *Complete dictation.*

a. ______________________________

____

b. ______________________________

c. ______________________________

____

d. ______________________________

C. 1. *Spot dictation.*

a. Mi __________ favorito es el rojo. b. Me gustan las flores que son __________ como las __________ y los __________

c. De las frutas que hay en mi __________ prefiero las __________ y las __________. d. En el verano visito el __________ donde __________ flores y __________ de muchos colores.

C. 2. *Complete dictation.*

a. ______________________________

b. ______________________________

c. ______

d. ______

e. ______

______

f. ______

D. 1. *Spot dictation.*

a. En la ______ hay muchas cosas que mirar y que hacer. b. En el ______ hay mucha ______ y mucho ______. c. Las ______ son largas, las avenidas anchas y los ______ altos. d. Los sábados podemos asistir al ______. e. Los domingos visitamos ______ hermosas y ______ interesantes. f. Podemos ir al ______.

D. 2. *Complete dictation.*

a. ______

______

b. ______

c. ______

d. ______

E. 1. *Spot dictation.* (See Part two, Unit 2) *"Fill in missing words."*

a. En la ______ el ______ está fresco. b. Los ______ y la ______ están verdes. c. Los ______ cantan y el ______ está muy bonito. d. En el verano ______ un día,y el otro hace ______. e. Vamos a la playa, al campo o a las ______ para las ______.

E. 2. *Complete dictation.* (See Part two, Unit 2) *"Write entire passage."*

a. ______________________________

b. ______________________________

c. ______________________________

d. ______________________________

e. ______________________________

V. A. Combining sentences. Combine the short sentences into one long sentence by using the word given in parentheses.
Model: Yo escribo muy bien. No hablo mal. (y) **Yo escribo muy bien y no hablo mal.**

1. Está ausente. No está bien. (cuando)______________________________
2. ¿Hace sol? ¿Llueve todavía? (o)______________________________
3. Asisto. Deseo aprender. (porque)______________________________
4. Luis lee. Ana va al cine. (y)______________________________
5. Va a España. Debe volver. (pero)______________________________
6. Voy al campo. Hace calor. (si)______________________________
7. Van a pie. Tienen tiempo. (como)______________________________
8. Maneja un taxi. Es nuevo. (que)______________________________
9. Veo a una chica. Es bonita. (que)______________________________
10. Vas al museo. Lo ves a Juan. (donde)______________________________

B. Combining sentences. Combine the two short sentences into one long sentence by using the word in parentheses and changing the italicized verb to the infinitive.
Model: Visito el museo. *Veo* pinturas. (para) **Visito el museo para ver pinturas.**

1. Va al parque. *Descansa*. (para)______________________________
2. Estudio. *Salgo* bien. (para)______________________________
3. Dice: —Adiós. *Sale*. (antes de)______________________________
4. Comen algo. *Bailan*. (antes de)______________________________
5. Como. *Miro* el programa. (antes de)______________________________
6. ¡Salúdela Vd.! ¡*Entre*! (después de)______________________________
7. Descansa. *Trabaja*. (después de)______________________________
8. Escuchan el disco. *Hablan*. (sin)______________________________
9. Pasan el día. *Comen*. (sin)______________________________
10. Hace visitas. *Da* regalos. (sin)______________________________

VI. Building a sentence. Add the word in parentheses in the appropriate place.

Model: **Vienen.**

a. (las chicas) ______________. **Las chicas vienen.**

b. (despacio) ______________. **Las chicas vienen despacio.**

c. (no) ______________. **Las chicas no vienen despacio.**

1. Está.

a. (en casa) ______________ b. (Ana) ______________

c. (nunca) ______________

d. (a esta hora) ______________

e. (del día) ______________

2. Saben.

a. (cantar) ______________ b. (no) ______________

c. (bien) ______________

d. (los muchachos) ______________

e. (cansados) ______________

3. ¿Prometes?

a. (venir) ______________ b. (tú) ______________

c. (conmigo) ______________

d. (a México) ______________

e. (en avión) ______________

4. Hablan.

a. (rápidamente) ______________ b. (le) ______________

c. (los chóferes) ______________

d. (al policía) ______________

e. (del accidente) ______________

VII. Parallel Writing.

A. Write a complete Spanish sentence similar to the sentence which is given. Use the new word cues. Make necessary additions and verb changes.

Model: Nosotros tenemos que escribirles hoy. Yo/tener/contestarle mañana.

Yo tengo que contestarle mañana.

1. Yo pongo la mesa con vasos y platos. Tú/poner/mesa/tenedores/cucharas.

____

2. Tú lees la revista y yo escucho la radio. El/tocar/piano/si Ana/cantar/canción.

____

3. ¿Van Vds. a la playa a nadar este verano? ¿Ir/Vd./montañas/esquiar/invierno?

____

4. No tengo que leer todos los periódicos para saber las nuevas. Vds./no/tener que/viajar todos/años/conocer/países.

____

5. ¿Necesitamos nosotros comprar este paraguas antes de ir a Londres? ¿Desear/ellas/llevar/vestido después/volver de/París?

____

B. Write a similar sentence about *your country.* Use word cues.

1. Juan dice: —Mi patria es España.

   Vd. responde: —_______________
   los Estados Unidos

2. Juan dice: —Mi bandera es roja y amarilla.

   Vd. responde: —_______________
   roja, blanca y azul

3. Juan dice: —El señor Franco es nuestro jefe.

   Vd. responde: —_______________
   presidente

4. Juan dice: —Francia y Portugal son nuestros vecinos.

   Vd. responde: —_______________
   el Canadá/México

5. Juan dice: —Los vecinos al norte hablan francés y al oeste hablan portugués.

   Vd. responde: —_______________
   al norte/al sur

C. Write a complete sentence similar to the sentence which is given, making appropriate changes in the words in italics.

1. Mi *hermano* usa *una camisa* y *pantalones largos.*

Write that your sister wears a blouse and a short skirt. ______________________

____

2. Lleva también *una corbata, calcetines* y zapatos *negros.*

Write that she also wears a dress, stockings and white shoes. ______________________

____

3. Luego *él* se pone *una chaqueta corta* y *una gorra pequeña.*

Write that she then puts on a long coat and a wide hat. ______________________

____

____

4. *El* mete *el dinero* en *el bolsillo* porque tiene *una cita.*

Write that she puts a handkerchief in her pocketbook because she has a cold.

____

____

5. Está *bien* hoy y *no tiene* dolor de *estómago.*

Write that she is ill and has a headache.

____

____

D. Write in the first person plural **nosotros,** using the *present* tense. (See Part 1, Units 3&7). *Salgo* para España. *Pongo* la ropa en la maleta y *voy* al aeropuerto. Allí *subo* al avión para Madrid. Después de siete horas en el avión, *tomo* un taxi al hotel. *Dejo* la maleta en el cuarto y *bajo* a tomar un café. *Doy* un paseo por la calle principal donde *miro* las tiendas y los edificios. *Oigo* a la gente hablar castellano.

____

____

____

____

____

____

____

E. Write in the *preterite* tense continuing to keep each verb in the same person. (See Part 1, Units 25-26.) *Salgo* para España. *Pongo* mi ropa en la maleta y *voy* al aeropuerto. Allí *subo* al avión para Madrid. Después de siete horas en el avión, *tomo* un taxi que me *lleva* al hotel. *Dejo* la maleta en el cuarto y *bajo* a tomar un café. *Doy* un paseo por una de las calles principales. *Miro* las tiendas, los edificios y a la gente. *Oigo* a la gente hablar castellano. En un pequeño restaurante agradable un hombre en una mesa cercana *pregunta* por mi país y yo le *digo* muchas cosas porque *quiero* practicar el español. *Podemos* comprender sin dificultad. *Terminamos* la comida y *salimos*. *Estamos* contentos. No lo *veo* otra vez pero *tengo* una buena impresión de los españoles. *Regreso* a mi cuarto en el hotel. Dos criadas *preparan* el cuarto. Las dos *charlan* y *cantan* alegremente. Cuando *terminan* el trabajo *salen*. *Estoy* solo. *Pienso* en mi primer día en España. *Tengo* que salir temprano a la mañana siguiente para conocer este país magnífico.

____

____

____

____

____

____

____

____

____

____

____

____

____

VIII. A. *Writing an appropriate rejoinder to one line of dialogue.* Write a complete sentence in correct Spanish *using the cue words.* Make necessary additions and verb changes.

1. Marta dice: —Hoy dan una buena película. *Vd. responde*: —Yo no/tener/dinero/para/cine.

   Vd. responde: —____

2. Juan dice: —Si llueve mañana no sé qué hacer. *Vd. responde*: —Nosotros/poder/ir/museo.

   Vd. responde: —____

3. Ellos dicen: —Vamos a jugar al béisbol. *Vds. responden*: —Nos / gustar / más / ir / centro.

   Vds. responden: —____

4. El amigo dice: —Tengo hambre. *Vd. responde*: —Yo lo/invitar/café/comer/hamburguesas.

Vd. responde: —____

5. Pedro dice: —La nueva alumna es bonita. *Vd. responde*: —Yo / creer / ella / llamarse / Ana.

   Vd. responde: —____

B. Write an appropriate rejoinder in a complete Spanish sentence according to each direction. Use the vocabulary aids provided.

1. Elena dice:—Bienvenido, Alberto. ¡Pasa a la sala!

   Tú respondes: — ________________________________(gracias / amable)
   (Thank her and tell her that she is very kind.)

2. La maestra dice:—Pepe, debes entrar en la clase a tiempo.

   Tú respondes: — ________________________________(llegar / temprano)
   (Tell her that you are going to arrive early tomorrow.)

3. El médico dice:—Veo que tienes fiebre.

   Tú respondes: — ________________________________(dolor de cabeza)
   (Tell him that you have a headache, too.)

4. El alumno dice:—Tú conoces a la nueva profesora. ¿Verdad?

   Tú respondes: — ________________________________(simpática / joven)
   (Tell him that she is very nice and very young)

5. El padre dice:—Es muy tarde y tu hermano, Roberto, todavía no está en casa.

   Tú respondes: — ________________________________(nueva amiga)
   (Tell him that Robert has a new girlfriend and he

   ______________________________________(pasar mucho tiempo)
   spends a great deal of time with her.)

IX. A. Writing a pattern response. Write an answer which is patterned after each statement. Place *también* in an appropriate position in the sentence.
Model: Voy al centro. ¿Y él? **El también va al centro.**

1. Tengo que trabajar hoy. ¿Y Marta?______________________________
2. Ellas buscan ese libro. ¿Y Vd.?______________________________
3. Luis tiene frío. ¿Y las chicas?______________________________
4. Me gustan las rosas. ¿Y a su madre?______________________________
5. Fueron a Cuba el año pasado. ¿Y este año?______________________________

B. Write an affirmative answer in a complete Spanish sentence using the cue words.
Model: ¿Llegas temprano? (me gusta) **Sí, me gusta llegar temprano.**

1. ¿Asistes al concierto? (debo) ____________________

2. ¿Escuchan a los maestros? (desean) ____________________

3. ¿Comen Vds. en ese café? (nos gusta) ____________________

4. ¿Está ella en casa hoy? (tiene que) ____________________

5. ¿Nadamos en el mar? (podemos) ____________________

X. A. Writing answers to written questions. Write an affirmative answer in a complete Spanish sentence.

1. ¿Le gusta caminar en el parque? ____________________

2. ¿Vuelve Vd. a casa a tiempo? ____________________

3. ¿Bailas en las fiestas? ____________________

4. ¿Tienes miedo del examen? ____________________

5. ¿Vió Vd. esa película otra vez? ____________________

B. Write an affimative answer in a complete Spanish sentence using the cue words.

1. ¿Dónde vemos flores? (por todas partes) ____________________

2. ¿Cuándo comes huevos? (todos los días) ____________________

3. ¿Cuánto limón tomas? (un poco de) ____________________

4. ¿Cómo hay que aprender? (poco a poco) ____________________

5. ¿Quién quiere al niño? (todo el mundo) ____________________

C. Write a factual or logical answer in a complete Spanish sentence.

1. ¿Vamos a la playa si llueve? ____________________

2. ¿Cuánto dinero necesito para el autobús? ____________________

3. ¿De qué color está el cielo si hace sol? ____________________

4. ¿Qué tienes si no bebes en la playa? ____________________

5. ¿Por qué comes allí? ____________________

XI. Write an affirmative answer in a complete Spanish sentence to the questions your teacher will read to you.

1. ______________________
2. ______________________
3. ______________________
4. ______________________
5. ______________________
6. ______________________
7. ______________________
8. ______________________
9. ______________________
10. ______________________

XII. Answering questions on content. Write an appropriate answer in a grammatically correct and complete Spanish sentence.

1. ¿En cuánto tiempo llega la tía?

____

Para mi cumpleaños mi tía me invita a pasar las vacaciones con ella en México. Ella viaja siempre en avión porque así puede llegar muy rápidamente. Sube al avión al mediodía y está en México en unas pocas horas.

2. ¿Cuándo come menos el chico?

____

Para el desayuno me gusta tomar huevos, pan con mantequilla y un vaso de leche con pastel. Luego para el almuerzo tengo poca hambre. Como queso o una ensalada. Para beber tomo una gaseosa fría.

3. ¿Dónde hay una lámpara de hierro?

____

Hay una alfombra de lana en el piso. Sobre el escritorio hay una lámpara de madera. La otra lámpara es de hierro y está cerca de la cama.

4. ¿Cuántos muebles tiene el dormitorio del chico?

____

En mi dormitorio hay dos ventanas grandes con sus cortinas de algodón, una cama, una cómoda, un escritorio con mi teléfono, una silla y un sillón. Mi dormitorio es grande y claro. Es mi cuarto favorito.

5. ¿Cómo es el muchacho? (Write as much as you can about him. Use the third person sing.)

Me presento. Soy un muchacho de quince años. No soy ni alto ni bajo. Tengo el pelo castaño y los ojos negros. No soy perezoso. Tengo mucho interés en mi clase de español pero quiero ser científico.

XIII. Writing three simple sentences as directed. Write three complete Spanish sentences according to each instruction. Use the vocabulary guides.

A. Write a description of yourself and of your friend, using appropriate endings:

1. quién es Vd. . . . (muchacho-a norteamericano-a o hispano-a) 2. cómo es Vd. . . . (inteligente/aplicado-a) 3. cómo es su amigo-a . . . (simpático-a/amable/generoso-a)

B. Write about your country: 1. cómo se llama su patria . . . . (los Estados Unidos de América) 2. la lengua que Vds. hablan en su país . . . (inglés) 3. la otra lengua que Vd. comprende también . . . (español)

C. Write about your country (continued): 1. si es grande o pequeño . . . . . (país) 2. cuáles son los países vecinos . . . (el Canadá/México) 3. qué lenguas hablan allí . . . . . (inglés y francés/español)

____

____

____

____

____

D. Write about your Spanish class: 1. cuántos amigos Vd. tiene allí . . . (veinte) 2. a qué hora empieza . . . (las diez y media de la mañana) 3. qué aprenden Vds. allí . . . (mucho español)

____

____

____

____

____

E. Write a letter to a friend telling him about your city: 1. There are many tall buildings, many people and a great deal of noise . . . 2. But the city also has interesting theaters, museums and pretty parks . . . 3. When the weather is good the city is often beautiful . . . (Some vocabulary is given below the writing line.)

Querido amigo,

____

(Hay/edificios/altos/gente/ruido)

____

(Pero/ciudad/también/tener/teatros/museos/interesantes/parques/bonitos)

____

(Cuando/hacer/buen/tiempo/ciudad/ser/a menudo/hermosa)

Continue your letter telling him what you do in the city: 1. You take walks with friends in the parks and on the avenues . . . 2. When it rains you visit friends or go to the movies . . . 3. You hope to receive a visit from him very soon.

____

(Yo/dar paseos/parques/avenidas)

____

(Cuando llueve/yo/visitar/amigos/ir/cine/o/mirar/televisión)

____

 (Yo/esperar/recibir/visita/Vd./pronto)

XIV. Writing a question. Write a question about the sentence using the cue words.

Model: Le escriben a Gloria después de llegar a Puerto Rico.

(¿Cuándo?) Ask when they will write. **¿Cuándo le escriben a Gloria?**

1. Mis zapatos nuevos son negros. (¿De qué color . . . .?) Ask about the color.

2. Es la una y media. (¿Qué . . . .?) Ask about the time.

3. Hoy es martes el cinco de enero. (¿Cuál es . . . .?) Ask about the date.

4. Salen para Puerto Rico. (¿Para dónde . . . .?) Ask about the destination.

5. Las niñas esperan la Navidad con impaciencia. (¿Quiénes . . .?) Ask about the children.

XV. Graphic stimuli. Write an answer in a complete Spanish sentence.

A. El payaso. (clown)

1. ¿Qué tiene el payaso en el bolsillo?

2. ¿Es gordo o flaco el payaso?

3. ¿Tiene una boca enorme o pequeña?

4. ¿Son anchos o estrechos sus pantalones?

5. ¿Juega al tenis o al béisbol?

B. La Clase

1. ¿Están los alumnos y la maestra sentados o de pie?

____

2. ¿Cuántas chicas hay en el grupo?

____

3. ¿A quién mira la maestra? ¿al chico o a la chica?

____

4. ¿Qué lleva la maestra? ¿pantalones o una falda?

____

5. ¿Quién toca música en la guitarra? ¿la maestra o el chico?

____

SPANISH

ENGLISH

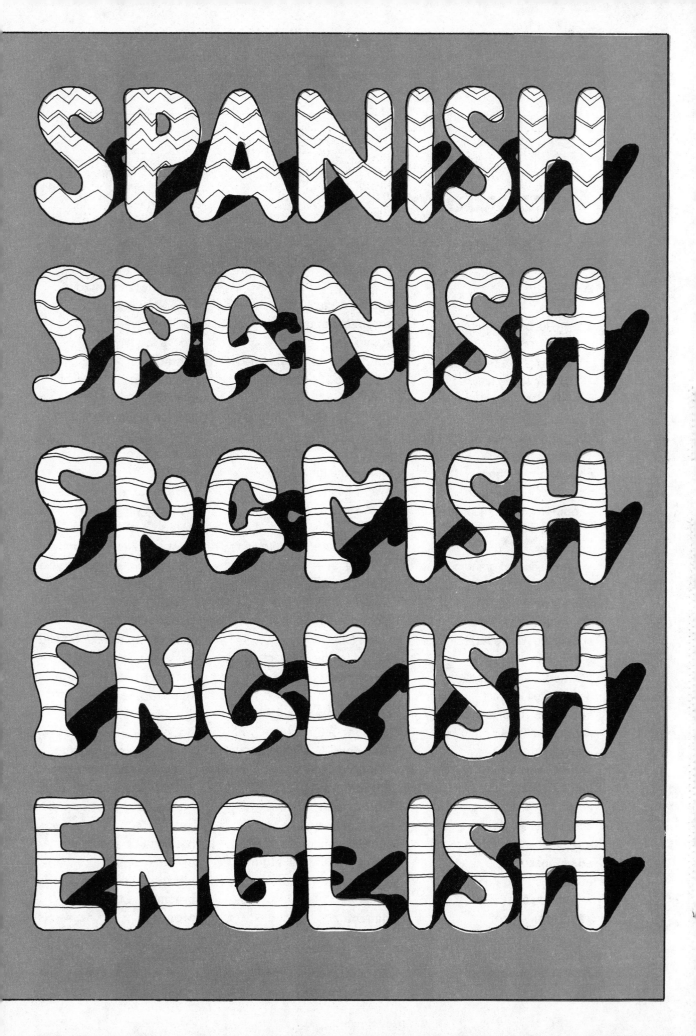

Vocabulary

Spanish-English

A

a at, in, to, on; **a causa de** because of; **a la derecha** on the right; **a menudo** often; **a veces** at times
abajo below
abierto, -a open
abogado *m.* lawyer; **abogado defensor** defense attorney
abrigo *m.* overcoat
abuelo *m.* grandfather; **abuela** *f.* grandmother; **abuelita** *f.* grandma; **abuelos** *m. pl.* grandparents, grandfathers
abrir to open
aburrido, -a bored
acá here, around here
acabar de (regresar) to have just (returned)
accidente *m.* accident
aceptar to accept
acerca de about, concerning
acostarse (ue) to go to bed
actividad *f.* activity
activo, -a active
actor *m.* actor
actriz *f.* actress
actual present day
además besides, moreover
adivinanza *f.* riddle
adiós good-bye
admirar to admire
¿adónde? where?
aeroplano *m.* airplane
aeropuerto *m.* airport
afortunadamente fortunately
afuera outside
agencia de viajes *f.* travel agency
agosto August
agradable agreeable
agua *f.* water
ahora now; **ahora mismo** right now; **por ahora** for now
aire *m.* air; **al aire libre** in the open air
ajá aha
a las doce (at) 12:00
a las once (at) 11:00
a las siete (at) 7:00
al to the, at the, in the **al aire libre** outdoors; **al fin** finally, at last; **al** + *inf.* upon __ing; **al dar** upon striking
Alberto Albert
alcoba *f.* bedroom
aldea *f.* town
alegre happy, lively, cheerful; **me alegro mucho;** I'm very happy, I'm glad
alegremente happily
alemán, -a German
Alemania *f.* Germany
alfombra *f.* carpet
Alfredo Alfred
algo something
algodón *m.* cotton
alguien someone, somebody
algún (o) -a some; **algunas veces** sometimes
Alicia Alice
alimentos *m. pl.* food
allá there, around there
allí there
almacén *m.* department store
almorzar (ue) to lunch
almuerzo *m.* lunch; **tomar el almuerzo** to have lunch
alquiler *m.* rent
alto, -a tall, high
alumno, -a *m./f.* student
amable friendly, pleasant
amarillo, -a yellow
americano, -a American
amigo, -a *m./f.* friend
amor *m.* love
Ana Ann
anaranjado, -a orange
ancho, -a wide
anciano *m.* old man
andar to go, to walk; **andar en bicicleta** to go bicycle riding
animal *m.* animal
anoche last night
ansioso, -a anxious, worried
antes (de) before
antiguo, -a ancient, former
antipático, -a unpleasant
Antonio Anthony, Tony
año *m.* year; **Año Nuevo (el)** New Year; **año pasado (el)** last year; **tener años** to be years old; **¿cuántos años tiene Vd.?** how old are you?
apendicitis *f.* appendicitis
apetito *m.* appetite
aplicado, -a studious
apreciar to appreciate
aprende he, she, you learn(s)
aprender to learn
aprisa in a hurry
aquel *m.* that; **aquella** *f.* that; **aquellas** *f. pl.* those;

aquellos *m. pl.* those
aquí here
árbol *m.* tree
arbusto *m.* bush
aritmética *f.* arithmetic
armario *m.* closet
arriba above, up
arroz *m.* rice
artículo *m.* article
artista *m./f.* artist
Arturo Arthur
asa *f.* handle
ascensor *m.* elevator
asesinato *m.* murder
así so, (in) this way; **así, así** so, so
asiento *m.* seat
asistir (a) to attend
aspirina *f.* aspirin
astronauta *m.* astronaut
atados tied up
atención *f.* attention; **prestar atención** to pay attention; **con atención** attentively
atentamente attentively
atleta *m./f.* athlete
atractivo, -a attractive
aún even
aunque although
autobús *m.* bus; **autobús turístico** sightseeing bus
automóvil *m.* automobile
autor *m.* author
avenida *f.* avenue
aventura *f.* adventure
aviador *m.* aviator
avión *m.* airplane
ayer yesterday
ayuda *f.* aid, help
azúcar *m.* sugar
azul blue

B

bailar to dance
baile *m.* dance
bajar to go down, to put down; **bajar (de)** to get down (from)
bajito, -a short
bajo, -a low, short
balcón *m.* balcony
banco *m.* bank, bench
bandera *f.* flag
banquero *m.* banker
bañarse to bathe
baño *m.* bath; **cuarto de baño** *m.* bathroom
barato, -a cheap
barbería *f.* barber shop
barco *m.* ship, boat
barra *f.* bar, rod
barrio *m.* district
bastante enough
beber to drink
bebida *f.* drink
béisbol *m.* baseball
bello, -a pretty
beso *m.* kiss
biblioteca *f.* library
bicicleta *f.* bicycle
bien well, good
bienvenido, -a welcome
billete *m.* ticket
blanco, -a white
blusa *f.* blouse
boca *f.* mouth
bodega *f.* grocery store
bola *f.* ball
bonito, -a pretty
borracho, -a drunk
borrador *m.* eraser
bolsillo *m.* pocket
bosque *m.* woods
bote *m.* boat
botella *f.* bottle
brazo *m.* arm
breve brief
brillante brilliant
bueno, -a good, well; all right
burro *m.* donkey
buscar to look for

C

caballo *m.* horse; **a caballo** on horseback
caballero *m.* gentleman
cabello *m.* hair
cabeza *f.* head
cada each
caer to fall; **caerse** to fall down; **se cayó** he fell down
café *m.* coffee, café (informal restaurant)
cafetería *f.* cafeteria
caja *f.* box
calabaza *f.* pumpkin
calcetines *m. pl.* socks
caliente warm, hot
calor *m.* heat; **hacer (mucho) calor** to be (very) warm (weather); **tener calor** to be warm (persons)
calle *f.* street
cama *f.* bed; **guardar cama** to stay in bed
camerero, -a waiter, waitress
cambiar to change, exchange
caminar to walk, to go
camino *m.* road
camisa *f.* shirt
campamento *m.* camp; **campamento de verano** summer camp
campo *m.* field, country
Canadá (el) *m.* Canada
canal *m.* channel
canción *f.* song
cansado, -a tired
cantar to sing
Caperucita Roja Little Red Riding Hood
capital *f.* capital
capitán *m.* captain
capítulo *m.* chapter
cara *f.* face
cárcel *f.* jail
cariñosamente affectionately
Carlos Charles
Carlota Charlotte
carnaval *m.* carnival
carne *f.* meat
carnicería *f.* butcher shop
carnicero *m.* butcher
caro, -a expensive, dear
carro *m.* car
carta *f.* letter
cartera *f.* wallet, purse

cartero *m.* letter carrier
cartón *m.* cardboard
casa *f.* house; **en casa** at home; **casa particular** private house; **casa de apartamientos (pisos)** apartment house; **Casa Blanca (la)** the White House
casarse (con) to marry
casi almost
caso *m.* case
castañuela *f.* castenet
castellano *m.* Spanish, Castilian
Castilla *f.* Castile
católico, -a Catholic
catorce fourteen
causa *f.* cause
caverna *f.* cave
cayó he, she, you fell
cebolla *f.* onion
celebrar to celebrate
celo *m.* zeal
cena *f.* supper; **tomar la cena** to have supper
centavo *m.* cent
central central
centro *m.* downtown
Centro América Central America
cerca (de) near
cercano, -a nearby
ceremonias *f.* ceremonies
cereza *f.* cherry
cero *m.* zero
cerrado, -a closed
cerrar (ie) to close
cesto, -a *m./f.* basket
cielo *m.* sky; **mi cielo** my darling
ciencia *f.* science
científico *m.* scientist
cien (to) a hundred
cierto, -a (a) certain
cinco five
cincuenta fifty
cine *m.* movie(s)
circo *m.* circus
cita *f.* date, appointment
ciudad *f.* city
claro, -a clear
¡claro! of course!
clase *f.* **sala de clase** classroom
clavel *m.* carnation
clima *m.* climate
coche *m.* car; **en (por) coche** by car; **coche patrullero** patrol car
cocina *f.* kitchen; **clase de cocina** *f.* cooking class
cocinar to cook
cocinero, -a *m./f.* cook
coleccionista *m.* collector
colegio *m.* high school, private boarding secondary school
Colón Columbus
color *m.* color
comedor *m.* dining room
comenzar (ie) to begin
comer to eat
comercial commercial
comerciante *m.* merchant
comestibles *m. pl.* groceries
cometer faltas to make errors
comida *f.* meal, dinner, food
como like, as
¿cómo? how? what do you mean? **¡cómo no!** of course! **¡cómo qué no?** what do you mean, "no"?
cómodo, -a comfortable; **cómodamente** comfortably
compañero, -a *m./f.* companion, friend
compañero, -a de clase *m./f.* classmate
comparar to compare
compra *f.* purchase; **ir de compras** to go shopping
comprador *m.* buyer
comprar to buy
comprender to understand
con with **conmigo** with me; **contigo** with you *(fam.)*; **con ella** with her
¡concedido! agreed!
concierto *m.* concert
concurso *m.* contest
conducir to drive, to lead
congelado, -a frozen
conocer to know (acquainted)
consejo *m.* advice
consejero *m.* counselor
conservar to conserve
construir to construct
consultorio *m.* clinic
consultorio sentimental *m.* advice to the lovelorn
consumir to consume
contar (ue) to tell, to count; **cuenta** he tells
contento, -a happy; **contentamente** happily
contestar to answer
contra against
conversación *f.* conversation
conversar to converse, to chat
copa *f.* (wine) glass
copiar to copy
corbata *f.* tie
corona *f.* crown
correcto, -a *correct;* **correctamente** correctly
correr to run
cortar to cut
cortés polite(ly)
cortina *f.* curtain
corto, -a short
cosa *f.* thing
cosméticos *m. pl.* cosmetics
costa *f.* coast
costar (ue) to cost; **cuesta** it costs; **me costó** it cost me
crecer to grow
creer to believe, to think; **creer que sí (no)** to believe so (not)
crema *f.* cream
creo I believe
criado, -a *m./f.*

maid, servant
criminal *m.* criminal
crudo, -a raw
cruzar to cross
cuaderno *m.* notebook
cuadro *m.* picture
¿cuál? which (one)?, what?
cuando when; **¿cuándo?** when?
¿cuánto, -a? how much? **¿cuánto tiempo?** how long?; **¿cuántos, -as?** how many?; **¿cuántos años tiene?** How old is he (she)?; **¿a cuántos estamos hoy?** what's today's date?
cuarto *m.* room, quarter; **cuarto de baño** bathroom
cuatro four
cuatrocientos four hundred
Cuba *f.* Cuba, **cubano, -a** Cuban
cubrir to cover
cuchara *f.* spoon
cucharita *f.* teaspoon
cuchillo *m.* knife
cuello *m.* collar, neck
cuenta he tells
cuento *m.* story
cuerpo *m.* body
cuesta it costs
culpable guilty
cultivar to grow
cultural cultural
cumpleaños *m.* birthday
cuñado *m.* brother-in-law
curar to cure

CH

chal *m.* shawl
chaqueta *f.* jacket
charlar to chat
cheque *m.* check
chica girl; **chico** boy
chicle *m.* chewing gum
Chile South American country
chino, -a Chinese; **damas chinas** *f. pl.* checkers
chocar to crash
chocolate *m.* chocolate
chófer *m.* driver

D

dale give him
da(n) he, she, (they) (give)s
dar to give; **doy** I give; **dar la mano** to shake hands; **dar las gracias** to thank; **dar un paseo** to take a walk; **dar un paseo a caballo, a pie, en automóvil** to go horseback riding, to take a walk, to take a drive
de of, from; than; **de acuerdo** in agreement; **de compras** shopping; **de día** by day; **de la mañana** A.M.; **de la noche** P.M.; **de la tarde** P.M.; **de nada** you're welcome; **de ninguna manera** by no means; **de niño** as a child; **de noche** at night; **de nuevo** again; **de pie** on foot; **de repente** suddenly
debajo (de) below, underneath
deber to owe, must; ought to
deberes *m. pl.* duties, homework
débil weak
decidir to decide
decir to say, to tell; **dice(n)** he, she, you, (they) (tell)s; **¿cómo se dice . . .?** how do you say . . .?
decisión *f.* decision
defender (ie) to defend
dejar to leave, to let; **dejar caer** to drop
del of the, in the
delante (de) in front (of)
delgado, -a slender, thin
delito *m.* offense, crime
demás *m. pl.* others
demasiado, -a too much
democracia *f.* democracy
dentro inside
dependiente, -a *m./f.* clerk
derecho *m.* straight ahead; **a la derecha** to the right
desafortunadamente unfortunately
desayuno *m.* breakfast; **desayunar (se)** to eat breakfast; **tomar el desayuno** to have breakfast
descansar to rest
describir to describe
descubrir to discover
desde from, since
desear to wish, to want
desesperado, -a desperate
desierto, -a deserted
despacio slowly
despertarse (ie) to wake up
después (de) after(wards)
detestar to detest
detrás de behind
día *m.* day; **al día siguiente** the next day; **buenos días** good morning; **de día** by day; **todos los días** everyday
día de entrevistas entre los padres y maestros Open School Day
Día de la Raza Columbus Day (October 12)
Día de los Reyes Magos Day of the Epiphany (January 6)
Día de los Inocentes April Fool's Day (April 1)
diario, -a daily
diciembre December
dice(n) he says (they say)
dictado *m.* dictation
dictadura *f.* dictatorship
diente *m.* tooth
diferencia *f.* difference
diferente different

difícil difficult
difícilmente with difficulty
dificultad *f.* difficulty
digo I say, I tell **(decir)**
dígame tell me
dijo he, she, you said **(decir)**
dile tell him *(fam.)*
diligente diligent
dinero *m.* money
Dios *m.* God; **¡Dios mío!** My God!
director, -a *m./f.* principal
dirigir to direct; **dirigirse** to go toward
disco *m.* record
dispense Vd. excuse me
disputa *f.* dispute
distinto, -a different
doblar la esquina to turn the corner
docena *f.* dozen
doctor *m.* doctor
dólar *m.* dollar
doler to hurt
dolor *m.* ache, pain; **dolor de cabeza (muelas, estómago)** headache (toothache, stomach-ache)
domingo *m.* Sunday, Dominic
dominó *m.* dominoes
donde where; **¿dónde?** where?
dormir (ue) to sleep
durmiendo sleeping
dormitorio *m.* bedroom
Dorotea Dorothy
dos two
dote *m.* dowry
doy (dar) I give; **doy las gracias** I thank; **doy un paseo** I take a walk; I take a ride
drama *m.* drama, play
ducha *f.* shower
duelo *m.* duel
duermo I sleep
dulce sweet; **dulces** *m. pl.* candy
durante during; for (time)
duro, -a hard

E

e and
edad *f.* age
edificio *m.* building
ejercicio *m.* exercise
el *m.* the
él he, it
eléctrico, -a electric
elefante *m.* elephant
elegante elegant
elemental elementary
Elena Elaine
ella she, it; **ellas** they, them
empezar (ie) to begin
empieza (n) he, she, begins (they begin)
empiezo I begin
empleado *m.* employee, clerk
empleo *m.* job, employment
en in, on, at; **en casa** at home; **en punto** sharp, exactly; **¿en qué puedo servirle?** what can I do for you?; **en seguida** immediately; **en vez de** instead of; **en voz baja** in a whisper
enamorado, -a in love
encontrar (ue) to meet, to find
enero January
enfermedad *f.* illness
enfermera *f.* nurse
enfermo, -a sick, ill
enfermo *m.* sick person
enojado, -a angry
enorme enormous, large
Enrique Henry
ensalada *f.* salad; **ensalada de papas** potato salad
enseñanza *f.* teaching
enseñar to show, to teach
entender (ie) to understand
entero, -a entire, all
entonces then
entrada *f.* ticket, entrance
entrar (en) to enter
entre between, among
entrevista *f.* interview
enviar to send
equipo *m.* team
equivocado, -a mistaken
eran they were
eres you are *(fam. s.)* **(ser)**
error *m.* error
es is **(ser)**
esa *f.* that; **esas** *f. pl.* those
escape *m.* escape
escribir *m.* to write
escritor *m.* writer
escritorio *m.* desk
escuela *f.* school; **escuela de cocina** cooking school; **escuela superior** high school
escuchar to listen to
ese *m.* that; **esos** *m. pl.*
esencial essential
eso that *(neut.)* **por eso** therefore
esos *m. pl.* those
espacio *m.* space
España *f.* Spain
español, -a Spanish *m./f.* Spaniard
especialmente specially
esperanza *f.* hope
esperar to hope, to wait for
espléndido, -a splendid
esposa *f.* wife
esposo *m.* husband
esposos *m. pl.* husbands, husband and wife, Mr. and Mrs.
esquiar to ski
ésta *f.* this; **ésta noche** tonight
estación *f.* season, station
estado *m.* state
Estados Unidos (los) *m. pl.* the United States
estante *m.* shelf
estar to be; **estar bien (mal)*** to be well (ill); **está**

*also: **malo, -a**

bien O.K.; **¿cómo está usted?** how are you?; **estar de pie** to be standing
éstas *f. pl.* these
estás you are *(fam. s.)*
éste *m.* this
este *m.* east
ésto this *(neut.)*
estómago *m.* stomach
éstos *m. pl.* these
estoy I am **(estar)**
estrecho, -a narrow
estrella *f.* star
estudia he, she studies
estudiante *m./f.* student
estudiar to study
estudios *m. pl.* studies
estudioso, -a studious
estufa *f.* stove
estupendo, -a stupendous
etiqueta *f.* label
Europa *f.* Europe
evento *m.* event
exactamente exactly
examen *m.* examination
examinar to test
excursión *f.* trip
exhausto, -a exhausted
experiencia *f.* experience
explicar to explain
explorador *m.* explorer, Boy Scout
explorar to explore
extraño, -a strange
extraordinario, -a extraordinary
extravagante extravagant

F

fábrica *f.* factory
fácil easy
fácilmente easily
falda *f.* skirt
falta *f.* mistake
faltar to be missing
familia *f.* family; **toda la familia** the whole family
familiar *m./f.* family member
famoso, -a famous
fantasma *m.* ghost
fantástico, -a fantastic
farmacia *f.* pharmacy
fatigado, -a tired
favor *m.* favor; **hacer el favor de** + *inf.* please; **por favor** please
favorito, -a favorite
fecha *f.* date; **¿cuál es la fecha de hoy?** what is today's date?; **¿a cuántos estamos hoy?** what is today's date?
Felipe Phillip
feliz happy, content
felizmente happily
feo, -a ugly
ferrocarril *m.* railroad
fiebre *f.* fever
fiesta *f.* party
fin *m.* end; **al fin** at last; **fin de semana** *m.* weekend; **por fin** finally
fiscal *m.* district attorney
flaco, -a thin, skinny
flojo, -a lazy
flor *f.* flower
flotar to float
forma *f.* form
foto (grafía) *f.* photo(graph)
francés *m.* French, Frenchman; **francesa** Frenchwoman (girl)
Francia *f.* France
Francisco Frank, Francis
frase *f.* sentence
frecuentemente frequently
frente *m.* front; **al frente** in front
fresco, -a fresh, cool; **hacer fresco** to be cool (weather)
frío, -a cold, cool; **hacer frío** to be cold (weather); **tener frío** to be cold (persons)
frito, -a fried
fruta *f.* fruit
fuerte strong
fumar to smoke
fútbol *m.* football, soccer

G

gallina *f.* hen
gallo *m.* rooster
ganar to earn, to win
garganta *f.* throat
gaseosa *f.* soda
gastar to spend
gatito *m.* kitten
gato *m.* cat
generalmente generally
generoso, -a generous
gente *f.* people
geografía *f.* geography
Gertrudis Gertrude
gimnasia *f.* gymnastics
gimnasio *m.* gymnasium
golpe *m.* blow
goma *f.* rubber
gordo, -a fat
gorra *f.* cap
gota *f.* drop
grabado *m.* picture
gracias *f. pl.* thanks; **dar las gracias** to thank; **muchas gracias** thank you very much
gramática *f.* grammar (book)
gran great
grande big, large
gratis free
grave serious
gris gray
gritar to shout
grito *m.* shout
guante *m.* glove; **guante de béisbol** baseball glove
guapo, -a handsome
guardar to keep; **guardar cama** to stay in bed
guía *m.* guide
Guillermo William
guitarra *f.* guitar
guitarrista *m./f.* guitarist

gustar to like, to be pleasing; **me, te, le gusta** I, you, (he), (she), you like(s); **nos, os, les gusta** we, you, they, you like.
gusto *m.* pleasure; **con mucho gusto** gladly, with much pleasure

H

ha conocido has known
había there was, were
habitación *f.* room
hablando speaking
hablar to speak; **¡hable!** speak!
hacer to do, to make; **hacer buen (mal) tiempo** to be good (bad) weather; **hacer frío (calor, sol, viento, fresco)** to be cold (warm, sunny, windy, cool) weather; **hacer el favor de** + *inf.* please; **hacer preguntas** to ask questions; **hace una semana (un mes, etc.)** (a month ago, etc.)
haga el favor de + *inf.* please
hago I do, I make **(hacer)**
hallar to find
hambre *f.* hunger; **tener hambre** to be hungry
hasta until, up to
hasta la vista until I see you again; **hasta luego** until then; **hasta mañana** until tomorrow
hay there is, there are; **no hay de qué** you're welcome; **hay que** + *inf.* one must
hebreo *m.* Hebrew
helado *m.* ice cream
hermana *f.* sister; **hermano** *m.* brother; **hermanos** *m. pl.* brother(s) and sister(s)
hermoso, -a beautiful
hice I made, did **(hacer)**
hierba *f.* grass
hierro *m.* iron
hija *f.* daughter; **hijo** *m.* son; **los hijos** *m. pl.* son(s) and daughter(s)
hispánico, -a Hispanic
hispano, -a Hispanic, Spanish-speaking
hispanoamericano, -a Spanish-American
historia *f.* story, history
histórico, -a historic
hoja *f.* leaf
hola hello
hombre *m.* man
honor *m.* honor
honrado honorable
hora *f.* hour; **por hora** by the hour; **¿a qué hora?** at what time?; **a la una** at one o'clock; **a las dos** at two o'clock; **a esta(s) hora(s)** at this time; **¿qué hora es?** what time is it?; **es la una** it's one o'clock; **son las dos** it's two o'clock
hormiga *f.* ant
hospital *m.* hospital
hotel *m.* hotel
hoy today
hueso *m.* bone
huevo *m.* egg; **huevos duros** hard-boiled eggs
huir to flee

I

idea *f.* idea
idioma *m.* language
iglesia *f.* church
imaginario, -a imaginary
importante important
imposible impossible
impresión *f.* impression
independencia *f.* independence
indio, -a *m./f.* Indian
Inés Agnes, Inez
información *f.* information
Inglaterra *f.* England; **inglés** *m.* English, Englishman; **inglesa** Englishwoman
inmediatamente immediately
inquieto, -a restless
insistir to insist
instrumento *m.* instrument
inteligencia *f.* intelligence
inteligente intelligent
interés *m.* interest
interesante interesting
interesar to interest
interrumpir to interrupt
invierno *m.* winter
invitado, -a *m./f.* guest; invited
invitación *f.* invitation
invitar to invite
ir go **voy, vas, va** I, you, (he), (she), you, (it) go(es); **vamos, vais, van** we, you, they, you go; **ir a casa (a la escuela, de paseo)** to go home (to school, for a walk); **ir de compras** to go shopping
isla *f.* island
Isabel Elizabeth
Italia *f.* Italy
italiano, -a Italian
izquierdo *m.* left; **a la izquierda** to the left

J

Jaime James
jardín *m.* garden
Jorge George
José Joseph
jota *f.* j (letter)
joven *m./f.* young person
Juan John
Juana Jane, Joan
juega (n) he, she, (you), (they) (play)s; **juegas** you play *(fam.)*
juego *m.* game

jueves *m.* Thursday
juez *m.* judge
jugador *m.* player
jugar (ue) (a) to play
jugo *m.* juice; **jugo de naranja** orange juice
julio July
junio June
junto together
juvenil juvenile

K

kilómetros *m. pl.* kilometers

L

la (las) *f. pl.* the; **las (veo)** (I see) them
labio *m.* lip
laboratorio *m.* laboratory
lado *m.* side; **al lado de** beside, next to; **por otro lado** on the other hand
ladrar to bark
ladrón *m.* thief
lago *m.* lake
lámpara *f.* lamp
lana *f.* wool
lápiz *m.* pencil
largo, -a long
las *f. pl.* the, them
lástima pity; **¡qué lástima!** what a shame!
latín *m.* Latin
latinoamericano, -a Latin-American
lavar (se) to wash (oneself)
La Paz Bolivian capital
le him, you *in Spain*
le to him, to her, to you, to it
le gusta he, she, (you), it (like)s
le gustaron he, she, you, it liked
lección *f.* lesson
lectura *f.* reading
leche *f.* milk
leer to read
legumbres *f. pl.* vegetables
lejos de far from
lengua *f.* language, tongue
lento, -a slow; **lentamente** slowly
león *m.* lion
les to them, to you
les gusta they, you like
letrero *m.* sign
levantado, -a up, standing
levantarse to get up
leve light
liberal liberal
libra *f.* pound
libre free
libro *m.* book
Lima Peru's capital
limón *m.* lemon
lindo, -a pretty
lista *f.* list; **lista de platos** menu
listo, -a ready
lo *m.* him, it, you; **los** *m. pl.* the, them, you; **lo siento (mucho)** I'm (very) sorry; **lo que** what
lobo *m.* wolf
loco, -a crazy
locutor *m.* announcer
Londres London
luego next, then; **hasta luego** until then, see you later
lugar *m.* place
Luis Louis
Luisa Louise
luna *f.* moon
lunes *m.* Monday
luz *f.* light

LL

llamar to call; **llamar a la puerta** to knock at the door; **llamar(se)** to (be) called; to (be) name(d); **¿cómo se llama Vd?** what's your name?
llave *f.* key
llegar to arrive
llenar to fill
llevar to carry, to wear, to take
llorar to cry
llover (ue) to rain
lloviendo raining
llueve it rains, it's raining
lluvia *f.* rain

M

madera *f.* wood; **de madera** wooden
madre *f.* mother
maestro, -a *m./f.* teacher; **maestro de ceremonias** master of ceremonies
magnífico, -a magnificent
maíz *m.* corn
mal badly, ill
maleta *f.* suitcase
malo, -a bad, ill
mamá *f.* mom, mommy
mandar to order, to send
manejar to drive
mano *f.* hand; **dar la mano** to shake hands; **entre las manos de** in the hands of
mantel *m.* tablecloth
mantequilla *f.* butter
mantilla *f.* lace shawl
manzana *f.* apple
mañana *f.* morning, tomorrow; **de la mañana** A.M.; **por la mañana** in the morning; **hasta mañana** until tomorrow
mapa *m.* map
máquina de coser *f.* sewing machine
máquina de escribir *f.* typewriter
mar *m.* sea
marchar to walk
María Mary
marido *m.* husband
marisco *m.* shellfish
Marta Martha

martes *m.* Tuesday
más most, more; **más tarde** later; **lo más pronto posible** as soon as possible
material *m.* material
mayo May
mayor older, larger
me (to) me, myself
me gusta (n) I like
me presento I introduce myself
mecanismo *m.* mechanism
medianoche *f.* midnight
medias *f. pl.* stockings
médico *m.* doctor
medio, -a half; **en medio de** in the middle of; **media hora** half an hour
mediodía *m.* noon
mejor better; **el mejor** best
melodía *f.* melody
memoria *f.* memory
menor younger, smaller
menos few, less, minus; **al menos** at least
menudo, -a small; **a menudo** often
mercado *m.* market
mes *m.* month; **el mes pasado** last month
mesa *f.* table; **poner la mesa** to set the table
mesita *f.* small table, end table
meter to put (in)
método *m.* method
mexicano, -a Mexican
México Mexico
mezcla *f.* mixture
mi, mis my
mí me
micrófono *m.* microphone
miedo *m.* fear
mientras while
miércoles Wednesday
Miguel Michael; **Miguelito** Mike
mil one thousand
mineral mineral
minuto *m.* minute
mío, -a (of) mine, my
mirar to look (at)
misa *f.* mass
mismo, -a same; **lo mismo** the same
mitad *f.* half
moderno, -a modern
molestar to bother
momento *m.* moment
mono *m.* monkey
montaña *f.* mountain
monte(s) *m. (pl.)* mountain(s)
monumento *m.* monument
moreno, -a dark-haired, dark-eyed, brunette
morir to die
mostrar (ue) to show
mover (ue) to move
mozo *m.* boy, waiter
muchacha *f.* girl; **muchacho** *m.* boy
mucho, -a much, a lot
muchos, -as many
muebles *m. pl.* furniture
muerto, -a dead
mujer *f.* woman, wife
mundo *m.* world; **todo el mundo** everyone
muñeca *f.* doll
museo *m.* museum
música *f.* music
músico *m.* musician
muy very; **muy bien** very well

N

nacer to be born
nación *f.* nation
nacional national
Naciones Unidas *f. pl.* (ONU) United Nations
nada nothing; **de nada** you're welcome
nadar to swim
nadie no one, anyone
naranja *f.* orange
nariz *f.* nose
natación *f.* swimming
naturalmente naturally
navaja *f.* razor
Navidad *f.* Christmas; **Feliz Navidad** Merry Christmas; **Día de Navidad** Christmas Day
neblina *f.* fog
necesario, -a necessary
necesitar to need
negocio *m.* business
negro, -a black
nene *m.* infant
nervioso, -a nervous
nevado, -a snowy, snowcapped
ni nor, not even
ni . . . ni neither . . . nor
nieta *f.* granddaughter; **nieto** *m.* grandson; **nietos** *m. pl.* grandchildren
nieva it snows, it's snowing
nieve *f.* snow
nilón *m.* nylon
ninguno, -a none
niño, -a *m./f.* child
¿no? really?, no?
no importa it doesn't matter
noche *f.* night; **buenas noches** good night, good evening; **de noche** at night; **de la noche** P.M.; **esta noche** tonight; **por la noche** in the evening, at night
nombre *m.* name
normal normal
norteamericano, -a North American
nos us, to us, ourselves
nos gusta we like
nosotros, -as we, us
nota *f.* grade, note
notar to note, to comment on
noticia *f.* news
novedad *f.* novelty; **sin novedad** as usual
novela *f.* novel
noventa ninety
noviembre November
nube *f.* cloud
nuestro, -a (of) our(s)

Nueva York New York
nueve nine
nuevo, -a new; **de nuevo** again
Nuevo Mundo New World
número *m.* number
numeroso, -a numerous
nunca never

O

o or
obedecer to obey
obra *f.* work
observar to observe
Océano Atlántico *m.* Atlantic Ocean
octubre October
ocupado, -a (en) busy (with)
ochenta eighty
ocho eight
oeste *m.* west
oficina *f.* office
ofrecer to offer
¡oiga! I hear
oigo I hear
oír to hear; **oye** he, she, (you) (hear)s; **se oyen** are heard; **oyó** he, she, you heard
ojo *m.* eye
olor *m.* odor
olvidar to forget
ómnibus *m.* bus
once eleven; **a las once** (at) 11:00
operación *f.* operation
operar to operate
opinión *f.* opinion
ordenar to order
oreja *f.* ear
Organización de Estados Americanos *f.* (OEA) Organization of American States
oro *m.* gold
otoño *m.* autumn
otro, -a (an) other; **otros, -as** other(s); **otras veces** on other occasions
oyó he heard **(oír)**

P

Pablo Paul
Paco Frank
paciencia *f.* patience
paciente *m./f.* patient
padre *m.* father; **padres** *m. pl.* parents, mother(s) and father(s)
pagar to pay (for)
página *f.* page
país *m.* country
pájaro *m.* bird
palabra *f.* word
palacio *m.* palace
pálido, -a pale; **se puso pálido** he turned pale
pan *m.* bread
panadería *f.* bakery
panadero *m.* baker
pantalones *m. pl.* pants
pañuelo *m.* handkerchief
papá *m.* dad, father
papas *f. pl.* potatoes; **papas fritas** French fries
papel *m.* paper
paquete *m.* package
par *m.* pair
para for, in order to; **para que** in order that; **¿para qué?** why?
parada *f.* stop, military parade
paraguas *m.* umbrella
paralítico, -a paralyzed
pardo, -a brown
parecer to look like, seem; **¿qué te parece?** what do you think of it?
pared *f.* wall
pareja *f.* pair, couple
pariente *m./f.* relative; **parientes** *pl.* relatives
parque *m.* park; **parque zoológico** *m.* zoo
párrafo *m.* paragraph
parte *f.* part; **por todas partes** everywhere
participar to participate
particular private
partido *m.* game, match
partir to leave
pasado *m.* past
pasado, -a past; **el año pasado** last year; **el mes pasado** last month; **la semana pasada** last week
pasajero, -a passenger
pasar to spend (time), to happen; **pasar un buen (mal) rato** to have a good (bad) time; **¡pase Vd.!** come in!; **¿qué le pasa a Vd.?** what's the matter with you? **¿qué pasa?** what's going on?
Pascua Florida *f.* Easter
paseo *m.* walk; **dar un paseo** to take a walk; **ir de paseo** to go for a walk
pasión passion
pasta *f.* dough, paste
pasta dentífrica *f.* toothpaste
pastel *m.* cake, pie
patatas *f. pl.* potatoes
patio *m.* yard
patria *f.* country
patrón, -a *m./f.* boss
payaso *m.* clown
pedir (ie) to ask for
Pedro Peter
película *f.* movie
peligroso, -a dangerous
pelo *m.* hair
pelota *f.* ball
pensar (ie) to think; **pensar en** to think of; **pensar** + *inf.* to intend
pensión *f.* boarding house
pequeño, -a small
pera *f.* pear
perder (ie) to lose
perdóneme excuse me
perezoso, -a lazy
perfecto, -a perfect
periódico *m.* newspaper
permiso *m.* permission; **con permiso** excuse me
pero but
perro *m.* dog; **perrito** *m.* puppy

persona *f.* person
personaje *m.* character
personalidad *f.* personality
pescado *m.* fish
peseta *f.* Spanish money
peso *m.* Mexican money
piano *m.* piano
pie *m.* foot; **a pie** on foot; **al pie de** at the bottom of; **estar de pie** to be standing
piedra *f.* stone
piensa he, she (you) (think)s **(pensar)**
pierna *f.* leg
piloto *m.* pilot
pimienta *f.* pepper
pintar to paint; **pintado, -a painted**
pintura *f.* painting
pipa *f.* pipe
piso *m.* floor, story, apartment; **piso de arriba (abajo)** upstairs (downstairs)
pizarra *f.* blackboard
planchar to iron
planta *f.* plant
plata *f.* silver
platillo *m.* saucer
plato *m.* dish (of food)
playa *f.* beach
plaza *f.* square, plaza
pluma *f.* pen
pobre poor
poco, -a few, little; **pocas veces** few times; **poco a poco** little by little; **poco después** shortly afterward **un poco de** *m.* a little of
poder (ue) to be able; **puede** he, she, (you) can, is (are) able; **no poder más** not to be able to go on
poesía *f.* poetry
policía *m.* policeman
polvo *m.* dust
pollitos *m. pl.* chicks
pollo *m.* chicken
poncho woolen blanket pulled overhead and worn as an overgarment
poner to put, to place; **poner la mesa** to set the table; **ponerse** to become, to put on; **me pongo** I put on; **se pone** he becomes
por for, through, by, times (multiply); **por ahora** for now; **por eso** therefore; **por favor** please; **por fin** at last; **por hora** per hour; **por la mañana (tarde, noche)** in the morning (afternoon, evening); **por otro lado** on the other hand; **por supuesto** of course; **por todas partes** everywhere
porque because
¿por qué? why?
portugués *m.* Portuguese
postre *m.* dessert
practicar to practice
práctico, -a practical
preceder to go before
precio *m.* price
preferido, -a favorite
preferir (ie) to prefer
prefiero I prefer
pregunta *f.* question; **hacer preguntas** to ask questions
preguntar to ask; **preguntar por** to ask about
prehistórico, -a prehistoric
preocupado, -a worried
preparar to prepare
presentar to present
presente *m.* present; **los presentes** those present; **me presento** I introduce myself
presidente *m.* president
prestar to lend; **prestar atención** to pay attention; **prestar juramento** to be sworn in
pretérito *m.* preterite
primavera *f.* spring
primero, -a first
primo, -a *m./f.* cousin
principal main
prisa *f.* speed, haste; **de (con) prisa** in a hurry
privilegio *m.* privilege
problema *m.* problem
procesión *f.* procession
produce you produce
producto *m.* product
profesor, -a *m./f.* teacher
programa *m.* program
prometer to promise
pronto soon
pronunciar to pronounce
propio, -a own
próximo, -a next
público *m.* public
pudieron they could, were able **(poder)**
pueblo *m.* town
puede(n) he, she can; (they can) **(poder)**
puedo I can **(poder)**
puente *m.* bridge
puerco *m.* pig
puerta *f.* door
puertorriqueño, -a Puerto Rican
pues well
puesto *m.* job, position
pulso *m.* pulse; caution
punto *m.* period; **en punto** on the dot (on time)
pupitre *m.* desk
puro, -a pure
puso he, she put **(poder); se puso pálido** he turned pale

Q

que that, than, who; **¡qué!** how . . .!, what a . . .!, what!; **¿qué?** what?, which?; **¿qué hay?** what's

the matter?, what's up?; **¿qué le pasa a Vd.?** what's the matter with you?; **¿qué pasa?** what's going on?; **¿qué tal?** how's everything?; **que viene** next, that is coming; **lo que** what
quedar to remain
querer(ie) to want, to love; **querer a** to love; **querer decir** to mean
querido, -a dear
queso *m.* cheese
quien(es) who; **¿quién(es)?** who?; **¿a quién(es)?** to whom?; **¿de quién(es)?** whose?, of whom?; **¿para quién?** for whom?
querer to want (to); **¿qué quiere decir. . .?** what does . . . mean?
quieres you *(fam. s.)* want
quince fifteen
quinientos, -as five hundred
quitarse to remove, to take off

R

rabo *m.* tail
radio *f.* radio
Ramón Raymond
rancho *m.* ranch
rápido, -a rapid; **rápidamente** rapidly
raro, -a strange
rascacielos *m.* skyscraper
rato *m.* a while; **pasar un buen (mal) rato** to have a good (bad) time
real real
recibir to receive
recién recently
recordar (ue) to remember
recuerda he, she, (you) (remember)s
recuerdo I remember
refrescarse to refresh oneself
refresco *m.* cool drink, refreshment
regalo *m.* gift
regla *f.* rule
regresar to return
regreso *m.* return
reír to laugh
reloj *m.* watch
remoto, -a far away
repite he, she, (you) (repeat)s **(repetir)**
representar to represent
resfriado *m.* cough, cold
respectivamente respectively
respirar to breathe
responder to answer
respuesta *f.* answer
restaurante *m.* restaurant
reunión *f.* get-together, meeting
revista *f.* magazine
Reyes Magos *m. pl.* Wise Men
Ricardo Richard
rico, -a rich; **¡qué rico!** how delicious!
rincón *m.* corner
río *m.* river
risa *f.* laughter
ritmo *m.* rhythm
robar to steal, to rob
Roberto Robert
rojo, -a red
romántico, -a romantic
ropa *f.* clothes; **ropa interior** *f.* underwear
rosa *f.* rose
rosado, -a rose-colored
rubio, -a blond
ruido *m.* noise
ruso, -a Russian

S

sábado *m.* Sunday
sabe know(s)
saber to know; **saber** + *inf.* to know how to
sabor *m.* flavor
sacar to take out, to stick out *(fam.);* **sacar fotos** to take pictures; **sacar una nota** to get a mark
sal *f.* salt
sala *f.* living room; **sala de clase** classroom
¡salgan Vds.! leave!
salgo I leave **(salir)**
salir (de) to leave, to go out; **salir bien (mal)** to make out well (badly), to pass (fail), (unsuccessfully); **salir el sol** sunrise
saltar to jump
salud *f.* health
saludar to greet
Santiago Chile's capital
santo, -a *m./f.* saint
sastre *m.* tailor
satisfecho, -a satisfied
se *(reflex.)* himself, herself, yourself, itself, themselves, yourselves; **se** + *3rd person vb.* one, they, you *(in a general sense)*
se cayó (del avion) he fell (out of the plane); **se levanta** he, she, (you) (get)s up; **se oyen** they are heard; **se puso pálido** he turned pale; **se sienta** he, she, (you) (sit)s down
sé I know **(saber)**
secretaria *f.* secretary
secreto *m.* secret
secundario, -a secondary
sed *f.* thirst; **tener sed** to be thirsty
seda *f.* silk
seguida; en seguida at once
seguir to follow
seguro, -a sure, certain
seis six
semana *f.* week; **todas las semanas** every week

sencillo, -a simple
sentarse (ie) to sit down; **sentado, -a** seated; **se sienta** he, she, (you) (sit)s; **¡siéntese Vd.!** sit down!
sentido *m.* sense, feeling
sentir (ie) to feel, to regret; **lo siento (mucho)** I'm (very) sorry
señor *m.* Mr., sir, gentleman
señora *f.* Mrs., lady
señorita *f.* Miss, lady
septiembre September
ser to be; **ser la hora de** + *inf.* to be time to
serio, -a serious
serpiente *f.* serpent
servicio *m.* service
servidor, -a at your service
servilleta *f.* napkin
servir(i) to serve; **sirve para** is used for
sesenta sixty
setenta seventy
si if, whether
sí yes; **sí que** indeed
siempre always
sienta seats
¡siéntese Vd.! sit down!
siento I'm sorry
siesta *f.* nap, short rest
significar to mean; **esto significa** this means
siguiente following, next
silencio *m.* silence
silla *f.* chair
sillón *m.* armchair
simbolizar to symbolize
similar similar
simpático, -a nice, pleasant
sin without; **sin parar** without stopping
sincero, -a sincere
sirve para is used for
sirven they serve
sitio *m.* place
sobre on, over, about
sobre todo especially
sobrina *f.* niece; **sobrino** *m.* nephew; **sobrinos** *m. pl.* nephew(s) and niece(s)
sofá *m.* couch, sofa
sol *m.* sun; **hacer sol** to be sunny; **salir el sol** sunrise
solamente only
soldado *m.* soldier
solitario, -a lonely
solo, -a alone
sólo only
solterón *m.* bachelor
solución *f.* solution
sombrero *m.* hat
somos we are **(ser)**
son they are **(ser)**
sonar to ring
sonido *m.* sound
sonreír to smile
sopa *f.* soup
sorprendido, -a surprised
sorpresa *f.* surprise
sótano *m.* basement
soy I am **(ser)**
su, sus his, her, their, your, its
subir to go up; **subir a** to get into, go up to; **subir en avión** to go up in a plane
subterráneo *m.* subway
suburbio *m.* suburb
sudar to sweat
sueldo *m.* salary
suelo *m.* ground
suena rings
sueño *m.* dream; **tener sueño** to be sleepy
suerte *f.* luck
sufrimiento *m.* suffering
sufrir to suffer
supermercado *m.* supermarket
supo he found out **(saber)**
sur *m.* south
Susana Susan
suyo, -a (of) his, (of) her(s), (of) your(s), (of) their(s)

T

tal such (a); **¿qué tal?** how are things?
talento *m.* talent
también also
tan so
tan . . . como as . . . as
tango *m.* Argentine dance
tanto, -a so much, as much
tapa *f.* cover
tarde *f.* afternoon, late; **buenas tardes** good afternoon; **de la tarde** P.M.; **más tarde** later; **por la tarde** in the afternoon; **tarde o temprano** sooner or later
tarea *f.* task, homework
tarjeta *f.* card
taxi *m.* taxi
taxista *m.* taxi driver
taza *f.* cup
te you, to you, yourself
te gusta you *(fam.)* like
té *m.* tea
teatro *m.* theater
techo *m.* ceiling, roof
telefonear to telephone
teléfono *m.* telephone
televidente *m.* TV viewer
televisión *f.* television
televisor *m.* television set
temperatura *f.* temperature
templo *m.* temple
temprano early
tendero *m.* storekeeper
tenedor *m.* fork
tener to have;
tener . . . años to be . . . years old; **tener calor** to be warm; **tener hambre** to be hungry; **tener interés** to be interested; **tener miedo** to fear; **tener prisa** to be in a hurry; **tener que** + *inf.* to have to; **tener razón** to be right; **tener sed** to be thirsty; **tener sueño** to be sleepy; **¿qué tiene Vd.?** what's the matter with you?
tengo I have; **tengo que** + *inf.* I have to, must **(tener)**

tenis *m.* tennis
tercer third
Teresa Teresa
terminar to end, to finish
tertulia *f.* chat, social gathering
testigo *m.* witness
ti you
tiempo *m.* time, weather; **a tiempo** on time; **hacer buen (mal) tiempo** to be good (bad) weather; **mucho tiempo** for a long time; **al mismo tiempo** at the same time
tienda *f.* store; **tienda de ropa** clothing store; **tienda de comestibles** grocery store
tiene(n) he, she, (you, they) has (have); **tiene(n) que** he, she, (you, they) has (have) to, must; **¿qué tiene?** what is the matter with him?
tierra *f.* earth
tigre *m.* tiger
tijeras *f. pl.* scissors
timbre *m.* bell
tinta *f.* ink
tío *m.* uncle; **tía** *f.* aunt; **tíos** *m. pl.* aunt(s) and uncle(s)
tirar to throw
tiza *f.* chalk
tocadiscos *m.* record player
tocar to play (an instrument); to touch, to knock
todo, -a all, everything; **todo el día** *m.* all day; **todo el mundo** everybody
todos, -as every, all; **todos los días** everyday; **todas las semanas** every week
toldo *m.* awning
tomar to take, to drink; **tomar el almuerzo** to have lunch; **tomar la cena** to have supper; **tomar el desayuno** to have breakfast; **tomar asiento** to get seated
Tomás Thomas
tonto, -a silly, stupid, dumb
tópico *m.* topic
torero *m.* bullfighter
toro bull
torpe dull, stupid
tortilla *f.* omelet
tostado *m.* toast
trabajar to work
trabajador hardworking
trabajo *m.* work
traer to bring
traficante *m.* dealer
tráfico *m.* traffic
traigo I bring **(traer)**
traje *m.* suit; **traje de baño** bathing suit
treinta thirty
tren *m.* train
tres three
triste sad
tristemente sadly
tristeza *f.* sadness
tu, tus your *(fam.)*
tú you
tulipán *m.* tulip
turista *m./f.* tourist
tuyo, -a (of) your(s) *(fam.)*

U

un(o), una *m./f.* a, an, one; **unos, -as** some, a few; **un poco de** . . . a bit of . . .
único, -a only
Unión Soviética *f.* Soviet Union
universidad *f.* university
usar to use, to wear
usted (es) you *(pl.)*
utensilio *m.* utensil
útil useful

V

va he, she, you go (es) **(ir)**
vaca *f.* cow
vacaciones *f. pl.* vacation; **las vacaciones de verano** summer vacation
vago *m.* vagrant, bum
valer to be worth; **vale** it costs
vamos we go, we're going; let's go **(ir)**
van they go **(ir)**
vapor *m.* steamship
varios, -as several
vaso *m.* glass
¡vaya! go! **(ir)**
Vd(s). you (abbrev.)
veces times; **a veces** at times; **algunas veces** sometimes; **otras veces** other times
vecindario *m.* neighborhood
vecino, -a *m./f.* neighbor, *(adj.)* neighboring
vegetal *m.* vegetable
veinte twenty
vendedor *m.* seller
vender to sell
¡venga! come **(venir)**
vengo I come
venir to come; **viene** he, she, (you) (come)s
venta sale; **a la venta** for sale
ventana *f.* window
ventanilla *f.* window (of a car or bus)
veo I see **(ver)**
ver to see; **a ver** let's see; **veo** I see
verano *m.* summer
verdad *f.* truth; **¿no es verdad?** isn't it so?; **¿verdad?** right?
verde green
vestíbulo *m.* vestibule
vestido *m.* dress, suit
vestido, -a(de) dressed (in)
vez *f.* time; **por primera vez** for the first time; **a veces** at times; **algunas veces** sometimes; **muchas veces** many times, often; **otra vez** again; **otras**

veces on other occasions; **pocas veces** a few times
viajar to travel
viaje *m.* trip
viajero *m./f.* traveler
Vicente Vincent
vida *f.* life; **mi vida** my darling
vidrio *m.* glass
viejo, -a old; **el viejo** old man
viene he, she, (you) (come)s
viento *m.* wind; **hacer viento** to be windy
viernes *m.* Friday
vino *m.* wine
violeta *f.* violet
violín *m.* violin
visita *f.* visit
visitar to visit
Víspera *f.* **de Todos los Santos** Halloween
vista *f.* view, sight; **hasta la vista** until I see you again
vivir to live
volar (ue) to fly
volumen *m.* volume, book
volver (ue) to return; **vuelve a casa** he, she, (you) (return)s home; **volver a mirarlo** to see something again
votar to vote
voy I go; **va** he, she, (you) (go)es; **van** they, you go **(ir)**
voz *f.* voice; **en voz baja** in a whisper
vuela he, she flies **(volar)**
vuestro, -a (of) your(s) *(fam.)*

Y

y and
ya now, already
ya no no longer
¡ya lo creo! I should say so!
yo I
yo no not I

Z

zapatería *f.* shoestore
zapatero *m.* shoemaker
zapatos *m.* shoes

ENGLISH

SPANISH

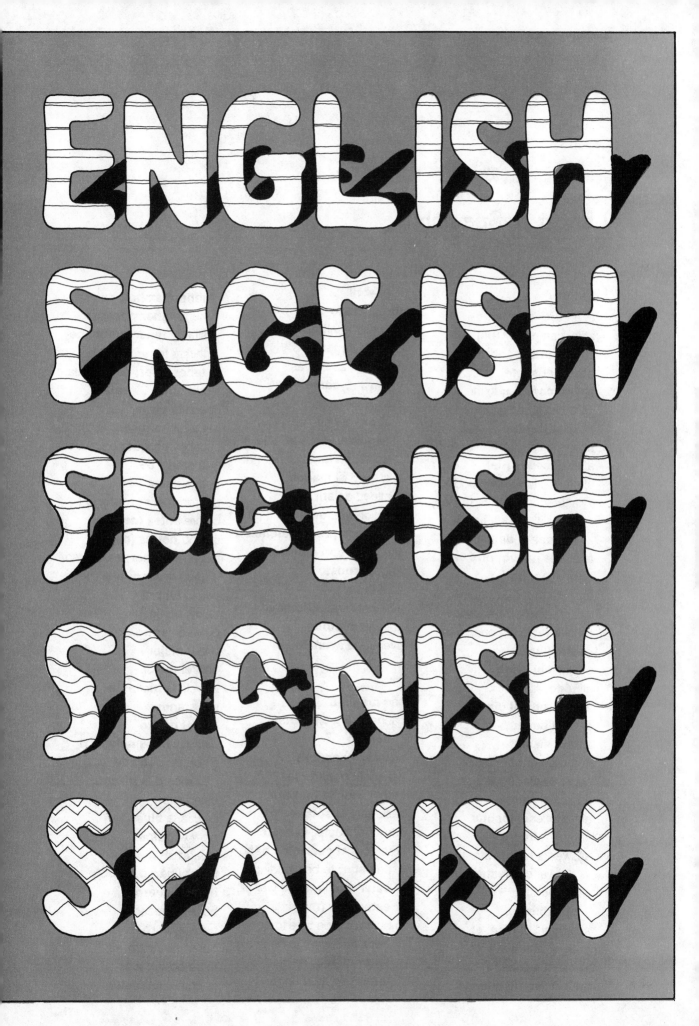

Vocabulary

English - Spanish

A

a, an **un, -a**
able, can **poder (ue)**
above **arriba, sobre**
absent **ausente**
advice **consejo;** to the lovelorn **consultorio sentimental**
affectionately **cariñosamente**
after **después (de)**
afternoon **la tarde;** good afternoon **buenas tardes;** in the afternoon **por la tarde;** P.M. **de la tarde**
again **de nuevo, otra vez**
against **contra**
agreed! **¡concedido!** in agreement **de acuerdo**
air **el aire;** in the open air **al aire libre**
airplane **el avión**
all **todo, -a**
all day **todo el día**
all right **bueno, -a**
always **siempre**
A.M. **de la mañana**
angry **enojado, -a**
animal **el animal**
announcer **el locutor**
another **otro, -a**
answer **la respuesta;** to answer **contestar, responder**
ant **la hormiga**
apartment **el piso, el apartamento**
apple **la manzana**
appointment **la cita**
April **abril**
arm **el brazo**
armchair **el sillón**
to arrive **llegar**
as **como;** as . . . as **tan . . . como**
to ask for **pedir**
at **a, en;** at once **en seguida;** at the **al, a la, en el, en la;** at last **al fin;** at least **al menos**
to attend **asistir (a)**
attention **la atención;** to pay attention **prestar atención**
attentively **con atención**
August **agosto**
aunt **la tía**
automobile **el automóvil**
autumn **el otoño**
avenue **la avenida**

B

bad **malo, -a**
bachelor **el solterón, el soltero**
baker **el panadero**
bakery **la panadería**
barber shop **la barbería**
basement **el sótano**
basket **el cesto, la cesta**
bathroom **el cuarto de baño**
to be **estar;** to be standing **estar de pie;** to be well (ill) **estar bien (mal)**
to be **ser;** to be time to **ser hora de** + *inf.;* to be afraid **tener miedo;** be cold **tener frío;** be hungry **tener hambre;** be in a hurry **tener prisa;** be sleepy **tener sueño;** be thirsty **tener sed;** be warm **tener calor;** be . . . years old **tener . . . años**
beach **la playa**
beautiful **hermoso, -a**
because **porque;** because of **a causa de**
bed **la cama**
bedroom **el dormitorio**
before **antes (de)**
behind **detrás (de)**
to believe **creer;** believe so (not) **creer que sí (no)**
bell **el timbre**
below **abajo**
between **entre**
better **mejor**
best **el mejor**
bicycle **la bicicleta**
big **grande**
bird **el pájaro**
birthday **el cumpleaños**
bit of **un poco de . . .**
blackboard **la pizarra**
blond **rubio, -a**
blouse **la blusa**
blow **el golpe**
blue **azul**
boat **el barco, el bote**
body **el cuerpo**
bone **el hueso**
book **el libro**
bored **aburrido, -a**
to be born **nacer**
to bother **molestar**

boy **el chico, el muchacho**
bread **el pan**
breakfast **el desayuno;** to breakfast **tomar el desayuno**
bridge **el puente**
to bring **traer**
brother **el hermano;** brother-in-law **el cuñado**
brown **pardo, -a**
brunette **moreno, -a**
building **el edificio**
bus **el autobús, la guagua (Carib.)**
butcher **el carnicero**
butchershop **la carnicería**
butter **la mantequilla**
to buy **comprar**
by **por;** by no means **de ninguna manera**

C

camp **el campamento;** summer camp **el campamento de verano**
can **poder (ue)**
Canada **el Canadá**
cap **la gorra**
captain **el capitán**
car **el carro, el coche**
cardboard **el cartón**
carnation **el clavel**
carnival **el carnaval**
carpet **la alfombra**
to carry **llevar**
Castillian **el castellano**
cat **el gato**
cave **la caverna**
chair **la silla**
chalk **la tiza**
to change **cambiar**
channel **el canal**
character **el personaje**
cheerful **alegre**
cheese **el queso**
cherry **la cereza**
Chinese **el chino**
Christmas **la Navidad**
church **la iglesia**
class **la clase**
classsroom **la sala de clase**
clinic **el consultorio**
closet **el armario**
clothes **la ropa;** clothing store **la tienda de ropa**
cloud **la nube**
coffee (house) **el café**
cold **el frío; el resfriado** (sick); to be cold (persons) **tener frío;** to be cold weather **hacer frío**
color **el color**
Columbus **Colón**
Columbus Day **el Día de la Raza**
to come **venir**
comfortable **cómodo, -a**
concert **el concierto**
to conserve **conservar**
to construct **construir**
to consume **consumir**
contest **el concurso**
cool **fresco, -a;** to be cool **hacer fresco**
cotton **el algodón**
country **el país, la patria** (nation)
cousin **el primo, la prima**
cover **la tapa**
cow **la vaca**
to crash **chocar**
crazy **loco, -a**
cup **la taza, la copa**
curtain **la cortina**
to cut **cortar**

D

to dance **bailar**
dangerous **peligroso, -a**
date **la fecha;** what's today's date? **¿cuál es la fecha de hoy? ¿a cuántos estamos hoy?**
daughter **la hija**
day **el día;** the next day **al día siguiente;** everyday **todos los días**
December **diciembre**
defense attorney **el abogado defensor**
democracy **la democracia**
department store **el almacén**
desk **el escritorio, el pupitre**
dessert **el postre**
dictation **el dictado**
dictatorship **la dictadura**
to die **morir**
different **diferente**
difficult **difícil**
to dine **cenar, comer;** dining room **el comedor;** dinner **la cena, la comida**
dish **el plato**
district **el barrio**
district attorney **el fiscal**
divided by **dividido por**
to do **hacer;** to do well (on an examination) **salir bien;** to do poorly **salir mal**
doctor **el doctor, el médico**
dog **el perro**
doll **la muñeca**
door **la puerta**
downstairs **piso de abajo**
dozen **la docena**
dreaming **soñando**
dress **el vestido**
to drink **beber, tomar**
driver **el chófer**
to drive **conducir, manejar, guiar**
to drop **dejar caer**
drunk **borracho, -a**
duty **el deber**

E

ear **la oreja, el oído**
early **temprano**
to earn **ganar**
earth **la tierra**
east **el este**
Easter **la Pascua Florida**
easy **fácil**
to eat **comer**

egg **el huevo;** hard-boiled eggs **huevos duros**
eight **ocho**
eighteen **diez y ocho**
elephant **el elefante**
elevator **el ascensor**
eleven **once**
to end **terminar**
England **Inglaterra;** English **el inglés;** Englishman **el inglés**
enough **bastante**
to enter **entrar**
equals **son**
eraser **el borrador**
error **la falta**
evening **la noche;** in the evening **por la noche;** P.M. **de la noche**
ever **aún**
every **todo, -a;** everybody **todo el mundo;** every Sunday **todos los domingos;** everything **todo;** every week **todas las semanas;** everywhere **por todas partes**
examination **el examen**
to exchange **cambiar**
excuse me! **¡dispense Vd.!, ¡perdón!**
exercise **el ejercicio**
exhausted **exhausto, -a**
expensive **caro, -a**
to explain **explicar**
eye **el ojo**

F

face **la cara**
factory **la fábrica**
to fall **caer**
fall **el otoño**
family **la familia**
far (from) **lejos (de)**
farmer **el campesino**
father **el padre**
to fear (be afraid) **tener miedo de**
February **febrero**
feeling **el sentido**
few **poco, -a**
field **el campo**
fifteen **quince**
to fill **llenar**
finger **el dedo**
five **cinco**
flag **la bandera**
to flee **huir**
floor **el piso**
flower **la flor**
to fly **volar (ue)**
fog **la neblina**
to follow **seguir**
foot **el pie**
for **para, por**
fork **el tenedor**
fortunately **afortunadamente**
four **cuatro**
fourth **(el) cuarto**
France **Francia**
free **libre;** (for) free **gratis**
French **el francés;** Frenchman **el francés**
Friday **viernes**
friend **la amiga, el amigo**
from **de, desde**
front **el frente**
frozen **congelado, -a**
fruit **la fruta**
furniture **los muebles**

G

garden **el jardín**
gentleman **el señor**
Germany **Alemania;** German **el alemán**
Gertrude **Gertrudis**
to get off, down (from) **bajar de**
to get on **subir a**
to get seated **tomar asiento**
ghost **el fantasma**
girl **la chica, la muchacha**
to give **dar;** give thanks **dar las gracias**
glass **el vaso** (for drinking); **el vidrio**
gloves **los guantes**
to go **ir;** go down **bajar;** go for a walk **ir de paseo, dar un paseo;** go home **ir a casa;** go on foot **ir a pie;** go out **salir;** go shopping **ir de compras;** go to school **ir a la escuela;** go up **subir**
gold **el oro**
good **bien, bueno, -a**
goodbye **adiós**
granddaughter **la nieta**
grandfather **el abuelo**
grandmother **la abuela**
grandparents **los abuelos**
grandson **el nieto**
grass **la hierba**
gray **gris**
green **verde**
groceries **los comestibles**
grocery store **la bodega (carib.), la tienda de comestibles**
ground **el suelo**
guide **el guía**
guilty **culpable**
gymnasium **el gimnasio**

H

hair **el pelo, el cabello**
half **medio, -a;** (one) half **la mitad;** half an hour **media hora**
Halloween **la Víspera de Todos los Santos**
hand **la mano;** to shake hands **dar la mano**
handkerchief **el pañuelo**
to happen **pasar**
happy **alegre, contento, -a, feliz**
hardworking **trabajador, -a**
hat **el sombrero**
to have **tener;** to have to **tener que;** to have just **acabar de**

head **la cabeza;** headache **el dolor de cabeza**
health **la salud**
to hear **oír**
heat **el calor;** to be warm (weather) **hacer calor;** to be warm (persons) **tener calor**
Hebrew **el hebreo**
hello **hola**
help **la ayuda**
to help **ayudar**
hen **la gallina**
her **su, sus, la (para) ella**
here **aquí**
high **alto, -a**
him **lo, le, (para) él**
his **su, sus**
home **la casa;** at home **en casa**
homework **la tarea, el trabajo**
horse **el caballo**
hospital **el hospital**
hotel **el hotel**
hour **la hora**
house **la casa;** private house **una casa particular**
how? **¿cómo?;** how are you? **¿cómo está Vd.?;** how are things? **¿qué tal?**
how many? **¿cuántos, -as?**
how much? **¿cuánto, -a?**
how old is he (she)? **¿cuántos años tiene?**
hunger **el hambre** *(fem.);* to be hungry **tener hambre**
hurry **la prisa;** in a hurry **de (con) prisa**
to hurt **doler**
husband **el marido**

I

illness **la enfermedad**
imaginary **imaginario, -a**
important **importante**
in **a, en**
in a hurry **a prisa**
infant **el nene**
in front **al frente**
in front of **delante de**
ink **la tinta**
in order to **para**
inside **dentro**
intelligent **inteligente**
interview **la entrevista**
invitation **la invitación**
iron **el hierro**
Italian **el italiano**
Italy **Italia**

J

jacket **la chaqueta**
January **enero**
jail **la cárcel**
job **el empleo, el puesto**
judge **el juez**
July **julio**
to jump **saltar**

K

to keep **guardar**
key **la llave**
kitchen **la cocina**
knife **el cuchillo**
to know **conocer;** (acquainted), **saber;** to know how **saber +** *inf.*

L

label **la etiqueta**
lamp **la lámpara**
language **la lengua**
large **grande**
late **tarde**
later **más tarde**
Latin **el latín**
lawyer **el abogado**
lazy **perezoso, -a**
to learn **aprender**
at least **a lo menos**
to leave **salir (de)**
left **el izquierdo;** to the left **a la izquierda**
leg **la pierna**
lemon **el limón**
lesson **la lección**
letter-carrier **el cartero**
life **la vida**
to like (be pleasing) **gustar**
lion **el león**
lips **los labios**
to listen (to) **escuchar**
little **poco, -a;** little by little **poco a poco**
to live **vivir**
living room **la sala**
loafer **el holgazán**
long **largo, -a**
to look (at) **mirar**
love **el amor**
to love **querer (a)**
luck **la suerte**
lunch **el almuerzo;** to have lunch **almorzar (ue), tomar el almuerzo**

M

magazine **la revista**
to make **hacer**
many **muchos, -as**
map **el mapa**
March **marzo**
mark **la nota;** to get a mark **sacar una nota**
market **el mercado**
to marry **casarse (con)**
master of ceremonies **maestro de ceremonias**
May **mayo**
meal **la comida**
to mean **querer decir, significar;** what does . . . mean? **¿qué quiere decir . . .?**
meat **la carne**
menu **la lista de platos**
merchant **el comerciante**
Merry Christmas **Feliz Navidad**
method **el método**
Mexico **México**
Michael **Miguel**

microphone **el micrófono**
midnight **la medianoche**
in the middle **en medio de**
milk **la leche**
minus **menos**
minute **el minuto**
Miss **(la) señorita**
to be missing **faltar**
mistaken **equivocado, -a**
mixture **la mezcla**
Monday **lunes**
money **el dinero**
monkey **el mono**
month **el mes**
moon **la luna**
more **más**
morning **la mañana;** good morning **buenos días;** in the morning **por la mañana**
mother **la madre**
mountain **el monte**
mouth **la boca**
movie **la película**
movies **el cine**
Mr. **(el) señor**
much **mucho, -a**
murder **el asesinato**
museum **el museo**
music **la música**
my **mi, mis; mío, -a**

N

name **el nombre;** what is your name? **¿cómo se llama Vd.?, ¿cómo te llamas?;** to be called **llamarse**
napkin **la servilleta**
narrow **estrecho, -a**
near **cerca (de)**
to need **necesitar**
neighbor **el vecino, la vecina**
neighborhood **el vecindario, el barrio**
nephew **el sobrino**
never **nunca**
new **nuevo, -a;** nothing's new **sin novedad**
New York **Nueva York**
newspaper **el periódico**
niece **la sobrina**
night **la noche;** good night (evening) **buenas noches;** last night **anoche;** at night **de noche**
nine **nueve**
nineteen **diez y nueve**
no? **¿no?**
noise **el ruido**
none **ninguno, -a**
noon **el mediodía**
no one **nadie**
north **el norte**
nose **la nariz**
not I **yo no**
notebook **el cuaderno**
nothing **nada**
November **noviembre**
now **ahora**
number **el número**
nurse **la enfermera**
nylon **el nilón**

O

October **octubre**
of **de;** of course **por supuesto**
office **la oficina**
often **a menudo**
O.K. **está bien**
old **viejo, -a**
older **mayor**
omelet **la tortilla**
on **en, sobre**
one **un, una, uno**
only **solamente, sólo; único, -a**
to open **abrir**
or **o, u**
orange **la naranja**
orange (color) **anaranjado, -a**
orange juice **jugo de naranja**
other(s) **otro(s)**
our **nuestro, -a**
outside **afuera**
over **sobre**
overcoat **el abrigo**
to owe **deber**
own **propio, -a**

P

package **el paquete**
page **la página**
pair **el par, la pareja**
palace **el palacio**
pants **los pantalones**
paper **el papel**
paragraph **el párrafo**
parents **los padres**
park **el parque**
party **la fiesta**
past **el pasado**
patrol car **el coche patrullero**
pear **la pera**
pen **la pluma**
pencil **el lápiz**
people **la gente**
pepper **la pimienta**
permission **el permiso;** excuse me **con (su) permiso**
pharmacy **la farmacia**
picture **el cuadro, el grabado**
pig **el puerco**
pilot **el piloto**
pity **lástima;** what a pity! **¡qué lástima!**
place **el lugar, el sitio**
plant **la planta**
to play a game **jugar a (ue)**
to play the piano **tocar el piano**
pleasant **simpático, -a**
please **hacer el favor de +** *inf.* **por favor**
plus **y**
P.M. **de la tarde, de la noche**
pocket **el bolsillo**
poor **pobre**

Portuguese **el portugués**
potatoes **las patatas, las papas** (Latin-American)
pound **la libra**
prehistoric **prehistórico, -a**
to prepare **preparar**
to present **presentar**
present **el regalo**
president **el presidente**
pretty **bonito, -a, lindo, -a**
price **el precio**
principal **el director, la directora**
privilege **el privilegio**
program **el programa**
to put **poner**

Q

quarter **el cuarto**
question **la pregunta;** to question **preguntar**

R

radio **la radio, el radio**
railroad **el ferrocarril**
rain **la lluvia;** to rain **llover (ue)**
raw **crudo, -a**
razor **la navaja**
to read **leer**
ready **listo, -a**
record **el disco**
record player **el tocadiscos**
red **rojo, -a**
relative **el pariente, la pariente;** relatives **los parientes**
rent **el alquiler**
republic **la república**
restaurant **el restaurante**
to return **regresar, volver (ue)**
rich **rico, -a**
riddle **la adivinanza**
right? **¿verdad?**
right **el derecho;** to the right **a la derecha;** to be right **tener razón**
to ring **sonar;** it rings **suena**
river **el río**
road **el camino**
romantic **romántico, -a**
roof **el techo**
room **el cuarto, la habitación**
rooster **el gallo**
rose **la rosa**
rule **la regla**
Russian **el ruso**

S

sad **triste;** sadness **la tristeza**
salad **la ensalada**
salary **el sueldo**
salt **la sal**
same **mismo, -a**
Saturday **sábado**
saucer **el platillo**
to say, tell **decir;** how do you say . . . ? **¿cómo se dice . . . ?**
scientist **el científico**
scissors **las tijeras**
sea **el mar**
season **la estación**
seat **el asiento**
secret **el secreto**
to see **ver**
to send **enviar**
sentence **la frase**
September **septiembre**
serpent **la serpiente**
seven **siete**
seventeen **diez y siete**
shellfish **el marisco**
sharp **en punto**
shirt **la camisa**
shoes **los zapatos**
shoestore **la zapatería**
short **bajo, -a, bajito, -a, corto, -a**
sick **enfermo, -a; mal (o, -a)**
sightseeing bus **el autobús turístico**
sign **el letrero**
silver **la plata**
similar **similar**
simple **sencillo, -a**
to sing **cantar**
sir **(el) señor**
six **seis**
sixteen **diez y seis**
skirt **la falda**
sky **el cielo**
sleep **dormir (ue);** to be sleepy **tener sueño**
slender **delgado, -a**
small **pequeño, -a**
smile **la sonrisa**
to smoke **fumar**
snow **la nieve;** to snow **nevar (ie);** it snows **nieva**
so **tan;** so much **tanto**
so, so **así, así**
socks **los calcetines**
soda **la gaseosa**
sofa **el sofá**
soldier **el soldado**
solution **la solución**
son **el hijo**
song **la canción**
soon **pronto;** as soon as possible **lo más pronto posible;** sooner or later **tarde o temprano**
south **el sur**
South America **la América del Sur, Sudamérica;** South American **sudamericano, -a**
Spain **España;** Spaniard **el (la) español, (-a)**
to speak **hablar**
speed **la prisa**
to spend (time) **pasar;** (money) **gastar**
spoon **la cuchara**
spring **la primavera**
star **la estrella**
to stay in bed **guardar cama**
steamship **el vapor**

to stick out **sacar**
stockings **las medias**
store **la tienda**
story **el cuento**
stove **la estufa**
strange **extraño, -a**
street **la calle**
strong **fuerte**
student **el alumno, la alumna**
to study **estudiar**
stupid **tonto, -a**
subway **el subterráneo**
such (a) **tal**
suddenly **de repente**
suffering **el sufrimiento**
sugar **el azúcar**
suit **el traje**
summer **el verano**
summer vacation **las vacaciones de verano**
sun **el sol;** to be sunny **hacer sol**
Sunday **domingo**
supermarket **el supermercado**
supper **la cena**
surprised **sorprendido, -a**
to sweat **sudar**
swimming **la natación**

T

table **la mesa;** to set the table **poner la mesa**
tablecloth **el mantel**
tailor **el sastre**
to take **tomar;** to take a walk **dar un paseo;** take a horseback ride **dar un paseo a caballo;** to go on foot **ir a pie;** to take a car ride **dar un paseo en automóvil;** to take out **sacar,** to take pictures **sacar fotos**
tall **alto, -a**
taxi **el taxi**
tea **el té**
to teach **enseñar;** teaching **la enseñanza**
teacher **el maestro, el profesor; la maestra, la profesora**
team **el equipo**
teaspoon **la cucharita**
telephone **el teléfono**
television **la televisión;** T.V. viewer **el televidente**
temple **el templo**
ten **diez**
thank you (very much) **(muchas) gracias**
that **ese, esa, aquel, aquella** *(dem. adj.),* **que** *(rel. pro.)*
the **el, los** *(masc.),* **la, las** *(fem.)*
theater **el teatro**
their **su, sus**
them **los, las, (para) ellos, -as,**
then **luego**
there **allí**
therefore **por eso**
there is, are **hay;** there was, were **había**
these **estos, -as**
thin **delgado, -a; flaco, -a**
to think (of) **pensar (en)**
third **tercer**
thirst **la sed;** to be thirsty **tener sed**
thirteen **trece**
thirty **treinta**
those **aquellos, -as; esos, -as**
thousand **mil**
three **tres**
throat **la garganta**
to throw **tirar**
Thursday **jueves**
tie **la corbata**
tiger **el tigre**
time **el tiempo;** at the same time **al mismo tiempo;** on time **a tiempo** (instance) few times **pocas veces;** many times **muchas veces**
time **la hora;** at what time? **¿a qué hora?;** at one o'clock **a la una;** at two o'clock **a las dos;** what time is it? **¿qué hora es?;** it's one o'clock **es la una;** it's two o'clock **son las dos;** on the dot **en punto**
times (multiply) **por**
tired **cansado, -a; fatigado, -a**
to **a, en**
today **hoy**
together **junto**
tomorrow **mañana;** until tomorrow **hasta mañana**
tongue **la lengua**
too much **demasiado**
tooth **el diente**
to the **al, a la, a los, a las**
town **el pueblo, la aldea**
train **el tren**
to travel **viajar;** travel agency **la agencia de viajes**
tree **el árbol**
trip **la excursión, el viaje**
truth **la verdad**
Tuesday **martes**
tulip **el tulipán**
twelve **doce**
twenty **veinte**
two **dos**

U

ugly **feo, -a**
umbrella **el paraguas**
uncle **el tío**
under **debajo (de)**
to understand **comprender, entender (ie)**
underwear **la ropa interior**
unfortunately **desafortunadamente**
United Nations **las Naciones Unidas**

United States **los Estados Unidos**
until I see you again **hasta la vista**
until then **hasta luego**
up **arriba;** upstairs **piso de arriba**
us **nos, para nosotros, -as**
to use **usar**
useful **útil**

V

vacation **las vacaciones**
vagrant **el vago**
vegetables **las legumbres, los vegetales**
very **muy**
violet **la violeta**
to visit **visitar**
voice **la voz;** in a low voice **en voz baja**

W

waiter **el mozo, el camerero**
walk **el paseo;** to walk **caminar;** to take a walk **dar un paseo**
wall **la pared**
wallet **la cartera**
to want **desear, querer (ie)**
watch **el reloj**
water **el agua** *(fem.)*
we **nosotros, -as**
weak **débil**
to wear **llevar, usar**
weather **el tiempo;** to be good (bad) weather **hacer buen (mal) tiempo;** to be warm (cold) **hacer calor (frío);** to be sunny (windy) **hacer sol (viento);** to be cool **hacer fresco**
Wednesday **miércoles**
week **la semana;** last week **la semana pasada;** next week **la semana próxima, que viene**
welcome **bienvenido, -a;** you're welcome **de nada, no hay de qué**
well **bien, bueno, -a**
west **el oeste**
what? **¿qué?, ¿cuál?;** what's going on? **¿qué pasa?;** what's the matter? **¿qué hay?;** what's the matter with him? **¿qué tiene él?**
when **cuando**
when? **¿cuándo?**
where **donde**
where? **¿dónde?**
which **que** *(rel. pro.)*
which? **¿qué** + *noun?*
which (one)? **¿cuál?;** which (ones)? **¿cuáles?**
white **blanco, -a**
White House **la Casa Blanca**
who **que** *(rel. pro.);* who? **¿quién?;** of whom? **¿a quién?;** whose? **¿de quién?**
why? **¿por qué?, ¿para qué?**
wide **ancho, -a**
wind **el viento;** to be windy **hacer viento**
window **la ventana, la ventanilla** *(car or bus)*
wine **el vino**
winter **el invierno**
to wish **desear, querer**
with **con;** with me **conmigo;** with you *(fam.)* **contigo**
without **sin;** without stopping **sin parar**
witness **el testigo**
wolf **el lobo**
woman **la mujer**
wood **la madera**
wooden **de madera**
woods **el bosque**
wool **la lana**
word **la palabra**
work **el trabajo**
to work **trabajar**
worried **preocupado, -a; ansioso, -a**
to be worth **valer**
to write **escribir**

Y

year **el año**
yellow **amarillo, -a**
yesterday **ayer**
you **tú** *(fam.)*
you **usted (es)** *(formal);* **Vd(s).** (abbrev.)
young man (woman) **el (la) joven**
younger **menor**
your **tu, tus** *(fam.)*
your **su, sus** *(formal)*

Z

zoo **el parque zoológico**

Index

NOTES

NOTES

NOTES

NOTES

NOTES

NOTES

NOTES

NOTES

NOTES